KDB 한국산업은행 5급

최종모의고사 7회분

시대에듀

2026 최신판 시대에듀 KDB한국산업은행 5급
최종모의고사 7회분

Always **with you**

사람의 인연은 길에서 우연하게 만나거나 함께 살아가는 것만을 의미하지는 않습니다.
책을 펴내는 출판사와 그 책을 읽는 독자의 만남도 소중한 인연입니다.
시대에듀는 항상 독자의 마음을 헤아리기 위해 노력하고 있습니다. 늘 독자와 함께하겠습니다.

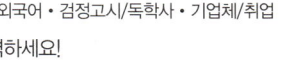

머리말 PREFACE

우리나라의 산업개발과 국민경제의 발전을 위하여 1954년 설립된 KDB한국산업은행은 전후 경제재건 주도, 국가 성장동력 확보, 시장안전판 역할 수행 등 시대적 요구에 부응하는 역할을 통해 산업과 국민경제 발전을 선도하였다. 현재는 중견(예비)기업 육성, 4차 산업혁명 지원 등 혁신성장을 선도하고 산업과 기업의 체질개선, 기업 구조조정 추진 등에 힘쓰고 있다.

KDB한국산업은행은 채용절차에서 지원자가 업무에 필요한 능력을 갖추고 있는지를 평가하기 위해 직무수행능력뿐 아니라 NCS 직업기초능력평가를 시행하여 맞춤인재를 선발하고 있다.

이에 시대에듀는 KDB한국산업은행 5급 신입행원 채용 필기시험을 준비하는 수험생들이 시험에 효과적으로 대비할 수 있도록 다음과 같은 특징을 가진 본서를 출간하였다.

도서의 특징

❶ 최근 출제경향을 분석하여 구성한 모의고사를 4회분 수록하여 시험 직전 자신의 실력을 최종 점검할 수 있도록 하였다.

❷ 논술 작성법과 KDB한국산업은행 논술 기출을 수록하여 일반시사논술 전형을 준비할 수 있도록 하였다.

❸ 면접 가이드와 주요 금융권 면접 기출을 수록하여 한 권으로 채용 전반에 대비할 수 있도록 하였다.

끝으로 본서가 KDB한국산업은행 5급 신입행원 채용 필기시험을 준비하는 여러분 모두에게 합격의 기쁨을 전달하기를 진심으로 기원한다.

SDC(Sidae Data Center) 씀

INTRODUCE

KDB한국산업은행 기업분석

◇ 미션

대한민국 경제의 1%를 책임지는 **정책금융기관**

◇ 비전

대한민국과 함께 성장하는 글로벌 금융 리더, **더 큰 KDB**

◇ KDB Way

비전 달성을 위해 공유해야 할 **全 임직원의 행동규범**

1. 고객의 니즈를 최우선으로 생각한다.
2. 열린 마음으로 변화를 수용하자.
3. 익숙함에서 벗어나 계산된 도전을 하자.
4. 소통하며 주도적으로 일하자.
5. 외부와 협력하여 더 나은 길을 찾는다.
6. 현장에서 답을 찾자.
7. 미래를 생각하고 행동하자.
8. 책임을 완수하여 사회적 신뢰를 얻는다.
9. 전문가로서 대안을 제시한다.
10. 디지털 마인드를 갖자.

신입행원 채용 안내

◇ 채용절차

지원서접수 → 서류심사 → 필기시험 → 1차면접 → 2차면접 → 입행

◇ 응시자격(공통)

❶ 연령, 학력 및 전공 : 제한 없음

※ 단, 접수시작일 기준 만 60세 이상인 자 제외

❷ 병역의무를 필한 자 또는 면제받은 자

❸ 은행 인사내규상 결격사유에 해당되지 않는 자

※ 접수기간 중 공고되는 산업은행의 모든 채용분야에 중복지원 불가

KDB한국산업은행 인사내규상 결격사유

1. 피성년후견인, 피한정후견인
2. 파산자로서 복권되지 아니한 자
3. 금고 이상의 형을 받고 그 집행이 종료되거나 또는 그 집행을 받지 아니하기로 확정된 후 3년이 경과하지 아니한 자
4. 법원의 판결에 의하여 자격이 상실 또는 정지된 자
5. 징계 면직된 사실이 있는 자
6. 「성폭력범죄의 처벌 등에 관한 특례법」상 규정된 죄를 범한 사람으로서 100만 원 이상의 벌금형을 선고받고 그 형이 확정된 후 3년이 경과하지 아니한 자
7. 미성년자에 대한 다음 각 목의 어느 하나에 해당하는 죄를 저질러 파면 · 해임되거나 형 또는 치료감호를 선고받아 그 형 또는 치료감호가 확정된 사람(집행유예를 선고받은 후 그 집행유예기간이 경과한 사람을 포함한다)
   가. 「성폭력범죄의 처벌 등에 관한 특례법」 제2조 따른 성폭력범죄
   나. 「아동 · 청소년의 성보호에 관련 법률」 제2조 제2호에 따른 아동 · 청소년 대상 성범죄
8. 「특정경제범죄 가중처벌 등에 관한 법률」상 취업제한 규정을 적용받는 자
9. 「공공기관의 운영에 관한 법률」에 따라 지정된 공공기관에서 부정한 방법으로 채용된 사실이 적발되어 채용이 취소된 때로부터 5년이 지나지 아니한 자

◇ 필기시험

평가항목		시험과목	문항 수	시간
직업기초능력		• NCS 직업기초능력평가 : 의사소통, 수리, 문제해결, 정보능력	60문항	60분
직무수행능력	직무지식	• 경영학, 경제학 중 택 1(※ 경영, 경제 분야 기준)	–	80분
	논리적 사고력	• 일반시사논술(※ 경영, 경제 분야만 실시)		45분

❖ 채용절차 및 응시자격은 변동될 수 있으므로 반드시 발표되는 채용공고를 확인하기 바랍니다.

TEST CHECK

주요 금융권 적중 문제

IBK기업은행

의사소통능력 ▶ 나열하기

25년 하 적중

※ 다음 문단을 논리적 순서대로 바르게 나열한 것을 고르시오. [1~2]

01

(가) 이에 따라 오픈뱅킹시스템의 기능을 확대하고, 보안성을 강화하기 위한 정책적 노력이 필요할 것으로 판단된다. 오픈뱅킹시스템이 금융 인프라로서 지속성, 안정성, 확장성 등을 가지기 위해서는 오픈뱅킹시스템에 대한 법적 근거가 필요하다. 법제화와 함께 오픈뱅킹시스템에서 발생할 수 있는 사고에 대한 신속하고 효율적인 해결 방안에 대해 이해관계자 간의 긴밀한 협의도 필요하다. 오픈뱅킹시스템의 리스크를 경감하고, 사고 발생 시 신속하고 효율적으로 해결하는 체계를 갖춰 소비자의 신뢰를 얻는 것이 오픈뱅킹시스템, 나아가 마이데이터업을 포함하는 오픈뱅킹의 성패를 좌우할 열쇠이기 때문이다.

(나) 우리나라 정책 당국도 은행뿐만 아니라 모든 금융회사가 보유한 정보를 개방하는 오픈뱅킹을 선도해서 추진하고 있다. 먼저 은행권과 금융결제원이 공동으로 구축한 오픈뱅킹시스템이 지난해 전면 시행되었다. 은행 및 핀테크 사업자는 오픈뱅킹시스템을 이용해 은행계좌에 대한 정보 조회와 은행계좌로부터의 이체 기능을 편리하게 개발하였다. 현재 저축은행 등의 제2금융권 계좌에 대한 정보 조회와 이체 기능을 추가하는 방안이 논의 중이다.

문제해결능력 ▶ 문제처리

25년 하 적중

※ 다음은 I은행의 지난해 직원별 업무 성과내용과 성과급 지급규정이다. 이어지는 질문에 답하시오. [23~24]

〈직원별 업무 성과내용〉

구분	직급	월 급여(만 원)	성과내용
임미리	과장	450	예 · 적금 상품 3개, 보험상품 1개, 대출상품 3개
이윤미	대리	380	예 · 적금 상품 5개, 보험상품 4개
조유라	주임	330	예 · 적금 상품 2개, 보험상품 1개, 대출상품 5개
구자랑	사원	240	보험상품 3개, 대출상품 3개
조다운	대리	350	보험상품 2개, 대출상품 4개
김은지	사원	220	예 · 적금 상품 6개, 대출상품 2개
권지희	주임	320	예 · 적금 상품 5개, 보험상품 1개, 대출상품 1개
윤순영	사원	280	예 · 적금 상품 2개, 보험상품 3개, 대출상품 1개

수리능력 ▶ 자료추론

25년 하 적중

※ 다음은 갑국의 2024년 4 ~ 6월 A ~ D정유사의 휘발유와 경유 가격에 대한 자료이다. 이어지는 질문에 답하시오. [13~14]

〈정유사별 휘발유와 경유 가격〉

(단위 : 원/L)

구분	휘발유			경유		
	4월	5월	6월	4월	5월	6월
A정유사	1,840	1,825	1,979	1,843	1,852	2,014
B정유사	1,795	1,849	1,982	1,806	1,894	2,029
C정유사	1,801	1,867	2,006	1,806	1,885	2,013
D정유사	1,807	1,852	1,979	1,827	1,895	2,024

※ 가격은 해당 월의 정유사별 공시가임

하나은행

의사소통능력 ▶ 주제 · 제목찾기

25년 하 적중

21 다음 글의 주제로 가장 적절한 것은?

> 소액주주의 권익을 보호하고, 기업 경영의 투명성을 높여 궁극적으로 자본시장에서 기업의 자금 조달을 원활히 함으로써 기업의 중장기적인 가치를 제고해 나가기 위해 집단 소송제 도입이 필요하다. 즉, 집단 소송제의 도입은 국민 경제뿐만 아니라 기업 스스로 가치 제고를 위해서도 바람직한 것이다. 현재 집단 소송제를 시행하고 있는 미국의 경우 전 세계적으로 자본시장이 가장 발달되었으며 시장의 투명성과 공정성이 높아 기업들이 높은 투자가치를 인정받고 있다.

① 집단 소송제는 시장에 의한 기업 지배 구조 개선을 가능하게 한다.
② 집단 소송제를 도입할 경우 경영의 투명성을 높여 결국 기업에 이득이 된다.
③ 기업의 투명성과 공정성은 집단 소송제의 시행 유무에 따라 판단된다.
④ 제도를 도입함으로써 제기되는 부작용은 미국의 경험과 사례로 방지할 수 있다.

수리능력 ▶ 환율

25년 하 적중

25 다음 중 미국 달러의 대한민국 원화 가치가 1,250원/USD이라면 원화 1,000,000원을 환전하였을 때 국가별 환전 금액이 바르게 연결되지 않은 것은?

① 일본 : 112,000엔　　② 오스트리아 : 800유로
③ 러시아 : 72,000루블　　④ 캐나다 : 1,000CAD

문제해결능력 ▶ 참 · 거짓

25년 하 적중

67 H은행 A ~ D 4개의 부서에서 1명씩 신입사원을 선발하였다. 지원자는 총 5명이었으며, 선발 결과에 대해 다음과 같이 진술하였다. 이 중 1명의 진술만 거짓으로 밝혀졌을 때, 항상 참인 것은?

> • 지원자 1 : 지원자 2가 A부서에 선발되었다.
> • 지원자 2 : 지원자 3은 A 또는 D부서에 선발되었다.
> • 지원자 3 : 지원자 4는 C부서가 아닌 다른 부서에 선발되었다.
> • 지원자 4 : 지원자 5는 D부서에 선발되었다.
> • 지원자 5 : 나는 D부서에 선발되었는데, 지원자 1은 선발되지 않았다.

① 지원자 1은 B부서에 선발되었다.
② 지원자 2는 A부서에 선발되었다.
③ 지원자 3은 D부서에 선발되었다.
④ 지원자 4는 B부서에 선발되었다.

TEST CHECK

주요 금융권 적중 문제

신한은행

의사소통능력 ▶ 내용일치

25년 하 적중

47 다음 글의 내용으로 적절하지 않은 것은?

> 경제질서는 국가 간의 교역과 상호투자 등을 원활히 하기 위해 각 국가가 준수할 규범들을 제정하고 이를 이행시키면서 이루어진 질서이다. 경제질서는 교역 당사국 모두에 직접적인 이익을 가져다주기 때문에 비교적 잘 지켜지고 있다. 특히 1995년 WTO가 발족되어 안보질서보다도 더 정교한 질서로 자리를 잡고 있다. 경제질서를 준수하게 하는 힘은 준수하지 않았을 때 가해지는 불이익으로, 다른 나라들의 집단적 경제제재가 그에 해당된다. 자연보호질서는 경제질서의 한 종류로, 자원보호질서와 환경보호질서로 나뉜다. 이 두 가지 질서는 다음과 같은 생각에서 제안된 범세계적 운동이다. 자원보호질서는 유한한 자원을 모두 소비하면 후세 사람들이 살아갈 수 없으므로 재생 가능한 자원을 많이 사용하고 가능한 한 자원을 재활용하자는 생각이다. 환경보호질서는 하나밖에 없는 지구의 원 모습을 지켜 후손에게 물려주어야 한다는 생각이다. 자원보호질서는 부존자원의 낭비를 막기 위해 사용 물질의 양에 대한 규제를 주도하는 질서이고, 환경보호질서는 글자 그대로 환경을 쾌적한 상태로 유지하려는 질서이다. 이 두 가지 질서는 서로 연관되어 있으나 지키려는 내용에서 다

수리능력 ▶ 자료추론

25년 하 적중

44 다음은 2021 ~ 2024년 S국의 방송통신 매체별 광고매출액에 대한 자료이다. 이에 대한 〈보기〉의 설명 중 옳은 것을 모두 고르면?

〈2021 ~ 2024년 방송통신 매체별 광고매출액〉

(단위 : 억 원)

매체	연도 / 세부 매체	2021년	2022년	2023년	2024년
방송	지상파TV	15,517	14,219	12,352	12,310
	라디오	2,530	2,073	1,943	1,816
	지상파DMB	53	44	36	35
	케이블PP	18,537	17,130	16,646	( )
	케이블SO	1,391	1,408	1,275	1,369

문제해결능력 ▶ 문제처리

25년 하 적중

08 다음은 S은행의 직장인 월 복리 적금에 대한 자료이다. 행원인 귀하가 이 상품을 고객에게 설명한 내용으로 적절하지 않은 것은?

〈가입현황〉

성별		연령대		신규금액		계약기간	
여성	63%	20대	20%	5만 원 이하	21%	1년 이하	60%
		30대	31%	10 ~ 50만 원	36%	1 ~ 2년	17%
남성	37%	40대	28%	50 ~ 100만 원	22%	2 ~ 3년	21%
		기타	21%	기타	21%	기타	2%

※ 현재 이 상품을 가입 중인 고객의 계좌 수 : 138,736개

〈상품설명〉

상품특징	급여이체 및 교차거래 실적에 따라 우대금리를 제공하는 직장인재테크 월 복리 적금상품
가입대상	만 18세 이상 개인(단, 개인사업자 제외)

KB국민은행

의사소통능력 ▶ 내용일치

25년 하 적중

※ 다음 글의 내용으로 적절하지 않은 것을 고르시오. [2~3]

02

> 약 3년에 걸쳐 시세조종을 주도한 혐의로 투자자문업체 대표 A씨가 지난 11일 구속 전 피의자 심문에 출석하였다. 특히 A대표의 주가조작 방식은 기존에 발생했던 범죄들과 상당히 다른 양상을 보인 것으로 알려졌다. 일반적인 주가조작 방식이 대주주와의 사전 공모를 통해 진행되었다면, A대표의 방식은 자신의 출신 대학 및 대학원 사람들과의 조직을 꾸림으로써 시작되었다. 이들은 공개적으로 투자자를 모집하는 것이 아닌 자산가 중심으로 접근해 다단계 방식으로 투자금을 모은 것으로 알려졌다. 또한 소규모 방식이 아닌 연예계, 재계, 의료계 등 여러 분야의 사람들로부터 투자금을 모은 것으로 알려졌다.
> 이들은 대주주의 비율이 높고 사업 확장성의 한계가 있어 새로운 사업을 할 확률이 낮아 증권가 시장에서 무관심한 저 PBR주를 대상으로 작업주를 물색하였다. 그리고 이를 토대로 금융당국에 등록하지 않은 채 투자자를 끌어 모아 투자자문업체를 운영하며 투자설명을 다니기 시작했다.
> 이렇게 물색해 투자한 주식 종목들은 2020년부터 지난달까지 꾸준히 상승하기 시작했는데, 이는 투자자들에게 휴대전화와 증권계좌 등 개인정보를 전달받은 뒤 미리 정해 놓은 매수 및 매도가에 따라 주식을 사고파는 방식인 '통정거래'를 통해 시세를 조종했기 때문이다. 하지만 지난달 24일 갑작스럽게 해당 주식들이 폭락을 맞이하면서 주가조작 사태가 불거지게 되었다.

① 통정거래를 통해 주가를 상승시키거나 하락하도록 조종할 수 있다.
② A대표는 비교적 거래량이 많은 저 PBR주를 대상으로 시세조종을 주도하였다.
③ A대표의 주가조작 방식은 투자자가 투자자를 모아 수익을 나누는 방식으로 진행되었다.
④ 일반적인 주가조작 방식은 소규모인 반면, A대표의 주가조작 방식은 대규모로 이루어졌다.

문제해결능력 ▶ 명제

25년 하 적중

22 제시된 명제가 모두 참일 때, 다음 중 반드시 참인 것은?

> • 연차를 쓸 수 있으면 제주도 여행을 한다.
> • 배낚시를 하면 회를 좋아한다.
> • 다른 계획이 있으면 배낚시를 하지 않는다.
> • 다른 계획이 없으면 연차를 쓸 수 있다.

① 연차를 쓸 수 있으면 배낚시를 한다.
② 다른 계획이 있으면 연차를 쓸 수 없다.
③ 제주도 여행을 하지 않으면 배낚시를 하지 않는다.
④ 배낚시를 하지 않으면 제주도 여행을 하지 않는다.

수리능력 ▶ 경우의 수

25년 하 적중

01 서로 다른 8개의 컵 중에서 4개만 식탁 위에 원형으로 놓는 방법의 경우의 수는?

① 400가지　　② 410가지
③ 420가지　　④ 430가지

도서 200% 활용하기

NCS 직업기초능력평가 모의고사 + OMR 답안카드

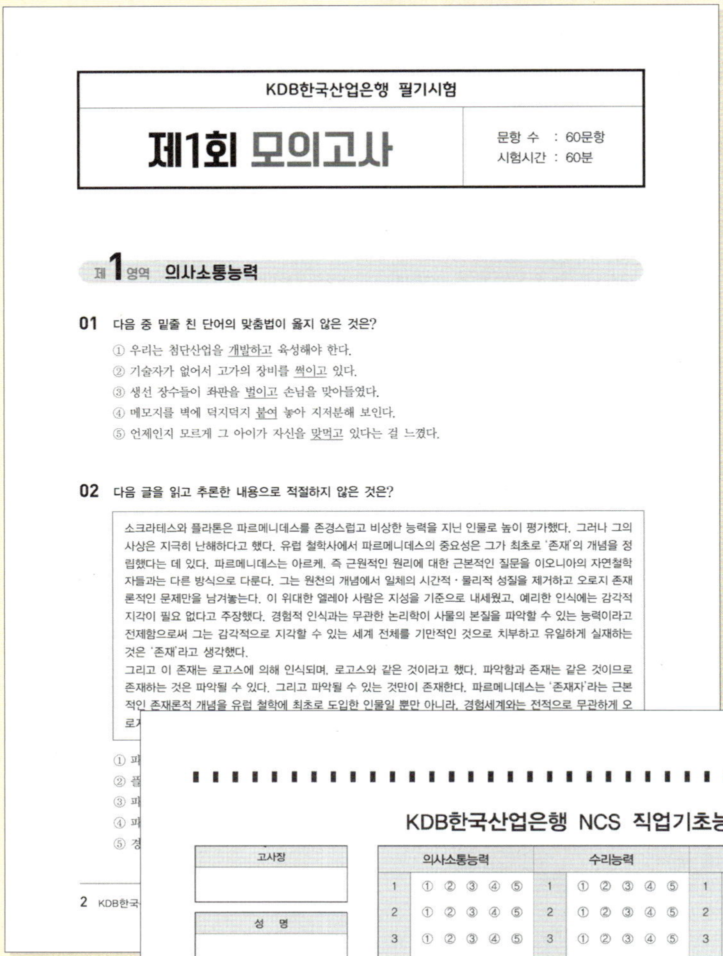

KDB한국산업은행 필기시험

제1회 모의고사

문항 수 : 60문항
시험시간 : 60분

제 1 영역 **의사소통능력**

01 다음 중 밑줄 친 단어의 맞춤법이 옳지 않은 것은?

① 우리는 첨단산업을 개발하고 육성해야 한다.
② 기술자가 없어서 고가의 장비를 썩이고 있다.
③ 생선 장수들이 좌판을 벌이고 손님을 맞아들였다.
④ 메모지를 벽에 덕지덕지 붙여 놓아 지저분해 보인다.
⑤ 언제인지 모르게 그 아이가 자신을 맞먹고 있다는 걸 느꼈다.

02 다음 글을 읽고 추론한 내용으로 적절하지 않은 것은?

소크라테스와 플라톤은 파르메니데스를 존경스럽고 비상한 능력을 지닌 인물로 높이 평가했다. 그러나 그의 사상은 지극히 난해하다고 했다. 유럽 철학사에서 파르메니데스의 중요성은 그가 최초로 '존재'의 개념을 정립했다는 데 있다. 파르메니데스는 아르케, 즉 근원적인 원리에 대한 근본적인 질문을 이오니아의 자연철학자들과는 다른 방식으로 다룬다. 그는 원천의 개념에서 일체의 시간적·물리적 성질을 제거하고 오로지 존재론적인 문제만을 남겨놓는다. 이 위대한 엘레아 사람은 지성을 기준으로 내세웠고, 예리한 인식에는 감각적 지각이 필요 없다고 주장했다. 경험적 인식과는 무관한 논리학이 사물의 본질을 파악할 수 있는 능력이라고 전제함으로써 그는 감각적으로 지각할 수 있는 세계 전체를 기만적인 것으로 치부하고 유일하게 실재하는 것은 '존재'라고 생각했다.
그리고 이 존재는 로고스에 의해 인식되며, 로고스와 같은 것이라고 했다. 파악함과 존재는 같은 것이므로 존재하는 것은 파악될 수 있다. 그리고 파악될 수 있는 것만이 존재한다. 파르메니데스는 '존재자'라는 근본적인 존재론적 개념을 유럽 철학에 최초로 도입한 인물일 뿐만 아니라, 경험세계와는 전적으로 무관하게 오로ㅈ

① 파
② 플
③ 파
④ 파
⑤ 경

2 KDB한국

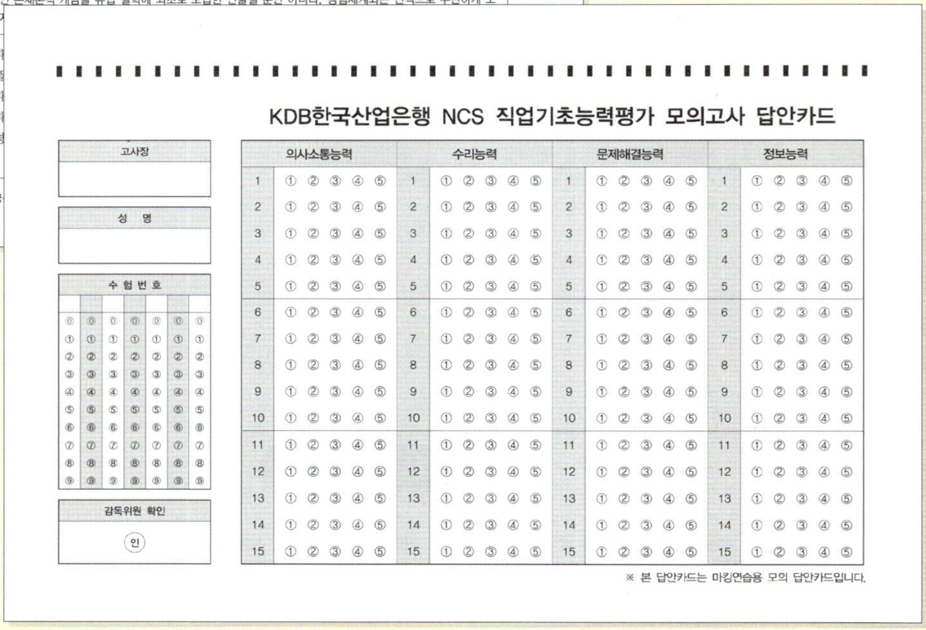

KDB한국산업은행 NCS 직업기초능력평가 모의고사 답안카드

고사장

성 명

수 험 번 호						
⓪	⓪	⓪	⓪	⓪	⓪	⓪
①	①	①	①	①	①	①
②	②	②	②	②	②	②
③	③	③	③	③	③	③
④	④	④	④	④	④	④
⑤	⑤	⑤	⑤	⑤	⑤	⑤
⑥	⑥	⑥	⑥	⑥	⑥	⑥
⑦	⑦	⑦	⑦	⑦	⑦	⑦
⑧	⑧	⑧	⑧	⑧	⑧	⑧
⑨	⑨	⑨	⑨	⑨	⑨	⑨

감독위원 확인
인

의사소통능력		수리능력		문제해결능력		정보능력	
1	① ② ③ ④ ⑤	1	① ② ③ ④ ⑤	1	① ② ③ ④ ⑤	1	① ② ③ ④ ⑤
2	① ② ③ ④ ⑤	2	① ② ③ ④ ⑤	2	① ② ③ ④ ⑤	2	① ② ③ ④ ⑤
3	① ② ③ ④ ⑤	3	① ② ③ ④ ⑤	3	① ② ③ ④ ⑤	3	① ② ③ ④ ⑤
4	① ② ③ ④ ⑤	4	① ② ③ ④ ⑤	4	① ② ③ ④ ⑤	4	① ② ③ ④ ⑤
5	① ② ③ ④ ⑤	5	① ② ③ ④ ⑤	5	① ② ③ ④ ⑤	5	① ② ③ ④ ⑤
6	① ② ③ ④ ⑤	6	① ② ③ ④ ⑤	6	① ② ③ ④ ⑤	6	① ② ③ ④ ⑤
7	① ② ③ ④ ⑤	7	① ② ③ ④ ⑤	7	① ② ③ ④ ⑤	7	① ② ③ ④ ⑤
8	① ② ③ ④ ⑤	8	① ② ③ ④ ⑤	8	① ② ③ ④ ⑤	8	① ② ③ ④ ⑤
9	① ② ③ ④ ⑤	9	① ② ③ ④ ⑤	9	① ② ③ ④ ⑤	9	① ② ③ ④ ⑤
10	① ② ③ ④ ⑤	10	① ② ③ ④ ⑤	10	① ② ③ ④ ⑤	10	① ② ③ ④ ⑤
11	① ② ③ ④ ⑤	11	① ② ③ ④ ⑤	11	① ② ③ ④ ⑤	11	① ② ③ ④ ⑤
12	① ② ③ ④ ⑤	12	① ② ③ ④ ⑤	12	① ② ③ ④ ⑤	12	① ② ③ ④ ⑤
13	① ② ③ ④ ⑤	13	① ② ③ ④ ⑤	13	① ② ③ ④ ⑤	13	① ② ③ ④ ⑤
14	① ② ③ ④ ⑤	14	① ② ③ ④ ⑤	14	① ② ③ ④ ⑤	14	① ② ③ ④ ⑤
15	① ② ③ ④ ⑤	15	① ② ③ ④ ⑤	15	① ② ③ ④ ⑤	15	① ② ③ ④ ⑤

※ 본 답안카드는 마킹연습용 모의 답안카드입니다.

- KDB한국산업은행 출제경향을 반영한 모의고사 4회분을 통해 시험 전 자신의 실력을 최종 점검할 수 있도록 하였다.
- OMR 답안카드와 모바일 OMR 답안채점/성적분석 서비스로 필기시험을 완벽히 준비할 수 있도록 하였다.

일반시사논술 + 면접

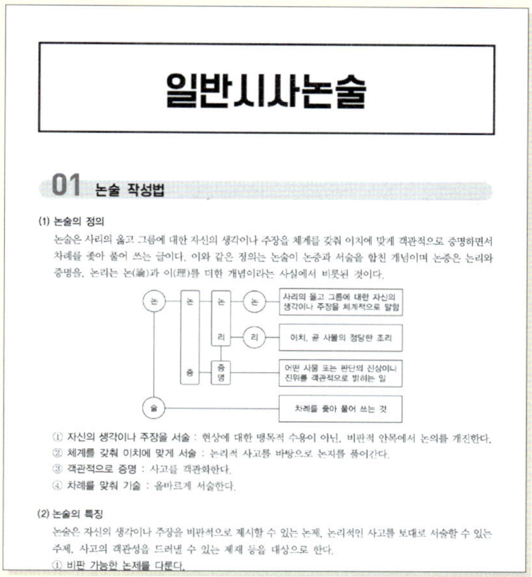

일반시사논술

01 논술 작성법

(1) 논술의 정의

논술은 사리의 옳고 그름에 대한 자신의 생각이나 주장을 체계를 갖춰 이치에 맞게 객관적으로 증명하면서 차례를 좇아 풀어 쓰는 글이다. 이와 같은 정의는 논술이 논증과 서술을 합친 개념이며 논증은 논리와 증명을, 논리는 논(論)과 이(理)를 더한 개념이라는 사실에서 비롯된 것이다.

① 자신의 생각이나 주장을 서술 : 현상에 대한 맹목적 수용이 아닌, 비판적 안목에서 논의를 개진한다.
② 체계를 갖춰 이치에 맞게 서술 : 논리적 사고를 바탕으로 논지를 풀어간다.
③ 객관적으로 증명 : 사고를 객관화한다.
④ 차례를 맞춰 기술 : 올바르게 서술한다.

(2) 논술의 특징

논술은 자신의 생각이나 주장을 비판적으로 제시할 수 있는 논제, 논리적인 사고를 토대로 서술할 수 있는 주제, 사고의 객관성을 드러낼 수 있는 제재 등을 대상으로 한다.

① 비판 가능한 논제를 다룬다.

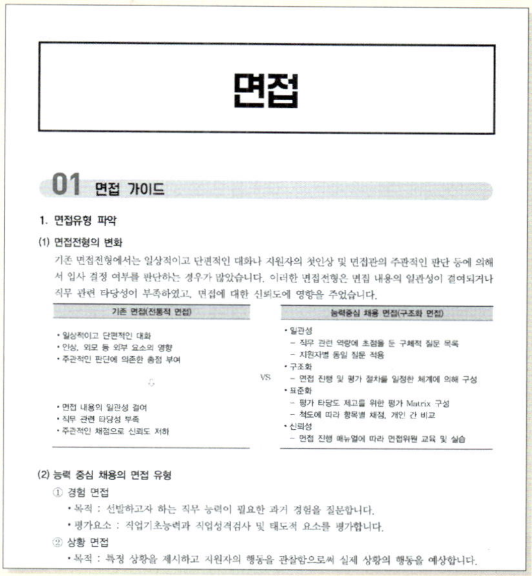

면접

01 면접 가이드

1. 면접유형 파악

(1) 면접전형의 변화

기존 면접전형에서는 일상적이고 단편적인 대화나 지원자의 첫인상 및 면접관의 주관적인 판단 등에 의해서 입사 결정 여부를 판단하는 경우가 많았습니다. 이러한 면접전형은 면접 내용의 일관성이 결여되거나 직무 관련 타당성이 부족하였고, 면접에 대한 신뢰도에 영향을 주었습니다.

기존 면접(전통적 면접)		능력중심 채용 면접(구조화 면접)
• 일상적이고 단편적인 대화 • 인상, 외모 등 외부 요소의 영향 • 주관적인 판단에 의존한 총점 부여 ⇩ • 면접 내용의 일관성 결여 • 직무 관련 타당성 부족 • 주관적인 채점으로 신뢰도 저하	VS	• 일관성 – 직무 관련 역량에 초점을 둔 구체적 질문 목록 – 지원자별 동일 질문 적용 • 구조화 – 면접 진행 및 평가 절차를 일정한 체계에 의해 구성 • 표준화 – 평가 타당도 제고를 위한 평가 Matrix 구성 – 척도에 따라 항목별 채점, 개인 간 비교 • 신뢰성 – 면접 진행 매뉴얼에 따라 면접위원 교육 및 실습

(2) 능력 중심 채용의 면접 유형

① 경험 면접
• 목적 : 선발하고자 하는 직무 능력이 필요한 과거 경험을 질문합니다.
• 평가요소 : 직업기초능력과 직업성격검사 및 태도적 요소를 평가합니다.

② 상황 면접
• 목적 : 특정 상황을 제시하고 지원자의 행동을 관찰함으로써 실제 상황의 행동을 예상합니다.

▸ KDB한국산업은행 논술 기출 및 주요 금융권 면접 기출을 수록하여 채용 전반에 대비할 수 있도록 하였다.

정답 및 해설

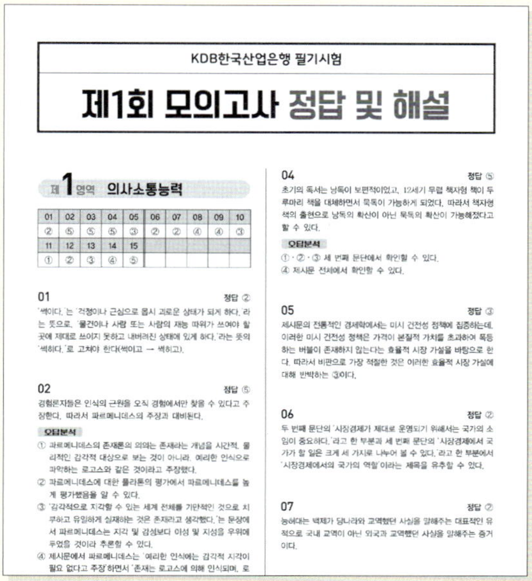

KDB한국산업은행 필기시험

제1회 모의고사 정답 및 해설

제1영역 의사소통능력

01	02	03	04	05	06	07	08	09	10
②	⑤	⑤	⑤	③	②	②	④	④	③
11	12	13	14	15					
①	②	③	④	⑤					

01 정답 ②

'썩이다.'는 '걱정이나 근심으로 몹시 괴로운 상태가 되게 하다.'라는 뜻으로, '물건이나 사람 또는 사람의 재능 따위가 쓰여야 할 곳에 제대로 쓰이지 못하고 내버려진 상태에 있게 하다.'라는 뜻의 '썩히다.'로 고쳐야 한다(썩이고 → 썩히고).

02 정답 ⑤

경험론자들은 인식의 근원을 오직 경험에서만 찾을 수 있다고 주장한다. 따라서 파르메니데스의 주장과 대비된다.

오답분석

① 파르메니데스의 존재론의 의의는 존재라는 개념을 시간적, 물리적인 감각적 대상으로 보는 것이 아니라, 예리한 인식으로 파악하는 로고스와 같은 것이라고 주장했다.
② 파르메니데스에 대한 플라톤의 평가에서 파르메니데스를 높게 평가했음을 알 수 있다.
③ '감각적으로 지각할 수 있는 세계 전체를 기만적인 것으로 치부하고 유일하게 실재하는 것은 존재라고 생각했다.'는 문장에서 파르메니데스는 지각 및 감성보다 이성 및 지성을 우위에 두었을 것이라 추론할 수 있다.
④ 제시문에서 파르메니데스는 '예리한 인식에는 감각적 지각이 필요 없다고 주장'하면서 '존재는 로고스에 의해 인식되며, 로

04 정답 ⑤

초기의 독서는 낭독이 보편적이었고, 12세기 무렵 책자형 책이 두루마리 책을 대체하면서 묵독이 가능하게 되었다. 따라서 책자형 책의 출현으로 낭독의 확산이 아닌 묵독의 확산이 가능해졌다고 할 수 있다.

오답분석

①·②·③ 세 번째 문단에서 확인할 수 있다.
④ 제시문 전체에서 확인할 수 있다.

05 정답 ③

제시문의 전통적인 경제학에서는 미시 건전성 정책에 집중하는데, 이러한 미시 건전성 정책은 가격이 본질적 가치를 초과하여 폭등하는 버블이 존재하지 않는다는 효율적 시장 가설을 바탕으로 한다. 따라서 비판으로 가장 적절한 것은 이러한 효율적 시장 가설에 대해 반박하는 ③이다.

06 정답 ②

두 번째 문단의 '시장경제가 제대로 운영되기 위해서는 국가의 소임이 중요하다.'라고 한 부분과 세 번째 문단의 '시장경제에서 국가가 할 일은 크게 세 가지로 나누어 볼 수 있다.'라고 한 부분에서 '시장경제에서의 국가의 역할'이라는 제목을 유추할 수 있다.

07 정답 ②

능허대는 백제가 당나라와 교역했던 사실을 알려주는 대표적인 유적으로 국내 교역이 아닌 외국과 교역했던 사실을 알려주는 증거이다.

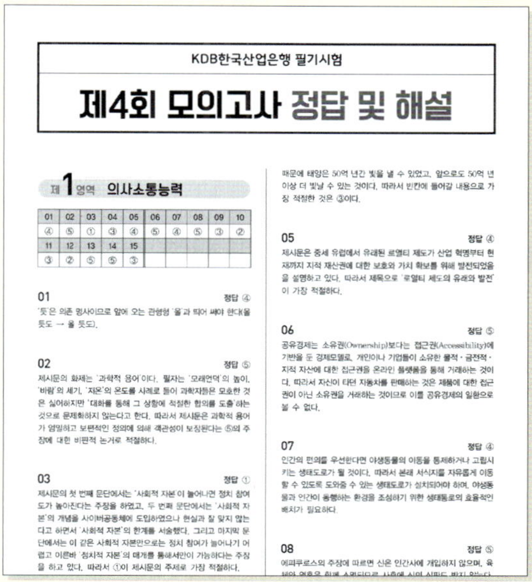

KDB한국산업은행 필기시험

제4회 모의고사 정답 및 해설

제1영역 의사소통능력

01	02	03	04	05	06	07	08	09	10
④	⑤	①	③	④	⑤	④	⑤	③	②
11	12	13	14	15					
③	②	⑤	⑤	③					

01 정답 ④

'듯'은 의존 명사이므로 앞에 오는 관형형 '을'과 띄어 써야 한다(을듯도 → 을 듯도).

02 정답 ⑤

제시문의 화제는 '과학적 용어'이다. 필자는 '모래언덕'의 높이, '바람'의 세기, '자온'의 온도를 사례로 들어 과학자들은 모호한 것은 싫어하지만 '대화를 통해 그 상황에 적절한 합의를 도출'하는 것으로 문제화하지 않는다고 한다. 따라서 제시문은 과학적 용어가 엄밀하고 보편적인 정의에 의해 객관성이 보장된다는 ⑤의 주장에 대한 비판적 논거로 적절하다.

03 정답 ①

제시문의 첫 번째 문단에서는 '사회적 자본'이 늘어나면 정치 참여도가 높아진다는 주장을 하였고, 두 번째 문단에서는 '사회적 자본'의 개념을 사이버공동체에 도입하였으나 현실과 잘 맞지 않는다고 하면서 '사회적 자본'의 한계를 서술했다. 그리고 마지막 문단에서는 이 같은 사회적 자본만으로는 정치 참여가 늘어나기 어렵고 이른바 '정치적 자본'의 매개를 통해서만이 가능하다는 주장을 하고 있다. 따라서 ①이 제시문의 주제로 가장 적절하다.

때문에 태양은 50억 년간 빛을 낼 수 있었고, 앞으로도 50억 년 이상 더 빛날 수 있는 것이다. 따라서 빈칸에 들어갈 내용으로 가장 적절한 것은 ③이다.

05 정답 ④

제시문은 중세 유럽에서 유래된 로열티 제도가 산업 혁명부터 현재까지 지적 재산권에 대한 보호와 가치 확보를 위해 발전되었음을 설명하고 있다. 따라서 제목으로 '로열티 제도의 유래와 발전'이 가장 적절하다.

06 정답 ⑤

공유경제는 소유권(Ownership)보다는 접근권(Accessibility)에 기반을 둔 경제모델로, 개인이나 기업들이 소유한 물적·금전적·지적 자산에 대한 접근권을 온라인 플랫폼을 통해 거래하는 것이다. 따라서 자신이 타던 자동차를 판매하는 것은 재화에 대한 접근권이 아닌 소유권을 거래하는 것이므로 이를 공유경제의 일환으로 볼 수 없다.

07 정답 ④

인간의 편의를 우선한다면 야생동물의 이동을 통제하거나 고립시키는 생태도로가 될 것이다. 따라서 본래 서식지를 자유롭게 이동할 수 있도록 도와줄 수 있는 생태도로가 설치되어야 하며, 야생동물과 인간이 동행하는 환경을 조성하기 위한 생태통로의 효율적인 배치가 필요하다.

08 정답 ⑤

에피쿠로스의 주장에 따르면 신은 인간사에 개입하지 않으며, 육

▸ 정답과 오답에 대한 상세한 해설과 추가적인 이론 설명을 통해 혼자서도 충분히 학습할 수 있도록 하였다.

CONTENTS

이 책의 차례

문 제 편 NCS 직업기초능력평가

면 접 편 일반시사논술 + 면접

해 설 편 정답 및 해설

제1회
KDB한국산업은행
필기시험

NCS 직업기초능력평가
모의고사

www.sdedu.co.kr

〈문항 수 및 시험시간〉

영역	문항 수	시험시간	모바일 OMR 답안채점 / 성적분석
의사소통능력	15문항	60분	
수리능력	15문항		
문제해결능력	15문항		
정보능력	15문항		

KDB한국산업은행 필기시험

제1회 모의고사

문항 수 : 60문항
시험시간 : 60분

제1영역 의사소통능력

01 다음 중 밑줄 친 단어의 맞춤법이 옳지 않은 것은?

① 우리는 첨단산업을 개발하고 육성해야 한다.
② 기술자가 없어서 고가의 장비를 썩이고 있다.
③ 생선 장수들이 좌판을 벌이고 손님을 맞아들였다.
④ 메모지를 벽에 덕지덕지 붙여 놓아 지저분해 보인다.
⑤ 언제인지 모르게 그 아이가 자신을 맞먹고 있다는 걸 느꼈다.

02 다음 글을 읽고 추론한 내용으로 적절하지 않은 것은?

> 소크라테스와 플라톤은 파르메니데스를 존경스럽고 비상한 능력을 지닌 인물로 높이 평가했다. 그러나 그의 사상은 지극히 난해하다고 했다. 유럽 철학사에서 파르메니데스의 중요성은 그가 최초로 '존재'의 개념을 정립했다는 데 있다. 파르메니데스는 아르케, 즉 근원적인 원리에 대한 근본적인 질문을 이오니아의 자연철학자들과는 다른 방식으로 다룬다. 그는 원천의 개념에서 일체의 시간적·물리적 성질을 제거하고 오로지 존재론적인 문제만을 남겨놓는다. 이 위대한 엘레아 사람은 지성을 기준으로 내세웠고, 예리한 인식에는 감각적 지각이 필요 없다고 주장했다. 경험적 인식과는 무관한 논리학이 사물의 본질을 파악할 수 있는 능력이라고 전제함으로써 그는 감각적으로 지각할 수 있는 세계 전체를 기만적인 것으로 치부하고 유일하게 실재하는 것은 '존재'라고 생각했다.
>
> 그리고 이 존재는 로고스에 의해 인식되며, 로고스와 같은 것이라고 했다. 파악함과 존재는 같은 것이므로 존재하는 것은 파악될 수 있다. 그리고 파악될 수 있는 것만이 존재한다. 파르메니데스는 '존재자'라는 근본적인 존재론적 개념을 유럽 철학에 최초로 도입한 인물일 뿐만 아니라, 경험세계와는 전적으로 무관하게 오로지 논리적 근거만을 사용하여 순수한 이론적 체계를 성립시킨 최초의 인물이기도 했다.

① 파르메니데스 사상의 업적은 존재란 개념을 이성적 파악의 대상으로 본 것이다.
② 플라톤은 파르메니데스를 높게 평가했다.
③ 파르메니데스는 감성보다 지성에 높은 지위를 부여했을 것이다.
④ 파르메니데스에게 예리한 인식이란 로고스로 파악하는 존재일 것이다.
⑤ 경험론자들의 주장과 파르메니데스의 주장은 일맥상통할 것이다.

03 다음 글의 내용으로 적절하지 않은 것은?

기업은 많은 이익을 남기길 원하고, 소비자는 좋은 제품을 저렴하게 구매하길 원한다. 그 과정에서 힘이 약한 저개발국가의 농민, 노동자, 생산자들은 무역상품의 가격 결정 과정에 참여하지 못하고, 자신이 재배한 식량과 상품을 매우 싼값에 팔아 겨우 생계를 유지한다. 그 결과, 세계 인구의 20% 정도가 우리 돈 약 1,000원으로 하루를 살아가고, 세계 노동자의 40%가 하루 2,000원 정도의 소득으로 살아가고 있다.
이러한 무역 거래의 한계를 극복하고, 공평하고 윤리적인 무역 거래를 통해 저개발국가 농민, 노동자, 생산자들이 겪고 있는 빈곤 문제를 해결하기 위해 공정무역이 생겨났다. 공정무역은 기존 관행 무역으로부터 소외당하며 불이익을 받고 있는 생산자와 지속가능한 파트너십을 통해 공정하게 거래하는 것으로, 생산자들과 공정무역 단체의 직거래를 통한 거래 관계에서부터 단체나 제품 등에 대한 인증시스템까지 모두 포함하는 무역을 의미한다.
이와 같은 공정무역은 국제 사회 시민운동의 일환으로, 1946년 미국의 시민단체 '텐사우전드빌리지(Ten Thousand Villages)'가 푸에르토리코의 자수 제품을 구매하고, 1950년대 후반 영국의 '옥스팜(Oxfam)'이 중국 피난민들의 수공예품과 동유럽국가의 수공예품을 팔면서 시작되었다. 이후 1960년대에는 여러 시민 단체들이 조직되어 아프리카, 남아메리카, 아시아의 빈곤한 나라에서 본격적으로 활동을 전개하였다. 이 단체들은 가난한 농부와 노동자들이 스스로 조합을 만들어 환경친화적으로 농산물을 생산하도록 교육하고, 이에 필요한 자금 등을 지원했다. 2000년대에는 공정무역이 자본주의의 대안활동으로 여겨지며 급속도로 확산되었고, 공정무역 단체나 회사가 생겨남에 따라 저개발국가 농부들이 생산한 농산물이 공정한 값을 받고 거래되었다. 이러한 과정에서 공정무역은 저개발국 생산자들의 삶을 개선하기 위한 중요한 시장 메커니즘으로 주목을 받게 된 것이다.

① 기존 관행 무역에서는 저개발국가의 농민, 노동자, 생산자들이 무역상품의 가격 결정 과정에 참여하지 못했다.
② 세계 노동자의 40%가 하루 2,000원 정도의 소득으로 살아가며, 세계 인구의 20%는 약 1,000원으로 하루를 살아간다.
③ 공정무역에서는 저개발국가의 생산자들과 지속가능한 파트너십을 통해 그들을 무역 거래 과정에서 소외시키지 않는다.
④ 공정무역은 1946년 시작되었고, 1960년대 조직된 여러 시민 단체들이 본격적으로 활동을 전개하였다.
⑤ 시민 단체들은 조합을 만들어 환경친화적인 농산물을 직접 생산하고, 이를 회사에 공정한 값으로 판매하였다.

04 다음 글의 내용에서 추론할 수 없는 것은?

> 초기의 독서는 소리 내어 읽는 음독 중심이었다. 고대 그리스인들은 쓰인 글이 완전해지려면 소리 내어 읽는 행위가 필요하다고 생각했다. 또한 초기의 두루마리 책은 띄어쓰기나 문장부호 없이 이어 쓰는 연속 기법으로 표기되어 어쩔 수 없이 독자가 자기 목소리로 문자의 뜻을 더듬어가며 읽어봐야 글을 이해할 수 있었다. 흡사 종교의식을 치르듯 성서나 경전을 진지하게 암송하는 낭독이나, 필자나 전문 낭독가가 낭독하는 것을 들음으로써 간접적으로 책을 읽는 낭독 – 듣기가 보편적이었다.
> 그러던 12세기 무렵 독서 역사에 큰 변화가 일어나는데, 그것은 유럽 수도원의 필경사들 사이에서 시작된 '소리를 내지 않고 읽는 묵독'의 발명이었다. 공동생활에서 소리를 최대한 낮춰 읽는 것이 불가피했던 것이다. 비슷한 시기에 두루마리 책을 완전히 대체하게 된 책자형 책은 주석을 참조하거나 앞부분을 다시 읽는 것을 가능하게 하여 묵독을 도왔다. 묵독이 시작되자 낱말의 간격이나 문장의 경계 등을 표시할 필요성이 생겨 띄어쓰기와 문장부호가 발달했다. 이와 함께 반체제, 에로티시즘, 신앙심 등 개인적 체험을 기록한 책도 점차 등장했다. 이러한 묵독은 꼼꼼히 읽는 분석적 읽기를 가능하게 했다.
> 음독과 묵독이 공존하던 18세기 중반에 새로운 독서 방식으로 다독이 등장했다. 금속활자와 인쇄술의 보급으로 책 생산이 이전의 3 ~ 4배로 증가하면서 다양한 장르의 책들이 출판되었다. 이전에 책을 접하지 못했던 여성들이 독자로 대거 유입되었고, 독서 조합과 대출 도서관 등 독서 기관이 급격히 증가했다. 이전 시대에는 제한된 목록의 고전을 여러 번 정독하는 집중형 독서가 주로 행해졌던 반면, 이제는 분산형 독서가 행해졌다. 이것은 필독서인 고전의 권위에 대항하여 자신이 읽고 싶은 것을 골라 읽는 자유로운 선택적 읽기를 뜻한다.
> 이처럼 오늘날 행해지는 다양한 독서 방식들은 장구한 시간의 흐름 속에서 하나씩 등장했다. 그래서 거기에는 당대의 지식사를 이끌었던 흔적들이 남아 있다.

① 다양한 내용의 책을 읽는 데에는 분산형 독서가 효과적이다.
② 분산형 독서는 고전이 전에 가졌던 권위를 약화시켰다.
③ 18세기 중반 이전에는 여성 독자의 수가 제한적이었다.
④ 책의 형태가 변화하면 독서의 방식도 따라서 변화한다.
⑤ 책자형 책의 출현으로 인해 낭독의 확산이 가능해졌다.

05 다음 글의 주장에 대한 비판으로 가장 적절한 것은?

전통적인 경제학에 따른 통화 정책에서는 정책 금리를 활용하여 물가를 안정시키고 경제 안정을 도모하는 것을 목표로 한다. 중앙은행은 경기가 과열되었을 때 정책 금리 인상을 통해 경기를 진정시키고자 한다. 정책 금리 인상으로 시장 금리도 높아지면 가계 및 기업에 대한 대출 감소로 신용 공급이 축소된다. 신용 공급의 축소는 경제 내 수요를 줄여 물가를 안정시키고 경기를 진정시킨다. 반면 경기가 침체되었을 때는 반대의 과정을 통해 경기를 부양시키고자 한다.
금융을 통화 정책의 전달 경로로만 보는 전통적인 경제학에서는 금융감독 정책이 개별 금융 회사의 건전성 확보를 통해 금융 안정을 달성하고자 하는 미시 건전성 정책에 집중해야 한다고 보았다. 이러한 관점은 금융이 직접적인 생산 수단이 아니므로 단기적일 때와는 달리 장기적으로는 경제 성장에 영향을 미치지 못한다는 인식과 자산 시장에서는 가격이 본질적 가치를 초과하여 폭등하는 버블이 존재하지 않는다는 효율적 시장 가설에 기인한다. 미시 건전성 정책은 개별 금융 회사의 건전성에 대한 예방적 규제 성격을 가진 정책 수단을 활용하는데, 그 예로는 향후 손실에 대비하여 금융 회사의 자기자본 하한을 설정하는 최저 자기자본 규제를 들 수 있다.

① 경기가 침체된 상황에서는 처방적 규제보다 예방적 규제에 힘써야 한다.
② 시장의 물가가 지나치게 상승할 경우 국가는 적극적으로 개입하여 물가를 안정시켜야 한다.
③ 중앙은행의 정책이 자산 가격 버블에 따른 금융 불안을 야기하여 경제 안정이 훼손될 수 있다.
④ 금융은 단기적일 때와 달리 장기적으로는 경제 성장에 별다른 영향을 미치지 못한다.
⑤ 금융 회사에 대한 최저 자기자본 규제를 통해 금융 회사의 건전성을 확보할 수 있다.

06 다음 글의 제목으로 가장 적절한 것은?

시장경제는 국민 모두가 잘살기 위한 목적을 달성하기 위한 수단으로서 선택한 나라 살림의 운영 방식이다. 그러나 최근에 재계, 정계 그리고 경제 관료 사이에 벌어지고 있는 시장경제에 대한 논쟁은 마치 시장경제 그 자체가 목적인 것처럼 왜곡되고 있다. 국민들이 잘살기 위해서는 경제가 성장해야 한다. 그러나 경제가 성장했는데도 다수의 국민들이 잘사는 결과를 가져오지 못하고 경제적 강자들의 기득권을 확대 생산하는 결과만을 가져온다면 국민들은 시장경제를 버리고 대안적 경제 체제를 찾을 것이다. 그렇기 때문에 시장경제를 유지하기 위해서는 성장과 분배의 균형이 중요하다.

시장경제는 경쟁을 통해서 효율성을 높이고 성장을 달성한다. 경쟁의 동기는 사적인 이익을 추구하는 인간의 이기적 속성에 기인한다. 국민 각자는 모두가 함께 잘살기 위해서가 아니라 내가 잘살기 위해서 경쟁을 한다. 모두가 함께 잘살기 위한 공동의 목적을 달성하기 위한 수단으로 시장경제를 선택한 것이지만 개개인은 이기적인 동기로 시장에 참여하는 것이다. 이와 같이 시장경제는 개인과 공동의 목적이 서로 상반되는 모순을 갖는 것이 그 본질이다. 그래서 시장경제가 제대로 운영되기 위해서는 국가의 소임이 중요하다.

시장경제에서 국가가 할 일을 크게 세 가지로 나누어 볼 수 있다. 첫째는 경쟁을 유도하는 시장 체제를 만드는 것이고, 둘째는 공정한 경쟁이 이루어지도록 시장 질서를 세우는 것이며, 셋째는 경쟁의 결과로 얻은 성과가 모두에게 공평하게 분배되도록 조정하는 것이다. 최근에 벌어지고 있는 시장경제의 논쟁은 세 가지 국가의 역할 중에서 논쟁의 주체들이 자신의 이해관계에 따라서 선택적으로 시장경제를 왜곡하고 있다. 경쟁에서 강자의 위치를 확보한 재벌들은 경쟁 촉진을 주장하면서 공정 경쟁이나 분배를 말하는 것은 반시장적이라고 매도한다. 정치권은 인기 영합의 수단으로, 그리고 일부 노동계는 이기적 동기에서 분배를 주장하면서 분배의 전제가 되는 성장을 위해서 필요한 경쟁을 훼손하는 모순된 주장을 한다. 경제 관료들은 자신의 권력을 강화하기 위한 부처의 이기적인 관점에서 경쟁촉진과 공정 경쟁 사이에서 줄타기 곡예를 하며 분배에 대해서 말하는 것은 금기시한다. 모두가 자신들의 기득권을 위해서 선택적으로 왜곡하고 있다.

경쟁은 원천적으로 공정성을 보장하지 못한다. 서로 다른 능력이 주어진 천부적인 차이는 물론이고, 물려받는 재산과 환경의 차이로 인하여 출발선에서부터 불공정한 경쟁이 시작된다. 그럼에도 불구하고 경쟁은 창의력을 가지고 노력하는 사람에게 성공을 가져다주는 체제이다. 그래서 출발점이 다를지라도 노력과 능력에 따라서 성공의 기회가 제공되도록 보장하기 위해서 공정 경쟁이 중요하다.

경쟁은 또한 분배의 공평성을 보장하지 못한다. 경쟁의 결과는 경쟁에 참여한 모든 사람들의 노력의 결과로 이루어진 것이지, 승자만의 노력으로 이루어진 것은 아니다. 경쟁의 결과가 승자에 의해서 독점된다면 국민들은 경쟁의 참여를 거부할 수밖에 없다. 그래서 경쟁에 참여한 모두에게 공평한 분배가 이루어지는 것이 중요하다.

① 시장경제에서의 개인과 경쟁의 상호 관계
② 시장경제에서의 국가의 역할
③ 시장경제에서의 개인 상호 간의 경쟁
④ 시장경제에서의 경쟁의 양면성과 그 한계
⑤ 시장경제에서의 경쟁을 통한 개개인의 관계

07 다음 글의 내용으로 적절하지 않은 것은?

> 인천은 예로부터 해상 활동의 중심지였다. 지리적으로 한양과 인접해 있을 뿐 아니라, 가깝게는 강화・서산・수원・태안・개성 등지와 멀리는 충청・황해・평안・전라 지방으로부터 온갖 지역 생산품이 모이는 곳이었다. 즉 상권이 전국에 미치는 매우 중요한 지역이었으며, 갑오개혁 이후에는 일본군, 관료, 상인들이 한양으로 들어오는 관문이었다.
> 현재 인천광역시 옥련동에 남아 있는 능허대는 백제가 당나라와 교역했던 사실을 말해 주는 대표적인 유적이다. 고구려 역시 광개토대왕 이래 남진 정책을 펼치면서 경기만을 활용해 해상 활동을 활발하게 전개했고, 이를 국가 발전의 원동력으로 삼았다. 고려는 황해를 무대로 한 해상 세력이 건국한 국가였으므로 인천을 비롯한 경기만은 송나라는 물론 이슬람 권역과 교역하는 주요 거점이 되었다. 조선 시대 인천은 조운선의 중간 기착지였다. 이처럼 고대로부터 인천 지역이 해상 교역에서 중요한 역할을 담당했던 것은 한반도의 허리이자, 황해의 핵심적 위치에서 자리하고 있기 때문이었다.
> 인천항의 근대 산업항으로서의 역사는 1883년 개항에 의해 본격적으로 시작된다. 그 무렵 인천 도호부는 인구 4,700여 명의 작은 마을이었다. 비록 외세에 의한 강제적 개항이며 식민지 찬탈의 창구였으나, 1900년대 초 인천은 우리나라 무역 총액의 50%를 담당하는 국내 대표 항구로서 자리 잡게 되었다. 그리고 이후 우리나라 근대화와 산업화를 이끈 주역으로 역할을 수행하게 된다.

① 인천은 지리적 특성으로 해상 활동의 중심지였다.

② 능허대는 백제의 국내 교역이 활발했음을 말해주는 대표적인 유적이다.

③ 광개토대왕은 경기만을 이용한 해상 활동으로 국가를 발전시킬 수 있었다.

④ 인천은 조선 시대에 조운선의 중간 기착지로 활용되었다.

⑤ 근대 산업항으로서의 인천항은 외세에 의한 강제적 개항으로 시작되었다.

08 다음 글의 빈칸에 들어갈 내용으로 가장 적절한 것은?

몰랐지만 넘겨짚어 시험의 정답을 맞힌 경우와 제대로 알고 시험의 정답을 맞힌 경우를 구별할 수 있을까? 또 무작정 외워서 쓴 경우와 제대로 이해하고 쓴 경우는 어떤가? 전자와 후자는 서로 다르게 평가받아야 할까, 아니면 동등한 평가를 받아야 할까?

선택형 시험의 평가는 오로지 답안지에 표기된 선택지가 정답과 일치하는가의 여부에만 달려 있다. 이는 위의 첫 번째 물음이 항상 긍정으로 대답되지는 않으리라는 사실을 말해준다. 그러나 만일 시험관에게 답안지를 놓고 응시자와 면담할 기회가 주어진다면, 시험관은 응시자에게 정답지를 선택한 근거를 물음으로써 그가 문제에 관해 올바른 정보와 추론 능력을 가지고 있는지 검사할 수 있을 것이다. 예를 들어 한 응시자가 '대한민국의 수도가 어디냐'는 물음에 대해 '서울'이라고 답했다고 하자. 그렇게 답한 이유가 단지 '부모님이 사시는 도시라 이름이 익숙해서'였을 뿐, 정작 대한민국의 지리나 행정에 관해서는 아는 바 없다는 사실이 면접을 통해 드러났다고 하자. 이 경우에 시험관은 이 응시자가 대한민국의 수도에 관한 올바른 정보를 갖고 있다고 인정하기 어려울 것이다. 이 예는 응시자가 올바른 답을 제시하는 데 필요한 정보가 부족한 경우이다.

그렇다면 어떤 사람이 문제의 올바른 답을 추론해 내는 데 필요한 모든 정보를 갖고 있었고 실제로도 정답을 제시했다고 해서, 그가 문제에 대한 올바른 추론 능력을 가지고 있다고 할 수 있는가? 어느 도난사건을 함께 조사한 홈즈와 왓슨이 사건의 모든 구체적인 세부사항, 예컨대 범행 현장에서 발견된 흙발자국의 토양 성분뿐 아니라 올바른 결론을 내리는 데 필요한 모든 일반적 정보, 예컨대 영국의 지역별 토양의 성분에 관한 정보 등을 똑같이 갖고 있었고, 실제로 동일한 용의자를 범인으로 지목했다고 하자. 이 경우 두 사람의 추론을 동등하게 평가해야 하는가? 그렇지 않다.

예컨대 왓슨은 모든 정보를 완비하고 있었음에도 불구하고, 이름에 모음의 수가 가장 적다는 엉터리 이유로 범인을 지목했다고 하자. 이런 경우에도 우리는 왓슨의 추론에 박수를 보낼 수 있을까? 아니다. 왜냐하면 ______________________________

① 왓슨은 일반적으로 타당한 개인적 경험을 토대로 추론했기 때문이다.
② 왓슨은 올바른 추론의 방법을 알고 있음에도 불구하고 요행을 우선시했기 때문이다.
③ 왓슨은 추론에 필요한 전문적인 훈련을 받지 못해서 범인을 잘못 골랐기 때문이다.
④ 왓슨은 올바른 추론에 필요한 정보를 가지고 있긴 했지만 그 정보와 무관하게 범인을 지목했기 때문이다.
⑤ 왓슨은 올바른 추론에 필요한 논리적 능력은 갖추고 있음에도 불구하고 범인을 추론하는 데 필요한 관련 정보가 부족했기 때문이다.

※ 다음 글을 읽고 이어지는 질문에 답하시오. [9~10]

(가) 대부분의 실험 참가자들은 청소년기에 부모에게서 많은 칭찬과 보상을 받고 원만한 관계를 맺음으로써 성인기에 코르티솔 수치가 높아진 것으로 나타났다. 코르티솔 수치가 높다는 것은 주의에 집중하고 민첩하며 재빠른 상황 판단과 대처를 할 수 있다는 의미로, 이는 원만한 인간관계로 이어져 개인의 삶에 좋은 영향을 미친다고 볼 수 있다. 인간관계에서 벌어지는 미묘한 문제를 잘 알아채고 세부적인 사항들에 좀 더 주목할 수 있기 때문이다.

(나) 부모와 긍정적인 관계를 형성한 청소년은 성인이 되고 나서도 원만한 인간관계 등을 통해 개인의 삶에 긍정적인 영향을 주는 것으로 나타났다. 미국 아이오와 대학교 연구팀은 미국 시애틀 거주자를 대상으로 이에 대한 연구를 진행했다. 우선 실험참가자들이 청소년일 때 부모와의 관계를 확인하고, 이후 부모와의 긍정적인 관계가 성인이 된 후 어떠한 영향을 미쳤는지 살폈다.

(다) 그런데 일부 실험 참가자는 다른 양상이 나타났다. 청소년기에 시작된 부모의 칭찬과 보상이 코르티솔 수치에 별다른 영향을 미치지 않은 것이다. 이는 어릴 때부터 범죄, 가정 문제 등으로부터 이미 스스로를 보호하고 경계하면서 자랐기 때문일 것으로 분석된다. 즉, 부모와의 관계가 자녀의 삶에 영향을 미칠 뿐만 아니라 외부 환경이 끼치는 영향 역시 무시할 수 없다는 의미로 해석될 수 있는 것이다.

(라) 5년이 지난 뒤 19 ~ 22세 사이의 성인이 된 실험 참가자들에게서 타액 샘플을 채취한 다음 코르티솔 수치를 살폈다. 코르티솔은 스트레스에 반응하여 분비되는 호르몬으로, 인간관계를 자연스럽게 형성하면서 나타나는 호르몬으로도 볼 수 있다. 성별, 수입 상태, 수면 습관 등 다양한 변인을 통제한 상태에서 분석해 본 결과, 부모와 청소년의 관계는 코르티솔 수치와 연관성을 보였다.

09 윗글의 (가) ~ (라) 문단을 논리적 순서대로 바르게 나열한 것은?

① (가) – (나) – (라) – (다)
② (가) – (다) – (라) – (나)
③ (나) – (가) – (다) – (라)
④ (나) – (라) – (가) – (다)
⑤ (나) – (라) – (다) – (가)

10 윗글의 제목으로 가장 적절한 것은?

① 인종별로 다르게 나타나는 대인관계 형성
② 코르티솔로 나타나는 부모와 자식의 관계
③ 개인의 삶에 영향을 미치는 부모와의 좋은 관계
④ 외부환경으로 나타나는 자녀의 스트레스
⑤ 격려와 적절한 보상의 효과성 검증

※ 다음 글을 읽고 이어지는 질문에 답하시오. [11~13]

수면은 피로가 누적된 심신을 회복하기 위해 주기적으로 잠을 자는 상태를 의미한다. 수면은 '비–REM수면'과 급속한 안구 운동을 동반하는 'REM(Rapid Eye Movement)수면'이 교대로 나타난다. 일반적으로 비–REM수면 이후 REM수면이 진행된다. 비–REM수면은 4단계로 진행되면서 깊은 잠에 빠져들게 되는 수면이다. 이러한 수면의 양상은 수면 단계에 따라 달리 측정되는 뇌파로 살펴볼 수 있다. (가)
먼저 막 잠이 들기 시작하는 1단계 수면 상태에서 뇌는 '세타파'를 내보낸다. 세타파란 옅은 잠을 자는 상태에서 나타나는 뇌파로, 이때는 언제든 깰 수 있을 정도의 수면 상태이다. 이 단계는 각성 상태에서 수면으로 넘어가는 과도기적 상태로 뇌파가 각성 상태보다 서서히 느려진다. (나)
2단계 수면에서는 세타파 사이사이에 '수면방추'와 'K–복합체'라는 독특한 뇌파의 모습이 보인다. 수면방추는 세타파 중간마다 마치 실이 감겨 있는 것처럼 촘촘한 파동의 모습인데, 분당 2 ~ 5번 정도 나타나며 수면을 유지시켜 주는 역할을 한다. K–복합체는 2단계 수면에서 나타나는데, 세타파 사이사이에 아래위로 갑자기 삐죽하게 솟아오르는 모습을 보인다. 실험에 의하면 K–복합체는 수면 중 갑작스러운 소음이 날 때 활성화된다. (다)
깊은 수면의 단계로 진행되면 뇌파 가운데 가장 느리고 진폭이 큰 '델타파'가 나타난다. 3단계와 4단계는 '델타파'의 비중에 따라 구별된다. 보통 델타파의 비중이 20 ~ 50%일 때는 3단계로, 50%를 넘어서 더 깊은 수면에 빠지는 상태가 되면 4단계로 본다. 때문에 4단계 수면은 '서파수면(Slow–wave–sleep)'으로도 알려져 있다. (라)
서파수면은 대뇌의 대사율과 혈류량이 각성 수준의 75%까지 감소되는 깊은 잠의 상태이고, REM수면은 잠에 빠져 있음에도 정신 활동이 이루어지는 상태이다. 때문에 서파수면 상태에 있는 사람을 깨우면 정신을 못 차리고 비틀거리며 혼란스러워하고, REM수면 상태의 사람을 깨우면 금세 각성 상태로 돌아온다. (마)
자극에 반응을 하지 않을 정도의 비–REM수면은 온전한 휴식을 통해 진정한 심신의 회복을 가져다준다. 자면서도 정신 활동이 이루어지는 REM수면은 인간의 뇌의 활동이나 학습에도 도움을 준다. 비–REM수면이든 REM수면이든 문제가 생기면 인간의 활동은 영향을 받게 된다.

11 윗글의 주된 내용 전개 방식으로 가장 적절한 것은?

① 현상의 과정을 단계별로 나누어 설명하고 있다.
② 현상에 대한 다양한 관점을 비교·분석하고 있다.
③ 현상에 대한 해결 방안을 제시하고 있다.
④ 구체적인 사례를 통해 관련 현상을 설명하고 있다.
⑤ 새로운 시각으로 현상을 분석하는 이론을 소개하고 있다.

12 **윗글을 이해한 내용으로 적절하지 않은 것은?**

① 세타파만 측정되는 수면 상태라면 작은 소음에도 쉽게 깰 수 있겠어.
② 세타파 사이사이에 아래위로 삐죽하게 솟아오르는 뇌파는 분당 5번 정도 나타나는군.
③ 델타파의 속도는 세타파보다 느리지만, 진폭은 세타파보다 커.
④ 서파수면 상태의 사람과 REM수면 상태의 사람이 동시에 잠에서 깨 일어난다면 REM수면 상태의 사람이 더 빨리 움직이겠군.
⑤ 피로가 누적된 사람에게는 REM수면보다 비-REM수면이 필요해.

13 **윗글의 (가) ~ (마) 중 〈보기〉의 문장이 들어갈 위치로 가장 적절한 곳은?**

〈보기〉

이를 통해 이것은 잠자는 사람이 깨는 것을 방지해 주는 역할을 하여 깊은 수면을 유도함을 알 수 있다.

① (가)
② (나)
③ (다)
④ (라)
⑤ (마)

※ 다음은 K기관의 청탁금지법 위반행위에 대한 제재이다. 이어지는 질문에 답하시오. [14~15]

〈청탁금지법 위반행위에 대한 제재〉

적용법조	위반행위에 대한 제재	
제5조 (부정청탁 금지)	징계	• 처음 부정청탁을 받고 거절하는 의사를 명확히 표시하지 않은 경우 • 거절의사를 명확히 표시하였음에도 다시 동일한 부정청탁을 받았으나, 이를 신고하지 않은 경우 • 직접 자신을 위하여 하는 부정청탁을 한 경우
	과태료	• 제3자를 통하여 부정청탁을 한 경우
	형사처벌	• 부정청탁을 받고 그에 따른 직무를 수행한 경우
제8～9조 (금품 등 수수 금지)	징계	• 신고 또는 반환・인도 의무 중 어느 하나라도 이행하지 않을 경우(단, 신고 및 반환・인도하면 징계대상에서 제외)
	과태료	• 직무와 관련하여 1회 100만 원 이하의 금품 등을 받거나 요구 또는 약속한 경우 • 자신의 배우자가 공직자의 직무와 관련하여 1회 100만 원 이하의 금품 등을 받거나 요구 또는 제공받기로 약속한 사실을 알고도 신고하지 아니한 경우 • 직무와 관련하여 1회 100만 원 이하의 금품 등을 공직자나 그 배우자에게 제공하거나 약속 또는 의사표시를 한 경우
	형사처벌	• 동일인으로부터 1회 100만 원을 초과하여 받거나 요구 또는 약속한 경우 • 자신의 배우자가 직무와 관련하여 1회 100만 원을 초과하여 받거나 요구 또는 제공받기로 약속한 사실을 알고도 신고하지 아니한 경우 • 1회 100만 원을 초과하는 수수 금지 금품 등을 공직자 또는 그 배우자에게 제공하거나 약속 또는 의사표시를 한 경우
제10조 (외부강의 등)	징계	• 사전 신고 의무를 불이행한 경우(단, 국가 또는 지자체 요청 강의는 신고대상이 아님) • 초과사례금을 받고 반환했으나 신고 의무는 불이행한 경우 • 초과사례금을 받고 신고했으나 제공자에게 반환하지 않은 경우
	과태료	• 초과사례금을 받은 후 신고 및 반환 조치를 모두 하지 않은 경우
	형사처벌	• 부정청탁을 받고 그에 따른 직무를 수행한 경우
제20조 (청탁방지담당관)	징계	• 준법관리인이 법에 따른 신고・신청의 접수, 처리 및 내용의 조사 업무를 부당하게 처리하거나 임직원의 위반행위를 발견했음에도 조치를 취하지 않은 경우
제22조 (벌칙)	형사처벌	• 신고자의 인적사항 등을 다른 사람에게 알려주거나 공개한 자 • 위반행위 신고・조치 업무 담당 임직원이 업무처리 과정에서 알게 된 비밀을 누설한 경우 • 신고자에게 신고 등을 이유로 신분상 불이익조치를 한 자 • 신고 등을 방해하거나 신고 등을 취소하도록 강요한 자

14 **M사원은 K기관의 청탁금지법 위반행위에 대한 제재를 보고 청탁금지법을 준수하기 위한 직원의 의무에 대해 다음과 같은 추론을 하였다. 추론한 내용으로 옳지 않은 것은?**

① 직원은 동일한 부정청탁을 2번 이상 받은 경우 신고해야 한다.
② 100만 원 이하의 금품이라도 직무와 관련된 것은 제재를 받게 된다.
③ 초과사례금을 받은 경우 신고와 반환을 모두 하여야 한다.
④ 준법관리인이 청탁금지법을 위반하는 행위를 한 경우 반드시 형사처벌을 받는다.
⑤ 직무와 관련하여 공직자에게 금품 제공을 약속한 것만으로도 형사처벌 대상이 될 수 있다.

15 **A주임, B주임, C대리, D과장은 K기관의 직원이다. 각 직원이 다음과 같은 행위를 하였다고 할 때, 제재 대상인 직원과 제재의 내용이 바르게 연결된 것은?**

- K기관의 경쟁입찰에 참여한 P건설업체 직원이 건설계약과 A주임의 아내에게 A주임이 P업체에 대해 긍정적으로 평가하도록 설득할 것을 요구하며 200만 원의 현금을 1회 제공하였고, A주임은 이 사실을 알지 못했다.
- 인사관리과 B주임은 사업 관련 업체 직원인 K씨로부터 K씨의 동생인 L씨를 취직시켜달라는 청탁을 받고 L씨의 면접점수를 조작하였다.
- 기획재정부와 협력 사업을 진행 중인 C대리는 해당 사업의 원활한 진행을 부탁하며 사업 담당관인 기획재정부의 S주무관에게 150만 원 상당의 보석을 1회 제공하였다.
- D과장은 Y구청에서 요청한 강의를 사전에 신고하지 않고 진행하였으며, 초과사례금을 받아 반환하였으나, 이에 대해 신고는 하지 않았다.

	제재 대상 직원	제재 내용
①	A주임	형사처벌
②	B주임	과태료
③	C대리	징계
④	C대리	과태료
⑤	D과장	징계

01 고등학생 8명이 래프팅을 하러 여행을 떠났다. 보트는 3명, 5명 두 팀으로 나눠 타기로 했다. 이때 8명 중 반장, 부반장은 서로 다른 팀이 된다고 할 때, 가능한 경우의 수는 몇 가지인가?(단, 반장과 부반장은 각각 1명이다)

① 15가지
② 18가지
③ 30가지
④ 32가지
⑤ 40가지

02 K씨는 지난 영국출장 때 사용하고 남은 1,400파운드를 주거래 은행인 A은행에서 환전해 이번 독일출장 때 가지고 가려고 한다. A은행에서 고시한 환율은 1파운드당 1,500원, 1유로당 1,200원일 때, K씨가 환전한 유로화는 얼마인가?(단, 국내 은행에서 파운드화에서 유로화로 환전 시 이중환전을 해야 하며, 환전 수수료는 고려하지 않는다)

① 1,700유로
② 1,750유로
③ 1,800유로
④ 1,850유로
⑤ 1,900유로

03 다음은 A은행 적금 상품의 내용이다. 다음과 같은 내용으로 정기적금을 가입할 때, 만기 시 받는 총액은 얼마인가?(단, 이자소득세는 제외한다)

- 상품명 : A은행 우리아이 희망적금
- 가입기간 : 36개월
- 가입금액 : 매월 400,000원 납입
- 적용금리 : 연 2.2%, 단리
- 저축방법 : 정기적립식이며 만기일시지급으로 지급함

A은행 지점장 (인)

① 13,888,400원
② 14,888,400원
③ 15,888,400원
④ 17,888,400원
⑤ 18,888,400원

04 다음은 은행별 고객 만족도 조사 결과를 나타낸 자료이다. 이에 대한 설명으로 옳은 것은?

〈은행별 고객 만족도〉

(단위 : 점 / 5점 만점)

구분	시설 및 직원 서비스	금융상품 다양성	지점 · ATM 이용 편리성	이자율 · 수수료	서비스 호감도
A은행	3.73	3.29	3.53	3.57	3.58
B은행	3.71	3.28	3.56	3.56	3.57
C은행	3.67	3.22	3.55	3.48	3.56
D은행	3.67	3.28	3.59	3.52	3.55
E은행	3.63	3.22	3.57	3.51	3.56
F은행	3.64	3.23	3.50	3.55	3.53
G은행	3.67	3.19	3.53	3.51	3.51
H은행	3.60	3.21	3.46	3.54	3.51

① 금융상품 다양성 부분의 경우, A～H은행의 평균점수보다 점수가 높은 은행은 2개이다.

② 지점 · ATM 이용 편리성 부분에서 가장 높은 점수의 은행은 이자율 · 수수료 부분의 점수도 가장 높다.

③ A은행은 평가항목 중 3개 부분에서 가장 높은 점수를 보이고 있다.

④ 평가항목 중 A～H은행의 평균점수가 가장 낮은 항목은 이자율 · 수수료 부분이다.

⑤ 시설 및 직원 서비스 부분에서 가장 낮은 점수의 은행은 지점 · ATM 이용 편리성 부분의 점수도 가장 낮다.

05 다음은 2019 ~ 2024년 관광통역 안내사 자격증 취득 현황에 대한 자료이다. 이에 대한 설명으로 옳지 않은 것을 〈보기〉에서 모두 고르면?

〈관광통역 안내사 자격증 취득 현황〉

(단위 : 명)

구분	영어	일어	중국어	불어	독어	스페인어	러시아어	베트남어	태국어
2019년	150	353	370	2	2	1	5	2	3
2020년	165	270	698	2	2	2	3	–	12
2021년	235	245	1,160	3	4	3	5	4	8
2022년	380	265	2,469	3	2	4	6	14	35
2023년	345	137	1,963	7	3	4	5	5	17
2024년	460	150	1,350	6	2	3	6	5	15
합계	1,735	1,420	8,010	23	15	17	30	30	90

〈보기〉

ㄱ. 영어와 스페인어 관광통역 안내사 자격증 취득자 수는 2020년부터 2024년까지 매년 증가하였다.

ㄴ. 2024년 중국어 관광통역 안내사 자격증 취득자 수는 일어 관광통역 안내사 자격증 취득자 수의 9배이다.

ㄷ. 2021년과 2022년의 태국어 관광통역 안내사 자격증 취득자 수 대비 베트남어 관광통역 안내사 자격증 취득자 수의 비율 차이는 10%p이다.

ㄹ. 불어 관광통역 안내사 자격증 취득자 수와 독어 관광통역 안내사 자격증 취득자 수는 2020년부터 2024년까지 전년 대비 증감 추이가 같다.

① ㄱ, ㄴ

② ㄱ, ㄹ

③ ㄴ, ㄹ

④ ㄱ, ㄷ, ㄹ

⑤ ㄴ, ㄷ, ㄹ

06 다음은 K은행 2024년도 3·4분기 부분별 민원 건수 및 해결률을 나타낸 자료이다. 2024년 4분기 금융 부분 민원 해결 건수는 전 분기의 $\frac{5}{7}$ 이다. 2024년 4분기 서비스 부분 민원 해결 건수가 97건이고, 2024년 3분기 총 민원 건수 해결률이 (다)라고 할 때, (가)+(나)+(다)의 값은?(단, 민원 건수 및 해결률은 소수점 첫째 자리에서 반올림한다)

〈K은행 2024년도 3·4분기 부분별 민원 건수 및 해결률〉

(단위 : 건, %)

구분		민원건수	
		2024년 3분기	2024년 4분기
금융	전체 민원 건수	102	72
	해결률	96	(가)
서비스	전체 민원 건수	20	(나)
	해결률	100	(가)

※ (총 민원 건수)=(금융 부분 전체 민원 건수)+(서비스 부분 전체 민원 건수)

※ 해결률은 항목별 전체 민원 건수 중 해결된 건수의 비율임

① 290
② 292
③ 294
④ 296
⑤ 300

07 다음은 2024년 K시 5개 구 주민의 돼지고기 소비량에 대한 자료이다. 〈조건〉을 참고할 때, 변동계수가 3번째로 큰 구는?

〈5개 구 주민의 돼지고기 소비량 통계〉

(단위 : kg)

구분	1인당 평균 소비량	표준편차
A구	( )	5.0
B구	( )	4.0
C구	30.0	6.0
D구	12.0	4.0
E구	( )	8.0

※ $(\text{변동계수})=\frac{(\text{표준편차})}{(\text{평균})}\times 100$

〈조건〉

- A구의 1인당 평균 소비량과 B구의 1인당 평균 소비량을 합하면 C구의 1인당 평균 소비량과 같다.
- A구의 1인당 평균 소비량과 D구의 1인당 평균 소비량을 합하면 E구 1인당 평균 소비량의 2배와 같다.
- E구의 1인당 평균 소비량은 B구의 1인당 평균 소비량보다 6.0kg 더 많다.

① A구
② B구
③ C구
④ D구
⑤ E구

08 다음은 노인 취업률 추이에 대한 그래프이다. 조사한 직전 연도 대비 노인 취업률의 변화율이 가장 큰 연도는?

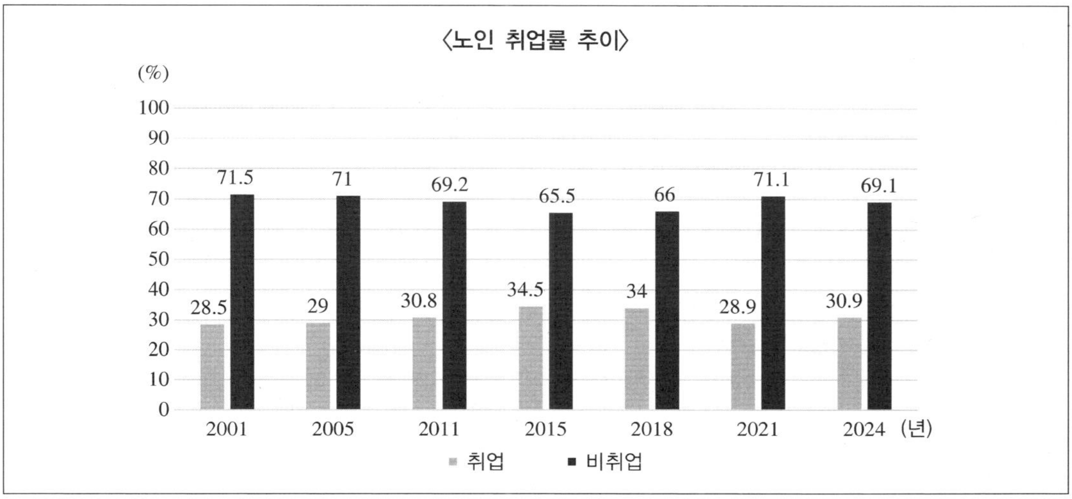

① 2005년 ② 2015년

③ 2018년 ④ 2021년

⑤ 2024년

09 다음은 1인당 우편 이용 물량을 나타낸 그래프이다. 이에 대한 설명으로 옳은 것은?

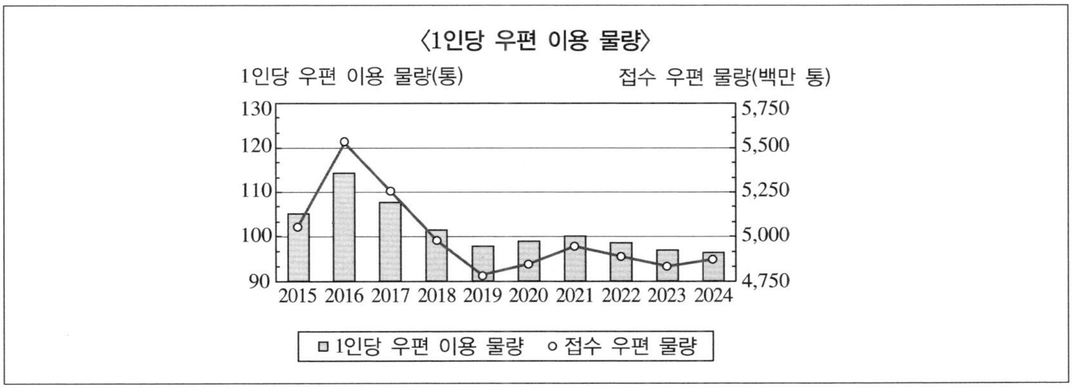

① 1인당 우편 이용 물량은 증가 추세에 있다.

② 1인당 우편 이용 물량은 2016년에 가장 높았고, 2019년에 가장 낮았다.

③ 매년 평균적으로 1인당 4일에 한 통 이상은 우편물을 보냈다.

④ 1인당 우편 이용 물량과 접수 우편 물량 모두 2021년부터 2024년까지 지속적으로 감소하고 있다.

⑤ 접수 우편 물량이 가장 많은 해와 가장 적은 해의 차이는 약 900백만 통이다.

10 다음은 인허가보증상품에 대한 설명이다. 이를 참고할 때, 보증료를 가장 많이 내는 회사는?

〈인허가보증상품〉

- 개요
  주택 사업과 관련하여 국가, 지방자치단체 등으로부터 인·허가를 받을 경우에 부담하여야 할 시설물 설치 등 인·허가 조건의 이행을 책임지는 보증상품이다.
- 보증료
  (보증료)=(보증금액)×(보증료율)×(보증기간에 해당하는 일수/365)
  – 신용평가등급별 보증료율 : 최저 연 0.122% 최고 연 0.908%
  – 신용평가등급은 1등급부터 4등급까지 있으며 등급당 보증료율은 1등급 0.122%, 2등급 0.244%, 3등급 0.488%, 4등급 0.908%이다.

	회사명	보증금액	신용등급	보증기간
①	A	1.5억 원	1	1년
②	B	3억 원	2	2년
③	C	3억 원	4	3년
④	D	5억 원	3	4년
⑤	E	2.5억 원	2	2년

11 다음은 은행마다 타은행으로 100,000원을 송금할 때 부과되는 수수료를 비교한 자료이다. 이에 대한 설명으로 옳은 것은?

〈은행별 송금 수수료〉

(단위 : 원)

구분	창구이용	자동화기기		인터넷뱅킹	텔레뱅킹 (ARS 이용 시)	모바일뱅킹
		마감 전	마감 후			
A은행	1,000	700	1,000	500	500	500
B은행	1,000	800	1,000	500	500	500
C은행	1,000	500	750	500	500	500
D은행	500	500	500	500	500	500
E은행	500	500	500	500	500	500
F은행	600	600	650	면제	면제	면제
G은행	600	500	650	500	500	500
H은행	500	500	800	500	500	500
I은행	1,000	700	950	500	500	500
J은행	1,000	500	700	500	600	500
K은행	600	800	1,000	500	500	500
L은행	600	500	600	500	500	500
M은행	600	500	750	500	500	500
N은행	800	800	1,000	500	500	500
O은행	800	600	700	500	500	500
P은행 (인터넷뱅크)	운영하지 않음	면제	면제	면제	운영하지 않음	면제
Q은행	1,000	면제	면제	면제	500	면제
R은행 (인터넷뱅크)	운영하지 않음	면제	면제	운영하지 않음	운영하지 않음	면제

① 자동화기기의 마감 전 수수료가 700원 이상인 은행은 총 6곳이다.
② '운영하지 않음'을 제외한 A～R은행의 창구이용 수수료의 평균은 800원보다 크다.
③ '면제'를 제외한 A～R은행의 자동화기기의 마감 전 수수료 평균이 마감 후 수수료 평균보다 크다.
④ 자동화기기, 인터넷뱅킹, 모바일뱅킹이 모두 면제인 은행은 1곳뿐이다.
⑤ A～O은행 중 창구이용, 자동화기기(마감 전과 후 모두)의 총 수수료 평균이 가장 큰 은행은 B은행이다.

※ 다음은 2024년 국내 차종 및 운행연수별 자동차검사 현황이다. 이어지는 질문에 답하시오. **[12~13]**

〈2024년 국내 차종 및 운행연수별 자동차검사 부적합률〉

(단위 : %)

구분	4년 이하	5 ~ 6년	7 ~ 8년	9 ~ 10년	11 ~ 12년	13 ~ 14년	15년 이상	전체
승용차	5.2	7.2	9.9	13.0	16.4	19.3	23.9	13.8
승합차	6.6	12.2	12.7	15.1	17.1	17.7	20.4	14.0
화물차	6.8	15.3	20.3	21.6	21.6	23.5	22.9	18.2
특수차	8.3	14.0	13.2	13.5	14.0	16.2	18.7	14.3
전체	6.3	9.5	12.5	15.3	17.7	20.5	23.2	15.2

12 위 자료에 대한 설명으로 옳지 않은 것을 〈보기〉에서 모두 고르면?

〈보기〉

㉠ 운행연수가 4년 이하인 차량 중 부적합률이 가장 높은 차종은 화물차이다.
㉡ 승용차의 경우 운행연수가 11 ~ 12년인 차량의 부적합률은 5 ~ 6년인 차량의 부적합률의 2배 이상이다.
㉢ 승합차의 경우 운행연수가 높을수록 부적합률도 높다.
㉣ 운행연수가 13 ~ 14년인 차량 중 화물차의 부적합률 대비 특수차의 부적합률의 비율은 80% 이상이다.

① ㉡
② ㉠, ㉢
③ ㉡, ㉣
④ ㉠, ㉢, ㉣
⑤ ㉢, ㉣

13 다음은 위 자료에 기반해 작성한 보고서의 일부이다. 밑줄 친 내용 중 옳지 않은 것을 모두 고르면?

2024년 국내 차종 및 운행연수별 자동차검사 현황에 대한 발표 자료에 따르면, ㉠ <u>모든 차종은 2년 단위의 운행연수가 길어질수록 자동차 검사 부적합률이 높았다</u>.
㉡ <u>모든 운행연수의 차량을 합한 전체 차량의 부적합률은 15% 이상이었다</u>. 차종별로 보면, 모든 운행연수의 차량을 합한 부적합률이 가장 높은 차종은 화물차였으며, ㉢ <u>이는 모든 운행연수의 차량을 합한 부적합률이 가장 낮은 차종의 부적합률과 4.2%p의 차이를 보였다</u>. 특수차의 경우, 모든 운행연수의 차량을 합하였을 때 승합차보다 높은 부적합률을 보였다.
운행연수별로 보면, 화물차의 경우 '15년 이상'인 차량의 부적합률은 '4년 이하'인 차량의 부적합률의 3배 이상이었다. ㉣ <u>특수차의 경우 '15년 이상'인 차량의 부적합률은 '4년 이하'인 차량의 부적합률의 2.5배 미만이었다</u>. 운행연수가 '4년 이하'인 차량의 경우에는 승용차가 가장 부적합률이 낮았으나, '15년 이상'인 차량의 경우에는 승용차가 가장 높은 부적합률을 보였다.

① ㉠, ㉡
② ㉠, ㉢
③ ㉡, ㉢
④ ㉡, ㉣
⑤ ㉢, ㉣

※ 다음은 2019 ~ 2024년 5개 프로 스포츠 종목의 연간 경기장 수용규모 및 관중수용률을 나타낸 자료이다. 이어지는 질문에 답하시오. **[14~15]**

〈프로 스포츠 종목의 연간 경기장 수용규모 및 관중수용률〉

(단위 : 천 명, %)

종목	구분 \ 연도	2019년	2020년	2021년	2022년	2023년	2024년
야구	수용규모	20,429	20,429	20,429	20,429	19,675	19,450
	관중수용률	30.6	41.7	53.3	56.6	58.0	65.7
축구	수용규모	40,255	40,574	40,574	37,865	36,952	33,320
	관중수용률	21.9	26.7	28.7	29.0	29.4	34.9
농구	수용규모	5,899	6,347	6,354	6,354	6,354	6,653
	관중수용률	65.0	62.8	66.2	65.2	60.9	59.5
핸드볼	수용규모	3,230	2,756	2,756	2,756	2,066	2,732
	관중수용률	26.9	23.5	48.2	43.8	34.1	52.9
배구	수용규모	5,129	5,129	5,089	4,843	4,409	4,598
	관중수용률	16.3	27.3	24.6	30.4	33.4	38.6

14 위 자료에 대한 설명으로 옳은 것은?

① 농구의 관중수용률은 매년 감소한다.
② 관중수용률은 농구가 야구보다 매년 높다.
③ 관중수용률이 매년 증가한 종목은 3개이다.
④ 2022년 관중 수는 배구가 핸드볼보다 많다.
⑤ 2020 ~ 2024년의 전년 대비 경기장 수용규모의 증감 추이는 농구와 핸드볼이 동일하다.

15 2024년 야구 관중 수와 축구 관중 수를 비교할 때, 어느 종목이 몇 명 더 많은가?(단, 관중수용률은 소수점 첫째 자리에서 반올림한다)

① 야구, 614천 명
② 축구, 293천 명
③ 축구, 573천 명
④ 야구, 887천 명
⑤ 야구, 1,175천 명

01 제시된 명제가 모두 참일 때, 빈칸에 들어갈 명제로 가장 적절한 것은?

> • 낡은 것을 버려야 새로운 것을 채울 수 있다.
> • ____________________
> • 새로운 것을 채우지 않는다면 더 많은 세계를 경험할 수 없다.

① 새로운 것을 채운다면 낡은 것을 버릴 수 있다.
② 낡은 것을 버리지 않는다면 새로운 것을 채울 수 없다.
③ 새로운 것을 채운다면 더 많은 세계를 경험할 수 있다.
④ 낡은 것을 버리지 않는다면 더 많은 세계를 경험할 수 없다.
⑤ 더 많은 세계를 경험하지 못한다면 새로운 것을 채울 수 없다.

02 A～E 5명의 사원이 강남, 여의도, 상암, 잠실, 광화문 다섯 지역에 각각 출장을 간다. 다음 대화에서 A～E 중 1명은 거짓말을 하고 나머지 4명은 진실을 말하고 있을 때, 항상 거짓인 것은?

> • A : B는 상암으로 출장을 가지 않는다.
> • B : D는 강남으로 출장을 간다.
> • C : B는 진실을 말하고 있다.
> • D : C는 거짓말을 하고 있다.
> • E : C는 여의도, A는 잠실로 출장을 간다.

① A는 광화문으로 출장을 가지 않는다.
② B는 여의도로 출장을 가지 않는다.
③ C는 강남으로 출장을 가지 않는다.
④ D는 잠실로 출장을 가지 않는다.
⑤ E는 상암으로 출장을 가지 않는다.

03 K사의 기획부에는 4명의 사원 A ~ D와 3명의 대리 E ~ G가 소속되어 있으며, 이들 중 4명이 해외 진출 사업을 진행하기 위해 베트남으로 출장을 갈 예정이다. 다음 〈조건〉에 따를 때, 항상 참인 것은?

〈조건〉

- 사원 중 적어도 한 사람은 출장을 간다.
- 대리 중 적어도 한 사람은 출장을 가지 않는다.
- A사원과 B사원 중 적어도 한 사람이 출장을 가면, D사원은 출장을 간다.
- C사원이 출장을 가면, E대리와 F대리는 출장을 가지 않는다.
- D사원이 출장을 가면, G대리도 출장을 간다.
- G대리가 출장을 가면, E대리도 출장을 간다.

① A사원은 출장을 간다.
② B사원은 출장을 간다.
③ C사원은 출장을 가지 않는다.
④ D사원은 출장을 가지 않는다.
⑤ G대리는 출장을 가지 않는다.

04 컨설팅 회사에 근무 중인 A사원은 최근 컨설팅 의뢰를 받은 B사진관에 대해 SWOT 분석을 진행하기로 하였다. 다음 중 SWOT 분석에 들어갈 내용으로 옳지 않은 것은?

〈B사진관 SWOT 분석 결과〉

강점(Strength)	• ㉠ 넓은 촬영 공간(야외 촬영장 보유) • 백화점 인근의 높은 접근성 • ㉡ 다양한 채널을 통한 홍보로 높은 인지도 확보
약점(Weakness)	• ㉢ 직원들의 높은 이직률 • 회원 관리 능력 부족 • 내부 회계 능력 부족
기회(Opportunity)	• 사진 시장의 규모 확대 • 오프라인 사진 인화 시장의 성장 • ㉣ 전문가용 카메라의 일반화
위협(Threat)	• 저가 전략 위주의 경쟁 업체 증가 • ㉤ 온라인 사진 저장 서비스에 대한 수요 증가

① ㉠
② ㉡
③ ㉢
④ ㉣
⑤ ㉤

05 다음은 청년가구를 대상으로 하는 주거지원 프로그램을 정리한 자료이다. 이를 참고하여 응대한 내용으로 옳지 않은 것은?

〈청년가구 대상 주거지원 프로그램〉

구분	프로그램	주요내용
신규공급	행복주택	일반형·산업단지형 구분. 일반형에서 대학생, 사회초년생, 신혼부부 물량을 80% 공급. 면적은 $45m^2$ 이하, 시세의 60~80%
	행복 기숙사	대학생 공공주거복지 실현 목적
	사회적 주택	쉐어하우스형. 졸업 후 2년 이내 취준생 포함 5년 이내 사회초년생 대상. 시세의 50% 이하
	신혼부부 특별공급	혼인기간 5년 이내 자녀출산 무주택 세대. 공공임대 할당
기존주택 활용	집주인 리모델링임대	대학생에게 저렴한 임대주택 공급. 시세의 80%
	청년 전세임대	타 시군 출신 대학생 및 졸업 2년 내 취업준비생 주거 독립 지원
	신혼부부 전세임대	신혼부부 임대보증금 지원. 지역별 차등, 저리대출
자금대출	버팀목 대출	19세 이상 세대주 주택임차보증금 지원. 지역별 차등
	주거안정 월세대출	주거급여 비대상 무주택자 중 취업준비생, 사회초년생 대상. 월 최대 30만 원씩 2년 대출

① 행복주택은 일반형과 산업단지형을 구분하고 있으니 참고하시기 바랍니다.
② 공공주거복지의 목적으로 행복 기숙사 제도가 시행 중이며 대학생들은 누구나 이용할 수 있습니다.
③ 사회적 주택은 쉐어하우스형으로 시세의 50% 이하의 가격으로 이용할 수 있습니다.
④ 신혼부부들이 전세임대를 할 경우 보증금을 지원받을 수 있으며, 지원 금액은 지역별로 차등 지원되므로 해당 주민센터에 문의하시기 바랍니다.
⑤ 버팀목 대출로 주택임차보증금을 지원받을 수 있으며, 월 최대 30만 원씩 2년간 대출이 가능합니다.

06 다음은 아동수당에 대한 매뉴얼과 이동수단에 대한 상담의 일부이다. 제시된 상담에서 고객의 문의에 대한 답변으로 적절한 것을 모두 고르면?

〈아동수당〉

- 아동수당은 만 6세 미만 아동의 보호자에게 월 10만 원의 수당을 지급하는 제도이다.
- 아동수당은 보육료나 양육수당과는 별개의 제도로서 다른 복지급여를 받고 있어도 수급이 가능하지만, 반드시 신청을 해야 혜택을 받을 수 있다.
- 6월 20일부터 사전 신청 접수가 시작되고, 9월 21일부터 수당이 지급된다.
- 아동수당 수급대상 아동을 보호하고 있는 보호자나 대리인은 20일부터 아동 주소지 읍·면·동 주민센터에서 방문 신청 또는 복지로 홈페이지 및 모바일 앱에서 신청할 수 있다.
- 아동수당 제도 첫 도입에 따라 초기에 아동수당 신청이 한꺼번에 몰릴 것으로 예상되어 연령별 신청기간을 운영한다(연령별 신청기간은 만 0 ~ 1세는 20 ~ 25일, 만 2 ~ 3세는 26 ~ 30일, 만 4 ~ 5세는 7월 1 ~ 5일, 전 연령은 7월 6일부터이다).
- 아동수당은 신청한 달의 급여분(사전신청은 제외)부터 지급한다. 따라서 9월분 아동수당을 받기 위해서는 9월 말까지 아동수당을 신청해야 한다(단, 소급 적용은 되지 않는다).
- 아동수당 관련 신청서 작성요령이나 수급 가능성 등 자세한 내용은 아동수당 홈페이지에서 확인 가능하다.

고객 : 저희 아이가 만 5세인데요. 아동수당을 지급받을 수 있나요?
상담원 : (가) <u>네, 만 6세 미만의 아동이면 9월 21일부터 10만 원의 수당을 지급받을 수 있습니다</u>.
고객 : 제가 보육료를 지원받고 있는데, 아동수당도 받을 수 있는 건가요?
상담원 : (나) <u>아동수당은 보육료와는 별개의 제도로 신청만 하면 수당을 받을 수 있습니다</u>.
고객 : 그럼 아동수당을 신청하려면 어떻게 해야 하나요?
상담원 : (다) <u>아동 주소지의 주민센터를 방문하거나 복지로 홈페이지 또는 모바일 앱에서 신청하시면 됩니다</u>.
고객 : 따로 정해진 신청기간은 없나요?
상담원 : (라) <u>6월 20일부터 사전 신청 접수가 시작되고, 9월 말까지 아동수당을 신청하면 되지만 소급 적용이 되지 않습니다. 10월에 신청하시면 9월 아동수당은 지급받을 수 없으므로 9월 말까지 신청해 주시면 될 것 같습니다</u>.
고객 : 네, 감사합니다.
상담원 : (마) <u>아동수당 관련 신청서 작성요령이나 수급 가능성 등의 자세한 내용은 메일로 문의해 주세요</u>.

① (가), (나)
② (가), (다)
③ (가), (나), (다)
④ (나), (다), (라)
⑤ (나), (다), (마)

07 K회사에 근무하는 귀하는 12월 주말근무표 초안을 작성하였으며, 이를 토대로 대체근무자를 미리 반영하려고 한다. 다음 중 귀하가 배정한 인원으로 적절하지 않은 것은?

• 주말근무 규정

① 1 ~ 3팀은 순차적으로 주말근무를 실시한다.

② 주말근무 후에는 차주 월요일(토요일 근무자) 및 화요일(일요일 근무자)을 휴무일로 한다.

③ 주말 이틀 연속 근무는 금한다.

④ 주말근무 예정자가 개인사정으로 인하여 근무가 어렵다면, 해당 주 휴무이거나 혹은 근무가 없는 팀의 일원 1명과 대체한다.

• 12월 주말근무표

구분	1주 차		2주 차		3주 차		4주 차	
	5일(토)	6일(일)	12일(토)	13일(일)	19일(토)	20일(일)	26일(토)	27일(일)
근무자	1팀	2팀	3팀	1팀	2팀	3팀	1팀	2팀

• 명단

1팀 : 강단해(팀장), 마도기, 차도선, 이재원, 황이성, 강의찬

2팀 : 김준영(팀장), 박정훈, 이도균, 김선우, 정선동, 박아천

3팀 : 마강수(팀장), 이정래, 하선오, 이광수, 김동수, 김대호

	휴무예정일	휴무예정자	사유	대체근무자	대체근무일
①	12/5(토)	차도선	가족여행	하선오	12/12(토)
②	12/12(토)	이정래	지인 결혼식	박정훈	12/27(일)
③	12/19(토)	이도균	건강검진	이재원	12/13(일)
④	12/20(일)	이광수	가족여행	강의찬	12/26(토)
⑤	12/27(일)	박아천	개인사정	김대호	12/12(토)

08 K사에서는 A ~ N직원 중 면접위원을 선발하고자 한다. 면접위원의 구성 조건이 다음과 같을 때, 옳지 않은 것은?

〈면접위원 구성 조건〉

• 면접관은 총 6명으로 구성한다.
• 이사 이상의 직급으로 50% 이상 구성해야 한다.
• 인사팀을 제외한 모든 부서는 2명 이상 선출할 수 없고, 인사팀은 반드시 2명 이상을 포함한다.
• 모든 면접위원의 입사 후 경력은 3년 이상으로 한다.

구분	직급	부서	입사 후 경력
A	대리	인사팀	2년
B	과장	경영지원팀	5년
C	이사	인사팀	8년
D	과장	인사팀	3년
E	사원	홍보팀	6개월
F	과장	홍보팀	2년
G	이사	고객지원팀	13년
H	사원	경영지원팀	5개월
I	이사	고객지원팀	2년
J	과장	영업팀	4년
K	대리	홍보팀	4년
L	사원	홍보팀	2년
M	과장	개발팀	3년
N	이사	개발팀	8년

① L사원은 면접위원으로 선출될 수 없다.
② N이사는 반드시 면접위원으로 선출된다.
③ B과장이 면접위원으로 선출됐다면 K대리도 선출된다.
④ 과장은 2명 이상 선출되었다.
⑤ 모든 부서에서 면접위원이 선출될 수는 없다.

※ K은행은 본사 근무환경개선을 위해 공사를 시행할 업체를 선정하고자 한다. 이어지는 질문에 답하시오. **[9~10]**

〈공사 시행업체 선정방식〉

- 평가점수는 적합성 점수와 실적 점수, 입찰 점수를 1 : 2 : 1의 비율로 합산하여 도출한다.
- 평가점수가 가장 높은 업체 한 곳을 최종 선정한다.
- 적합성 점수는 각 세부항목의 점수를 합산하여 도출한다.
- 입찰가격은 가장 낮은 곳부터 10점, 8점, 6점, 4점, 2점을 부여한다.
- 평가점수가 동일한 경우, 실적 점수가 우수한 업체에 우선순위를 부여한다.

〈업체별 입찰정보 및 점수〉

평가항목 \ 업체		A	B	C	D	E
적합성 점수 (30점)	운영건전성 (8점)	8	6	8	5	7
	근무효율성개선 (10점)	8	9	6	7	8
	환경친화설계 (5점)	2	3	4	5	4
	미적만족도 (7점)	4	6	5	3	7
실적 점수 (10점)	최근 2년 시공실적 (10점)	6	9	7	8	7
입찰 점수 (10점)	입찰가격 (억 원)	7	10	11	8	9

※ 미적만족도 항목은 지난달에 시행한 내부 설문조사 결과에 기반함

09 K은행이 위 공사 시행업체 선정방식에 따라 시공업체를 선정할 때, 최종 선정될 업체는?

① A
② B
③ C
④ D
⑤ E

10 K은행은 근무환경개선이라는 취지를 살리기 위해 공사 시행업체 선정방식을 다음과 같이 수정하였다고 한다. 수정된 선정방식에 따라 최종 선정될 업체는?

〈공사 시행업체 선정방식〉

- 평가점수는 적합성 점수와 실적 점수, 입찰 점수를 1 : 1 : 1의 비율로 합산하여 도출한다.
- 적합성 점수 평가항목 중 만점을 받은 세부항목이 있는 업체는 적합성 점수 총점에 가점 2점을 부여한다.
- 적합성 점수는 각 세부항목의 점수를 합산하여 도출한다.
- 입찰가격은 가장 낮은 곳부터 9점, 8점, 7점, 6점, 5점을 부여한다.
- 평가점수가 높은 순으로 두 업체를 중간 선정한다.
- 중간 선정된 업체 중 근무효율성개선 점수가 가장 높은 업체를 선정한다.

① A ② B
③ C ④ D
⑤ E

11 신입사원 J씨는 A ~ E과제 중 어떤 과제를 먼저 수행하여야 하는지를 결정하기 위해 평가표를 작성하였다. 다음 평가표에 따를 때, 가장 먼저 수행할 과제는?(단, 평가 항목 최종 합산 점수가 가장 높은 과제부터 수행한다)

〈과제별 평가표〉

(단위 : 점)

구분	A	B	C	D	E
중요도	84	82	95	90	94
긴급도	92	90	85	83	92
적용도	96	90	91	95	83

※ 과제당 다음과 같은 가중치를 반영하여 계산함
[(중요도)×0.3]+[(긴급도)×0.2]+[(적용도)×0.1]
※ 항목당 최하위 점수에 해당하는 과제는 선정하지 않음

① A ② B
③ C ④ D
⑤ E

※ K주임은 신입사원 선발을 위해 면접자들의 면접순서를 배정하는 업무를 담당하게 되었고, 면접자 정보와 면접순서 지정 규칙은 다음과 같다. 이어지는 질문에 답하시오. **[12~13]**

〈면접자 정보〉

구분	성별	인턴경력	유학경험	해외봉사	지원직무	최종학력
A	남	○	×	×	마케팅	석사
B	여	×	×	○	인사	석사
C	남	○	×	○	인사	박사
D	여	×	×	○	생산관리	학사
E	남	○	○	×	재무	학사
F	여	×	○	×	마케팅	석사

〈면접순서 지정 규칙〉

- 면접은 4월 5일과 6일에 걸쳐 2일간 진행된다.
- 다음 표에 따라 각 면접자가 해당하는 항목의 질의시간만큼 면접을 진행한다.

구분	공통사항	인턴경력	유학경험	해외봉사	석·박사학위
질의시간	5분	8분	6분	3분	10분

- 모든 면접자는 공통사항에 대한 질의를 받는다.
- 같은 직무에 지원한 면접자들끼리 연달아 면접을 실시한다.
- 같은 성별인 면접자들끼리 연달아 면접을 실시할 수 없다.
- 인턴경력이 있는 면접자들끼리 연달아 면접을 실시할 수 없다.
- 최종학력이 학사인 면접자는 석사인 면접자보다 먼저 면접을 본다.
- 유학경험이 있는 면접자들끼리 연달아 면접을 실시한다.
- 면접은 4월 5일 오전 10시에 시작하여 오전 11시까지 진행한다.
- 첫날 면접을 완료하지 못한 면접자는 다음 날 면접을 보게 된다.
- 4월 5일 오전 11시 이후에 면접이 종료되는 면접자들만 5일에 면접을 실시한다.
- 앞선 면접자의 면접이 끝난 직후, 바로 다음 순번의 면접자의 면접이 시작된다.

12 K주임이 면접자 정보와 면접순서 지정 규칙에 따라 면접자들의 면접에 소요되는 시간을 계산할 때, 면접을 오래 진행하는 면접자부터 순서대로 나열한 것은?

① A－C－F－E－B－D
② A－F－C－E－B－D
③ B－A－C－F－E－D
④ C－A－F－E－B－D
⑤ C－A－F－B－E－D

13 면접순서 지정 규칙에 따를 때, 4월 5일에 면접을 실시할 사람과 4월 6일에 면접을 실시할 사람이 바르게 연결된 것은?

	4월 5일	4월 6일
①	A, D, C	B, E, F
②	A, D, C, F	B, E
③	B, C, F	A, D, E
④	D, E, F	A, B, C
⑤	D, E, F, A	B, C

※ 다음은 K은행 사업의 일환인 생활안정자금 중 혼례비에 대한 안내문이다. 이어지는 질문에 답하시오. [14~15]

〈혼례비 지원 안내문〉

- 신청대상 : 융자 신청일 현재 소속 사업장에 3개월 이상 근로 중(다만, 일용근로자는 신청일 이전 90일 이내에 고용보험법 시행규칙 별지 제7호 서식의 고용보험 근로내용 확인신고서에 따른 근로일수가 45일 이상인 경우)인 월평균소득 246만 원(세금 공제 전) 이하일 것. 다만, 비정규직 근로자는 소득요건을 적용하지 않음
- 융자요건 : 근로자 본인 또는 자녀의 혼례에 소요되는 모든 비용
- 융자한도 : 1,250만 원 범위 내
- 융자조건 : 연리 2.5% / 1년 거치 3년 매월 원금균등분할상환
  ※ 거치기간 및 상환기간 변경 불가, 조기상환 가능, 조기상환 수수료 없음
- 보증방법 : 우리 은행 신용보증지원제도 이용(보증료 연 0.9% 선공제)
  ※ 단, 지원기간 내 예산 소진 시 지원 중단될 수 있음
- 융자 신청기한 : 결혼일 전후 90일 이내 또는 혼인신고일로부터 90일 이내

14 다음 중 혼례비를 지원받을 수 없는 사람은?

① A건설회사에 3년째 근로 중이며, 월평균소득이 230만 원인 김씨
② 일용근로자로 6개월 이내 근로일수가 150일이며, 월평균소득이 250만 원인 박씨
③ D회사에서 5개월째 근로 중이며, 월평균소득 200만 원, 결혼 후 1달 뒤에 신청한 이씨
④ B회사에서 1년째 근로 중이며, 월평균소득 150만 원, 혼인신고 후 4달 뒤에 신청한 정씨
⑤ E회사에서 2년째 근로 중이며, 세전 월평균소득 246만 원, 결혼 2달 전에 신청한 황씨

15 강씨는 결혼 시 K은행의 혼례비 지원으로 900만 원을 대출받았으며, 신용보증료를 50% 감면받았다. 이때, 강씨가 지불한 보증료는?

① 40,000원
② 40,500원
③ 41,000원
④ 41,500원
⑤ 42,500원

제4영역 정보능력

01 **다음 중 엑셀의 메모에 대한 설명으로 옳지 않은 것은?**

① 새 메모를 작성하려면 바로가기 키 〈Shift〉+〈F2〉를 누른다.
② 작성된 메모가 표시되는 위치를 자유롭게 지정할 수 있고, 메모가 항상 표시되도록 설정할 수 있다.
③ 피벗 테이블의 셀에 메모를 삽입한 경우 데이터를 정렬하면 메모도 데이터와 함께 정렬된다.
④ 메모의 텍스트 서식을 변경하거나 메모에 입력된 텍스트에 맞도록 메모 크기를 자동으로 조정할 수 있다.
⑤ [메모서식]에서 채우기 효과를 사용하면 이미지를 삽입할 수 있다.

02 **다음 워크시트에서 [A1:B1] 영역을 선택한 후 채우기 핸들을 이용하여 [B3] 셀까지 드래그 했을 때, [A3] 셀과 [B3] 셀의 값이 바르게 연결된 것은?**

	A	B
1	가-011	01월15일
2		
3		
4		

	[A3]	[B3]
①	다-011	01월17일
②	가-013	01월17일
③	가-013	03월15일
④	다-011	03월15일
⑤	다-013	01월17일

03 다음 시트에서 [B9] 셀에 [B2:C8] 영역의 평균을 계산하고 자리올림을 하여 천의 자리까지 표시하는 함수식으로 옳은 것은?

	A	B	C
1	1분기	2분기	3분기
2	91,000	91,000	91,000
3	81,000	82,000	83,000
4	71,000	72,000	73,000
5	61,000	62,000	63,000
6	51,000	52,000	53,000
7	41,000	42,000	43,000
8	91,000	91,000	91,000
9			

① =ROUNDUP(AVERAGE(B2:C8), −3)

② =ROUND(AVERAGE(B2:C8), −3)

③ =ROUNDUP(AVERAGE(B2:C8), 3)

④ =ROUND(AVERAGE(B2:C8), 3)

⑤ =ROUND(AVERAGE(B2:C8), −1)

04 다음 엑셀시트에 제시된 함수식의 결괏값으로 옳지 않은 것은?

	A	B	C	D	E	F
1						
2		120	200	20	60	
3		10	60	40	80	
4		50	60	70	100	
5						
6		함수식			결괏값	
7		=MAX(B2:E4)			㉠	
8		=MODE(B2:E4)			㉡	
9		=LARGE(B2:E4,3)			㉢	
10		=COUNTIF(B2:E4,E4)			㉣	
11		=ROUND(B2, −1)			㉤	
12						

① ㉠=200

② ㉡=60

③ ㉢=100

④ ㉣=1

⑤ ㉤=100

※ 다음은 자료, 정보, 지식을 구분해 놓은 것이며, 자료는 다음과 같은 과정을 거쳐 정보가 되고 지식이 된다고 한다. 이어지는 질문에 답하시오. **[5~6]**

〈자료, 정보, 지식에 대한 구분〉

구분		정의		예
자료(Data)	⇨	객관적 실제의 반영이며, 그것을 전달할 수 있도록 기호화한 것	⇨	예 • 고객의 휴대폰 기종 • 고객의 휴대폰 활용 횟수
⇩				
정보(Information)	⇨	자료를 특정한 목적과 문제해결에 도움이 되도록 가공한 것	⇨	예 • 중년층의 휴대폰 기종 • 중년층의 휴대폰 활용 횟수
⇩				
지식(Knowledge)	⇨	정보를 집적하고 체계화하여 장래의 일반적인 사항에 대비해 보편성을 갖도록 한 것	⇨	예 • 휴대폰 디자인에 대한 중년층의 취향 • 중년층을 주요 타깃으로 신종 휴대폰 개발

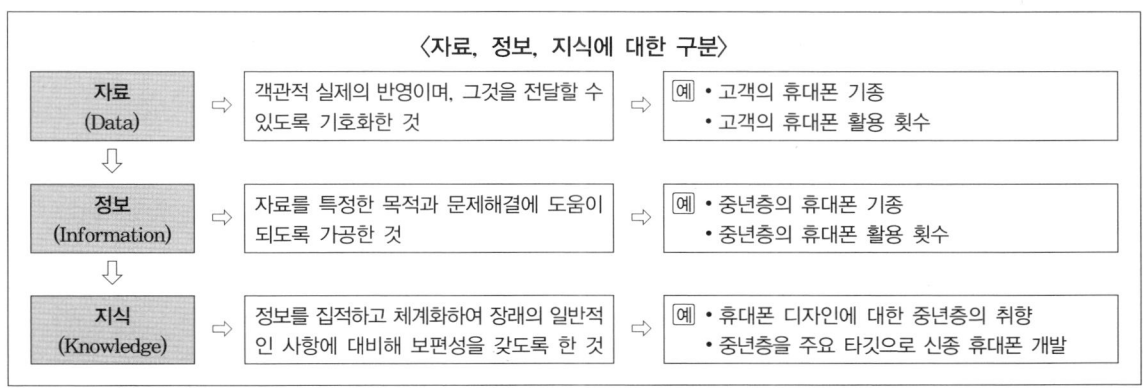

05 다음 〈보기〉 중 정보(Information)에 해당하는 사례를 모두 고르면?

〈보기〉

㉠ 라면 종류별 전체 판매량
㉡ 1인 가구의 인기 음식
㉢ 남성을 위한 고데기 개발
㉣ 다큐멘터리와 예능 시청률
㉤ 만보기 사용 횟수
㉥ 5세 미만 아동들의 선호 색상

① ㉠, ㉢
② ㉡, ㉣
③ ㉡, ㉥
④ ㉣, ㉤
⑤ ㉤, ㉥

06 다음 중 제시된 자료(Data)를 통해 추론할 수 있는 지식(Knowledge)으로 적절하지 않은 것은?

- 연령대별 선호 운동
- 직장인 평균 퇴근 시간
- 실내운동과 실외운동의 성별 비율
- 운동의 목적에 대한 설문조사 자료
- 선호하는 운동 부위의 성별 비율
- 운동의 실패 원인에 대한 설문조사 자료

① 퇴근 후 부담없이 운동 가능한 운동기구 개발
② 20・30대 남성들을 위한 실내체육관 개설 계획
③ 요일마다 특정 운동부위 발달을 위한 운동 가이드 채널 편성
④ 다이어트에 효과적인 식이요법 자료 발행
⑤ 목적에 맞는 운동 프로그램 계획 설계

07 엑셀에서 [차트 마법사]를 이용하여 차트를 작성할 때, 차트 작성 순서를 바르게 나열한 것은?

> ㉠ 작성할 차트 중 차트 종류를 선택하여 지정한다.
> ㉡ 데이터 범위와 계열을 지정한다.
> ㉢ 차트를 삽입할 위치를 지정한다.
> ㉣ 차트 옵션을 설정한다.

① ㉠－㉡－㉢－㉣
② ㉠－㉡－㉣－㉢
③ ㉠－㉢－㉡－㉣
④ ㉡－㉠－㉢－㉣
⑤ ㉡－㉢－㉣－㉠

08 K은행의 A사원이 윈도우 바탕화면에서 마우스 오른쪽 버튼을 클릭하였더니 그림과 같은 설정 창이 나타났다. 다음 설정 창에서 할 수 있는 기능이 아닌 것은?

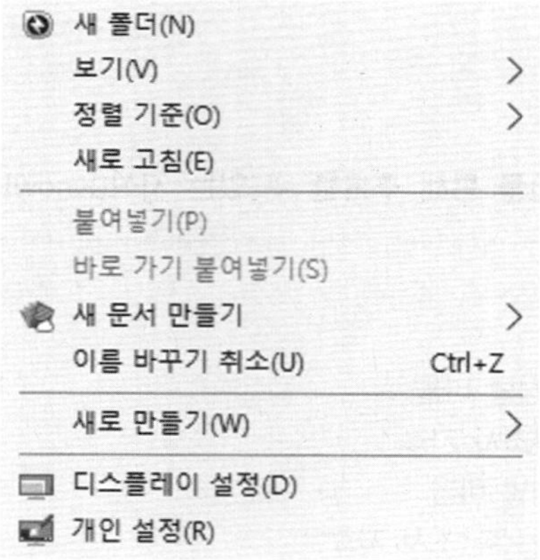

① 디스플레이 설정에 들어가서 야간 모드를 설정할 수 있다.
② 디스플레이 설정에 들어가서 잠금 화면을 설정할 수 있다.
③ 개인 설정에 들어가서 배경화면 색을 바꿀 수 있다.
④ 개인 설정에 들어가서 작업표시줄 기능을 바꿀 수 있다.
⑤ 개인 설정에 들어가서 윈도우 테마를 바꿀 수 있다.

09 **다음 중 Windows에서 바로가기 아이콘에 대한 설명으로 옳은 것은?**

① 아이콘을 실행하면 연결된 프로그램이 실행되며, 바로가기의 확장자는 'raw'이다.
② 바로가기 아이콘의 [속성] – [일반] 탭에서 바로가기 아이콘의 위치, 크기를 확인할 수 있다.
③ 바로가기 아이콘은 [탐색기] 창에서 실행 파일을 〈Ctrl〉+〈Alt〉를 누른 상태로 바탕 화면에 드래그 앤 드롭하면 만들 수 있다.
④ 바로가기 아이콘을 삭제하면 연결된 프로그램도 함께 삭제된다.
⑤ 원본 파일이 있는 위치와 다른 위치에 만들 수 없다.

10 **Windows 환경에서 다음 기능을 수행하는 키 조합은?**

커서를 다음 단락의 시작 부분으로 이동한다.

① 〈Ctrl〉+〈F4〉
② 〈Ctrl〉+ 오른쪽 화살표
③ 〈Ctrl〉+ 왼쪽 화살표
④ 〈Ctrl〉+ 아래쪽 화살표
⑤ 〈Ctrl〉+ 위쪽 화살표

11 **다음 중 워드프로세서의 복사(Copy)와 잘라내기(Cut)에 대한 설명으로 옳은 것은?**

① 복사하거나 잘라내기를 할 때 영역을 선택한 다음에 해야 한다.
② 한 번 복사하거나 잘라낸 내용은 한 번만 붙이기를 할 수 있다.
③ 복사한 내용은 버퍼(Buffer)에 보관되며, 잘라내기한 내용은 내문서에 보관된다.
④ 복사하거나 잘라내기를 하여도 문서의 분량에는 변화가 없다.
⑤ 〈Ctrl〉+〈C〉는 잘라내기, 〈Ctrl〉+〈X〉는 복사하기의 단축키이다.

12 다음 [A2:B8] 영역을 선택한 후 오른쪽 그림과 같이 중복된 항목을 제거하였다. 이때 유지되는 행의 개수로 옳은 것은?

	A	B
1	부서	성명
2	총무부	김지은
3	인사부	이현석
4	인사부	최미애
5	영업부	박준영
6	총무부	양동진
7	기획부	조하연
8	기획부	이수진

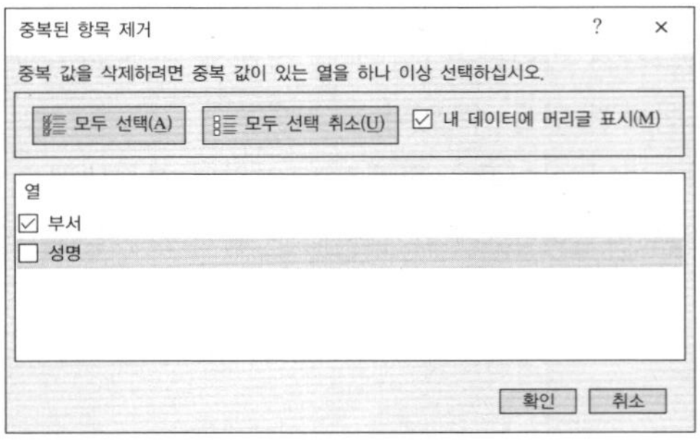

① 1개
② 2개
③ 3개
④ 4개
⑤ 5개

13 다음 중 인덱스(Index)의 특징으로 옳지 않은 것은?

① 기본적으로 오름차순으로 정렬
② 데이터를 추가하거나 변경하면, 즉 데이터를 업데이트 할 때 속도가 느려짐
③ 레코드를 추가하거나 변경하면 자동으로 업데이트되지 않아 수동 업데이트 필요
④ 데이터의 양이 많을수록 인덱스의 효과를 크게 느낄 수 있음
⑤ 단일 필드 인덱스와 다중 필드 인덱스 가능

14 **다음 중 정보의 전략적 기획에 대한 설명으로 옳지 않은 것은?**

① 전략적 기획은 정보 수집을 수행하기 이전에 이루어진다.

② 수집정보의 품질뿐 아니라 정보 수집의 비용성도 고려되어야 한다.

③ 언제까지 정보를 수집하여야 하는지 기한도 계획하여야 한다.

④ 정보의 전략적 기획은 정보 수집 원천을 파악하는 과정을 포함한다.

⑤ 폭넓은 정보 수집을 위해 정보 수집의 대상과 종류 등은 포괄적으로 지정할수록 좋다.

15 **다음 중 Windows 환경에서의 키 조합과 기능이 잘못 연결된 것은?**

① 〈Ctrl〉+〈X〉 : 선택한 항목을 잘라낸다.

② 〈Ctrl〉+〈insert〉 : 선택한 항목을 복사한다.

③ 〈Shift〉+〈Insert〉 : 작업을 실행 취소한다.

④ 〈Alt〉+〈Page Up〉 : 한 화면 위로 이동한다.

⑤ 〈Alt〉+〈F8〉 : 로그인 화면에서 암호를 표시한다.

제2회 KDB한국산업은행 필기시험

NCS 직업기초능력평가 모의고사

〈문항 수 및 시험시간〉

영역	문항 수	시험시간	모바일 OMR 답안채점 / 성적분석
의사소통능력	15문항	60분	
수리능력	15문항		
문제해결능력	15문항		
정보능력	15문항		

KDB한국산업은행 필기시험

제2회 모의고사

문항 수 : 60문항
시험시간 : 60분

제 1 영역 의사소통능력

01 다음 중 밑줄 친 부분의 맞춤법이 옳은 것은?

① 나는 보약을 먹어서 기운이 뻗쳤다.
② 가을이 되어 찬바람이 부니 몸이 으시시 추워진다.
③ 밤을 새우다시피 하며 시험을 치루고 나니 몸살이 났다.
④ 그는 항상 퇴근하기 전에 자물쇠로 서랍을 단단히 잠궜다.
⑤ 그의 초라한 모습이 내 호기심에 불을 땅겼다.

02 다음 글의 내용으로 적절하지 않은 것은?

> 우리 민족은 고유한 주거문화로 바닥 난방 기술인 구들을 발전시켜 왔는데, 구들은 우리 민족에 다양한 영향을 주었다. 우선 오랜 구들 생활은 우리 민족의 인체에 적지 않은 변화를 초래하였다. 태어나면서부터 따뜻한 구들에 누워 자는 것이 습관이 된 우리 아이들은 사지의 활동량이 적어 발육이 늦어졌다. 구들에서 자란 우리 아이들은 다른 어떤 민족의 아이들보다 따뜻한 곳에서 안정감을 느꼈으며, 우리 민족은 아이들에게 따뜻함을 만들어주기 위해 여러 가지를 고안하여 발전시켰다.
> 구들은 농경을 주업으로 하는 우리 민족의 생산도구의 제작과 사용에 많은 영향을 주었다. 구들에 앉아 오랫동안 활동하는 습관은 하반신보다 상반신의 작업량을 증가시켰고 상반신의 움직임이 상대적으로 정교하게 되었다. 구들 생활에 익숙해진 우리 민족은 방 안에서의 작업뿐만 아니라 농사를 비롯한 야외의 많은 작업에서도 앉아서 하는 습관을 갖게 되었는데 이는 큰 농기구를 이용하여 서서 작업을 하는 서양과는 완전히 다른 방식이었다.

① 구들의 영향으로 우리 민족은 앉아서 하는 작업방식이 일반화되었다.
② 구들은 실내뿐 아니라 실외활동에도 영향을 끼쳤다.
③ 우리 민족은 앉아서 작업하는 습관이 있다.
④ 구들은 아이들의 체온을 높여 발육을 방해한다.
⑤ 우리 민족은 하반신 활동보다 상반신 활동이 많은 대신 상반신 작업이 정교한 특징이 있다.

03 다음 글의 빈칸에 들어갈 내용으로 가장 적절한 것은?

> 한 존재가 가질 수 있는 욕망과 그 존재가 가졌다고 할 수 있는 권리 사이에는 모종의 개념적 관계가 있는 것 같다. 권리는 침해될 수 있는 것이며, 어떤 것에 대한 개인의 권리를 침해하는 것은 그것과 관련된 욕망을 좌절시키는 것이다. 예를 들어 당신이 차를 가지고 있다고 가정해 보자. 그럴 때 나는 우선 그것을 당신으로부터 빼앗지 말아야 한다는 의무를 가진다. 그러나 그 의무는 무조건적인 것이 아니다. 이는 부분적으로 당신이 그것과 관련된 욕망을 가지고 있는지 여부에 달려 있다. 만약 당신이 차를 빼앗기든지 말든지 관여치 않는다면, 내가 당신의 차를 빼앗는다고 해서 당신의 권리를 침해하는 것은 아닐 수 있다.
> 물론 권리와 욕망 간의 관계를 정확히 설명하는 것은 어렵다. 이는 졸고 있는 경우나 일시적으로 의식을 잃는 경우와 같은 특수한 상황 때문인데, 그러한 상황에서도 졸고 있는 사람이나 의식을 잃은 사람에게 권리가 없다고 말하는 것은 옳지 않을 것이다. 그러나 이와 같이 권리의 소유가 실제적인 욕망 자체와 연결되지는 않는다고 하더라도, 권리를 소유하려면 어떤 방식으로든 관련된 욕망을 가지는 능력이 있어야 한다. 어떤 권리를 소유할 수 있으려면 최소한 그 권리와 관련된 욕망을 가질 수 있어야 한다는 것이다.
> 이러한 관점을 '생명에 대한 권리'라는 경우에 적용해 보자. 생명에 대한 권리는 개별적인 존재의 생존을 지속시킬 권리이고, 이를 소유하는 데 관련되는 욕망은 개별존재로서 생존을 지속시키고자 하는 욕망이다. 따라서 자신을 일정한 시기에 걸쳐 존재하는 개별존재로서 파악할 수 있는 존재만이 생명에 대한 권리를 가질 수 있다. 왜냐하면 ______________________________

① 생명에 대한 권리를 가질 수 있는 존재만이 개별존재로서 생존을 지속시키고자 하는 욕망을 가질 수 있기 때문이다.

② 자신을 일정한 시기에 걸쳐 존재하는 개별존재로서 파악할 수 있는 존재는 다른 존재자의 생명을 빼앗지 말아야한다는 의무를 지니기 때문이다.

③ 자신을 일정한 시기에 걸쳐 존재하는 개별존재로서 파악할 수 있는 존재만이 개별존재로서 생존을 지속시키고자 하는 욕망을 가질 수 있기 때문이다.

④ 개별존재로서 생존을 지속시키고자 하는 욕망을 가질 수 있는 존재만이 자신을 일정한 시기에 걸쳐 존재하는 개별존재로서 파악할 수 있기 때문이다.

⑤ 자신을 일정한 시기에 걸쳐 존재하는 개별존재로서 파악할 수 있는 존재는 어떤 실제적인 욕망을 가지지 않는다고 하여도 욕망을 가질 수 있는 능력이 있다고 파악되기 때문이다.

04 다음 글을 읽은 독자의 반응으로 가장 적절한 것은?

> 국가 간의 경제 거래 가운데 가장 기본적이고 중요한 거래는 국제무역이다. 각 나라의 정부는 무역 활동에 개입하지 않고 자유방임의 입장을 취할 수도 있고, 자국의 산업을 보호하고 육성하기 위하여 수입을 규제하거나 수출을 지원하는 등 무역에 개입할 수도 있다. 그렇다면 정부는 어떤 방법으로 수입을 규제할 수 있을까?
>
> 수입 규제 수단 가운데 대표적인 것은 관세와 수입 수량 할당이다. 관세란 수입 상품에 부과하는 세금을 말한다. 관세가 부과되면 해당 상품의 국내 가격이 상승하여 수요가 감소하게 되고 그렇게 되면 수입량도 감소한다. 예를 들어 우리나라가 농산물을 관세 없이 자유롭게 수입하다가 정부에서 농산물에 관세를 부과하였다고 하자. 그러면 수입 농산물의 국내 가격은 관세를 더한 만큼 높아져 소비자들의 수요량은 감소한다.
>
> 수입 수량 할당은 일정 기간의 수입량을 일정 수준으로 제한하는 것이다. 자유무역에서는 국내 생산이 수요를 충족시키지 못할 경우 부족한 만큼을 수입할 수 있다. 이때의 시장가격은 수요와 공급이 만나는 지점에서 형성되고 시장거래량은 수요량과 일치한다. 그런데 수입 수량을 제한할 경우에는 수입이 자유로운 경우보다 수입량이 감소하게 된다. 예를 들어 포도주의 국내 생산이 수요를 충족시키지 못한다면 생산량을 늘리거나 초과수요만큼 수입을 해야 한다. 그런데 국내 생산량에 변함이 없고 수입도 일정량만 할 수 있다면 수요에 비해 공급이 부족한 상황이 된다. 그러면 국내에서의 포도주 가격이 상승하게 되고 이것은 수요량 감소로 이어지게 된다.
>
> 수입 수량 할당이 적용되거나 관세가 부과되면 수입 상품의 국내 가격이 상승하면서 수입 상품에 대한 소비를 억제하는 한편 해당 품목의 국내 생산을 촉진하는 효과가 있다. 이때 수입 상품의 가격 상승분은 관세를 부과하는 경우에는 정부의 수입이 되는 반면에 수입 수량을 할당하는 경우에는 수입업자의 이윤이 된다.
>
> 한편 현실 경제에서는 관세를 인하하고 수입 수량 할당을 완화하는 경우가 많다. 가계나 기업의 경우는 소득이 지출보다 많은 것이 바람직하지만 국가 경제에서는 무역수지가 균형을 이루는 것이 바람직하기 때문이다. 물론 단기적으로 보면 국제 거래에서도 흑자가 바람직하다. 수출이 잘되어 생산이 늘면 고용이 증가하고 소득이 증대되는 효과가 있기 때문이다. 그러나 장기적인 흑자는 국내 경기를 과열시키고 물가를 상승시킬 우려가 있고 거래 상대국과의 마찰을 초래할 수 있다. 따라서 한 국가의 물가 안정과 경제 성장을 위해서는 무역수지가 균형을 이루는 것이 바람직하다.

① 정부가 수입을 규제하는 정책을 펼 경우에 수입 상품의 가격 상승은 국내 생산자와 소비자 모두에게 영향을 끼치겠군.

② 정부가 수입을 규제하고 수출을 지원하는 정책을 늘린다면 국제 거래 상대국과의 마찰을 없앨 수 있겠군.

③ 국제 거래에서 장기적인 흑자를 기록한다면 국내 상품의 수출이 활발해지면서 물가가 안정되겠군.

④ 무역 활동 가운데 정부가 수출을 지원할 수 있는 품목은 미리 정해져 있겠군.

⑤ 수출에 대해서는 자유방임의 입장을 취하는 나라가 더 많겠군.

05 **다음 글의 빈칸에 들어갈 문장을 〈보기〉에서 찾아 순서대로 바르게 나열한 것은?**

> 일반적으로 우리는 음악을 감정의 예술로 이해한다. 아름다운 선율과 화음은 듣는 사람들의 마음속으로 파고든다. 그래서인지 음악을 수(數) 또는 수학(數學)과 연결시키기 어렵다고 생각하는 경우가 많다. ____________________ 음악을 구성하는 원리로 수학의 원칙과 질서 등이 활용되는 것이다. ____________________ 중세 시대의 『아이소 리듬 모테트』와 르네상스 시대 오케겜의 『36성부 카논』은 서양 전통 음악 장르에서 사용되는 작곡 기법도 수의 비율 관계로 설명할 수 있다는 것을 보여준다. 음정과 음계는 수학적 질서를 통해 음악의 예술적 특성과 음악의 미적 가치를 효과적으로 전달했다. ____________________ 피보나치 수열을 작품의 중심 모티브로 연결한 바르톡, 건축가 르 코르뷔지에와의 공동 작업으로 건축적 비례를 음악에 연결시킨 제나키스의 현대 음악 작품들은 좋은 사례이다. 12음 기법과 총렬음악, 분석 이론의 일종인 집합론을 활용한 현대 음악 이론에서도 음악과 수, 음악과 수학의 밀접한 관계는 잘 드러난다.

〈보기〉

> ㉠ 하지만 음악 작품은 다양한 화성과 리듬으로 구성되고, 이들은 3도 음정, 1도 화음, 3/4 박자, 8분 음표처럼 수와 관련되어 나타난다.
> ㉡ 고대에도 음악과 수, 음악과 수학의 관계는 음악을 설명하는 중요한 사고의 틀로 작동했다.
> ㉢ 20세기에 들어와 음악과 수, 음악과 수학의 관계는 더욱 밀접해졌다.

① ㉠, ㉡, ㉢
② ㉠, ㉢, ㉡
③ ㉡, ㉠, ㉢
④ ㉡, ㉢, ㉠
⑤ ㉢, ㉡, ㉠

06 다음 글을 통해 확인할 수 있는 내용이 아닌 것은?

영화 촬영 시 카메라가 찍기 시작하면서 멈출 때까지의 연속된 촬영을 '쇼트(Shot)'라 하고, 이러한 쇼트의 결합으로 이루어져 연극의 '장(場)'과 같은 역할을 수행하는 것을 '씬(Scene)'이라고 한다. 그리고 여러 개의 씬이 연결되어 영화의 전체 흐름 속에서 비교적 독립적인 의미를 지니는 것을 '시퀀스(Sequence)'라 일컫는다.
시퀀스는 씬을 제시하는 방법에 따라 '에피소드 시퀀스'와 '병행 시퀀스'로 구분할 수 있다. 먼저 에피소드 시퀀스는 짧은 장면을 연결하여 긴 시간의 흐름을 간단하게 보여주는 것을 말한다. 예를 들어 특정 인물의 삶을 다룬 영화의 경우, 주인공의 생애를 있는 그대로 재현하는 것은 불가능하므로 특징적인 짧은 장면을 연결하여 인물의 삶을 요약적으로 제시하는 것이 여기에 해당한다.
이와 달리 병행 시퀀스는 같은 시간, 다른 공간에서 일어나는 둘 이상의 별개 사건이 교대로 전개되는 것을 말한다. 범인을 추격하는 영화의 경우, 서로 다른 공간에서 쫓고 쫓기는 형사와 범인의 영상을 교차로 제시하는 방식이 좋은 예이다. 이 방법은 극적 긴장감을 조성할 수 있으며, 시간을 나타내는 특별한 표지가 없더라도 두 개의 사건에 동시성을 부여하여 시각적으로 통일된 단위로 묶을 수 있다.
시퀀스 연결 방법은 크게 두 가지로 나눌 수 있는데, 자연스럽게 연결하는 경우와 그렇지 않은 경우이다. 원래 이미지가 점점 희미해지면서 다른 이미지로 연결되는 디졸브 등의 기법을 사용하면 관객들은 하나의 시퀀스가 끝나고 다음 시퀀스가 시작된다는 것을 자연스럽게 알게 된다. 이러한 자연스러운 시퀀스 연결은 관객들이 사건의 전개 과정을 쉽게 파악하고, 다음에 이어질 장면을 예상하는 데 도움을 준다. 이와 달리 시퀀스의 마지막 부분에 시공간이 완전히 다른 이미지를 연결하여 급작스럽게 시퀀스를 전환하기도 하는데, 이러한 부자연스러운 시퀀스 연결은 관객들에게 낯선 느낌을 주고 의아함을 불러일으켜 시퀀스 연결 속에 숨은 의도나 구조를 생각하게 한다.
일반적으로 각 시퀀스의 길이가 길어 시퀀스의 수가 적은 영화들은 느린 템포로 사건이 진행되기 때문에 서사적 이야기 구조를 안정되게 제시하는 데 적합하다. 반면 길이가 매우 짧은 시퀀스를 사용한 영화는 빠른 템포로 사건이 전개되므로 극적 긴장감을 조성할 수 있으며, 특정 이미지를 강조하거나 인물의 심리 상태 등도 효과적으로 제시할 수 있다.
이밖에도 서사의 줄거리를 분명하고 세밀하게 전달하기 위해 각 시퀀스에서 의미를 완결지어 관객으로 하여금 작은 단위의 카타르시스를 경험하게 하는 경우도 있고, 시퀀스 전체의 연결 관계를 통해서 영화의 서사 구조를 파악하게 하는 경우도 있다. 따라서 영화에 사용된 시퀀스의 특징을 분석하는 것은 영화의 서사 구조와 감독의 개성을 효과적으로 파악할 수 있는 좋은 방법이다.

① 시퀀스의 연결 방법과 효과
② 시퀀스의 길이에 따른 특징
③ 영화의 시퀀스를 구성하는 요소와 개념
④ 영화의 발전 과정과 시퀀스의 상관관계
⑤ 씬을 제시하는 방법에 따른 시퀀스의 종류

07 다음 글의 주장에 대한 반박으로 가장 적절한 것은?

> 우리는 우리가 생각한 것을 말로 나타낸다. 또 다른 사람의 말을 듣고, 그 사람이 무슨 생각을 가지고 있는가를 짐작한다. 그러므로 생각과 말은 서로 떨어질 수 없는 깊은 관계를 가지고 있다.
> 그러면 말과 생각이 얼마만큼 깊은 관계를 가지고 있을까? 이 문제를 놓고 사람들은 오랫동안 여러 가지 생각을 하였다. 그 가운데 가장 두드러진 것이 두 가지 있다. 그 하나는 말과 생각이 서로 꼭 달라붙은 쌍둥이인데 한 놈은 생각이 되어 속에 감추어져 있고 다른 한 놈은 말이 되어 사람 귀에 들리는 것이라는 생각이다. 다른 하나는 생각이 큰 그릇이고 말은 생각 속에 들어가는 작은 그릇이어서 생각에는 말 이외에도 다른 것이 더 있다는 생각이다.
> 이 두 가지 생각 가운데서 앞의 것은 조금만 깊이 생각해 보면 틀렸다는 것을 즉시 깨달을 수 있다. 우리가 생각한 것은 거의 대부분 말로 나타낼 수 있지만, 누구든지 가슴 속에 응어리진 어떤 생각이 분명히 있기는 한데 그것을 어떻게 말로 표현해야 할지 애태운 경험을 가지고 있을 것이다. 이것 한 가지만 보더라도 말과 생각이 서로 안팎을 이루는 쌍둥이가 아님은 쉽게 판명된다.
> 인간의 생각이라는 것은 매우 넓고 큰 것이며, 말이란 결국 생각의 일부분을 주워 담는 작은 그릇에 지나지 않는다. 그러나 아무리 인간의 생각이 말보다 범위가 넓고 큰 것이라고 하여도 그것을 가능한 한 말로 바꾸어 놓지 않으면 그 생각의 위대함이나 오묘함이 다른 사람에게 전달되지 않기 때문에 생각이 형님이요, 말이 동생이라고 할지라도 생각은 동생의 신세를 지지 않을 수가 없게 되어 있다.

① 말이 통하지 않아도 생각은 얼마든지 전달될 수 있다.
② 생각을 드러내는 가장 직접적인 수단은 말이다.
③ 말은 생각이 바탕이 되어야 생산될 수 있다.
④ 말과 생각은 서로 영향을 주고받는 긴밀한 관계를 유지한다.
⑤ 사회적·문화적 배경이 우리의 생각에 영향을 끼친다.

※ 다음 글을 읽고 이어지는 질문에 답하시오. [8~9]

『조선왕조실록』에 기록된 지진만 1,900여 건, 가뭄과 홍수는 이루 헤아릴 수 없을 정도다. 농경 사회였던 조선 시대 백성의 삶을 더욱 힘들게 했던 재난・재해, 특히 목조 건물과 초가가 대부분이던 당시에 화재는 즉각적인 재앙이었고 공포였다. 우리 조상은 화재를 귀신이 장난치거나, 땅에 불의 기운이 넘쳐서라 여겼다. 화재 예방을 위해 벽사(僻邪)를 상징하는 조형물을 세우며 안녕을 기원했다.
고대 건축에서 안전관리를 상징하는 대표적인 예로 지붕 용마루 끝에 장식 기와로 사용하는 '치미(鴟尾)'를 들 수 있다. 전설에 따르면 불이 나자 큰 새가 꼬리로 거센 물결을 일으키며 비를 내려 불을 껐다고 한다. 약 1,700년 전에 중국에서 처음 시작돼 화재 예방을 위한 주술적 의미로 쓰였고, 우리나라에선 황룡사 '치미'가 대표적이다.
조선 건국 초기, 관악산의 화기를 잠재우기 위해 '해치(해태)'를 광화문에 세웠다. '해치'는 물의 기운을 지닌 수호신으로 현재 서울의 상징이기도 한 상상 속 동물이다. 또한 궁정이나 관아의 안전을 수호하는 상징물로 '잡상(雜像)'을 세웠다. 궁궐 관련 건물에만 등장하는 '잡상'은 건물의 지붕 내림마루에 『서유기』에 등장하는 기린, 용, 원숭이 등 다양한 종류의 신화적 형상으로 장식한 기와이다.
그 밖에 경복궁 화재를 막기 위해 경회루 연못에 발톱이 다섯 개 달린 용인 오조룡을 두 마리를 넣었다는 기록이 전해진다. 실제 1997년 경회루 공사 중 오조룡이 발견되면서 화제가 됐었다. 불을 상징하는 구리 재질의 오조룡을 물속에 가둬놓고 불이 나지 않기를 기원했던 것이다.
조선 시대에는 도성 내 화재 예방에 각별히 신경 썼다. 궁궐 내에 건물을 지을 때 불이 번지는 것을 막기 위해 10m 이상 간격을 두고 지었고, 창고는 더 큰 피해를 입기에 30m 이상 간격을 뒀다. 민간에선 다섯 집마다 물독을 비치해 방화수로 활용했고, 행랑이나 관청에 우물을 파게 해 화재 진압용수로 사용했다.
지붕 화재에 대비해 사다리를 비치하거나 지붕에 쇠고리를 박고, 타고 올라갈 수 있도록 쇠줄을 늘여놓기도 했다. 오늘날 소화기나 완강기 등과 같은 이치다. 특히 세종대왕은 '금화도감'이라는 소방기구를 설치해 인접 가옥 간에 '방화장(防火墻)'을 쌓고, 방화범을 엄히 다루는 등 화재 예방에 만전을 기했다.

08 윗글의 제목으로 가장 적절한 것은?

① 불귀신을 호령하기 위한 조상들의 노력
② 화재 예방을 위해 지켜야 할 법칙들
③ 미신에 관한 과학적 증거들
④ 자연재해에 어떻게 대처해야 하는가?
⑤ 옛 건축 장식물들의 상징적 의미

09 윗글의 내용으로 적절하지 않은 것은?

① 조선 시대의 재난·재해 중 특히 화재는 백성들을 더욱 힘들게 했다.
② 해치는 화재 예방을 위한 주술적 의미로 쓰인 '치미'의 예이다.
③ 잡상은 『서유기』에 등장하는 다양한 종류의 신화적 형상을 장식한 기와를 말한다.
④ 오조룡은 실제 경회루 공사 중에 발견되었다.
⑤ 세종대왕은 '금화도감'이라는 소방기구를 설치하여 화재를 예방하였다.

※ 다음 글을 읽고 이어지는 질문에 답하시오. [10~12]

피보나치 수열은 운명적으로 가장 아름답다는 황금비를 만들어낸다. 황금비는 피라미드, 파르테논 신전이나 다빈치, 미켈란젤로의 작품에서 시작해 오늘날에는 신용카드와 담뱃갑, 종이의 가로와 세로의 비율까지 광범위하게 쓰인다. 이러한 황금비는 태풍과 은하수의 형태, 초식동물의 뿔, 바다의 파도에도 있다. 배꼽을 기준으로 한 사람의 상체와 하체, 목을 기준으로 머리와 상체의 비율도 황금비이다. 이런 사례를 찾다 보면 우주가 피보나치 수열의 장난으로 만들어졌는지도 모른다는 생각까지 든다.
피보나치 수열은 12세기 말 이탈리아 천재 수학자 레오나르도 피보나치가 제안했다. 한 쌍의 토끼가 계속 새끼를 낳을 경우 몇 마리로 불어나는가를 숫자로 나타낸 것이 이 수열인 것이다. 이 수열은 앞서 나오는 두 개의 숫자의 합이다. 1, 1, 1+1=2, 1+2=3, 2+3=5, 3+5=8, 5+8=13, 8+13=21, 13+21=34, 21+34=55, 34+55=89, … 이처럼 계속 수열을 만들어가는 것이다.
우리 주변의 꽃잎을 세어보면 거의 모든 꽃잎이 3장, 5장, 8장, 13장, …으로 되어 있다. 백합과 붓꽃은 꽃잎이 3장, 채송화・패랭이・동백・야생장미는 5장, 모란・코스모스는 8장, 금불초와 금잔화는 13장이다. 과꽃과 치커리는 21장, 질경이와 데이지는 34장, 쑥부쟁이는 종류에 따라 55장과 89장이다. 신기하게도 모두 피보나치 숫자인 것이다.
피보나치 수열은 해바라기나 데이지 꽃 머리의 씨앗 배치에도 존재한다. 해바라기 씨앗이 촘촘히 박혀 있는 꽃 머리를 유심히 보면 최소의 공간에 최대의 씨앗을 배치하기 위한 '최적의 수학적 해법'으로 꽃이 피보나치 수열을 선택한다는 것을 알 수 있다. 씨앗은 꽃 머리에서 왼쪽과 오른쪽 두 개의 방향으로 엇갈리게 나선 모양으로 자리 잡는다. 데이지 꽃 머리에는 서로 다른 34개와 55개의 나선이 있고, 해바라기 꽃 머리에는 55개와 89개의 나선이 있다.
피보나치 수열은 식물의 잎차례에도 잘 나타나 있다. 잎차례는 줄기에서 잎이 나와 배열하는 방식으로 t/n로 표시한다. t번 회전하는 동안 잎이 n개 나오는 비율이 참나무・벚꽃・사과는 $\frac{2}{5}$이고, 포플러・장미・배・버드나무는 $\frac{3}{8}$, 갯버들과 아몬드는 $\frac{5}{13}$이다. 모두 피보나치 숫자로 전체 식물의 90%가 피보나치 수열의 잎차례를 따르고 있다. 이처럼 잎차례가 피보나치 수열을 따르는 것은 잎이 바로 위의 잎에 가리지 않고, 햇빛을 최대한 받을 수 있는 최적의 수학적 해법이기 때문이다.
예전에는 식물의 DNA가 피보나치 수열을 만들어낸다고 생각했다. 그러나 요즘에는 식물이 새로 자라면서 환경에 적응해 최적의 성장 방법을 찾아가는 과정에서 자연스럽게 피보나치 수열이 형성된다고 생각하는 학자들이 많아졌다. 최근 들어 생물뿐만 아니라 전하를 입힌 기름방울을 순서대로 떨어뜨려도 해바라기 씨앗처럼 퍼진다는 사실이 ㉠ 밝혀졌다. 이처럼 피보나치 수열과 이 수열이 만들어내는 황금비는 생물은 물론 자연과 우주 어디에나 숨어 있다.

10 윗글의 내용으로 적절하지 않은 것은?

① 꽃잎과 식물의 잎에서 피보나치 수열을 찾을 수 있으며, 이 수열은 피라미드, 신용카드 등에 나타나는 황금비를 만들어낸다.

② 해바라기 꽃 머리를 보면 최소의 공간에 최대의 씨앗이 배치될 수 있도록 피보나치 수열을 선택했음을 알 수 있다.

③ 식물의 잎차례에도 피보나치 수열이 잘 나타나며, 모든 식물의 잎차례는 이 수열을 따르고 있다.

④ 식물의 잎차례는 햇빛을 최대한 받을 수 있도록 피보나치 수열을 따르고 있다.

⑤ 학자들은 식물이 환경에 적응하기 위해 최적의 성장 방법을 찾아가는 과정에서 이 수열이 형성된다고 생각한다.

11 윗글의 제목으로 가장 적절한 것은?

① 일상 생활 속에서 광범위하게 사용되는 황금비
② 피보나치 수열의 정의와 형성 원리
③ 피보나치 수열에 대한 학자들의 기존 입장과 새롭게 밝혀진 원리
④ 식물에서 찾아볼 수 있는 피보나치 수열
⑤ 잎차례가 피보나치 수열을 따르는 이유

12 다음 중 밑줄 친 부분이 윗글의 ㉠과 다른 의미로 사용된 것은?

① 그동안 숨겨왔던 진실이 <u>밝혀졌다</u>.
② 철수는 돈과 지위를 <u>밝히기로</u> 유명하다.
③ 나의 결백함이 <u>밝혀질</u> 것으로 믿는다.
④ 오랜 연구의 결과로 옛 문헌의 가치가 <u>밝혀졌다</u>.
⑤ 경찰이 사고의 원인을 <u>밝히고</u> 있다.

※ 다음 글을 읽고 이어지는 질문에 답하시오. [13~15]

일본의 한 완구 회사가 개발한 '바우링 걸'은 개 짖는 소리를 인간의 언어로 번역하는 기계이다. 이런 기계를 제작하려면 동물들이 어떻게 자신의 의사를 표현하는지를 알아야 하는데, 이에 관한 연구는 동물행동학에서 가장 중심이 되는 부분이다. 동물행동학 학자들은 동일한 상황에서 일관되게 반복되는 동물의 행동을 관찰한 경우, 일단 그것을 동물의 의사 표현으로 본다. 물론 그 구체적인 의미를 알아내는 것은 상황을 다양하게 변화시켜 가며 반복 관찰하고 그 결과를 분석한 후에야 가능하다. 이것이 가능하려면 먼저 동물들이 어떻게 의사를 표현하는지 알아야 한다. 그렇다면 동물들은 어떤 방법으로 의사를 표현할까?
먼저 시각적인 방법부터 살펴보자. 남미의 열대 정글에 서식하는 베짱이는 우리나라의 베짱이와는 달리 머리에 뿔도 나 있고 다리에 무척 날카롭고 큰 가시도 있다. 그리고 포식자가 가까이 가도 피하지 않는다. 오히려 가만히 서서 자신을 노리는 포식자에게 당당히 자기의 모습을 보여준다. 이 베짱이는 그런 모습을 취함으로써 자기를 건드리지 말라는 뜻을 전하는 것이다. 또 열대의 호수에 사는 민물고기 시칠리드는 정면에서 보면 마치 귀처럼 보이는 부분이 있는데, 기분 상태에 따라 이곳에 점이 나타났다 사라졌다 하면서 색깔이 변한다. 이 부분에 점이 생기면 지금 기분이 안 좋다는 의사를 드러내는 것이다.
이처럼 모습이나 색깔을 통해 의사를 표현하는 정적인 방법도 있지만 행동을 통해 자신의 의사를 표현하는 동적인 방법도 있다. 까치와 가까운 새인 유럽산 어치는 머리에 있는 깃털을 얼마나 세우느냐에 따라서 마음 상태가 다르다고 한다. 기분이 아주 좋지 않거나 공격을 하려고 할 때 머리털을 가장 높이 세운다고 한다.
소리를 이용하여 자신의 의사를 표현하는 동물들도 있다. 소리를 이용하는 대표적인 방법은 경보음을 이용하는 것이다. 북미산 얼룩다람쥐 무리에는 보초를 서는 개체들이 따로 있다. 이들은 독수리 같은 맹금류를 발견하면 날카로운 소리로 경보음을 내어 동료들의 안전을 책임진다. 그리고 갈고리 모양 나방 애벌레는 다른 애벌레가 자신의 구역에 침입하면 처음에는 노처럼 생긴 뒷다리로 나뭇잎을 긁어 진동음으로 경고 메시지를 보내고, 침입자가 더 가까이 접근하면 입으로 나뭇잎을 긁어 짧고 강한 소리를 계속 만들어낸다.
냄새를 통해 자신의 의사를 전달하는 방법도 있다. 어떤 동물들은 먹이가 있는 장소를 알리거나 자신의 영역에 다른 무리가 들어오는 것을 막기 위한 수단으로 냄새를 이용하기도 한다. 둥근 꼬리 여우원숭이는 다른 놈이 자신의 영역에 들어오면 꼬리를 팔에 비빈 후 흔든다. 그러면 팔에 있는 기관에서 분비된 냄새를 풍기는 물질이 꼬리에 묻어 그 침입자에게 전달된다.
이처럼 동물들은 색깔이나 소리, 냄새 등을 통해 자신의 의사를 표현한다. 그러나 동물들이 한 가지 방법만으로 자신의 의사를 표현하는 것은 아니다. 상황에 따라 우선적으로 선택하는 것도 있지만 대부분의 경우에는 이것들을 혼용한다. 현재까지 알려진 동물의 의사 표현 방법은 양적이나 질적인 면에서 인간의 언어와 비교할 수 없을 정도로 단순하고 초라하지만 동물행동학의 연구 성과가 폭넓게 쌓이면 현재 개발된 바우링 걸보다 완벽한 번역기가 등장할 수도 있을 것이다.

13 윗글에서 동물의 의사 표현 방법으로 언급되지 않은 것은?

① 행동을 이용하는 방법
② 냄새를 이용하는 방법
③ 소리를 이용하는 방법
④ 서식지를 이용하는 방법
⑤ 모습이나 색깔을 이용하는 방법

14 **윗글에 대한 독자의 반응으로 적절하지 않은 것은?**

① 동물의 의사를 번역할 수 있는 기계를 언급하여 독자의 흥미를 유발하고 있군.
② 동물의 의사 표현을 어떻게 파악하는지에 대해서도 언급하여 도움이 되었어.
③ 동물의 의사 표현 방법에 대한 다양한 사례를 제시하여 이해하기가 쉽군.
④ 동물행동학에 대한 깊이 있는 연구가 축적되기를 기대하며 글을 마무리하고 있어.
⑤ 동물의 의사 표현 수단이 갖는 장단점을 대비하며 서술하여 차이점을 파악하기 쉽군.

15 **윗글을 참고할 때, 다음 〈보기〉의 질문에 대한 동물행동학 학자의 답변으로 가장 적절한 것은?**

〈보기〉

산길을 걷다가 특이하게 생긴 곤충을 보았습니다. 그런데 그것을 잡으려고 손을 뻗었더니 갑자기 날개를 활짝 펼쳤습니다. 행동으로 의사를 표현하는 동물들이 많다고 들었는데, 그 곤충의 행동도 의사 표현과 관계가 있는 건가요?

① 상대방에게 물러나라는 의사를 표현한 겁니다. 공격을 준비하고 있다는 신호인 셈이지요.
② 아직은 잘 모릅니다. 우선, 손을 뻗을 때마다 똑같은 행동을 되풀이하는지 확인해 보세요.
③ 의사 표현이 확실합니다. 하지만 그 행동이 무슨 뜻인지는 좀 더 연구해 봐야 알 수 있습니다.
④ 의사 표현은 아닐 겁니다. 확실한 건 그 곤충의 신체 구조를 분석해 본 후에야 알 수 있습니다.
⑤ 의사 표현일 리가 없습니다. 지금까지 알려진 곤충들 중에는 그런 방법으로 의사를 표현하는 것이 없거든요.

01 현수가 연이율 2.4%인 월복리 적금 상품에 원금 총 2,400만 원을 납입하고자 한다. 2년 만기 적금 상품에 매월 초 100만 원씩 납입할 때 만기 시 원리합계와 1년 만기 적금 상품에 매월 초에 200만 원씩 납입할 때 만기 시 원리합계의 차이는?(단, $1.002^{12}=1.024$, $1.002^{24}=1.049$로 계산하며, 이자 소득에 대한 세금은 고려하지 않는다)

① 50.1만 원
② 50.2만 원
③ 50.3만 원
④ 50.4만 원
⑤ 50.5만 원

02 흰 구슬 4개, 검은 구슬 6개가 들어 있는 주머니에서 연속으로 2개의 구슬을 꺼낼 때, 흰 구슬과 검은 구슬을 각각 1개씩 뽑을 확률은?(단, 꺼낸 구슬은 다시 넣지 않는다)

① $\frac{2}{15}$
② $\frac{4}{15}$
③ $\frac{7}{15}$
④ $\frac{8}{15}$
⑤ $\frac{11}{15}$

03 농도가 15%인 소금물 800g에서 소금물을 조금 퍼내고, 150g의 물을 다시 부었다. 이때 소금물의 농도가 12%라면, 처음에 퍼낸 소금물의 양은 얼마인가?

① 100g
② 150g
③ 200g
④ 250g
⑤ 300g

04 출장을 가는 K사원은 오후 2시에 출발하는 KTX를 타기 위해 오후 12시 30분에 역에 도착하였다. K사원은 남은 시간을 이용하여 음식을 포장해 오려고 한다. 역에서 음식점까지의 거리는 다음과 같으며, 음식을 포장하는 데 15분이 걸린다고 한다. K사원이 시속 3km로 걸어서 갔다 올 때, 구입할 수 있는 음식의 종류는?

〈역에서 음식점까지의 거리〉

구분	G김밥	P빵집	N버거	M만두	B도시락
거리	2km	1.9km	1.8km	1.95km	1.7km

① 도시락
② 도시락, 햄버거
③ 도시락, 햄버거, 빵
④ 도시락, 햄버거, 빵, 만두
⑤ 도시락, 햄버거, 빵, 만두, 김밥

05 다음과 같은 유통과정에서 상승한 배추가격은 협동조합의 최초 구매가격 대비 몇 %인가?

〈유통과정별 배추가격〉

판매처	구매처	판매가격
산지	협동조합	재배 원가에 10% 이윤을 붙임
협동조합	도매상	산지에서 구입가격에 20% 이윤을 붙임
도매상	소매상	협동조합으로부터 구입가격이 판매가의 80%
소매상	소비자	도매상으로부터 구입가격에 20% 이윤을 붙임

① 98%
② 80%
③ 78%
④ 70%
⑤ 65%

06 다음은 2024년 공무원 징계 현황에 대한 자료이다. 이에 대한 설명으로 옳지 않은 것을 〈보기〉에서 모두 고르면?

〈공무원 징계 현황〉

(단위 : 건)

징계사유	경징계	중징계
A	3	25
B	174	48
C	170	53
D	160	40
기타	6	5

〈보기〉

ㄱ. 경징계 총 건수는 중징계 총 건수의 3배이다.
ㄴ. 전체 징계 건수 중 경징계 총 건수의 비율은 70% 미만이다.
ㄷ. 징계 사유 D로 인한 징계 건수 중 중징계의 비율은 20% 미만이다.
ㄹ. 전체 징계 사유 중 징계의 비율이 가장 높은 것은 C이다.

① ㄱ, ㄴ
② ㄱ, ㄷ
③ ㄴ, ㄷ
④ ㄴ, ㄹ
⑤ ㄷ, ㄹ

07 다음은 지역별 1인 가구 현황에 대한 자료이다. 이에 대한 설명으로 옳지 않은 것은?

〈지역별 1인 가구 현황〉

(단위 : 만 가구)

구분	2022년		2023년		2024년	
	전체 가구	1인 가구	전체 가구	1인 가구	전체 가구	1인 가구
전국	1,907	513	1,933	528	1,970	532
서울특별시	377	109	378	110	380	133
부산광역시	133	32	135	33	135	38
대구광역시	92	21	93	22	95	25
인천광역시	105	25	105	25	107	26
대전광역시	58	16	60	18	60	19
울산광역시	42	10	42	10	43	11
기타 지역	1,100	300	1,120	310	1,150	280

① 2022 ~ 2024년 동안 해마다 1인 가구 수는 전국적으로 증가하고 있다.

② 2022년과 2024년 모두 부산광역시 1인 가구 수는 대전광역시 1인 가구 수의 2배이다.

③ 2024년 서울특별시 전체 가구 수 중에서 1인 가구 수가 차지하는 비중은 30% 이상이다.

④ 연도별로 대전광역시와 울산광역시의 1인 가구 수의 합은 인천광역시의 1인 가구 수보다 항상 많다.

⑤ 2024년 서울특별시의 1인 가구 수는 전국의 1인 가구 수의 20% 이하이다.

08 다음은 소매 업태별 판매액을 나타낸 자료이다. 2022년 대비 2024년 판매액 증가율이 두 번째로 높은 업태의 증가율은?(단, 소수점 첫째 자리에서 반올림한다)

〈소매 업태별 판매액〉

(단위 : 십억 원)

구분	2022년	2023년	2024년
합계	408,317	424,346	440,110
백화점	29,033	29,915	29,327
대형마트	32,777	33,234	33,798
면세점	9,198	12,275	14,465
슈퍼마켓 및 잡화점	43,481	44,361	45,415
편의점	16,455	19,481	22,237
승용차 및 연료 소매점	91,303	90,137	94,508
전문소매점	139,282	140,897	139,120
무점포 소매점	46,788	54,046	61,240

① 31%
② 35%
③ 42%
④ 55%
⑤ 57%

09 다음은 연도별 축산물 수입 추이를 나타낸 그래프이다. 이에 대한 설명으로 옳지 않은 것은?

〈연도별 축산물 수입량 및 수입액〉

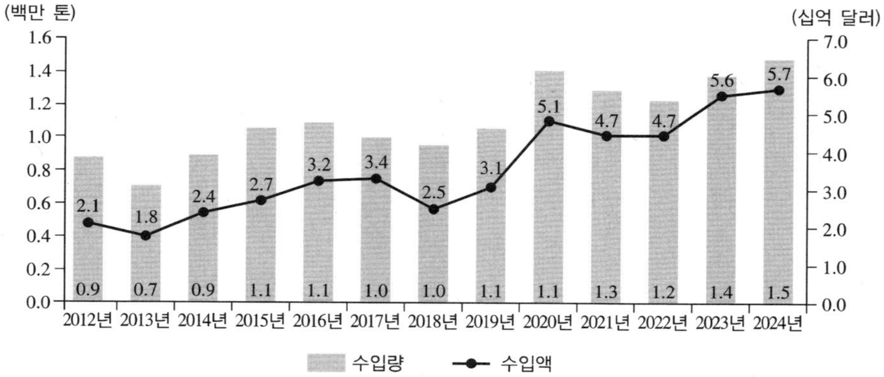

① 축산물 수입량과 수입액의 변화 추세는 동일하다.
② 2024년 축산물 수입량은 2014년 대비 약 67% 증가하였다.
③ 전년 대비 축산물 수입액의 증가율이 가장 높았던 해는 2020년이다.
④ 처음으로 2012년 축산물 수입액의 두 배 이상 수입한 해는 2020년이다.
⑤ 2014년부터 2017년까지 축산물 수입액은 전년 대비 증가했다.

10 다음의 고객 정보를 참고하여 고객이 내야 할 중도상환 수수료는?(단, 100원 미만은 절사한다)

〈고객 정보〉

- 2024년 6월 담보대출 실행
  - 대출원금 : 12,000,000원
  - 대출이자 : 4%(원금 균등상환)
  - 대출기간 : 60개월

- 2025년 6월 중도상환
  - (중도상환 수수료)=(중도상환 원금)×(중도상환 수수료율)× $\frac{(36개월)-(대출경과월수)}{(36개월)}$
  - (중도상환 원금)=(대출원금)−[원금상환액(월)]×(대출경과월수)
  - 중도상환 수수료율

대출상환기간	3 ~ 14개월	15 ~ 24개월	25 ~ 36개월
수수료율	3.8%	2.8%	2.0%

※ 3년 초과 중도상환 시 면제

① 128,000원
② 179,200원
③ 243,200원
④ 274,400원
⑤ 291,100원

11 다음은 K기업의 신용등급이 변화될 가능성을 정리한 표이다. 2022년에 C등급을 받은 K기업이 2024년에도 C등급을 유지할 가능성은?

〈K기업 신용등급 변화 비율〉

구분		$(n+1)$년		
		A등급	B등급	C등급
n년	A등급	0.6	0.3	0.1
	B등급	0.2	0.47	0.33
	C등급	0.1	0.22	0.68

※ 신용등급은 매년 1월 1일 0시에 산정되며, ‘A등급 – B등급 – C등급’ 순서로 높은 등급임
※ 신용등급 변화 비율은 매년 동일함

① 0.545
② 0.572
③ 0.584
④ 0.622
⑤ 0.671

※ 다음은 국민연금 가입자 연령별 현황을 나타낸 자료이다. 이어지는 질문에 답하시오. **[12~13]**

〈국민연금 가입자 연령별 현황〉

(단위 : 명)

구분	사업장가입자	지역가입자	임의가입자	임의계속가입자	합계
30세 미만	2,520,056	1,354,303	9,444	–	–
30 ~ 39세	3,811,399	1,434,786	33,254	–	–
40 ~ 49세	4,093,968	1,874,997	106,191	–	–
50 ~ 59세	3,409,582	2,646,088	185,591	–	–
60세 이상	–	4	–	–	463,147
합계	–	7,310,178	–	463,143	–

※ '–'로 표시한 항목은 가입자 수가 명확하지 않은 경우임

12 위 자료에 대한 설명으로 옳지 않은 것은?

① 전체 지역가입자 수는 전체 임의계속가입자 수의 15배 이상이다.
② 60세 이상을 제외한 전체 임의가입자에서 50대 가입자 수는 50% 이상을 차지한다.
③ 임의계속가입자를 제외하고 모든 가입자 집단에서 연령대가 증가할수록 가입자 수가 증가한다.
④ 임의계속가입자를 제외하고 50대 가입자 수가 많은 순서대로 나열하면 사업장가입자, 지역가입자, 임의가입자 순서이다.
⑤ 30세 미만부터 40대까지 연령대별 가입자 수는 지역가입자 수가 임의가입자 수보다 더 많다.

13 전체 임의계속가입자 수의 25%가 50대라고 할 때, 50대 임의계속가입자 수는 몇 명인가?(단, 소수점 첫째 자리에서 반올림한다)

① 69,471명
② 92,629명
③ 115,786명
④ 138,943명
⑤ 162,100명

※ 다음은 서울특별시 구인·구직·취업 현황에 대한 자료이다. 이어지는 질문에 답하시오. **[14~15]**

〈서울특별시 구인·구직·취업 현황〉

(단위 : 명)

구분	구인	구직	취업
관리직	993	2,951	614
경영·회계·사무 관련 전문직	6,283	14,350	3,400
금융보험 관련직	637	607	131
교육 및 자연과학·사회과학 연구 관련직	177	1,425	127
법률·경찰·소방·교도 관련직	37	226	59
보건·의료 관련직	688	2,061	497
사회복지 및 종교 관련직	371	1,680	292
문화·예술·디자인·방송 관련직	1,033	3,348	741
운전 및 운송 관련직	793	2,369	634
영업원 및 판매 관련직	2,886	3,083	733
경비 및 청소 관련직	3,574	9,752	1,798
미용·숙박·여행·오락·스포츠 관련직	259	1,283	289
음식서비스 관련직	1,696	2,936	458
건설 관련직	3,659	4,825	656
기계 관련직	742	1,110	345

14 **관리직의 구직 대비 구인율과 음식서비스 관련직의 구직 대비 취업률의 차이는 얼마인가?(단, 소수점 첫째 자리에서 반올림한다)**

① 6%p ② 9%p
③ 12%p ④ 15%p
⑤ 18%p

15 **위 자료에 대한 설명으로 옳지 않은 것은?**

① 구직 대비 취업률이 가장 높은 직종은 기계 관련직이다.
② 취업자 수가 구인자 수를 초과한 직종도 있다.
③ 구인자 수가 구직자 수를 초과한 직종은 한 곳이다.
④ 구직자가 가장 많이 몰리는 직종은 경영·회계·사무 관련 전문직이다.
⑤ 영업원 및 판매 관련직의 구직 대비 취업률은 25% 이상이다.

01 제시된 명제가 모두 참일 때, 빈칸에 들어갈 명제로 가장 적절한 것은?

- 아는 것이 적으면 인생에 나쁜 영향이 생긴다.
- ______________________
- 지식을 함양하지 않으면 아는 것이 적다.
- 따라서 공부를 열심히 하지 않으면 인생에 나쁜 영향이 생긴다.

① 공부를 열심히 한다고 해서 지식이 생기지는 않는다.
② 지식을 함양했다는 것은 공부를 열심히 했다는 뜻이다.
③ 아는 것이 많으면 인생에 나쁜 영향이 생긴다.
④ 아는 것이 많으면 지식이 많다는 뜻이다.
⑤ 아는 것이 적으면 지식을 함양하지 않았다는 것이다.

02 K사의 사내 체육대회에서 A ~ F 6명은 키가 큰 순서에 따라 2명씩 1팀, 2팀, 3팀으로 나뉘어 배치된다. 다음 〈조건〉에 따라 배치된다고 할 때 키가 가장 큰 사람은?

〈조건〉

- A, B, C, D, E, F의 키는 서로 다르다.
- 2팀의 B는 A보다 키가 작다.
- D보다 키가 작은 사람은 4명이다.
- A는 1팀에 배치되지 않는다.
- E와 F는 한 팀에 배치된다.

① A
② B
③ C
④ D
⑤ E

03 K공사의 A지부는 공휴일 세미나 진행을 위해 인근의 잡화점 A ~ F에서 필요한 물품을 구매하고자 한다. 세미나 장소 인근의 잡화점에 대한 정보가 다음 〈조건〉과 같을 때, 공휴일에 영업하는 잡화점의 수는?

〈조건〉

- C는 공휴일에 영업하지 않는다.
- B가 공휴일에 영업하지 않으면, C와 E는 공휴일에 영업한다.
- E 또는 F가 영업하지 않는 날이면 D는 영업한다.
- B가 공휴일에 영업하면, A와 E는 공휴일에 영업하지 않는다.
- B와 F 중 한 곳만 공휴일에 영업한다.

① 2개
② 3개
③ 4개
④ 5개
⑤ 6개

04 K베이커리에서는 우유식빵, 밤식빵, 옥수수식빵, 호밀식빵을 납품하기로 한 단체 4곳(가 ~ 라)에 한 종류씩 납품한다. 다음 〈조건〉을 참고할 때, 반드시 참인 것은?

〈조건〉

- 한 단체에 납품하는 빵은 종류가 겹치지 않도록 한다.
- 우유식빵과 밤식빵은 가에 납품된 적이 있다.
- 옥수수식빵과 호밀식빵은 다에 납품된 적이 있다.
- 옥수수식빵은 라에 납품된다.

① 우유식빵은 나에도 납품된 적이 있다.
② 옥수수식빵은 가에도 납품된 적이 있다.
③ 호밀식빵은 가에 납품될 것이다.
④ 우유식빵은 다에 납품된 적이 있다.
⑤ 호밀식빵은 라에도 납품된 적이 있다.

05 다음은 기초생활수급자 선정에 대한 자료이다. 이에 대한 설명으로 옳지 않은 것은?

가. 기초생활수급자 선정 기준

부양의무자가 없거나, 부양의무자가 있어도 부양능력이 없거나 또는 부양을 받을 수 없는 자로서 소득인정액이 최저생계비 이하인 자

※ 부양능력이 있는 부양의무자가 있어도 부양을 받을 수 없는 경우란 부양의무자가 교도소 등에 수용되거나 병역법에 의해 징집·소집되어 실질적으로 부양을 할 수 없는 경우와 가족관계 단절 등을 이유로 부양을 거부하거나 기피하는 경우 등을 가리킴

나. 매월 소득인정액 기준

- (소득인정액)=(소득평가액)+(재산의 소득환산액)
- (소득평가액)=(실제소득)−(가구특성별 지출비용)

다. 가구별 매월 최저생계비

1인	2인	3인	4인	5인	6인
42만 원	70만 원	94만 원	117만 원	135만 원	154만 원

라. 부양의무자의 범위

수급권자의 배우자, 수급권자의 1촌 직계혈족 및 그 배우자, 수급권자와 생계를 같이 하는 2촌 이내의 혈족

① 소득인정액이 최저생계비 이하인 자로서 부양의무자가 없으면 기초생활수급자로 선정된다.

② 소득인정액은 소득평가액과 재산의 소득환산액을 합한 것이다.

③ 수급권자의 삼촌은 부양의무자에 해당되지 않는다.

④ 소득평가액은 실제소득과 가구특성별 지출비용을 합한 것이다.

⑤ 두 가구의 소득평가액이 같을 때, 재산의 소득환산액이 높은 가구가 다른 가구보다 소득인정액이 더 높다.

06 다음은 K섬유회사에 대한 SWOT 분석 자료이다. 분석에 따른 대응 전략으로 옳은 것을 〈보기〉에서 모두 고르면?

〈SWOT 분석 결과〉

구분	분석 결과
강점(Strength)	• 첨단 신소재 관련 특허 다수 보유
약점(Weakness)	• 신규 생산 설비 투자 미흡 • 브랜드의 인지도 부족
기회(Opportunity)	• 고기능성 제품에 대한 수요 증가 • 정부 주도의 문화 콘텐츠 사업 지원
위협(Threat)	• 중저가 의류용 제품의 공급 과잉 • 저임금의 개발도상국과 경쟁 심화

〈보기〉

㉠ SO전략으로 첨단 신소재를 적용한 고기능성 제품을 개발한다.
㉡ ST전략으로 첨단 신소재 관련 특허를 개발도상국의 경쟁업체에 무상 이전한다.
㉢ WO전략으로 문화 콘텐츠와 디자인을 접목한 신규 브랜드 개발을 통해 적극적으로 마케팅한다.
㉣ WT전략으로 기존 설비에 대한 재투자를 통해 대량생산 체제로 전환한다.

① ㉠, ㉢
② ㉠, ㉣
③ ㉡, ㉢
④ ㉢, ㉣
⑤ ㉡, ㉣

07 **K기업은 우리나라 사람들의 해외취업을 돕기 위해 박람회를 열고자 한다. 제시된 〈조건〉과 국가별 상황을 고려할 때, K기업이 박람회 장소로 선택할 나라로 가장 적절한 곳은?**

〈조건〉

1. K기업의 해외 EPS센터가 있는 나라여야 한다.
   - 해외 EPS센터(15개국) : 필리핀, 태국, 인도네시아, 베트남, 스리랑카, 몽골, 우즈베키스탄, 파키스탄, 캄보디아, 중국, 방글라데시, 키르기스스탄, 네팔, 미얀마, 동티모르
2. 100개 이상의 한국 기업이 진출해 있어야 한다.

〈국가별 상황〉

국가	경쟁력	비고
인도네시아	한국 기업이 100개 이상 진출해 있으며, 안정적인 정치 및 경제 구조를 가지고 있다.	두 번의 박람회를 열었으나 실제 취업까지 연결되는 성과가 미미하였다.
아랍에미리트	UAE 자유무역지역에 다양한 다국적 기업이 진출해 있다.	석유가스산업, 금융산업에는 외국 기업의 진출이 불가하다.
중국	한국 기업이 170개 이상 진출해 있으며, 현지 기업의 80% 이상이 우리나라 사람의 고용을 원한다.	중국 청년의 실업률이 높아 사회문제가 되고 있다.
미얀마	2024년 기준 약 2,500명의 한인이 거주 중이며, 한류 열풍이 거세게 불고 있다.	내전으로 우리나라 사람들의 치안이 보장되지 않는다.
베트남	여성의 사회진출률이 높고 정치, 경제, 사회 각 분야에서 많은 여성이 활약 중이다.	한국 기업 진출을 위한 인프라 구축이 잘 되어 있다.

① 인도네시아
② 아랍에미리트
③ 중국
④ 미얀마
⑤ 베트남

08 K은행은 사내 축구대회를 진행하고 있다. 조별 리그전으로 진행하며 각 조에서 가장 승점이 높은 한 팀만 결승에 진출한다고 한다. 팀별 승패 현황이 다음과 같을 때, 결승에 진출하는 두 팀은?

〈팀별 승패 현황〉

1조		2조	
팀	결과	팀	결과
A팀	1승 4무	G팀	3승 2패
B팀	4승 1무	H팀	2승 2무 1패
C팀	1무 4패	I팀	2승 1무 2패
D팀	2무 3패	J팀	3승 1무 1패
E팀	3승 1무 1패	K팀	1무 4패
F팀	2승 1무 2패	L팀	1승 3무 1패

※ 승리 시 2점, 무승부 시 1점, 패배 시 0점의 승점 부여함

① A팀, K팀
② B팀, K팀
③ B팀, J팀
④ E팀, G팀
⑤ F팀, J팀

09 K회사에서 다음과 같은 조건으로 임원용 보고서와 직원용 보고서를 제작하려고 한다. 임원용 보고서와 직원용 보고서의 제작비가 바르게 연결된 것은?

- 보고서 : 85페이지(표지 포함)
- 임원용(10부) : 컬러 단면 복사, 양면 플라스틱 커버, 스프링 제본
- 직원용(20부) : 흑백 양면 복사, 2쪽씩 모아 찍기, 집게(2개)

(단위 : 장당, 개당)

컬러 복사	흑백 복사	플라스틱 커버	스프링 제본	집게
양면 200원	양면 70원	2,000원	2,000원	50원
단면 300원	단면 100원			

※ 표지는 모두 컬러 단면 복사를 함

※ 플라스틱 커버 1개는 한 면만 커버할 수 있음

	임원용	직원용
①	325,000원	42,300원
②	315,000원	37,700원
③	315,000원	37,400원
④	295,000원	35,300원
⑤	292,000원	32,100원

※ K은행이 운영하는 대학장학회에서 매년 10명씩 선정하여 장학금과 부상으로 문화상품권을 준다고 한다. 다음은 문화상품권 구매처와 장학금 종류에 따른 부상내역에 대한 자료이다. 이어지는 질문에 답하시오. **[10~11]**

〈문화상품권 구매처별 현황〉

구분	종류	할인율	비고
A업체	만 원권, 오만 원권	100만 원 이상 구입 시 8% 할인 및 포장비 무료	• 택배비 4천 원 • 포장비 개당 5백 원
B업체	오천 원권, 만 원권, 십만 원권	50만 원 이상 구입 시 50만 원 단위로 6% 할인	• 택배비 4천 원 • 포장비 개당 7백 원
C업체	오만 원권, 십만 원권	100만 원 이상 구입 시 5% 할인	• 직접 방문 구매 • 봉투만 무료 지급
D업체	만 원권, 오만 원권	100만 원 이상 구입 시 100만 원 단위로 4% 할인 및 포장비 무료	• 택배비 5천 원 • 포장비 개당 5백 원

※ 택배비는 한 번만 계산하며, 포장비는 인원만큼 계산함

〈장학금 및 부상내역〉

구분	장학금	인원	부상
성적 우수 장학금	450만 원	4명	문화상품권 30만 원
근로 장학금	450만 원	4명	문화상품권 30만 원
이공계 장학금	500만 원	2명	문화상품권 40만 원

※ 부상은 1명당 받는 금액임

10 문화상품권을 종류에 상관없이 가장 저렴하게 구입할 때, 대학장학회에서 장학금과 부상에 사용한 총액은 얼마인가?(단, 택배비 및 포장비도 포함한다)

① 48,948,000원
② 48,938,000원
③ 48,928,000원
④ 48,918,000원
⑤ 48,908,000원

11 다음 〈조건〉에 맞는 구매처에서 문화상품권을 구입한다고 할 때, 할인받을 수 있는 금액은 얼마인가?(단, 택배비 및 포장비는 제외한다)

〈조건〉

- 오만 원권 또는 십만 원권으로 문화상품권을 구매하려고 한다.
- 직접 방문하여 구매하기가 어렵다.
- 최소한의 비용으로 구매한다.

① 120,000원
② 180,000원
③ 206,000원
④ 256,000원
⑤ 301,000원

※ 다음은 프로젝트금융부서 인사와 관련하여 E팀장과 K과장이 주고받은 메일 및 관련 자료이다. 이어지는 질문에 답하시오. [12~13]

발신인	금융기획부 E팀장	발신일	2025.10.24.(금) 14:15:54
수신인	인사부 K과장		
제목	프로젝트금융부서 인사에 대한 자료 요청		

안녕하세요. K과장님. 금융기획부 팀장 E입니다.
이번에 새로 진행되는 프로젝트금융부서에 배치 가능한 사원들의 역량을 확인할 수 있는 자료를 요청합니다. 아무래도 외국 투자를 주목적으로 하는 부서인지라 외국어능력 자료가 필수적이고, 다양한 자료를 활용하여 발표할 일이 많으므로 각종 서식을 잘 다루는지 확인할 수 있는 자료가 있으면 좋겠습니다.

발신인	인사부 K과장	발신일	2025.10.24.(금) 16:55:12
수신인	금융기획부 E팀장		
제목	RE : 프로젝트금융부서 인사에 대한 자료 요청		

E팀장님, 안녕하세요.
프로젝트금융부서에 배치 가능한 사원 5명의 역량을 다음과 같이 첨부하여 보냅니다. 사내에서 시행한 외국어능력 점수와 컴퓨터활용능력 점수, 근무태도, 자격증으로 구성되어 있으며, 이밖에 다른 필요한 자료가 있으시다면 언제든 연락해 주십시오. 감사합니다.

〈사원별 인사자료〉

구분	외국어능력 점수	컴퓨터활용능력 점수	근무태도	자격증
윤정아	75점	85점	A등급	–
신민준	80점	80점	B등급	정보처리기사
이연경	95점	70점	C등급	–
정유미	80점	90점	D등급	ITQ 한글
김영진	90점	75점	B등급	정보처리산업기사

〈근무태도 등급별 점수〉

A등급	B등급	C등급	D등급	E등급
100점	90점	80점	70점	60점

12 외국어능력과 컴퓨터활용능력, 근무태도 점수의 평균이 높은 순으로 사원 2명을 선정한다고 할 때, 선정되는 사원은 누구인가?

① 윤정아, 신민준
② 윤정아, 김영진
③ 신민준, 이연경
④ 신민준, 정유미
⑤ 이연경, 정유미

13 E팀장은 외국어능력, 컴퓨터활용능력, 근무태도 점수를 합산하되, 외국어능력 점수에는 10%의 가산점을 주고, 자격증이 있는 경우 5점을 가산하여 합산한 점수가 가장 높은 사원 1명을 선정하려고 한다. 선정되는 사원은 누구인가?

① 윤정아
② 신민준
③ 이연경
④ 김영진
⑤ 정유미

※ 다음은 K사의 성과급 지급 규정이다. 이어지는 질문에 답하시오. **[14~15]**

〈성과급 지급 규정〉

제1조(성과급의 정의)

성과급이란 조직원의 사기진작과 합리적인 임금 체계 구축을 위해 평가된 결과에 따라 차등 지급되는 보수를 말한다.

제2조(지급대상)

① 성과연봉의 지급대상자는 성과평가 대상기간 중 1개월 이상의 기간 동안 K사에 직원으로 근무한 자로 한다.

② 제1항의 근무기간에 휴직기간, 징계기간, 지위해제기간, 결근기간은 포함하지 않는다.

③ 1개월 이상 K사의 직원으로 근무하였음에도 성과평가 결과를 부여받지 못한 경우에는 최하등급 기준으로 성과연봉을 지급한다.

제3조(평가시기)

평가는 분기별로 1회씩 이루어진다.

제4조(평가기준)

평가항목과 가중치에 따라 다음과 같은 기준을 제시한다.

구분	전문성	유용성	수익성
가중치	0.3	0.2	0.5

제5조(점수별 등급)

성과평가 점수에 따른 평가등급을 다음과 같이 제시한다.

점수	9.0점 이상	8.0점 이상 9.0점 미만	7.0점 이상 8.0점 미만	6.0점 이상 7.0점 미만	5.0점 이상 6.0점 미만
평가등급	S등급	A등급	B등급	C등급	D등급

제6조(지급기준)

평가등급에 따라 다음과 같이 지급한다.

등급	S등급	A등급	B등급	C등급	D등급
지급액	100만 원	80만 원	60만 원	40만 원	20만 원

14 **다음 중 성과급 지급 규정에 대해 제대로 이해하지 못하고 있는 직원은?**

① A사원 : 성과연봉을 받기 위해서는 성과평가 대상기간 중 1개월 이상의 기간은 직원으로 K사에서 근무해야 해.

② B사원 : 맞아. 1개월 이상 K사 직원으로 근무하였음에도 성과평가 결과를 부여받지 못한 경우에는 성과연봉이 하나도 지급되지 않아.

③ C사원 : 성과급 평가기준은 전문성, 유용성, 수익성으로 나뉘는데, 수익성> 전문성> 유용성 순으로 가중치가 커.

④ D사원 : 성과평가는 분기별로 한 번씩 이루어져.

⑤ E사원 : A가 말한 근무기간에 휴직기간, 징계기간, 지위해제기간, 결근기간은 포함하지 않아.

15 **K사에 근무하는 O대리의 평가점수가 다음과 같다고 할 때, 1년간 받는 총성과급은 얼마인가?**

〈O대리의 평가점수〉

(단위 : 점)

구분	전문성	유용성	수익성
1분기	6	8	7
2분기	7	7	6
3분기	8	6	7
4분기	7	8	9

① 200만 원
② 210만 원
③ 220만 원
④ 230만 원
⑤ 240만 원

01 **K대리는 방대한 양의 납품 자료를 한눈에 파악할 수 있게 데이터를 요약해서 보고하라는 상부의 지시를 받았다. 이러한 상황에 대응하기 위한 엑셀 사용 방법으로 가장 적절한 것은?**

① 매크로 기능을 이용한다.
② 조건부 서식 기능을 이용한다.
③ 피벗 테이블 기능을 이용한다.
④ 유효성 검사 기능을 이용한다.
⑤ 필터 검사 기능을 이용한다.

02 **다음 워크시트를 참조하여 작성한 수식 「=INDEX(A3:E9,MATCH(SMALL(B3:B9,2),B3:B9,0),5)」의 결괏값은?**

	A	B	C	D	E
1					(단위 : 개, 원)
2	상품명	판매수량	단가	판매금액	원산지
3	참외	5	2,000	10,000	대구
4	바나나	12	1,000	12,000	서울
5	감	10	1,500	15,000	부산
6	포도	7	3,000	21,000	대전
7	사과	20	800	16,000	광주
8	오렌지	9	1,200	10,800	전주
9	수박	8	10,000	80,000	춘천

① 21,000
② 대전
③ 15,000
④ 광주
⑤ 사과

03 다음 시트에서 상품 '하모니카'의 평균매출액을 구하려고 할 때, [E11] 셀에 입력할 수식으로 옳은 것은?

	A	B	C	D	E
1	모델명	상품	판매금액	판매수량	매출액
2	D7S	통기타	₩189,000	7	₩1,323,000
3	LC25	우쿨렐레	₩105,000	11	₩1,155,000
4	N1120	하모니카	₩60,000	16	₩960,000
5	MS083	기타	₩210,000	3	₩630,000
6	H904	하모니카	₩63,000	25	₩1,575,000
7	C954	통기타	₩135,000	15	₩2,025,000
8	P655	기타	₩193,000	8	₩1,544,000
9	N1198	하모니카	₩57,000	10	₩570,000
10	하모니카의 평균 판매수량				17
11	하모니카 평균매출액				₩1,035,000

① =COUNTIF(B2:B9,"하모니카")

② =AVERAGE(E2:E9)

③ =AVERAGEIFS(B2:B9,E2:E9,"하모니카")

④ =AVERAGEA(B2:B9,"하모니카",E2:E9)

⑤ =AVERAGEIF(B2:B9,"하모니카",E2:E9)

04 다음 시트에서 [E10] 셀에 수식 「=INDEX(E2:E9,MATCH(0,D2:D9,0))」을 입력했을 때, 표시되는 결괏값으로 옳은 것은?

	A	B	C	D	E
1	부서	직위	사원명	근무연수	근무월수
2	재무팀	사원	이수연	2	11
3	교육사업팀	과장	조민정	3	5
4	신사업팀	사원	최지혁	1	3
5	교육컨텐츠팀	사원	김다연	0	2
6	교육사업팀	부장	민경희	8	10
7	기구설계팀	대리	김형준	2	1
8	교육사업팀	부장	문윤식	7	3
9	재무팀	대리	한영혜	3	0
10					

① 0　　② 1

③ 2　　④ 3

⑤ 5

05 왼쪽 워크시트의 성명 데이터를 오른쪽 워크시트와 같이 성과 이름 두 개의 열로 분리하기 위해 [텍스트 나누기] 기능을 사용하고자 한다. 다음에 사용된 [텍스트 나누기]의 분리 방법으로 옳은 것은?

	A
1	김철수
2	박선영
3	최영희
4	한국인

⇨

	A	B
1	김	철수
2	박	선영
3	최	영희
4	한	국인

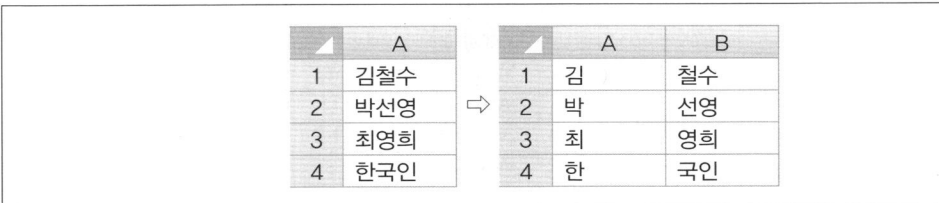

① 열 구분선을 기준으로 내용 나누기
② 구분 기호를 기준으로 내용 나누기
③ 공백을 기준으로 내용 나누기
④ 탭을 기준으로 내용 나누기
⑤ 행 구분선을 기준으로 내용 나누기

06 K은행 총무부에서 근무하는 S사원은 워드프로세서 프로그램을 사용해 결재 문서를 작성해야 하는데 결재란을 페이지마다 넣으려고 한다. 다음 중 S사원이 사용해야 하는 워드프로세서 기능은?

① 스타일
② 쪽 번호
③ 미주
④ 머리말
⑤ 글자겹치기

07 다음은 K오디션의 1, 2차 결과를 나타낸 표이다. [E2:E7]에 다음과 같이 최종점수를 구하고자 할 때, 필요한 함수로 옳은 것은?

	A	B	C	D	E
1	이름	1차	2차	평균	최종점수
2	김지은	96.45	45.67	71.16	71.1
3	배주희	89.67	34.77	62.22	62.2
4	박태준	88.76	45.63	67.195	67.2
5	신승주	93.67	43.56	68.615	68.6
6	이지우	92.56	38.45	65.505	65.5
7	최대희	95.78	43.65	69.715	69.7

① ROUND
② INT
③ TRUNC
④ COUNTIF
⑤ ABS

08 다음 중 입사일이 2020년 6월 1일인 직원의 오늘 현재까지의 근속 일수를 구하려고 할 때 사용할 함수식은?

① =TODAY()−DAY(2020,6,1)
② =TODAY()−DATE(2020,6,1)
③ =DATE(2020,6,1)−TODAY
④ =DAY(2020,6,1)−TODAY()
⑤ =DAY(2020,6,1)−DATE

09 다음 중 워드프로세서의 하이퍼텍스트(Hypertext)에 대한 설명으로 옳지 않은 것은?

① 문서와 문서가 순차적인 구조를 가지고 있어서 관련된 내용을 차례대로 참조하는 기능이다.
② Windows의 도움말이나 인터넷 웹 페이지에 사용된다.
③ 하이퍼텍스트에서 다른 문서간의 연결을 링크(Link)라고 한다.
④ 하나의 문서를 보다가 내용 중의 특정 부분과 관련된 다른 부분을 쉽게 참조할 수 있다.
⑤ 하이퍼텍스트 구조를 멀티미디어까지 이용 범위를 확장시켜 정보를 활용하는 방법은 하이퍼미디어(Hyper-media)라고 한다.

10 다음 중 Windows 환경에서 Excel의 기능과 해당 단축키 조합이 잘못 연결된 것은?

① 〈Alt〉+〈H〉 : 홈 탭으로 이동
② 〈Alt〉+〈N〉 : 삽입 탭으로 이동
③ 〈Alt〉+〈P〉 : 페이지 레이아웃 탭으로 이동
④ 〈Alt〉+〈A〉 : 수식 탭으로 이동
⑤ 〈Alt〉+〈W〉 : 보기 탭으로 이동

11 다음 중 클라우드 컴퓨팅(Cloud Computing)에 대한 설명으로 옳지 않은 것은?

① 가상화와 분산처리 기술을 기반으로 한다.
② 최근에는 컨테이너(Container) 방식으로 서버를 가상화하고 있다.
③ 서비스 유형에 따라 IaaS, PaaS, SaaS로 분류할 수 있다.
④ 공개 범위에 따라 퍼블릭 클라우드, 프라이빗 클라우드, 하이브리드 클라우드로 분류할 수 있다.
⑤ 주로 과학·기술적 계산 같은 대규모 연산의 용도로 사용된다.

※ 다음의 시스템을 숙지하고, 빈칸에 들어갈 입력코드(Input Code)를 구하시오. [12~14]

K은행에 입사한 귀하는 다음 시스템의 모니터링 및 관리 업무를 담당하게 되었다.

〈시스템 상태 및 조치〉

※ 모니터에 나타나는 정보를 이해하고 시스템 상태를 판독하여 적절한 코드를 입력하시오.

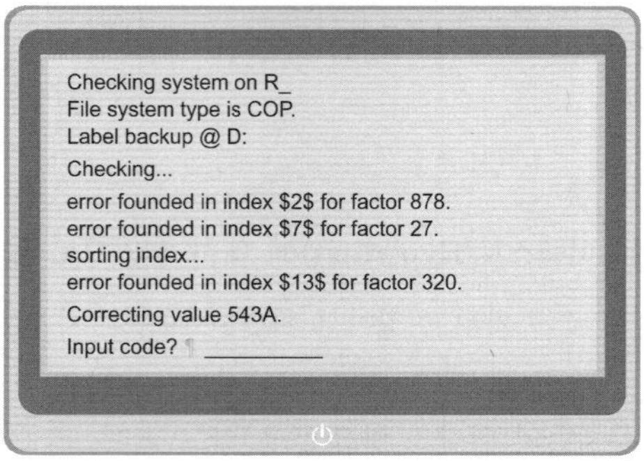
Checking system on R_
File system type is COP.
Label backup @ D:
Checking...
error founded in index 2 for factor 878.
error founded in index 7 for factor 27.
sorting index...
error founded in index 13 for factor 320.
Correcting value 543A.
Input code? ________

항목	세부사항
File System Type	• COP : error value들 중 가장 큰 값을 FEV로 지정 • ATO : 모든 error value들의 합을 FEV로 지정
Label Backup	• D : 기존 correcting value의 두 배에 해당하는 값을 correcting value로 사용 (단, correcting value에 포함된 문자는 없는 것으로 취급) • Q : correcting value를 그대로 사용
Index $##$ for Factor ##	• 오류 발생 위치 : $와 $ 사이에 나타나는 숫자 • 오류 유형 : factor 뒤에 나타나는 숫자
Error Value	• 오류 발생 위치값의 숫자가 오류 유형에 포함 : 해당 숫자 • 오류 발생 위치값의 숫자가 오류 유형에 미포함 : 1 ※ FEV(Final Error Value) : File System Type에 따라 error value를 이용하여 산출하는 세 자리의 수치 예 008, 154, 097
Correcting Value	FEV와의 대조를 통하여 시스템 상태 판단

판단 기준	시스템 상태	입력 코드
FEV를 구성하는 숫자가 correcting value를 구성하는 숫자에 모두 포함되어 있는 경우	안전	correcting value에 문자 포함 : resrv17 correcting value에 문자 미포함 : resrv17/c
FEV를 구성하는 숫자가 correcting value를 구성하는 숫자에 일부만 포함되어 있는 경우	경계	correcting value에 문자 포함 : cldn35/c correcting value에 문자 미포함 : cldn35
FEV를 구성하는 숫자가 correcting value를 구성하는 숫자에 전혀 포함되어 있지 않은 경우	위험	shdnsys

〈시스템 관리 예시〉

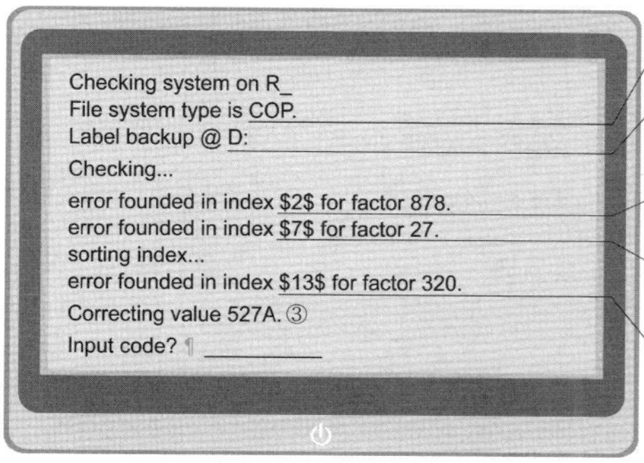

Checking system on R_
File system type is COP.
Label backup @ D:
Checking...
error founded in index 2 for factor 878.
error founded in index 7 for factor 27.
sorting index...
error founded in index 13 for factor 320.
Correcting value 527A. ③
Input code? ¶ ___________

② error value 1, 7, 3 중 가장 큰 값인 7을 FEV로 지정

③ 기존 correcting value 527A의 두 배인 1054A를 correcting value로 사용하고, 문자 A는 없는 것으로 취급

① 오류 발생 위치"2"가 오류 유형"878"에 포함되어 있지 않으므로 error value = 1

① 오류 발생 위치"7"이 오류 유형"27"에 포함되어 있으므로 error value = 7

① 오류 발생 위치"13"의 "3"이 오류 유형 "320"에 포함되어 있으므로 error value = 3

⇩

FEV와 correcting value 대조
FEV=007(FEV는 세 자릿수로 이뤄짐)
correcting value=1054A(문자는 없는 것으로 취급)
→ FEV를 구성하는 숫자 0, 7 중 일부만("0") correcting value 1054A에 포함됨

⇩

종합 판단 및 조치
FEV=007
correcting value=1054A
시스템 상태=경계
correcting value에 문자 미포함
입력 코드 : cldn35

➡ 입력 코드 : cldn35

12

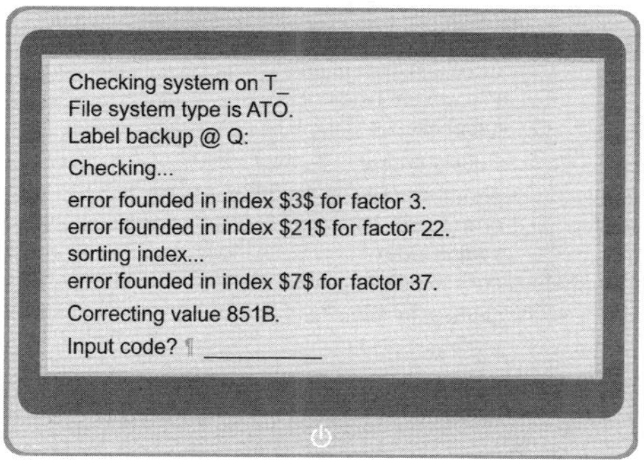

Checking system on T_
File system type is ATO.
Label backup @ Q:
Checking...
error founded in index 3 for factor 3.
error founded in index 21 for factor 22.
sorting index...
error founded in index 7 for factor 37.
Correcting value 851B.
Input code? ¶ ___________

① resrv17
② cldn35
③ cldn35/c
④ shdnsys
⑤ resrv17/c

13

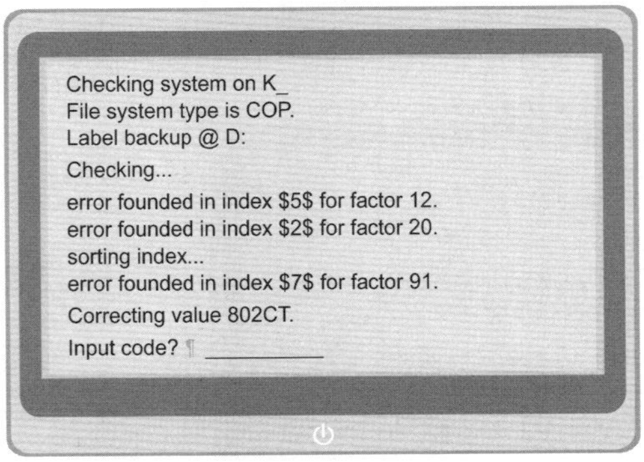
Checking system on K_
File system type is COP.
Label backup @ D:
Checking...
error founded in index 5 for factor 12.
error founded in index 2 for factor 20.
sorting index...
error founded in index 7 for factor 91.
Correcting value 802CT.
Input code? ¶ ___________

① resrv17
② cldn35
③ cldn35/c
④ shdnsys
⑤ resrv17/c

14

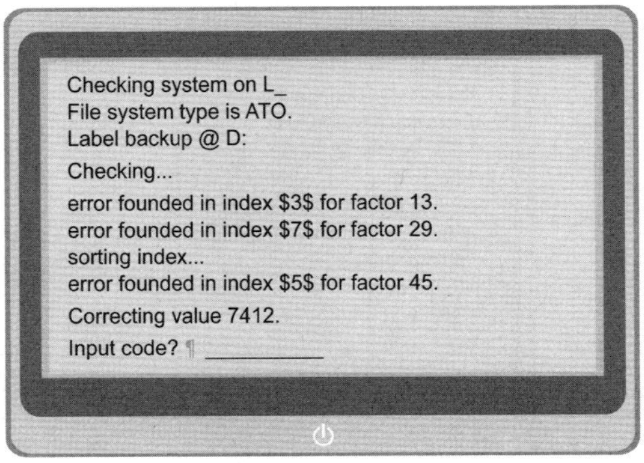
Checking system on L_
File system type is ATO.
Label backup @ D:
Checking...
error founded in index 3 for factor 13.
error founded in index 7 for factor 29.
sorting index...
error founded in index 5 for factor 45.
Correcting value 7412.
Input code? ¶ ___________

① resrv17
② cldn35
③ cldn35/c
④ shdnsys
⑤ resrv17/c

15 다음과 같이 거주지가 강원특별자치도인 사람에게 값 1을 부여하고, 그 외 지역인 사람에게 0을 부여하고자 할 때, [D3]셀에 사용해야 할 함수로 옳은 것은?

	A	B	C	D	E
1					
2		이름	거주지	값	
3		A	서울 송파	0	
4		B	경기 하남	0	
5		C	경남 창원	0	
6		D	강원 홍천	1	
7		E	전북 군산	0	
8		F	경기 남양주	0	
9		G	강원 태백	1	
10		H	인천 강화	0	
11		I	강원 동해	1	
12		J	경북 울릉	0	
13					

① =IF(RIGHT(C3,2)=강원,1,0)

② =IF(RIGHT(C3,4)="강원",1,0)

③ =IF(LEFT(C3,2)=강원,1,0)

④ =IF(LEFT(C3,2)="강원",1,0)

⑤ =IF(LEFT(C3,2)="강원",0,1)

제3회 KDB한국산업은행 필기시험

NCS 직업기초능력평가 모의고사

〈문항 수 및 시험시간〉

<table>
<tr><th>영역</th><th>문항 수</th><th>시험시간</th><th>모바일 OMR
답안채점 / 성적분석</th></tr>
<tr><td>의사소통능력</td><td>15문항</td><td rowspan="4">60분</td><td rowspan="4"></td></tr>
<tr><td>수리능력</td><td>15문항</td></tr>
<tr><td>문제해결능력</td><td>15문항</td></tr>
<tr><td>정보능력</td><td>15문항</td></tr>
</table>

KDB한국산업은행 필기시험

제3회 모의고사

문항 수 : 60문항
시험시간 : 60분

제 1 영역 의사소통능력

01 다음 중 밑줄 친 단어의 쓰임이 가장 적절한 것은?

① 김 팀장님, 여기 서류에 결제 부탁드립니다.
② 한국 남자 수영팀이 10년 만에 한국 신기록을 갱신했다.
③ 일제강점기 독립운동가들은 일제 경찰에게 갖은 곤혹을 당했다.
④ 재난 당국은 실종자들의 생사 유무를 파악 중이다.
⑤ 그녀는 솔직하고 담백하게 자신의 마음을 표현했다.

02 다음 글의 내용으로 적절하지 않은 것은?

> 한 사회의 소득 분배가 얼마나 불평등한지는 일반적으로 '10분위 분배율'과 '로렌츠 곡선' 등의 척도로 측정된다. 10분위 분배율이란 하위 소득 계층 40%의 소득 점유율을 상위 소득 계층 20%의 소득 점유율로 나눈 비율을 말한다. 이 값은 한 사회의 소득 분배가 얼마나 불평등한지를 나타내는 지표가 되는데, 10분위 분배율의 값이 낮을수록 분배가 불평등함을 의미한다.
> 계층별 소득 분배를 측정하는 다른 지표로는 로렌츠 곡선을 들 수 있다. 로렌츠 곡선은 정사각형의 상자 안에 가로축에는 저소득 계층부터 고소득 계층까지를 차례대로 누적한 인구 비율을, 세로축에는 해당 계층 소득의 누적 점유율을 나타낸 그림이다. 만약 모든 사람들이 똑같은 소득을 얻고 있다면 로렌츠 곡선은 대각선과 일치하게 된다. 그러나 대부분의 경우 로렌츠 곡선은 대각선보다 오른쪽 아래에 있는 것이 보통이다. 일반적으로 로렌츠 곡선이 평평하여 대각선에 가까울수록 평등한 소득 분배를, 그리고 많이 구부러져 직각에 가까울수록 불평등한 소득 분배를 나타낸다.

① 10분위 분배율은 하위 소득 계층 40%와 상위 소득 계층 20%의 소득 점유율을 알아야 계산할 수 있다.
② 하위 소득 계층 40%의 소득 점유율이 작을수록, 상위 소득 계층 20%의 소득 점유율이 클수록 분배가 불평등하다.
③ 로렌츠 곡선의 가로축을 보면 소득 누적 점유율을, 세로축을 보면 누적 인구 비율을 알 수 있다.
④ 로렌츠 곡선과 대각선의 관계를 통해 소득 분배를 알 수 있다.
⑤ 로렌츠 곡선이 많이 구부러져 직각에 가까울수록 불평등한 소득 분배를 나타낸다.

03 다음 글의 제목으로 가장 적절한 것은?

20세기 한국 사회는 내부 노동시장에 의존한 평생직장 개념을 갖고 있었으나, 1997년 외환 위기 이후 인력 관리의 유연성이 향상되면서 그것은 사라지기 시작하였다. 기업은 필요한 우수 인력을 외부 노동시장에서 적기에 채용하고, 저숙련 인력은 주변화하여 비정규직을 계속 늘려간다는 전략을 구사하고 있다. 이러한 기업의 인력 관리 방식에 따라서 실업률은 계속 하락하는 동시에 주당 18시간 미만으로 일하는 불완전 취업자가 많이 증가하고 있다.

이러한 현상은 우리나라의 경제가 지식 기반 산업 위주로 점차 바뀌고 있음을 말해 준다. 지식 기반 산업이 주도하는 경제 체제에서는 고급 지식을 갖거나 숙련된 노동자는 더욱 높은 임금을 받게 된다. 다시 말해, 지식 기반 경제로의 이행은 지식 격차에 의한 소득 불평등의 심화를 의미한다. 우수한 기술과 능력을 갖춘 핵심 인력은 능력 개발 기회를 얻게 되어 '고급 기술 → 높은 임금 → 양질의 능력 개발 기회'의 선순환 구조를 갖지만, 비정규직·장기 실업자 등 주변 인력은 악순환을 겪을 수밖에 없다. 이러한 '양극화' 현상을 국가가 적절히 통제하지 못할 경우, 사회 계급 간의 간극은 더욱 확대될 것이다. 결국 고도 기술 사회가 온다고 해도 자본주의 사회 체제가 지속되는 한, 사회 불평등 현상은 여전히 계급 간 균열선을 따라 존재하게 될 것이다. 국가가 포괄적 범위에서 강력하게 사회 정책적 개입을 추진하면 계급 간 차이를 현재보다는 축소시킬 수 있겠지만 아주 없애지는 못할 것이다.

사회 불평등 현상은 국가 사이에서도 발견된다. 국가 간 발전 격차가 지속 확대되면서 전 지구적 생산의 재배치는 이미 20세기 중엽부터 진행됐다. 정보통신 기술은 지구의 자전 주기와 공간적 거리를 '장애물'에서 '이점'으로 변모시켰다. 그 결과, 전 지구적 노동시장이 탄생하였다. 기업을 비롯한 각 사회 조직은 국경을 넘어 인력을 충원하고, 재화와 용역을 구매하고 있다. 개인들도 인터넷을 통해 이러한 흐름에 동참하고 있다. 생산 기능은 저개발국으로 이전되고, 연구·개발·마케팅 기능은 선진국으로 모여드는 경향이 지속·강화되어, 국가 간 정보 격차가 확대되고 있다. 유비쿼터스 컴퓨팅 기술에 의거하여 전 지구 사회를 잇는 지역 간 분업은 앞으로 더욱 활발해질 것이다. 국가 간의 경제적 불평등 현상은 국제 자본 이동과 국제 노동 이동으로 표출되고 있다. 노동 집약적 부문의 국내 기업이 해외로 생산 기지를 옮기는 현상에서 나아가, 초국적 기업화 현상이 본격적으로 대두되고 있다. 전 지구에 걸친 외부 용역 대치가 이루어지고, 콜센터를 외국으로 옮기는 현상도 보편화될 것이다.

① 국가 간 노동 인력의 이동이 가져오는 폐해
② 사회 계급 간 불평등 심화 현상의 해소 방안
③ 지식 기반 산업 사회에서의 노동시장의 변화
④ 선진국과 저개발국 간의 격차 축소 정책의 필요성
⑤ 저개발국에서 나타나는 사회 불평등 현상

04 다음 문단을 논리적 순서대로 바르게 나열한 것은?

(가) 상품 생산자, 즉 판매자는 화폐를 얻기 위해 자신의 상품을 시장에 내놓는다. 하지만 생산자가 만들어 낸 상품이 시장에 들어서서 다른 상품이나 화폐와 관계를 맺게 되면, 이제 그 상품은 주인에게 복종하기를 멈추고 자립적인 삶을 살아가게 된다.
(나) 이처럼 상품이나 시장 법칙은 인간에 의해 산출된 것이지만, 이제 거꾸로 상품이나 시장 법칙이 인간을 지배하게 된다. 이때 인간 및 인간들 간의 관계가 소외되는 현상이 나타난다.
(다) 상품은 그것을 만들어 낸 생산자의 분신이지만, 시장 안에서는 상품이 곧 독자적인 인격체가 된다. 즉, 사람이 주체가 아니라 상품이 주체가 된다.
(라) 또한 사람들이 상품들을 생산하여 교환하는 과정에서 시장의 경제 법칙을 만들어 냈지만, 이제 거꾸로 상품들은 인간의 손을 떠나 시장 법칙에 따라 교환된다. 이런 시장 법칙의 지배 아래에서는 사람과 사람 간의 관계가 상품과 상품, 상품과 화폐 등 사물과 사물 간의 관계에 가려 보이지 않게 된다.

① (가) – (다) – (나) – (라)
② (가) – (다) – (라) – (나)
③ (다) – (가) – (라) – (나)
④ (다) – (라) – (가) – (나)
⑤ (다) – (라) – (나) – (가)

05 다음 글에 대한 반론으로 가장 적절한 것은?

현대인은 타인의 고통을 주로 뉴스나 영화 등의 매체를 통해 경험한다. 타인의 고통을 직접 대면하는 경우와 비교할 때 그와 같은 간접 경험으로부터 연민을 갖기는 쉽지 않다. 더구나 현대 사회는 사적 영역을 침범하지 않도록 주문한다. 이런 존중의 문화는 타인의 고통에 대한 지나친 무관심으로 변질될 수 있다. 그래서인지 현대 사회는 소박한 연민조차 느끼지 못하는 불감증 환자들의 안락하지만 황량한 요양소가 되어 가고 있는 듯하다.
연민에 대한 정의는 시대와 문화, 지역에 따라 가지각색이지만, 다수의 학자들에 따르면 연민은 두 가지 조건이 충족될 때 생긴다. 먼저 타인의 고통이 그 자신의 잘못에서 비롯된 것이 아니라 우연히 닥친 비극이어야 한다. 다음으로 그 비극이 언제든 나를 엄습할 수도 있다고 생각해야 한다. 이런 조건에 비추어 볼 때 현대 사회에서 연민의 감정은 무뎌질 가능성이 높다. 현대인은 타인의 고통을 대부분 그 사람의 잘못된 행위에서 비롯된 필연적 결과로 보며, 자신은 그러한 불행을 예방할 수 있다고 생각하기 때문이다.

① 현대인들은 자신의 사적 영역을 존중받길 원한다.
② 직접적인 경험이 간접적인 경험보다 연민의 감정이 쉽게 생긴다.
③ 사람들은 비극이 나에게도 일어날 수 있다고 생각할 때 연민을 느낀다.
④ 연민이 충족되기 위해선 타인의 고통이 자신의 잘못에서 비롯된 것이어야 한다.
⑤ 교통과 통신이 발달하면서 현대인들은 이전에 몰랐던 사람들의 불행까지도 의식할 수 있게 되었다.

06 다음 글의 내용으로 적절하지 않은 것은?

> 일그러진 달항아리와 휘어진 대들보. 물론 달항아리와 대들보가 언제나 그랬던 것은 아니다. 사실인즉 일그러지지 않은 달항아리와 휘어지지 않은 대들보가 더 많았을 것이다. 하지만 주목해야 할 것은 한국인들은 달항아리가 일그러졌다고 해서 깨뜨려 버리거나, 대들보가 구부러졌다고 해서 고쳐서 쓰거나 하지는 않았다는 것이다. 나아가 그들은 살짝 일그러진 달항아리나 그럴싸하게 휘어진 대들보, 입술이 약간 휘어져 삐뚜름 능청거리는 사발이 오히려 멋있다는 생각을 했던 것 같다. 일그러진 달항아리와 휘어진 대들보에서 '형(形)의 어눌함'과 함께 '상(象)의 세련됨'을 볼 수 있다. 즉, '상의 세련됨'을 머금은 '형의 어눌함'을 발견하게 된다. 대체로 평균치를 넘어서는 우아함을 갖춘 상은 어느 정도 형의 어눌함을 수반한다. 이런 형상을 가리켜 아졸하거나 고졸하다고 하는데, 한국 문화는 이렇게 상의 세련됨과 형의 어눌함이 어우러진 아졸함이나 고졸함의 형상으로 넘쳐난다. 분청이나 철화, 달항아리 같은 도자기 역시 예상과는 달리 균제적이거나 대칭적이지 않은 경우가 많다. 이 같은 비균제성이나 비대칭성은 무의식(無意識)의 산물이 아니라 '형의 어눌함을 수반하는 상의 세련됨'을 추구하는 미의식(美意識)의 산물이다. 이러한 미의식은 하늘과 땅과 인간을 하나의 커다란 유기체로 파악하는 우리 민족이 자신의 삶을 통해 천지인의 조화를 이룩하기 위해 의식적으로 노력한 결과이다.

① 달항아리는 일그러진 모습, 대들보는 휘어진 모습을 한 것들이 많다.
② 한국인들은 곧은 대들보와 완벽한 모양의 달항아리를 좋아하지 않았다.
③ 상(象)의 세련됨은 형(形)의 어눌함에서도 발견할 수 있다.
④ 분청, 철화, 달항아리 같은 도자기에서는 비대칭적인 요소가 종종 발견된다.
⑤ 비대칭적 미의식은 천지인을 유기체로 파악하는 우리 민족의 의식적인 노력의 결과이다.

※ 다음 글을 읽고 이어지는 질문에 답하시오. [7~8]

딸기에는 비타민 C가 귤의 1.6배, 레몬의 2배, 키위의 2.6배, 사과의 10배 정도 함유되어 있어 딸기 5 ~ 6개를 먹으면 하루에 필요한 비타민 C를 전부 섭취할 수 있다. 비타민 C는 신진대사 활성화에 도움을 줘 원기를 회복하고 체력을 증진시키며, 멜라닌 색소가 축적되는 것을 막아 기미, 주근깨를 예방해 준다. 멜라닌 색소가 많을수록 피부색이 검어지므로 미백 효과도 있는 셈이다. 또한 비타민 C는 피부 저항력을 높여줘 알레르기성 피부나 홍조가 짙은 피부에도 좋다. 비타민 C가 내는 신맛은 식욕 증진 효과와 스트레스 해소 효과가 있다.
한편, 딸기에 비타민 C만큼 풍부하게 함유된 성분이 항산화 물질인데, 이는 암세포 증식을 억제하는 동시에 콜레스테롤 수치를 낮춰주는 기능을 한다. 그래서 심혈관계 질환, 동맥경화 등의 예방에 좋고 눈의 피로를 덜어주며 시각 기능을 개선해 주는 효과도 있다.
딸기는 식물성 섬유질 함량도 높은 과일이다. 섬유질 성분은 콜레스테롤을 낮추고, 혈액을 깨끗하게 만들어준다. 그뿐만 아니라 소화 기능을 촉진하고 장운동을 활발히 해 변비를 예방한다. 딸기 속 철분은 빈혈 예방 효과가 있어 혈색이 좋아지게 한다. 더불어 모공을 축소시켜 피부 탄력도 증진시킨다. 딸기와 같은 붉은 과일에는 라이코펜이라는 성분이 들어 있는데, 이 성분은 면역력을 높이고 혈관을 튼튼하게 해 노화 방지 효과를 낸다. 이처럼 건강에 무척 좋지만 당도가 높으므로 하루에 5 ~ 10개 정도만 먹는 것이 적당하다. 물론 달달한 맛에 비해 칼로리는 100g당 27kcal로 높지 않아 다이어트 식품으로 선호도가 높다.

07 윗글의 제목으로 가장 적절한 것은?

① 딸기 속 비타민 C를 찾아라.
② 비타민 C의 신맛의 비밀
③ 제철 과일, 딸기 맛있게 먹는 법
④ 다양한 효능을 가진 딸기
⑤ 딸기를 먹을 때 주의해야 할 몇 가지

08 윗글을 마케팅에 활용할 때, 마케팅 대상으로 적절하지 않은 사람은?

① 잦은 야외 활동으로 주근깨가 걱정인 사람
② 스트레스로 입맛이 사라진 사람
③ 콜레스테롤 수치 조절이 필요한 사람
④ 당뇨병으로 혈당 조절을 해야 하는 사람
⑤ 피부 탄력과 노화 예방에 관심이 많은 사람

09 다음 글에 대한 반론으로 가장 적절한 것은?

> 사회복지는 소외 문제를 해결하고 예방하기 위하여 사회 구성원들이 각자의 사회적 기능을 원활하게 수행하게 하고, 삶의 질을 향상시키는 데 필요한 제반 서비스를 제공하는 행위와 그 과정을 의미한다. 현대 사회가 발전함에 따라 계층 간・세대 간의 갈등 심화, 노령화와 가족 해체, 정보 격차에 의한 불평등 등의 사회 문제가 다각적으로 생겨나고 있는데, 이들 문제는 때로 사회 해체를 우려할 정도로 심각한 양상을 띠기도 한다. 이러한 문제의 기저에는 경제 성장과 사회 분화 과정에서 나타나는 불평등과 불균형이 있으며, 이런 점에서 사회 문제는 대부분 소외 문제와 관련되어 있음을 알 수 있다.
> 사회복지 찬성론자들은 이러한 문제들의 근원에 자유 시장 경제의 불완전성이 있으며, 이러한 사회적 병리 현상을 해결하기 위해서는 국가의 역할이 더 강화되어야 한다고 주장한다. 예컨대 구조 조정으로 인해 대량의 실업 사태가 생겨나는 경우를 생각해 볼 수 있다. 이 과정에서 생겨난 희생자들을 방치하게 되면 사회 통합은 물론 지속적 경제 성장에 막대한 지장을 초래할 것이다. 따라서 사회가 공동의 노력으로 이들을 구제할 수 있는 안전망을 만들어야 하며, 여기서 국가의 주도적 역할은 필수적이라 할 것이다. 현대 사회에 들어와 소외 문제가 사회 전 영역으로 확대되고 있는 상황을 감안할 때, 국가와 사회가 주도하여 사회복지 제도를 체계적으로 수립하고 그 범위를 확대해 나가야 한다는 이들의 주장은 충분한 설득력을 갖는다.

① 사회복지는 소외 문제 해결을 통해 구성원들의 사회적 기능 수행을 원활하게 한다.
② 사회복지는 제공 행위뿐만 아니라 과정까지를 의미한다.
③ 사회복지의 확대는 근로 의욕의 상실과 도덕적 해이를 불러일으킬 수 있다.
④ 사회가 발전함에 따라 불균형이 심해지고 있다.
⑤ 사회 병리 현상 과정에서 생겨나는 희생자들을 그대로 두면 악영향을 불러일으킬 수 있다.

※ 다음 글을 읽고 이어지는 질문에 답하시오. [10~12]

SF 영화나 드라마에서만 나오던 3D 푸드 프린터를 통해 음식을 인쇄하여 소비하는 모습은 더 이상 먼 미래의 모습이 아니게 되었다. 2023년 3월 21일 미국의 컬럼비아 대학교에서는 3D 푸드 프린터와 땅콩버터, 누텔라, 딸기잼 등 7가지의 반죽형 식용 카트리지로 7겹 치즈케이크를 만들었다고 국제학술지 『NPJ 식품과학』에 소개하였다. (가) 특히 이 치즈케이크는 베이킹 기능이 있는 레이저와 식물성 원료를 사용한 비건식 식용 카트리지를 통해 만들어졌다. ㉠ 그래서 이번 발표는 대체육과 같은 다른 관련 산업에서도 많은 주목을 받게 되었다.
3D 푸드 프린터는 산업 현장에서 사용되는 일반적인 3D 프린터가 사용자가 원하는 대로 3차원의 물체를 만드는 것처럼 사람이 섭취할 수 있는 페이스트, 반죽, 분말 등을 카트리지로 사용하여 사용자가 원하는 디자인으로 압출·성형하여 음식을 만들어 내는 것이다. (나) 현재 3D 푸드 프린터는 산업용 3D 프린터처럼 페이스트를 층층이 쌓아서 만드는 FDM(Fused Deposition Modeling) 방식, 분말형태로 된 재료를 접착제로 굳혀 찍어내는 PBF(Powder Bed Fusion), 레이저로 굳혀 찍어내는 SLS(Selective Laser Sintering) 방식이 주로 사용된다.
(다) 3D 푸드 프린터는 아직 대중화되지 않았지만, 많은 장점을 가지고 있어 미래에 활용 가치가 아주 높을 것으로 예상되고 있다. ㉡ 예를 들어 증가하는 노령인구에 맞춰 씹고 삼키는 것이 어려운 사람을 위해 질감과 맛을 조정하거나, 개인별로 필요한 영양소를 첨가하는 등 사용자의 건강관리를 수월하게 해 준다. ㉢ 또한 우주와 같이 음식을 조리하기 어려운 곳에서 평소 먹던 음식을 섭취할 수 있게 하는 등 활용도가 무궁무진하다. 특히 대체육 부분에서 주목받고 있는데, 3D 푸트 프린터로 육류를 제작하게 된다면 동물을 키우고 도살하여 고기를 얻는 것보다 환경오염을 줄일 수 있다. (라) 대체육은 식물성 원료를 소재로 하는 것이므로 일반적인 고기보다는 맛은 떨어지게 된다. 실제로 대체육 전문 기업인 리디파인 미트(Redefine Meat)에서는 대체육이 축산업에서 발생하는 일반 고기보다 환경오염을 95% 줄일 수 있다고 밝히고 있다.
㉣ 따라서 3D 푸드 프린터는 개발 초기 단계이므로 아직 개선해야 할 점이 많다. 가장 중요한 것은 맛이다. 3D 푸드 프린터에 들어가는 식용 카트리지의 주원료는 식물성 재료이므로 실제 음식의 맛을 내기까지는 아직 많은 노력이 필요하다. (마) 디자인의 영역도 간과할 수 없는데, 길쭉한 필라멘트(3D 프린터에 사용되는 플라스틱 줄) 모양으로 성형된 음식이 '인쇄'라는 인식과 함께 음식을 섭취하는 데 심리적인 거부감을 주는 것도 해결해야 하는 문제이다.
㉤ 게다가 현재 주로 사용하는 방식은 페이스트, 분말을 레이저나 압출로 성형하는 것이므로 만들 수 있는 요리의 종류가 매우 제한적이며, 전력 소모 또한 많다는 것도 해결해야 하는 문제이다.

10 윗글을 읽고 추론한 내용으로 적절하지 않은 것은?

① 설탕 케이크 장식 제작은 SLS 방식의 3D 푸드 프린터가 적절하다.
② 3D 푸드 프린터는 식감 등으로 발생하는 편식을 줄일 수 있다.
③ 3D 푸드 프린터는 사용자 맞춤 식단을 제공할 수 있다.
④ 현재 3D 푸드 프린터로 제작된 음식은 거부감을 일으킬 수 있다.
⑤ 컬럼비아 대학교에서 만들어 낸 치즈케이크는 PBF 방식으로 제작되었다.

11 윗글의 (가) ~ (마) 중 문맥상 삭제해야 할 문장으로 가장 적절한 것은?

① (가)
② (나)
③ (다)
④ (라)
⑤ (마)

12 윗글의 밑줄 친 접속 부사 ㉠ ~ ㉤ 중 문맥상 적절하지 않은 것은?

① ㉠
② ㉡
③ ㉢
④ ㉣
⑤ ㉤

※ 다음 글을 읽고 이어지는 질문에 답하시오. [13~15]

가격의 변화가 인간의 주관성에 좌우되지 않고 객관적인 근거를 갖는다는 가설이 정통 경제 이론의 핵심이다. 이러한 정통 경제 이론의 입장에서 증권시장을 설명하는 기본 모델은 주가가 기업의 내재적 가치를 반영한다는 가설로부터 출발한다. 기본 모델에서는 기업이 존재하는 동안 이익을 창출할 수 있는 역량, 즉 기업의 내재적 가치를 자본의 가격으로 본다. 기업가는 이 내재적 가치를 보고 투자를 결정한다. 그런데 투자를 통해 거두어들일 수 있는 총 이익, 즉 기본 가치를 측정하는 일은 매우 어렵다. 따라서 이익의 크기를 예측할 때 신뢰할 만한 계산과 정확한 판단이 중요하다.

증권시장은 바로 이 기본 가치에 대해 믿을 만한 예측을 제시할 수 있기 때문에 사회적 유용성을 갖는다. 증권시장은 주가를 통해 경제계에 필요한 정보를 제공하며 자본의 효율적인 배분을 가능하게 한다. 즉, 투자를 유익한 방향으로 유도해 자본이라는 소중한 자원을 낭비하지 않도록 만들어 경제 전체의 효율성까지 높여 준다. 이런 측면에서 볼 때 증권시장은 실물경제의 충실한 반영일 뿐 어떤 자율성도 갖지 않는다.

이러한 기본 모델의 관점은 대단히 논리적이지만 증권시장을 효율적으로 운영하는 방법에 대한 적절한 분석까지 제공하지는 못한다. 증권시장에서 주식의 가격과 그 기업의 기본 가치가 현격하게 차이가 나는 '투기적 거품 현상'이 발생하는 것을 볼 수 있는데, 이러한 현상은 기본 모델로는 설명할 수 없다. 실제로 증권시장에 종사하는 관계자들은 기본 모델이 이러한 가격 변화를 설명해 주지 못하기 때문에 무엇보다 증권시장 자체에 관심을 기울이고 증권시장을 절대적인 기준으로 삼는다.

여기에서 우리는 자기참조 모델을 생각해 볼 수 있다. 자기참조 모델의 중심 내용은 '사람들은 기업의 미래 가치를 읽을 목적으로 실물경제보다 증권시장에 주목하며 증권시장의 여론 변화를 예측하는 데 초점을 맞춘다.'는 것이다. 기본 모델에서 가격은 증권시장 밖의 객관적인 기준인 기본 가치를 근거로 하여 결정되지만, 자기참조 모델에서 가격은 증권시장에 참여한 사람들의 여론에 의해 결정된다. 따라서 투자자들은 증권시장 밖의 객관적인 기준을 분석하기보다는 다른 사람들의 생각을 꿰뚫어 보려고 안간힘을 다할 뿐이다. 기본 가치를 분석했을 때는 주가가 상승할 객관적인 근거가 없어도 투자자들은 증권시장의 여론에 따라 주식을 사는 것이 합리적이라고 생각한다. 이러한 이상한 합리성을 '모방'이라고 한다. 이런 모방 때문에 주가가 변덕스러운 등락을 보이기 쉽다.

그런데 하나의 의견이 투자자 전체의 관심을 꾸준히 끌 수 있는 기준적 해석으로 부각되면 이 '모방'도 안정을 유지할 수 있다. 모방을 통해서 합리적이라 인정되는 다수의 비전인 '묵계'가 제시되어 객관적 기준의 결여라는 단점을 극복한다.

따라서 사람들은 묵계를 통해 미래를 예측하고, 증권시장은 이러한 묵계를 조성하고 유지해 가면서 단순한 실물경제의 반영이 아닌 경제를 자율적으로 평가할 힘을 가질 수 있다.

13 윗글의 논지 전개상 특징으로 가장 적절한 것은?

① 기업과 증권시장의 관계를 분석하고 있다.
② 증권시장의 개념을 단계적으로 규명하고 있다.
③ 사례 분석을 통해 정통 경제 이론의 한계를 지적하고 있다.
④ 주가 변화의 원리를 중심으로 다른 관점을 대비하고 있다.
⑤ 증권시장의 기능을 설명한 후 구체적 사례에 적용하고 있다.

14 윗글의 내용으로 적절하지 않은 것은?

① 증권시장은 객관적인 기준이 인간의 주관성보다 합리적임을 입증한다.
② 정통 경제 이론에서는 가격의 변화가 객관적인 근거를 갖는다고 본다.
③ 기본 모델의 관점은 주가가 자본의 효율적인 배분을 가능하게 한다고 본다.
④ 증권시장의 여론을 모방하려는 경향으로 인해 주가가 변덕스러운 등락을 보이기도 한다.
⑤ 기본 모델은 주가를 예측하기 위해 기업의 내재적 가치에 주목하지만, 자기참조 모델은 증권시장의 여론에 주목한다.

15 윗글을 읽고 〈보기〉의 빈칸의 들어갈 내용으로 가장 적절한 것은?

〈보기〉

자기참조 모델에 따르면 증권시장은 ____________________

① 합리성과 효율성이라는 경제의 원리가 구현되는 공간이다.
② 기본 가치에 대해 객관적인 평가를 제공하는 금융시장이다.
③ 객관적인 미래 예측 정보를 적극적으로 활용하는 금융시장이다.
④ 기업의 주가와 기업의 내재적 가치를 일치시켜 나가는 공간이다.
⑤ 투자자들이 묵계를 통해 자본의 가격을 산출해 내는 제도적 장치이다.

제2영역 수리능력

01 2년 만기, 연이율 0.3%인 연복리 예금 상품에 1,200만 원을 예치했을 때 만기 시 받는 금액과 2년 만기, 연이율 3.6%인 월복리 적금 상품에 매월 초 50만 원을 납입할 때 만기 시 받는 금액의 차이는?(단, $1.003^2 = 1.006$, $1.003^{24} = 1.075$로 계산하고, 백 원 이하는 절사하며, 이자 소득에 대한 세금은 고려하지 않는다)

① 45.3만 원
② 46.5만 원
③ 47.7만 원
④ 48.9만 원
⑤ 50.1만 원

02 서로 다른 소설책 7권과 시집 5권이 있다. 이 중에서 소설책 3권과 시집 2권을 선택하는 경우의 수는?

① 350가지
② 360가지
③ 370가지
④ 380가지
⑤ 390가지

03 철수는 오후 3시에 집에서 출발하여 평지를 지나 언덕 꼭대기까지 갔다가 같은 길을 되돌아와 그날 저녁 9시에 집에 도착했다. 평지에서는 4km/h로 걸었고, 언덕을 올라갈 때는 3km/h, 언덕을 내려올 때는 6km/h로 걸었다면 철수는 총 몇 km를 걸었는가?(단, 철수는 쉬지 않고 걸었다)

① 6km
② 12km
③ 18km
④ 24km
⑤ 30km

04 K씨는 퇴직 후 네일아트 전문 뷰티숍을 개점하려고 평소 눈여겨본 지역의 고객 분포를 알아보기 위해 지난 1개월간 네일아트를 받아본 20 ~ 35세 여성 120명을 대상으로 뷰티숍 방문횟수와 직업에 대해 조사하였다. 설문조사 결과가 다음과 같을 때, K씨가 이해한 내용으로 옳은 것은?(단, 복수응답과 무응답은 없다)

〈응답자의 연령대별 방문횟수〉

(단위 : 명)

방문횟수 \ 연령대	20 ~ 25세	26 ~ 30세	31 ~ 35세	합계
1회	22	12	3	37
2 ~ 3회	30	30	4	64
4 ~ 5회	7	5	2	14
6회 이상	1	3	1	5
합계	60	50	10	120

〈응답자의 직업 분포〉

(단위 : 명)

구분	학생	회사원	공무원	전문직	자영업	가정주부	합계
응답자 수	49	47	5	7	9	3	120

① 전체 응답자 중 20 ~ 25세 응답자가 차지하는 비율은 50% 미만이다.

② 26 ~ 30세 응답자 중 4회 이상 방문한 응답자가 차지하는 비율은 10% 이상이다.

③ 31 ~ 35세 응답자의 1인당 평균 방문횟수는 2회 미만이다.

④ 전체 응답자 중 직업이 학생 또는 공무원인 응답자가 차지하는 비율은 50% 이상이다.

⑤ 31 ~ 35세 응답자 중 1회 방문한 응답자가 차지하는 비율은 26 ~ 30세 응답자 중 1회 방문한 응답자가 차지하는 비율보다 5%p 높다.

05 다음은 K공항의 연도별 세관물품 신고 수에 대한 자료이다. 〈보기〉를 참고할 때, A ~ D에 해당하는 세관물품이 바르게 연결된 것은?

〈연도별 세관물품 신고 수〉

(단위 : 십만 건)

구분	2020년	2021년	2022년	2023년	2024년
A	300	360	425	440	505
B	200	230	325	320	355
C	300	375	405	415	450
D	180	171	205	200	215

〈보기〉

㉠ 담배류와 주류의 세관물품 신고 수는 2021 ~ 2024년에 전년 대비 매년 증가하였다.
㉡ 가전류는 2020 ~ 2024년 세관물품 중 신고 수가 가장 적었다.
㉢ 주류는 전년 대비 2021년 세관물품 신고 수 증가율이 가장 높았다.
㉣ 잡화류의 전년 대비 2021 ~ 2024년 세관물품 신고 수는 한 번 감소하였다.

	A	B	C	D
①	담배류	주류	잡화류	가전류
②	주류	잡화류	가전류	담배류
③	잡화류	가전류	담배류	주류
④	주류	잡화류	담배류	가전류
⑤	담배류	잡화류	주류	가전류

06 다음은 연령대별 삶의 만족도에 대해 조사한 자료이다. 이에 대한 설명으로 옳은 것을 〈보기〉에서 모두 고르면?

〈연령대별 삶의 만족도〉

(단위 : %)

구분	매우만족	만족	보통	불만족	매우불만족
10대	8	11	34	28	19
20대	3	13	39	28	17
30대	5	10	36	39	10
40대	11	17	48	16	8
50대	14	18	42	23	3

※ 긍정적인 답변 : 매우만족, 만족, 보통

※ 부정적인 답변 : 불만족, 매우불만족

〈보기〉

㉠ 연령대가 높아질수록 '매우불만족'이라고 응답한 비율은 낮아진다.

㉡ 모든 연령대에서 '매우만족'과 '만족'이라고 응답한 비율이 가장 낮은 연령대는 20대이다.

㉢ 모든 연령대에서 긍정적인 답변을 한 비율은 50% 이상이다.

㉣ 50대에서 '불만족' 또는 '매우불만족'이라고 응답한 비율은 '만족' 또는 '매우만족'이라고 응답한 비율의 80% 이하이다.

① ㉠, ㉢ ② ㉠, ㉣

③ ㉡, ㉢ ④ ㉡, ㉣

⑤ ㉢, ㉣

07 다음은 품목별 수송량 구성비를 나타낸 그래프이다. 이에 대한 설명으로 옳지 않은 것은?

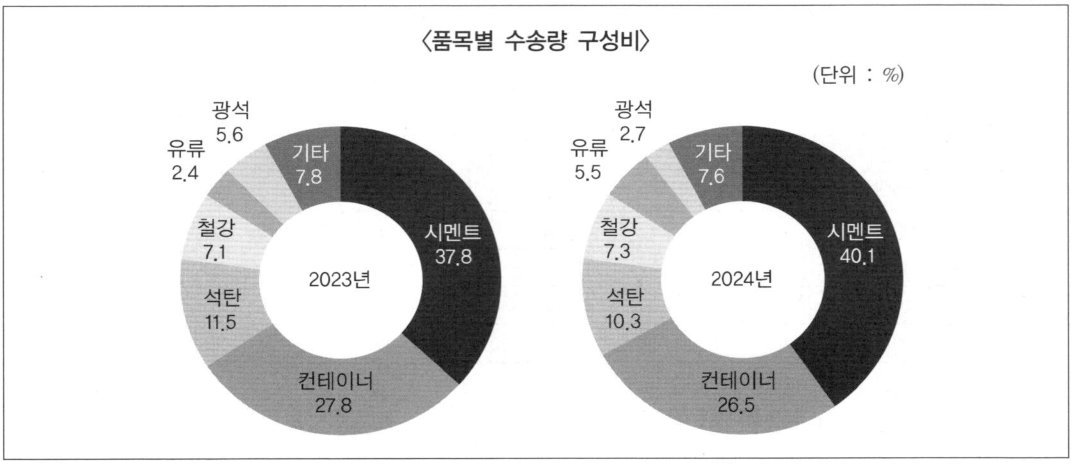

① 기타를 제외하고 2023년 대비 2024년에 구성비가 증가한 품목은 3개이다.
② 컨테이너 수송량은 2023년에 비해 2024년에 감소하였다.
③ 구성비가 가장 크게 변화한 품목은 유류이다.
④ 2023년과 2024년에 가장 큰 비율을 차지하는 품목은 같다.
⑤ 2023년엔 유류가, 2024년엔 광석이 단일 품목 중 가장 작은 비율을 차지한다.

08 다음은 방송통신위원회가 발표한 2024년 지상파방송의 프로그램 수출입 현황이다. 프로그램 수입에서 영국이 차지하는 비율은?(단, 비율은 소수점 둘째 자리에서 반올림한다)

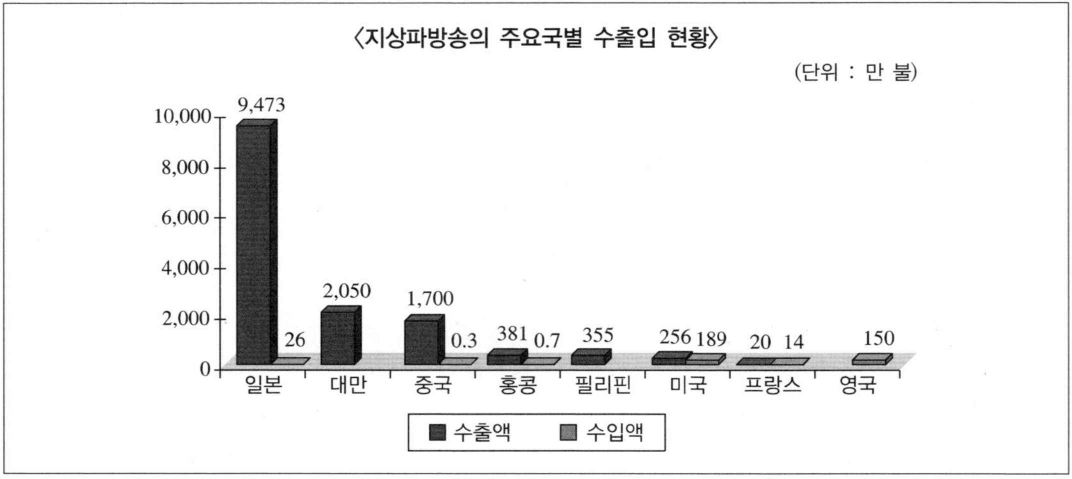

① 45.2%
② 43.8%
③ 41.1%
④ 39.5%
⑤ 37.7%

09 K은행에 근무 중인 귀하는 자사의 성과를 평가하기 위해 퇴직연금 시장의 현황을 파악하고자 한다. 퇴직연금사업장 취급실적 현황을 보고 판단한 내용으로 옳지 않은 것은?

〈퇴직연금사업장 취급실적 현황〉

(단위 : 건)

구분		합계	확정급여형 (DB)	확정기여형 (DC)	확정급여·기여형 (DB & DC)	IRP 특례
2022년	1/4	152,910	56,013	66,541	3,157	27,199
	2/4	167,460	60,032	75,737	3,796	27,893
	3/4	185,689	63,150	89,571	3,881	29,087
	4/4	203,488	68,031	101,086	4,615	29,756
2023년	1/4	215,962	70,868	109,820	4,924	30,350
	2/4	226,994	73,301	117,808	5,300	30,585
	3/4	235,716	74,543	123,650	5,549	31,974
	4/4	254,138	80,107	131,741	6,812	35,478
2024년	1/4	259,986	80,746	136,963	6,868	35,409
	2/4	262,373	80,906	143,450	6,886	32,131
	3/4	272,455	83,003	146,952	7,280	35,220
	4/4	275,547	83,643	152,904	6,954	32,046

① 퇴직연금을 도입한 사업장 수는 매 분기 꾸준히 증가하고 있다.

② 퇴직연금제도 형태별로는 확정기여형이 확정급여형보다 계약 건수가 많은 것으로 나타난다.

③ 2023년 중 전년 동분기 대비 확정기여형 퇴직연금을 도입한 사업장 수가 가장 많이 증가한 시기는 2/4분기이다.

④ 2024년 4/4분기에 IRP 특례를 제외한 나머지 퇴직연금 취급실적은 모두 전년 동분기 대비 증가하였다.

⑤ 2022년부터 2024년까지 분기별 확정급여형 퇴직연금 취급실적은 동기간 IRP 특례의 2배 이상이다.

※ 다음은 K공사의 보험료 과오납의 처리 규정이다. 이어지는 질문에 답하시오. **[10~11]**

〈과오납 처리 규정〉

- 금융기관이 보험료(특별기여금 포함)를 과납한 경우 증빙자료를 첨부하여 공사에 환급을 요청할 수 있으며, 이때 공사는 사실 확인을 하여 정당하다고 판단될 경우 과납한 보험료에 환급이자를 가산하여 환급합니다.
  - 환급이자는 과납금액에 납부일 다음 날부터 환급일까지의 일수만큼 국세기본법시행령 제43조의 3의 이자율을 곱하여 산정
- 금융기관은 보험료 및 특별기여금을 납부기한까지 납부하지 아니하거나 부족하게 납부한 경우 동 미납액에 연체료를 합산한 금액을 공사에 즉시 납부하여야 합니다.
  - 연체료는 미납액에 납부 지연일수만큼 연체이자율(납부기일의 일반은행 일반자금 대출 시 평균 연체이자율)을 곱하여 산정

10 **금융회사인 S사는 2025년 4월 7일 K공사에 1,000,000원의 보험료를 과납하였다. S사는 즉시 증빙자료를 첨부하여 K공사에 환급 요청을 하였으며, K공사는 이를 정당하다고 판단하였다. K공사가 2025년 4월 11일 S사에 환급하였다고 할 때, K공사가 S사에 환급한 금액은 얼마인가?(단, 환급이자율은 1.2%이며, $1.012^4=1.04$로 계산한다)**

① 1,010,000원
② 1,025,000원
③ 1,040,000원
④ 1,075,000원
⑤ 1,042,000원

11 **금융회사인 Q사는 2025년 7월 2일에 K공사에 1,200,000원의 보험료를 미납하였다. Q사가 2025년 7월 5일에 미납액과 연체료를 합산한 금액을 모두 납부하였다고 할 때, 그 금액은 얼마인가?(단, 연체이자율은 2.0%이며, $1.02^3=1.06$으로 계산한다)**

① 1,258,000원
② 1,261,000원
③ 1,272,000원
④ 1,278,000원
⑤ 1,282,000원

※ 다음은 연도별 요식업 사업자 수를 나타낸 자료이다. 이어지는 질문에 답하시오. **[12~13]**

〈요식업 사업자 수 현황〉

(단위 : 명)

구분	2021년	2022년	2023년	2024년
커피음료점	25,151	30,446	36,546	43,457
패스트푸드점	27,741	31,174	32,982	34,421
일식전문점	12,997	13,531	14,675	15,896
기타외국식전문점	17,257	17,980	18,734	20,450
제과점	12,955	13,773	14,570	15,155
분식점	49,557	52,725	55,013	55,474
기타음식점	22,301	24,702	24,818	24,509
한식전문점	346,352	360,209	369,903	375,152
중식전문점	21,059	21,784	22,302	22,712
호프전문점	41,796	41,861	39,760	37,543
간이주점	19,849	19,009	17,453	16,733
구내식당	35,011	31,929	29,213	26,202
합계	632,026	659,123	675,969	687,704

12 2021년 대비 2024년 사업자 수의 감소율이 두 번째로 큰 업종의 감소율을 바르게 구한 것은?(단, 소수점 둘째 자리에서 반올림한다)

① 25.2%
② 18.5%
③ 15.7%
④ 10.2%
⑤ 9.9%

13 위 자료에 대한 설명으로 옳지 않은 것은?(단, 비율은 소수점 셋째 자리에서 반올림한다)

① 기타음식점의 2024년 사업자 수는 전년 대비 309명 감소했다.
② 2022년의 전체 요식업 사업자 수에서 분식점 사업자 수가 차지하는 비중과 패스트푸드점 사업자 수가 차지하는 비중의 차이는 5%p 미만이다.
③ 사업자 수가 해마다 감소하는 업종은 두 업종이다.
④ 2021년 대비 2023년 일식전문점 사업자 수의 증감률은 약 15.2%이다.
⑤ 전체 요식업 사업자 수 중 구내식당 사업자의 비중은 2021년이 가장 높다.

※ 다음은 초 · 중 · 고등학교 전체 학생 수와 다문화가정 학생 수에 대한 자료이다. 이어지는 질문에 답하시오. [14~15]

〈초 · 중 · 고등학교 전체 학생 수〉

(단위 : 천 명)

구분	2015년	2016년	2017년	2018년	2019년	2020년	2021년	2022년	2023년	2024년
학생 수	7,776	7,735	7,618	7,447	7,236	6,987	6,732	6,529	6,334	6,097

〈다문화가정 학생 수〉

(단위 : 명)

구분	초등학교	중학교	고등학교	전체 다문화가정 학생 수
2015년	7,910	1,139	340	9,389
2016년	12,199	1,979	476	14,654
2017년	16,785	2,527	868	20,180
2018년	21,466	3,294	1,255	26,015
2019년	24,701	5,260	1,827	31,788
2020년	28,667	7,634	2,377	38,678
2021년	33,792	9,647	3,515	46,954
2022년	39,430	11,294	5,056	55,780
2023년	48,297	12,525	6,984	67,806
2024년	60,283	13,865	8,388	82,536

14 다문화가정 학생 중 초등학생과 고등학생은 2015년에 비해 2024년에 각각 몇 명이 증가했는가?

	초등학생	고등학생
①	40,387명	4,716명
②	40,387명	6,644명
③	40,387명	8,048명
④	52,373명	6,644명
⑤	52,373명	8,048명

15 위 자료에 대한 설명으로 옳지 않은 것은?

① 초 · 중 · 고등학교 전체 학생 수는 계속 감소하고 있는 추세이다.
② 초 · 중 · 고등학교 전체 학생 수가 6백만 명대로 처음 감소한 해는 2020년이다.
③ 2024년의 전체 다문화 학생 수는 2015년에 비해 73,147명 증가했다.
④ 초 · 중 · 고등학교 전체 학생 수 대비 전체 다문화 학생 수의 비율은 점점 증가했다가 2023년에 감소했다.
⑤ 2024년의 고등학교 다문화 학생 수는 2015년의 고등학교 다문화 학생 수의 약 24.7배이다.

01 제시된 명제가 모두 참일 때, 빈칸에 들어갈 명제로 가장 적절한 것은?

- 채소를 좋아하는 사람은 해산물을 싫어한다.
- ______________________________
- 디저트를 좋아하는 사람은 채소를 싫어한다.

① 채소를 싫어하는 사람은 해산물을 좋아한다.
② 디저트를 좋아하는 사람은 해산물을 싫어한다.
③ 채소를 싫어하는 사람은 디저트를 싫어한다.
④ 디저트를 좋아하는 사람은 해산물을 좋아한다.
⑤ 디저트를 싫어하는 사람은 해산물을 싫어한다.

02 5명의 선생님(A ~ E)이 1반부터 5반 중에서 새로 반 배정을 받으려고 한다. 다음 〈조건〉을 참고할 때, 반드시 참인 것은?

〈조건〉

- 한 번 배정되었던 반에는 다시 배정되지 않는다.
- A는 1반과 3반에 배정되었던 적이 있다.
- B는 2반과 4반에 배정되었던 적이 있다.
- C는 올해 4반에 배정되었다.
- D는 2반과 5반에 배정되었던 적이 있다.
- E는 올해 5반에 배정되었다.

① B는 1반에 배정될 수도 있다.
② D는 2반에 배정될 것이다.
③ A는 3반에 배정될 수도 있다.
④ C는 4반에 배정된 적이 있을 것이다.
⑤ E는 이전에 1반에 배정되었을 것이다.

03 5명의 취업준비생 갑 ~ 무가 K그룹에 지원하여 그중 1명이 합격하였다. 취업준비생들은 다음과 같이 이야기하였고, 그중 1명이 거짓말을 하였다. 합격한 사람은 누구인가?

- 갑 : 을은 합격하지 않았다.
- 을 : 합격한 사람은 정이다.
- 병 : 내가 합격하였다.
- 정 : 을의 말은 거짓말이다.
- 무 : 나는 합격하지 않았다.

① 갑
② 을
③ 병
④ 정
⑤ 무

04 아름이는 연휴를 맞아 유럽 일주를 할 계획이다. 하지만 시간 관계상 벨기에, 프랑스, 영국, 독일, 오스트리아, 스페인 중 4개 국가만 방문하고자 한다. 다음 〈조건〉에 따라 방문할 국가를 고를 때, 아름이가 방문하지 않을 국가들로 바르게 짝지어진 것은?

〈조건〉

- 스페인은 반드시 방문한다.
- 프랑스를 방문하면 영국은 방문하지 않는다.
- 오스트리아를 방문하면 스페인은 방문하지 않는다.
- 벨기에를 방문하면 영국도 방문한다.
- 오스트리아, 벨기에, 독일 중 적어도 2개 국가를 방문한다.

① 영국, 프랑스
② 벨기에, 독일
③ 영국, 벨기에
④ 오스트리아, 프랑스
⑤ 영국, 오스트리아

05 K회사의 사원인 귀하는 상사로부터 다음과 같은 내용의 사내메일을 받았다. 귀하가 선택할 가장 적절한 조사 방법은?

> 수신 : 이수지
> 발신 : 박성빈
> 제목 : 설문조사를 실시하세요.
> 내용 : 이수지 씨, 다음 달인 7월부터 8월까지 두 달간 전국 1급 국립박물관의 관장을 대상으로 설문조사를 실시하세요. 설문문항은 설문시간이 60분이 되도록 맞춰야 하며 조사결과는 모두 회수해야 합니다. 주의사항은 질문이 유출되어서는 안 된다는 것입니다. 조사 시 조사대상자별로 공통 설문문항 외에 우리 회사에 대한 인식이나 사용하고 있는 제품이 있으면 상품평을 간단하게 물어봤으면 합니다.

〈조사 방법별 장단점〉

구분	장점	단점
면접조사	• 응답률이 높음 • 응답자의 오해를 최소화할 수 있음 • 본인에게서 응답을 얻을 수 있음 • 구체적으로 질문할 수 있음	• 조사원의 개인차에 의한 편견과 부정의 소지가 있음 • 시간이 오래 걸림
전자조사	• 비용이 적음 • 발송 / 회신이 빠름	• 회신율 보장 못함 • 특정 계층에 집중될 수 있음 • 보안이 약함
우편조사	• 비용이 비교적 적음 • 넓은 지역에 유리	• 회신율이 낮음 • 응답자가 설문을 잘 이해하지 못할 수 있음
전화조사	• 응답률이 높음 • 신속하고 쉽게 할 수 있음 • 응답자의 오해를 최소화할 수 있음 • 응답자의 얼굴이 보이지 않으므로 자유롭게 생각을 말할 가능성이 높음	• 보안 유지가 어려움 • 물건판매로 오해하여 응답에 비협조적일 수 있음 • 번호가 정확하지 않을 수 있음 • 시간제한이 있음
집합조사	• 응답률 높음 • 조사의 설명이나 조건 등이 모든 응답자에게 평등함 • 비용이 적음 • 조사원의 수가 적음	• 응답자를 동일 장소에 모으기 어려움

① 면접조사　　② 전자조사
③ 우편조사　　④ 전화조사
⑤ 집합조사

06 갑은 효율적인 월급 관리를 위해 펀드에 가입하고자 한다. A～D펀드 중에 하나를 골라 가입하려고 하는데, 안정적이고 우수한 펀드에 가입하기 위해 〈조건〉에 따라 비교하여 다음과 같은 결과를 얻었다. 〈보기〉에서 옳은 것을 모두 고르면?

〈조건〉

- 둘을 비교하여 우열을 가릴 수 있으면 우수한 쪽에는 5점, 아닌 쪽에는 2점을 부여한다.
- 둘을 비교하여 어느 한 쪽이 우수하다고 말할 수 없는 경우에는 둘 다 0점을 부여한다.
- 각 펀드는 다른 펀드 중 두 개를 골라 총 4번의 비교를 했다.
- 총합의 점수로는 우열을 가릴 수 없으며 각 펀드와의 비교를 통해서만 우열을 가릴 수 있다.

〈결과〉

A펀드	B펀드	C펀드	D펀드
7점	7점	4점	10점

〈보기〉

㉠ D펀드는 C펀드보다 우수하다.
㉡ B펀드가 D펀드보다 우수하다고 말할 수 없다.
㉢ A펀드와 B펀드의 우열을 가릴 수 있으면 A～D까지의 우열순위를 매길 수 있다.

① ㉡
② ㉠, ㉡
③ ㉠, ㉢
④ ㉡, ㉢
⑤ ㉠, ㉡, ㉢

07 A은행에 근무하는 임직원은 7월 19일부터 7월 21일까지 2박 3일간 워크숍을 가려고 한다. 워크숍 장소 예약을 담당하게 된 K대리는 〈조건〉에 따라 호텔을 예약하려고 한다. 다음 중 K대리가 예약할 호텔로 가장 적절한 것은?

〈워크숍 장소 현황〉

(단위 : 실, 명, 개)

구분	총 객실 수	객실 예약완료 현황			세미나룸 현황			
		7월 19일	7월 20일	7월 21일	최대 수용인원	빔 프로젝터	4인용 테이블	의자
A호텔	88	20	26	38	70	○	26	74
B호텔	70	11	27	32	70	×	22	92
C호텔	76	10	18	49	100	○	30	86
D호텔	68	12	21	22	90	×	18	100
E호텔	84	18	23	19	90	○	15	70

※ 4인용 테이블 2개를 사용하면 8명이 앉을 수 있음

〈A은행 임직원 현황〉

(단위 : 명)

구분	신사업기획처	신사업추진처	기술기획처	ICT융합기획처
처장	1	1	1	1
부장	3	4	2	3
과장	5	6	4	3
대리	6	6	5	4
주임	2	2	3	6
사원	3	4	3	2

〈조건〉

- 워크숍은 한 호텔에서 실시하며, 워크숍에 참여하는 모든 직원은 해당 호텔에서 숙박한다.
- 부장급 이상은 1인 1실을 이용하며, 나머지 임직원은 2인 1실을 이용한다.
- 워크숍에서는 빔프로젝터가 있어야 하며, 8인용 테이블과 의자는 참여하는 인원수만큼 필요하다.

① A호텔
② B호텔
③ C호텔
④ D호텔
⑤ E호텔

08 K마트는 개점 10주년을 맞이하여 7월 28일부터 4일 동안 마트에서 상품을 구매하는 고객에게 소정의 경품을 나누어 주는 행사를 진행하고자 한다. 올해 행사기간 내 예상 방문 고객은 작년보다 20% 증가할 것으로 예측되며, 단가가 가장 낮은 경품부터 800개를 준비하여 경품별로 100단위씩 줄여 준비하기로 하였다. 다음은 작년 행사 결과 보고서이며 올해도 작년과 같은 경품을 준비한다고 할 때, 이번 행사에 필요한 예상 금액은 얼마인가?

〈K마트 9주년 행사 결과〉

- 행사명 : 9주년 특별 고객감사제
- 행사기간 : 2024년 7월 28일(일) ~ 31일(수)
- 참여대상 : 행사기간 내 상품 구매고객
- 추첨방법 : 주머니에 담긴 공 뽑기를 하여 공 색상에 따라 경품을 지급함
- 참여인원 : 3,000명

〈공 색상별 경품〉

구분	빨강	주황	노랑	초록	파랑	남색	보라	검정
경품	갑 티슈	수건세트	우산	다도세트	식기건조대	보조배터리	상품권	전자레인지

※ 소진된 경품의 공을 선택했을 때는 공을 주머니에 다시 넣고 다른 색의 공이 나올 때까지 뽑음

〈경품별 단가〉

(단위 : 원)

구분	갑 티슈	수건세트	우산	다도세트	전자레인지	식기건조대	보조배터리	상품권
단가	3,500	20,000	9,000	15,000	50,000	40,000	10,000	30,000

① 48,088,000원
② 49,038,000원
③ 52,600,000원
④ 53,138,000원
⑤ 54,080,000원

09 K기업의 해외사업부는 6월 중에 2박 3일로 워크숍을 떠나려고 한다. 사원들의 단합을 위해 일정은 주로 야외 활동으로 잡았다. 6월 미세먼지 예보와 〈조건〉을 고려했을 때 워크숍 일정으로 가장 적절한 날짜는?

〈미세먼지 PM_{10} 등급〉

구간	좋음	보통	약간 나쁨	나쁨	매우 나쁨
예측농도($\mu g/m^3$ · 일)	0 ~ 30	31 ~ 80	81 ~ 120	121 ~ 200	201 ~

〈6월 미세먼지 예보〉

일	월	화	수	목	금	토
	1 204$\mu g/m^3$	2 125$\mu g/m^3$	3 123$\mu g/m^3$	4 25$\mu g/m^3$	5 132$\mu g/m^3$	6 70$\mu g/m^3$
7 10$\mu g/m^3$	8 115$\mu g/m^3$	9 30$\mu g/m^3$	10 200$\mu g/m^3$	11 116$\mu g/m^3$	12 121$\mu g/m^3$	13 62$\mu g/m^3$
14 56$\mu g/m^3$	15 150$\mu g/m^3$	16 140$\mu g/m^3$	17 135$\mu g/m^3$	18 122$\mu g/m^3$	19 98$\mu g/m^3$	20 205$\mu g/m^3$
21 77$\mu g/m^3$	22 17$\mu g/m^3$	23 174$\mu g/m^3$	24 155$\mu g/m^3$	25 110$\mu g/m^3$	26 80$\mu g/m^3$	27 181$\mu g/m^3$
28 125$\mu g/m^3$	29 70$\mu g/m^3$	30 85$\mu g/m^3$	31 125$\mu g/m^3$			

〈조건〉

- 첫째 날과 둘째 날은 예측농도가 '좋음 ~ 약간 나쁨' 사이여야 한다.
- 워크숍 일정은 평일로 하되 불가피할 시 토요일을 워크숍 마지막 날로 정할 수 있다.
- 매달 2, 4주 수요일은 기획회의가 있다.
- 셋째 주 금요일 저녁에는 우수성과팀 시상식이 있다.
- 6월 29 ~ 31일은 중국 현지에서 열리는 컨퍼런스에 참여한다.

① 1 ~ 3일
② 8 ~ 10일
③ 17 ~ 19일
④ 25 ~ 27일
⑤ 29 ~ 31일

※ 다음은 이번 달 K은행의 업무일정이다. 이어지는 질문에 답하시오. **[10~11]**

〈업무일정 기간 및 순서〉

구분	업무별 소요기간	선결업무
A업무	3일	−
B업무	1일	A
C업무	6일	−
D업무	7일	B
E업무	5일	A
F업무	3일	B, C

10 모든 업무일정을 끝마치는 데 걸리는 최소 소요기간은?

① 8일
② 9일
③ 10일
④ 11일
⑤ 12일

11 다음 〈보기〉 중 K은행의 업무일정에 대한 설명으로 옳지 않은 것을 모두 고르면?

〈보기〉

㉠ B업무의 소요기간이 4일로 연장된다면 D업무를 마칠 때까지 11일이 소요된다.
㉡ D업무의 선결업무가 없다면 모든 업무를 마치는 데 최소 8일이 소요된다.
㉢ E업무의 선결업무에 C업무가 추가된다면 최소 소요기간은 11일이 된다.
㉣ C업무의 소요기간이 2일 연장되더라도 최소 소요기간은 변하지 않는다.

① ㉠, ㉡
② ㉠, ㉢
③ ㉡, ㉣
④ ㉡, ㉢
⑤ ㉢, ㉣

※ C베이커리 사장은 새로운 직원을 채용하기 위해 아르바이트 공고문을 게재하였고 지원자 명단은 다음과 같다. 이어지는 질문에 답하시오. **[12~13]**

■ 아르바이트 공고문

- 업체명 : C베이커리
- 업무내용 : 고객응대 및 매장관리
- 지원자격 : 경력, 성별, 학력 무관 / 나이 : 20 ~ 40세
- 근무조건 : 6개월 / 월 ~ 금요일 / 08:00 ~ 20:00(협의 가능)
- 급여 : 희망 임금
- 연락처 : 010-1234-1234

■ 아르바이트 지원자 명단

성명	성별	나이	근무가능시간	희망 임금	기타
김갑주	여	28	08:00 ~ 16:00	시급 8,000원	• 1일 1회 출근만 가능함 • 최소 2시간 이상 연속 근무하여야 함`
강을미	여	29	15:00 ~ 20:00	시급 7,000원	
조병수	남	25	12:00 ~ 20:00	시급 7,500원	
박정현	여	36	08:00 ~ 14:00	시급 8,500원	
최강현	남	28	14:00 ~ 20:00	시급 8,500원	
채미나	여	24	16:00 ~ 20:00	시급 7,500원	
한수미	여	25	10:00 ~ 16:00	시급 8,000원	

※ 근무시간은 지원자가 희망하는 근무시간대 내에서 조절 가능함

12 C베이커리 사장은 최소비용으로 가능한 최대인원을 채용하고자 한다. 매장에는 항상 2명의 직원이 근무하고 있어야 하며, 기존 직원 1명은 오전 8시부터 오후 3시까지 근무한다. 지원자 명단을 참고할 때, 채용할 지원자는?(단, 최소비용을 최대인원보다 우선한다)

① 김갑주, 강을미, 조병수
② 김갑주, 강을미, 박정현, 채미나
③ 강을미, 조병수, 박정현, 최강현, 채미나
④ 김갑주, 강을미, 조병수, 채미나, 한수미
⑤ 강을미, 조병수, 박정현, 최강현, 채미나, 한수미

13 12번에서 결정한 인원을 채용하여 급여를 주 단위로 지급한다면, 사장이 주마다 지급해야 하는 총급여는?(단, 기존 직원의 시급은 8,000원으로 계산한다)

① 805,000원
② 855,000원
③ 890,000원
④ 915,000원
⑤ 920,000원

※ 다음은 K은행의 임직원 경조사 지원 규정과 이번 달 임직원 경조사 목록이다. 이어지는 질문에 답하시오. [14~15]

〈임직원 경조사 지원 규정〉

- K은행은 임직원 경조사에 사안별로 다양한 지원을 제공한다.
- 경조사의 범위는 결혼식, 돌잔치, 장례식, 회갑, 결혼기념일, 입학 및 졸업으로 한정한다.
  1. 본인의 결혼식, 자녀의 돌잔치, 부모님 회갑에는 현금과 함께 화환을 제공한다.
  2. 부모의 장례식, 배우자의 장례식에는 현금과 함께 화환을 제공한다.
  3. 위의 1 ~ 2항에 언급하지 않은 사안에는 화환 또는 꽃다발만 제공하는 것으로 한다.

※ K은행에 재직 중인 2인 이상이 동일한 경조사 범위(1 ~ 2항)에 관련된 경우 1명에게는 화환이나 꽃다발을, 다른 1명에게는 현금을 제공함

〈이번 달 임직원 경조사 목록〉

구분	경조사	비고
황지원 대리	부친 장례식	이수현 과장 배우자
최진혁 사원	조모 장례식	-
이수현 과장	장인어른 장례식	황지원 대리 배우자
기성용 부장	본인 결혼식	-
조현우 차장	자녀 돌잔치	-
이강인 대리	배우자 졸업식	최영서 사원 배우자
정우영 대리	결혼기념일	-
이미연 과장	모친 회갑	-
최영서 사원	본인 졸업식	이강인 대리 배우자

14 이번 달 임직원 경조사 목록을 참고할 때, 현금과 함께 화환을 받을 수 있는 사람은 총 몇 명인가?

① 1명 ② 2명
③ 3명 ④ 4명
⑤ 5명

15 다음 〈보기〉에서 경조사 지원 규정에 따라 현금을 받을 수 있는 사람을 모두 고르면?

〈보기〉

- K은행에 함께 재직하고 있는 배우자와의 결혼기념일에 휴가를 내는 A과장
- 첫 딸의 돌잔치를 소규모로 가족들끼리만 진행하는 B사원
- K은행에 재직하고 있지 않은 배우자와 함께 대학교를 졸업하는 C사원

① A과장 ② B사원
③ A과장, B사원 ④ B사원, C사원
⑤ A과장, B사원, C사원

01 다음 중 셀 서식 관련 바로가기 키에 대한 설명으로 옳지 않은 것은?

① 〈Ctrl〉+〈1〉 : 셀 서식 대화상자가 표시된다.

② 〈Ctrl〉+〈2〉 : 선택한 셀에 글꼴 스타일 '굵게'가 적용되며, 다시 누르면 적용이 취소된다.

③ 〈Ctrl〉+〈3〉 : 선택한 셀에 밑줄이 적용되며, 다시 누르면 적용이 취소된다.

④ 〈Ctrl〉+〈5〉 : 선택한 셀에 취소선이 적용되며, 다시 누르면 적용이 취소된다.

⑤ 〈Ctrl〉+〈9〉 : 선택한 셀의 행이 숨겨진다.

02 K마트에서 파는 물건을 상품코드와 크기에 따라 다음과 같이 엑셀 프로그램으로 정리하였다. 상품코드가 S3310897이고, 크기가 '중'인 물건의 가격을 구하는 함수로 옳은 것은?

	A	B	C	D	E	F
1						
2		상품코드	소	중	대	
3		S3001287	18,000	20,000	25,000	
4		S3001289	15,000	18,000	20,000	
5		S3001320	20,000	22,000	25,000	
6		S3310887	12,000	16,000	20,000	
7		S3310897	20,000	23,000	25,000	
8		S3311097	10,000	15,000	20,000	
9						

① =HLOOKUP(S3310897,$B$2:$E$8,6,0)

② =HLOOKUP("S3310897",$B$2:$E$8,6,0)

③ =VLOOKUP("S3310897",$B$2:$E$8,2,0)

④ =VLOOKUP("S3310897",$B$2:$E$8,6,0)

⑤ =VLOOKUP("S3310897",$B$2:$E$8,3,0)

03 K은행에 근무하고 있는 C사원은 우리나라 국경일을 CONCATENATE 함수를 이용하여 다음과 같이 입력하고자 한다. [C2] 셀에 입력해야 하는 함수식으로 옳은 것은?

	A	B	C
1	국경일	날짜	우리나라 국경일
2	3·1절	매년 3월 1일	3·1절(매년 3월 1일)
3	제헌절	매년 7월 17일	제헌절(매년 7월 17일)
4	광복절	매년 8월 15일	광복절(매년 8월 15일)
5	개천절	매년 10월 3일	개천절(매년 10월 3일)
6	한글날	매년 10월 9일	한글날(매년 10월 9일)

① =CONCATENATE(A2, B2)

② =CONCATENATE(A2, (, B2,))

③ =CONCATENATE(B2, (, A2,))

④ =CONCATENATE(A2, "(", B2, ")")

⑤ =CONCATENATE(B2, "(", A2, ")")

04 다음 시트의 [B9] 셀에 「=DSUM(A1:C7, C1, A9:A10)」 함수를 입력했을 때, 결괏값으로 옳은 것은?

	A	B	C
1	이름	직급	상여금
2	장기동	과장	1,200,000
3	이승연	대리	900,000
4	김영신	차장	1,300,000
5	공경호	대리	850,000
6	표나리	사원	750,000
7	한미연	과장	950,000
8			
9	상여금		
10	>=1,000,000		

① 5,950,000

② 2,500,000

③ 1,000,000

④ 3,450,000

⑤ 3,500,000

05 워드프로세서에서는 일정한 영역(Block)을 지정하여 영역 전체에 특정 명령을 일괄적으로 지정할 수 있다. 다음 중 영역의 지정에 대한 설명으로 옳은 것은?

① 문서 내의 임의의 위치에서 〈Ctrl〉+〈E〉를 누르면 문서 전체 영역 지정이 가능하다.

② 해당 단어 안에 마우스 포인터를 놓고 한 번 클릭하면 한 단어 영역 지정이 가능하다.

③ 해당 문단의 임의의 위치에 마우스 포인터를 놓고 세 번 클릭하면 문단 전체 영역 지정이 가능하다.

④ 해당 줄의 왼쪽 끝으로 마우스 포인터를 이동하여 포인터가 화살표로 바뀌고 나서 두 번 클릭하면 한 줄 영역 지정이 가능하다.

⑤ 문서 내의 한 행 왼쪽 끝에서 마우스 포인터가 화살표로 바뀌고 나서 두 번 클릭하면 문서 전체 영역 지정이 가능하다.

06 다음 중 프린터와 관련 있는 단위가 아닌 것은?

① CPS

② BPS

③ DPI

④ PPM

⑤ LPM

※ 다음은 K은행 홍보부서의 2026년도 구입예정 물품을 정리한 자료이다. 이어지는 질문에 답하시오. **[7~9]**

〈2026년도 구입예정 물품〉

	A	B	C	D	E
1					
2					
3					
4		구분	단가	수량	금액
5		대용량 하드	1,000,000	100	100,000,000
6		대형 프린트	1,500,000	210	(A)
7		본체	1,350,000	130	175,500,000
8		노트북	2,000,000	40	80,000,000
9		Total		(B)	(C)

07 위 자료의 빈칸 (A)에 들어갈 금액을 산출하기 위한 방법으로 옳지 않은 것은?

① [E6] 셀에 =C6xD6 수식을 입력한다.
② [C6] 셀과 [D6] 셀의 값을 곱한다.
③ [E6] 셀에 =C6*D6 수식을 입력한다.
④ [E6] 셀에 =1,500,000*210 수식을 입력한다.
⑤ E6셀에 =PRODUCT(C6,D6) 수식을 입력한다.

08 (A)에 값이 입력되어 있을 때, (C)의 값을 4개 부서에서 공평하게 분담하고자 하는 경우의 금액을 산출하기 위한 방식은?

① [E9] 셀에 =E9/D9 수식을 입력한다.
② [E9] 셀에 =SUM(E5:E8)/D9 수식을 입력한다.
③ [E5]부터 [E8] 셀을 드래그하여 우측 하단 상태표시줄의 평균값을 확인한다.
④ [E9] 셀에 =(E5+E6+E7+E8)/D9 수식을 입력한다.
⑤ E9셀에 =SUM(E5:E8)/SUM(D5:D8) 수식을 입력한다.

09 위 자료의 빈칸 (B)에 들어갈 품목들의 수량합계를 구하기 위한 방법으로 옳지 않은 것은?

① SUM 함수를 활용한다.
② 자동합계 기능을 활용한다.
③ +와 = 기호를 활용한다.
④ 〈Ctrl〉+〈Alt〉 기능을 활용한다.
⑤ 〈Alt〉+〈H〉+〈U〉+〈S〉 기능을 활용한다.

10 P대리는 한컴오피스 기능을 활용하여 다음 〈자료 1〉을 〈자료 2〉로 수정하였다. P대리가 활용한 한컴오피스의 기능끼리 바르게 나열한 것은?

> 〈자료 1〉
>
> 금기란 어떤 대상을 꺼리거나 피하는 행위를 가리킨다. 공동체의 구성원들은 금기를 위반하면 그 대상에 의해 공동체 혹은 그 구성원이 처벌을 받는다는 인식을 공유한다. 일반적으로 금기를 설정하는 근본적인 이유는 알려지지 않지만, 금기와 그 대상에 대한 추측은 구전의 방식을 통해 은밀하게 전파되어 구성원들 간에 회자된다. 이를 통해 금기와 금기의 대상이 환기하는 의미는 세대를 거쳐 전달됨으로써 서로 다른 세대 간에 공동체의 체험을 공유하는 데에 기여하기도 한다.

> 〈자료 2〉
>
> ★★
>
> 금기란 어떤 대상을 꺼리거나 피하는 행위를 가리킨다. 공동체의 구성원들은 금기를 위반하면 그 대상에 의해 공동체 혹은 그 구성원이 처벌을 받는다는 인식을 공유한다. 일반적으로 금기를 설정하는 근본적인 이유는 알려지지 않지만, 금기와 그 대상에 대한 추측은 구전의 방식을 통해 은밀하게 전파되어 구성원들 간에 회자된다. 이를 통해 금기와 금기의 대상이 환기하는 의미는 세대를 거쳐 전달됨으로써 서로 다른 세대 간에 공동체의 체험을 공유하는 데에 기여하기도 한다.
>
> 

① 양쪽 정렬, 음영, 그림, 도형
② 왼쪽 정렬, 채우기, 그림, 텍스트상자
③ 양쪽 정렬, 채우기, 그림, 도형
④ 왼쪽 정렬, 음영, 도형, 텍스트상자
⑤ 양쪽 정렬, 음영, 도형, 텍스트상자

11 **다음 중 스프레드 시트의 고급필터에 대한 설명으로 옳지 않은 것은?**

① 고급필터는 자동필터에 비해 복잡한 조건을 사용하거나 여러 필드를 결합하여 조건을 지정할 경우에 사용한다.
② 원본 데이터와 다른 위치에 추출된 결과를 표시할 수 있으며, 조건에 맞는 특정한 필드(열)만을 추출할 수도 있다.
③ 조건을 지정하거나 특정한 필드만을 추출할 때 사용하는 필드명은 반드시 원본 데이터의 필드명과 같아야 한다.
④ AND조건은 지정한 모든 조건을 만족하는 데이터만 출력되며 조건을 모두 같은 행에 입력해야 한다.
⑤ OR조건은 지정한 조건 중 하나의 조건이라도 만족하는 경우 데이터가 출력되며 조건을 모두 같은 열에 입력해야 한다.

12 **다음 설명에 해당하는 차트는 무엇인가?**

- 데이터 계열이 하나만 있으므로 축이 없다.
- 차트의 조각은 사용자가 직접 분리할 수 있다.
- 차트에서 첫째 조각의 각을 '0 ~ 360°' 사이의 값을 이용하여 회전시킬 수 있다.

① 영역형 차트
② 분산형 차트
③ 꺾은선형 차트
④ 원형 차트
⑤ 표면형 차트

13 **다음 중 Windows에 설치된 프린터의 [인쇄 관리자] 창에서 할 수 있는 작업이 아닌 것은?**

① 인쇄 중인 문서도 강제로 종료시킬 수 있다.
② 현재 사용 중인 프린터를 공유하도록 설정할 수 있다.
③ 현재 사용 중인 프린터를 기본 프린터로 설정할 수 있다.
④ 인쇄 중인 문서를 일시 정지하고 다른 프린터로 출력하도록 할 수 있다.
⑤ 현재 사용 중인 프린터의 기본 설정을 변경할 수 있다.

14 K은행은 사원들만 이용할 수 있는 사내 공용 서버를 운영하고 있다. 이 서버에는 아이디와 패스워드를 입력하지 않고 자유롭게 접속하여 업무 관련 파일들을 올리고 내릴 수 있다. 하지만 얼마 전부터 공용 서버의 파일을 다운로드받은 개인용 컴퓨터에서 바이러스가 감지되어, 우선적으로 공용 서버의 바이러스를 모두 치료하였다. 이런 상황에서 발생한 문제에 대처하기 위한 추가 조치사항으로 옳은 것을 〈보기〉에서 모두 고르면?

〈보기〉

㉠ 접속하는 모든 컴퓨터를 대상으로 바이러스를 치료한다.
㉡ 공용 서버에서 다운로드한 파일을 모두 실행한다.
㉢ 접속 후에는 쿠키를 삭제한다.
㉣ 임시 인터넷 파일의 디스크 공간을 최대로 늘린다.

① ㉠, ㉡
② ㉠, ㉢
③ ㉡, ㉢
④ ㉡, ㉣
⑤ ㉢, ㉣

15 영업팀에 근무하는 귀하는 작년 한 해 동안 판매된 아이스크림의 수량과 총액을 간략하게 그래프로 나타내었다. 이를 본 K대리가 시각적인 효과가 더 좋도록 그래프를 수정해 주었다. K대리가 수정해 준 그래프를 보고 귀하가 할 수 있는 생각이 아닌 것은?

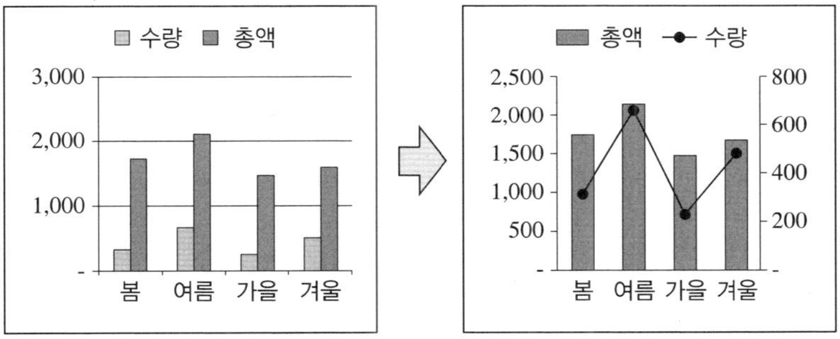

① 대리님께서는 '수량' 계열의 차트 종류를 변경하셨구나.
② 기본 세로 축의 주 눈금선을 없애셨네.
③ 보조 축으로 총액 계열을 사용하셨어.
④ 기본 세로 축의 주 단위를 500으로 설정하셨어.
⑤ 수치를 더 세분화해서 알아보기 쉽게 만들었네.

제4회 KDB한국산업은행 필기시험

NCS 직업기초능력평가 모의고사

〈문항 수 및 시험시간〉

영역	문항 수	시험시간	모바일 OMR 답안채점 / 성적분석
의사소통능력	15문항	60분	
수리능력	15문항		
문제해결능력	15문항		
정보능력	15문항		

KDB한국산업은행 필기시험

제4회 모의고사

문항 수 : 60문항
시험시간 : 60분

제 1 영역 의사소통능력

01 다음 중 띄어쓰기가 옳지 않은 것은?

① 나는 책을 읽어도 보고 했으나 머릿속에 들어오지 않았다.
② "어디, 나한테 덤벼들어 봐라!"
③ 신발이 그만 물에 떠내려가 버렸다.
④ 하늘을 보니 비가 올듯도 하다.
⑤ 넌 오늘 쉬는 게 좋을 것 같다.

02 다음 글이 어떤 주장을 비판하는 논거일 때, 그 주장으로 가장 적절한 것은?

'모래언덕'이나 '바람'같은 개념은 매우 모호해 보인다. 작은 모래 무더기가 모래언덕이라고 불리려면 얼마나 높이 쌓여야 하는가? 바람이 되려면 공기는 얼마나 빨리 움직여야 하는가?
그러나 지질학자들이 관심이 있는 대부분의 문제 상황에서 이런 개념들은 아무 문제없이 작동한다. 더 높은 수준의 세분화가 요구될 만한 맥락에서는 그때마다 '30m에서 40m 사이의 높이를 가진 모래언덕'이나 '시속 20km와 시속 40km 사이의 바람'처럼 수식어구가 달린 표현이 과학적 용어의 객관적인 사용을 뒷받침한다.
물리학 같은 정밀과학에서도 사정은 비슷하다. 물리학의 한 연구 분야인 저온물리학은 저온현상, 즉 초전도 현상을 비롯하여 절대온도 0도인 −273.16°C 부근의 저온에서 나타나는 흥미로운 현상들을 연구한다. 그렇다면 정확히 몇 도부터 저온인가? 물리학자들은 이 문제를 놓고 다투지 않는다. 때로는 이 말이 헬륨의 끓는점(−268.6°C) 같은 극저온 근방을 가리키는가 하면, 질소의 끓는점(−195.8°C)이 기준이 되기도 한다.
과학자들은 모호한 것을 싫어한다. 모호성은 과학의 정밀성을 훼손할 뿐만 아니라 궁극적으로 과학의 객관성을 약화하기 때문이다. 그러나 모호성에 대응하는 길은 모든 측정의 오차를 0으로 만드는 데 있는 것이 아니라 대화를 통해 그 상황에 적절한 합의를 하는 데 있다.

① 과학의 정확성은 측정기술의 정확성에 달려 있다.
② 물리학 같은 정밀과학에서도 오차는 발생하기 마련이다.
③ 과학의 발달은 과학적 용어체계의 변화를 유발할 수 있다.
④ 과학적 언어의 객관성은 그 언어가 사용되는 맥락 속에서 확보된다.
⑤ 과학적 언어의 객관성은 용어의 엄밀하고 보편적인 정의에 의해서만 보장된다.

03 다음 글의 주제로 가장 적절한 것은?

최근에 사이버공동체를 중심으로 한 시민의 자발적 정치 참여 현상이 많은 관심을 끌고 있다. 이러한 현상과 관련하여 A의 연구가 새삼 주목받고 있다. A의 연구에 따르면 공동체의 구성원이 됨으로써 얻게 되는 '사회적 자본'이 시민사회의 성숙과 민주주의 발전을 가져오는 원동력이다. A의 이론에서는 공동체에 대한 자발적 참여를 통해 사회 구성원 간의 상호 의무감과 신뢰, 구성원들이 공유하는 규칙과 관행, 사회적 유대 관계와 같은 사회적 자본이 늘어나면, 사회 구성원 간의 협조적인 행위가 가능하게 된다고 보았다. 더 나아가 A는 자원봉사자와 같이 공동체 참여도가 높은 사람이 투표할 가능성이 높고 정부 정책에 대한 의견 개진도 활발해지는 등 정치 참여도가 높아진다고 주장하였다.
몇몇 학자들은 A의 이론을 적용하여 면대면 접촉에 따른 인간관계의 산물인 사회적 자본이 사이버공동체에서도 충분히 형성될 수 있다고 보았다. 그리고 사이버공동체에서 사회적 자본의 증가는 곧 정치 참여도 활성화시킬 것으로 기대했다. 하지만 이러한 기대와는 달리 정치 참여가 활성화되지 않았다. 요즘 젊은이들을 보면 각종 사이버공동체에 자발적으로 참여하는 수준은 높지만 투표나 다른 정치 활동에는 무관심하거나 심지어 정치를 혐오하기도 한다. 이런 측면에서 A의 주장은 사이버공동체가 활성화된 오늘날에는 잘 맞지 않는다.
이러한 이유 때문에 오늘날 사이버공동체를 중심으로 한 정치 참여를 더 잘 이해하기 위해서 '정치적 자본' 개념의 도입이 필요하다. 정치적 자본은 사회적 자본의 구성 요소와는 달리 정치 정보의 습득과 이용, 정치적 토론과 대화, 정치적 효능감 등으로 구성된다. 정치적 자본은 사회적 자본과 마찬가지로 공동체 참여를 통해서 획득되지만, 정치 과정에의 관여를 촉진한다는 점에서 사회적 자본과는 구분될 필요가 있다. 사회적 자본만으로 정치 참여를 기대하기 어렵고, 사회적 자본과 정치 참여 사이를 정치적 자본이 매개할 때 비로소 정치 참여가 활성화된다.

① 사이버공동체를 통해 축적된 사회적 자본에 정치적 자본이 더해질 때 정치 참여가 활성화된다.
② 사회적 자본은 정치적 자본을 포함하기 때문에 그 자체로 정치 참여의 활성화를 가져온다.
③ 사회적 자본이 많은 사회는 정치 참여가 활발하기 때문에 민주주의가 실현된다.
④ 사이버공동체의 특수성으로 인해 시민들의 정치 참여가 어렵게 되었다.
⑤ 사이버공동체에의 자발적 참여 증가는 정치 참여를 활성화시킨다.

04 다음 글의 빈칸에 들어갈 내용으로 가장 적절한 것은?

태양은 지구의 생명체가 살아가는 데 필요한 빛과 열을 공급해 준다. 이런 막대한 에너지를 태양은 어떻게 계속 내놓을 수 있을까?

16세기 이전까지는 태양을 포함한 별들이 지구상의 물질을 이루는 네 가지 원소와 다른, 불변의 '제5원소'로 이루어졌다고 생각했다. 하지만 밝기가 변하는 신성(新星)이 별 가운데 하나라는 사실이 알려지면서 별이 불변이라는 통념은 무너지게 되었다. 또한, 태양의 흑점 활동이 관측되면서 태양 역시 불덩어리일지도 모른다고 생각하기 시작했다. 그 후 섭씨 5,500°C로 가열된 물체에서 노랗게 보이는 빛이 나오는 것을 알게 되면서 유사한 빛을 내는 태양의 온도도 비슷할 것이라고 추측하게 되었다.

19세기에는 에너지 보존 법칙이 확립되면서 새로운 에너지 공급이 없다면 태양의 온도가 점차 낮아져야 한다는 결론을 내렸다. 그렇다면 과거에는 태양의 온도가 훨씬 높았어야 했고, 지구의 바다가 펄펄 끓어야 했을 것이다. 하지만 실제로는 그렇지 않았고, 사람들은 태양의 온도를 일정하게 유지해 주는 에너지원이 무엇인지에 대해 생각하게 되었다.

20세기 초 방사능이 발견되면서 방사능 물질의 붕괴에서 나오는 핵분열 에너지를 태양의 에너지원으로 생각하였다. 그러나 태양빛의 스펙트럼을 분석한 결과 태양에는 우라늄 등의 방사능 물질 대신 수소와 헬륨이 있다는 것을 알게 되었다. 즉, 방사능 물질의 붕괴에서 나오는 핵분열 에너지가 태양의 에너지원이 아니었던 것이다.

현재 태양의 에너지원은 수소 원자핵 네 개가 헬륨 원자핵 하나로 융합하는 과정의 질량 결손으로 인해 생기는 핵융합 에너지로 알려져 있다. 태양은 엄청난 양의 수소 기체가 중력에 의해 뭉쳐진 것으로, 그 중심으로 갈수록 밀도와 압력, 온도가 증가한다. 태양에서의 핵융합은 천만°C 이상의 온도를 유지하는 중심부에서만 일어난다. 높은 온도에서만 원자핵들은 높은 운동 에너지를 가지게 되며, 그 결과로 원자핵들 사이의 반발력을 극복하고 융합되기에 충분히 가까운 거리로 근접할 수 있기 때문이다. 태양빛이 핵융합을 통해 나온다는 사실은 태양으로부터 온 중성미자가 관측됨으로써 더 확실해졌다.

중심부의 온도가 올라가 핵융합 에너지가 늘어나면 그 에너지로 인한 압력으로 수소를 밖으로 밀어내어 중심부의 밀도와 온도를 낮추게 된다. 이렇게 온도가 낮아지면 방출되는 핵융합 에너지가 줄어들며, 그 결과 압력이 낮아져서 수소가 중심부로 들어오게 되어 중심부의 밀도와 온도를 다시 높인다. 이렇듯 태양 내부에서 중력과 핵융합 반응의 평형 상태가 유지되기 때문에 ________________ 태양은 이미 50억 년간 빛을 냈고, 앞으로도 50억 년 이상 더 빛날 것이다.

① 태양의 핵융합 에너지가 폭발적으로 증가할 수 있게 된다.
② 태양 외부의 밝기가 내부 상태에 따라 변할 수 있게 된다.
③ 태양이 오랫동안 안정적으로 빛을 낼 수 있게 된다.
④ 태양이 일정한 크기를 유지할 수 있었다.
⑤ 과거와 달리 태양이 일정한 온도를 유지할 수 있게 된다.

05 다음 글의 제목으로 가장 적절한 것은?

중세 유럽에서는 토지나 자원을 왕실이 소유하고 있었다. 사람들은 이러한 토지나 자원을 이용하려면 일정한 비용을 지불해야 했다. 예를 들어 광산을 개발하거나 수산물을 얻는 사람들은 해당 자원의 이용에 대한 비용을 왕실에 지불하였고 이는 왕실의 권력과 부의 유지를 돕는 동시에 국가의 재정을 보충하는 역할을 하였는데 이때 지불한 비용이 바로 로열티이다.
로열티의 개념은 산업 혁명과 함께 발전하였다. 산업 혁명을 통해 특허, 상표 등의 지적 재산권이 보호되기 시작하면서 기업들은 이러한 권리를 보유한 개인이나 조직에게 사용에 대한 보상을 지불하게 되었다. 지적 재산권은 기업이 특정한 기술, 디자인, 상표 등을 보유하고 있을 때 그들에게 독점적인 권리를 제공하고 이러한 권리의 보호와 보상을 위해 로열티 제도가 도입되었다.
로열티는 기업과 지적 재산권 소유자 간의 계약에 의해 설정되는 형태로 발전하였다. 기업이 특정 제품을 판매하거나 특정 기술을 이용하는 경우 지적 재산권 소유자에게 계약에 따라 정해진 로열티를 지불하게 된다. 이로써 지적 재산권을 보유한 개인이나 조직은 자신들의 창작물이나 기술의 사용에 대한 보상을 받을 수 있으며, 기업들은 이러한 지적 재산권의 이용을 허가받아 경쟁 우위를 확보할 수 있게 되었다.
현재 로열티는 제품 판매나 라이선스, 저작물의 이용 등 다양한 형태로 나타나며 지적 재산권의 보호와 경제적 가치를 확보하는 중요한 수단으로 작용하고 있다. 로열티는 지식과 창조성의 보상으로서의 역할을 수행하며 기업들의 연구 개발을 촉진하고 혁신을 격려한다. 이처럼 로열티 제도는 기업과 지적 재산권 소유자 간의 상호 협력과 혁신적인 경제 발전에 기여하는 중요한 구조적 요소이다.

① 지적 재산권을 보호하는 방법
② 로열티 지급 시 유의사항
③ 지적 재산권의 정의
④ 로열티 제도의 유래와 발전
⑤ 로열티 제도의 모순

06 다음 글을 읽고 추론한 내용으로 적절하지 않은 것은?

> 공유와 경제가 합쳐진 공유경제는 다양한 맥락에서 정의되는 용어이지만, 공유경제라는 개념은 '소유권(Ownership)'보다는 '접근권(Accessibility)'에 기반을 둔 경제모델을 의미한다. 전통경제에서는 생산을 담당하는 기업들이 상품이나 서비스를 생산하기 위해서 원료, 부품, 장비 등을 사거나 인력을 고용했던 것과 달리, 공유경제에서는 기업뿐만 아니라 개인들도 자산이나 제품이 제공하는 서비스에 대한 접근권의 거래를 통해서 자원을 효율적으로 활용하여 가치를 창출할 수 있다. 소유권의 거래에 기반한 기존 자본주의 시장경제와는 다른 새로운 게임의 법칙이 대두한 것이다.
> 공유경제에서는 온라인 플랫폼이라는 조직화된 가상공간을 통해서 접근권의 거래가 이루어진다. 온라인 플랫폼은 인터넷의 연결성을 기반으로 유휴자산(遊休資産)을 보유하거나 필요로 하는 수많은 소비자와 공급자가 모여서 소통할 수 있는 기반이 된다. 다양한 선호를 가진 이용자들이 거래 상대를 찾는 작업을 사람이 일일이 처리하는 것은 불가능한 일인데, 공유경제 기업들은 고도의 알고리즘을 이용하여 검색, 매칭, 모니터링 등의 거래 과정을 자동화하여 처리한다.
> 공유경제에서 거래되는 유휴자산의 종류는 자동차나 주택에 국한되지 않는다. 개인이나 기업들이 소유한 물적·금전적·지적 자산에 대한 접근권을 온라인 플랫폼을 통해서 거래할 수만 있다면 거의 모든 자산의 거래가 공유경제의 일환이 될 수 있다. 가구, 가전 등의 내구재, 사무실, 공연장, 운동장 등의 물리적 공간, 전문가나 기술자의 지식, 개인들의 여유 시간이나 여유 자금 등이 모두 접근권 거래의 대상이 될 수 있다.

① 기존의 시장경제는 접근권(Accessibility)보다 소유권(Ownership)에 기반을 두었다.
② 공유경제의 등장에는 인터넷의 발달이 중요한 역할을 하였다.
③ 인터넷 등장 이전에는 이용자와 그에 맞는 거래 상대를 찾는 작업을 일일이 처리할 수 없었다.
④ 공유경제에서는 온라인 플랫폼을 통해 거의 모든 자산에 대한 접근권(Accessibility)을 거래할 수 있다.
⑤ 온라인 플랫폼을 통해 자신이 타던 자동차를 판매하여 소유권을 이전하는 것도 공유경제의 일환이 될 수 있다.

07 **다음 글은 동물의 공간을 침해하는 로드킬(Road Kill)에 대한 내용이다. 이를 읽고 로드킬의 해결 방안으로 적절하지 않은 것은?**

> 로드킬(Road Kill)은 곤충을 비롯한 야생동물이 도로로 나와 자동차 등의 운송수단에 치여서 사망하는 것을 말한다. 인간의 편의를 위해 각종 시설물이 계속 만들어질수록 야생동물은 삶의 터전을 잃고 고립되어 죽거나, 동족들을 찾아 헤매다 인간이 만든 길 위에서 죽임을 당하고 있는 것이다. 국토개발로 생태축을 관통하는 여러 도로들이 생겨남에 따라 전국적으로 로드킬의 발생이 증가하고 있으나, 실제 그 발생지점 파악과 이를 예방하기 위한 생태통로 등의 설치는 매우 미흡한 상황이다.
> 따라서 지구상의 모든 생명이 함께 거닐 수 있는 국토환경 조성을 위해 로드킬 현황을 제대로 파악하고, 적재적소에 야생동물 보호를 위한 생태통로 설치가 필요하다. 그리고 이제부터라도 야생동물의 생명을 보호하여 인간과 하나의 공간에서 함께 할 수 있도록 하는 배려심이 발휘되어야 한다. 야생동물은 계절과 종별로 활동 시기가 다르므로, 생태통로의 배치는 로드킬 발생지점의 야생동물 종을 비롯한 그 주변 생태환경을 고려해야만 큰 효과를 볼 수 있다. 그리고 야생동물의 이동을 통제하거나 고립시키는 생태통로 정책이 아닌, 본래 서식지를 자유롭게 이동할 수 있도록 도와줄 수 있어야 한다. 또한 로드킬 발생이 특정 도로에 집중하여 발생하므로 그 유형과 지점에 대한 충분한 검토 작업이 이루어져야 하며, 로드킬에 관한 자료를 신속・정확하게 확보하여 통합・운영하는 체계가 이루어져야 할 것이다.

① 로드킬을 예방하기 위해 로드킬에 관한 자료를 확보하여 이를 통합・운영한다.
② 로드킬 발생이 특정 도로에 집중하여 발생하므로 그 유형과 지점에 대해 충분히 검토한다.
③ 야생동물은 계절과 종별로 활동 시기가 다르므로 야생동물의 종을 고려하여 생태통로를 설치한다.
④ 도로 신설 시 인간의 편의를 우선하여 도로를 설치한 다음, 야생동물의 이동을 위한 생태도로를 설치한다.
⑤ 야생동물의 생명을 보호하기 위해 로드킬 발생지점 주변의 생태환경을 고려하여 생태통로를 배치한다.

08 다음 글의 주장에 대한 비판으로 가장 적절한 것은?

> 고대 그리스 시대의 사람들은 신에 의해 우주가 운행된다고 믿는 결정론적 세계관 속에서 신에 대한 두려움이나 신이 야기한다고 생각되는 자연재해나 천체 현상 등에 대한 두려움을 떨치지 못했다. 에피쿠로스는 당대의 사람들이 이러한 잘못된 믿음에서 벗어나도록 하는 것이 중요하다고 보았고, 이를 위해 인간이 행복에 이를 수 있도록 자연학을 바탕으로 자신의 사상을 전개하였다.
> 에피쿠로스는 신의 존재는 인정하나 신의 존재 방식이 인간이 생각하는 것과는 다르다고 보고, 신은 우주들 사이의 중간 세계에 살며 인간사에 개입하지 않는다는 이신론적(理神論的) 관점을 주장한다. 그는 불사의 존재인 신이 최고로 행복한 상태이며, 다른 어떤 것에게도 고통을 주지 않고, 모든 고통은 물론 분노와 호의와 같은 것으로부터 자유롭다고 말한다. 따라서 에피쿠로스는 인간의 세계가 신에 의해 결정되지 않으며, 인간의 행복도 자율적 존재인 인간 자신에 의해 완성된다고 본다.
> 한편 에피쿠로스는 인간의 영혼도 육체와 마찬가지로 미세한 입자로 구성된다고 본다. 영혼은 육체와 함께 생겨나고 육체와 상호작용하며 육체가 상처를 입으면 영혼도 고통을 받는다. 더 나아가 육체가 소멸하면 영혼도 함께 소멸하게 되어 인간은 사후(死後)에 신의 심판을 받지 않으므로, 살아있는 동안 인간은 사후에 심판이 있다고 생각하여 두려워 할 필요가 없게 된다. 이러한 생각은 인간으로 하여금 죽음에 대한 모든 두려움에서 벗어나게 하는 근거가 된다.

① 신은 우리가 생각하는 것처럼 인간 세계에 대해 그다지 관심이 많지 않다.
② 인간은 신을 믿지 않기 때문에 두려움도 느끼지 않는다.
③ 신이 만든 인간의 육체와 영혼은 서로 분리될 수 없으므로 사후세계는 인간의 허상에 불과하다.
④ 신은 인간 세계에 개입하지 않으므로 신의 섭리에 따라 인간의 삶을 이해하려 해서는 안 된다.
⑤ 인간이 아픔 때문에 죽음에 대해 두려움을 느낀다면, 사후에 대한 두려움을 떨쳐버리는 것만으로 두려움은 해소될 수 없다.

09 다음 글의 내용으로 적절하지 않은 것은?

> 아무리 튤립이 귀하다 한들 알뿌리 하나의 값이 요즈음 돈으로 쳐서 45만 원이 넘는 수준까지 치솟을 수 있을까? 엄지손가락만한 크기의 메추리알 하나의 값이 달걀 한 꾸러미 값보다도 더 비싸질 수 있을까? 이 두 물음에 대한 대답은 모두 '그렇다'이다.
> 역사책을 보면 1636년 네덜란드에서는 튤립 알뿌리 하나의 값이 정말로 그 수준으로 뛰어오른 적이 있었다. 그리고 그때를 기억하는 사람은 알겠지만, 실제로 1950년대 말 우리나라에서 한때 메추리알 값이 그렇게까지 비쌌던 적이 있었다.
> 어떤 상품의 가격은 기본적으로 수요와 공급의 힘에 의해 결정된다. 시장에 참여하고 있는 경제 주체들은 자신이 갖고 있는 정보를 기초로 하여 수요와 공급을 결정한다. 이들이 똑같은 정보를 함께 갖고 있으며 이 정보가 아주 틀린 것이 아닌 한, 상품의 가격은 어떤 기본적인 수준에서 크게 벗어나지 않을 것이라고 예상할 수 있다. 예를 들어 튤립 알뿌리 하나의 값은 수선화 알뿌리 하나의 값과 비슷하고, 메추리알 하나는 달걀 하나보다 더 쌀 것으로 짐작해도 무방하다는 말이다.
> 그러나 현실에서는 사람들이 서로 다른 정보를 갖고 시장에 참여하는 경우가 많다. 어떤 사람은 특정한 정보를 갖고 있는데 거래 상대방은 그 정보를 갖고 있지 못한 경우도 있다. 뿐만 아니라 거래에 참여하는 목적이나 재산 등의 측면에서 큰 차이가 존재하는 것이 보통이다. 이런 경우에는 어떤 상품의 가격이 우리의 상식으로는 도저히 이해하기 힘든 수준까지 일시적으로 뛰어오르는 현상이 나타날 가능성이 있다. 이런 현상은 특히 투기의 대상이 되는 자산의 경우에 자주 목격되는데, 우리는 이를 '거품(Bubbles)'이라고 부른다.
> 일반적으로 거품은 어떤 상품(특히 자산)의 가격이 지속적으로 급격히 상승하는 현상을 가리킨다. 이와 같은 지속적인 가격 상승이 일어나는 이유는 애초에 생긴 가격 상승이 추가적인 가격 상승의 기대로 이어져 투기 바람이 형성되기 때문이다. 어떤 상품의 가격이 올라 그것을 미리 사둔 사람이 재미를 보았다는 소문이 돌면 너도나도 사려고 달려들기 때문에 가격이 천정부지*로 뛰어오르게 된다. 물론 이 같은 거품이 무한정 커질 수는 없고 언젠가는 터져 정상적인 상태로 돌아올 수밖에 없다. 이때 거품이 터지는 충격으로 인해 경제에 심각한 위기가 닥칠 수도 있다.
>
> *천정부지 : 물가 따위가 한 없이 오르기만 함을 비유적으로 이르는 말

① 거품은 투기의 대상이 되는 자산에서 자주 일어난다.
② 거품이 터지면 경제에 심각한 위기를 초래할 수 있다.
③ 거래에 참여하는 사람의 목적이나 재산에 큰 차이가 없다면 거품이 일어날 수 있다.
④ 상품의 가격이 일반적인 상식으로는 이해되지 않는 수준까지 일시적으로 상승할 수도 있다.
⑤ 일반적으로 시장에 참여하고 있는 경제 주체들은 자신의 정보를 바탕으로 수요와 공급을 결정한다.

※ 다음 글을 읽고 이어지는 질문에 답하시오. [10~11]

계약서란 계약의 당사자 간의 의사표시에 따른 법률행위인 계약 내용을 문서화한 것으로 당사자 사이의 권리와 의무 등 법률관계를 규율하고 의사표시 내용을 항목별로 구분한 후, 구체적으로 명시하여 어떠한 법률 행위를 어떻게 ㉠ 하려고 하는지 등의 내용을 특정한 문서이다. 계약서의 작성은 미래에 계약에 관한 분쟁 발생 시 중요한 증빙자료가 된다.

계약서의 종류를 살펴보면, 먼저 임대차계약서는 임대인 소유의 부동산을 임차인에게 임대하고, 임차인은 이에 대한 약정을 합의하는 내용을 담고 있다. 임대차는 당사자의 한쪽이 상대방에게 목적물을 사용·수익하게 할 수 있도록 약정하고, 상대방이 이에 대하여 차임을 지급할 것을 ㉡ 약정함으로써 그 효력이 생긴다. 부동산 임대차의 경우 목적 부동산의 전세, 월세에 대한 임차보증금 및 월세를 지급할 것을 내용으로 하는 계약이 여기에 해당하며, 임대차계약서는 주택 등 집합건물의 임대차계약을 작성하는 경우에 사용되는 계약서이다. 주택 또는 상가의 임대차계약은 민법에 대한 특례를 규정한 주택임대차보호법 및 상가건물 임대차보호법의 적용을 받으며, 이 법의 적용을 받지 않은 임대차에 관하여는 민법상의 임대차 규정을 적용하고 있다.

다음으로 근로계약서는 근로자가 회사(근로기준법에서는 '사용자'라고 함)의 지시 또는 관리에 따라 일을 하고 이에 대한 ㉢ 댓가로 회사가 임금을 지급하기로 한 내용의 계약서로 유상·쌍무계약을 말한다. 근로자와 사용자의 근로관계는 서로 동등한 지위에서 자유의사에 의하여 결정한 계약에 의하여 성립한다. 이러한 근로관계의 성립은 구술에 의하여 약정되기도 하지만 통상적으로 근로계약서 작성에 의하여 행해지고 있다.

마지막으로 부동산 매매계약서는 당사자가 계약 목적물을 매매할 것을 합의하고, 매수인이 매도자에게 매매 대금을 지급할 것을 약정함으로 인해 그 효력이 발생한다. 부동산 매매계약서는 부동산을 사고, 팔기 위하여 매도인과 매수인이 약정하는 계약서로 매매대금 및 지급시기, 소유권 이전, 제한권 소멸, 제세공과금, 부동산의 인도, 계약의 해제에 관한 사항 등을 약정하여 교환하는 문서이다. 부동산거래는 상황에 따라 다양한 매매조건이 ㉣ 수반되기 때문에 획일적인 계약내용 외에 별도 사항을 기재하는 수가 많으므로 계약서에 서명하기 전에 계약내용을 잘 확인하여야 한다.

이처럼 계약서는 계약의 권리와 의무의 발생, 변경, 소멸 등을 도모하는 중요한 문서로 계약서를 작성할 때에는 신중하고 냉철하게 판단한 후, 권리자와 의무자의 관계, 목적물이나 권리의 행사방법 등을 명확하게 전달할 수 있도록 육하원칙에 따라 간결하고 명료하게 그리고 정확하고 ㉤ 평이하게 작성해야 한다.

10 윗글의 내용으로 적절하지 않은 것은?

① 계약 체결 이후 관련 분쟁이 발생할 경우 계약서가 중요한 증빙자료가 될 수 있다.
② 주택 또는 상가의 임대차계약은 민법상의 임대차규정의 적용을 받는다.
③ 근로계약을 통해 근로자와 사용자가 동등한 지위의 근로관계를 성립한다.
④ 부동산 매매계약서는 획일적인 계약내용 외에 별도 사항을 기재하기도 한다.
⑤ 계약서를 작성할 때는 간결·명료하고 정확한 표현을 사용하여야 한다.

11 윗글의 밑줄 친 ㉠~㉤ 중 맞춤법이 옳지 않은 것은?

① ㉠
② ㉡
③ ㉢
④ ㉣
⑤ ㉤

※ 다음 글을 읽고 이어지는 질문에 답하시오. [12~13]

신문이나 잡지는 대부분 유료로 판매된다. 반면에 인터넷 뉴스 사이트는 신문이나 잡지의 기사와 같거나 비슷한 내용을 무료로 제공한다. 왜 이런 현상이 발생하는 것일까?
이 현상 속에는 경제학적 배경이 숨어 있다. 대체로 상품의 가격은 그 상품을 생산하는 데 드는 비용의 언저리에서 결정된다. 생산 비용이 많이 들면 들수록 상품의 가격이 상승하는 것이다. 그런데 인터넷에 게재되는 기사를 생산하는 데 드는 비용은 0원에 가깝다. 기자가 컴퓨터로 작성한 기사를 신문사 편집실로 보내 종이 신문에 게재하고, 그 기사를 그대로 재활용하여 인터넷 뉴스 사이트에 올리기 때문이다. 또한 인터넷 뉴스 사이트 방문자 수가 증가하면 사이트에 걸어 놓은 광고에 대한 수입도 증가하게 된다. 이러한 이유로 신문사들은 경쟁적으로 인터넷 뉴스 사이트를 개설하여 무료로 운영했던 것이다.
그런데 이렇게 무료로 인터넷 뉴스 사이트를 이용하는 사람들이 폭발적으로 늘어나면서 돈을 지불하고 신문이나 잡지를 구독하는 사람들이 점점 줄어들기 시작했다. 그 결과 언론사들의 수익률이 감소하여 재정이 악화되었다. 문제는 여기서 그치지 않는다. 언론사들의 재정적 악화는 깊이있고 정확한 뉴스를 생산하는 그들의 능력을 저하시키거나 사라지게 할 수도 있다. 결국 그로 인한 피해는 뉴스를 이용하는 소비자에게로 되돌아올 것이다.
그래서 언론사들, 특히 신문사들의 재정악화 개선을 위해 인터넷 뉴스를 유료화해야 한다는 의견이 있다. 하지만 그러한 주장을 현실화하는 것은 그리 간단하지 않다. 소비자들은 어떤 상품을 구매할 때 그 상품의 가격이 얼마 정도면 구입할 것이고, 얼마 이상이면 구입하지 않겠다는 마음의 선을 긋는다. 이 선의 최대치가 바로 최대지불의사(Willingness to Pay)이다. 소비자들의 머릿속에 한번 각인된 최대지불의사는 좀처럼 변하지 않는 특성이 있다. 인터넷 뉴스의 경우 오랫동안 소비자에게 무료로 제공되었고, 그러는 사이 인터넷 뉴스에 대한 소비자들의 최대지불의사도 0원으로 굳어진 것이다. 그런데 이제 와서 무료로 이용하던 정보를 유료화한다면 소비자들은 여러 이유를 들어 불만을 토로할 것이다.
해외 신문 중 일부 경제 전문지는 이러한 문제를 성공적으로 해결했다. 그들은 매우 전문화되고 깊이 있는 기사를 작성하여 소비자에게 제공하는 대신 인터넷 뉴스 사이트를 유료화했다. 그럼에도 불구하고 많은 소비자들이 기꺼이 돈을 지불하고 이들 사이트의 기사를 이용하고 있다. 전문화되고 맞춤화된 뉴스일수록 유료화 잠재력이 높은 것이다. 이처럼 제대로 된 뉴스를 만드는 공급자와 정당한 값을 내고 제대로 된 뉴스를 소비하는 수요자가 만나는 순간 문제해결의 실마리를 찾을 수 있을 것이다.

12 윗글의 내용에 바탕이 되는 경제관으로 적절하지 않은 것은?

① 경제적 이해관계는 사회현상의 변화를 초래한다.
② 상품의 가격이 상승할수록 소비자의 수요가 증가한다.
③ 소비자들의 최대지불의사는 상품의 구매 결정과 밀접한 관련이 있다.
④ 일반적으로 상품의 가격은 상품 생산의 비용과 가까운 수준에서 결정된다.
⑤ 적정 수준의 상품가격이 형성될 때 소비자의 권익과 생산자의 이익이 보장된다.

13 윗글을 읽은 반응으로 적절하지 않은 것은?

① 정보를 이용할 때 정보의 가치에 상응하는 이용료를 지불하는 것은 당연한 거라고 생각해.
② 현재 무료인 인터넷 뉴스 사이트를 유료화하려면 먼저 전문적이고 깊이 있는 기사를 제공해야만 해.
③ 인터넷 뉴스가 광고를 통해 수익을 내는 경우도 있으니, 신문사의 재정을 악화시키는 것만은 아니야.
④ 인터넷 뉴스 사이트 유료화가 정확하고 공정한 기사를 양산하는 결과에 직결되는 것은 아니라고 생각해.
⑤ 인터넷 뉴스만 보는 독자들의 행위가 품질이 나쁜 뉴스를 생산하게 만드는 근본적인 원인이므로 종이 신문을 많이 구독해야겠어.

※ 다음 글을 읽고 이어지는 질문에 답하시오. [14~15]

인간의 손가락처럼 움직이는 로봇 H가 개발되었다. 공압식 손가락 로봇인 H에는 정교한 촉각과 미끄러짐을 감지하는 감각 시스템이 내장돼 있어 물건을 적절한 압력으로 섬세하게 쥐는 인간의 능력을 모방할 수 있다. H는 크기와 모양이 불규칙하거나 작고 연약한 물체를 다루는 데 어려움을 겪는 농업 및 물류 자동화 분야에서 가치를 발휘할 것으로 예상된다.
물류 자동화에 보편적으로 사용되는 관절 로봇은 복합적인 '움켜쥐기 알고리즘' 및 엔드 이펙터(손가락)의 정확한 배치와 물건을 쥐기 위한 고가의 센서 기기 및 시각 센서 등을 필요로 한다. 공기압을 통해 제어되는 H의 손가락은 구부리거나 힘을 가할 수 있으며, 각 손가락의 촉각 센서에 따라 개별적으로 제어된다. 따라서 H의 손가락은 ______________________________ 인간의 손이 물건을 쥘 때와 마찬가지로 우선 손가락이 물건에 닿을 때까지 다가가 위치를 파악하고 해당 위치에 맞게 손가락 위치를 조정하여 물건을 쥐는 것이다. 이때 물건이 떨어지면 이를 즉각적으로 인식할 수 있으며, 물건이 미끄러지는 것을 감지하면 스스로 손가락의 힘을 더 높일 수 있다. 여기서 한걸음 더 나아가 기존 로봇이 쥐거나 포장할 수 있었던 물건의 종류와 수도 확대되었다.
실리콘 재질로 만들어진 H의 내부는 비어있으며, 새롭게 적용된 센서들이 손가락 모양의 실리콘 성형 과정에서 내장되어 공기 실(Air Chamber)이 중심을 지나간다. H의 유연한 손가락 표면은 식품을 만져도 안전하며, 쉽게 세척이 가능하다. 또한 손가락이 손상되거나 마모되더라도 저렴한 비용으로 교체할 수 있도록 개발됐다.
로봇 개발 업체 관계자는 "집품 및 포장 작업으로 인력에 크게 의존하는 물류 산업은 항상 직원의 고용 및 부족 문제를 겪고 있다. 물류 체인의 집품 및 포장 자동화가 대규모 자동화보다 뒤떨어진 상황에서 H의 감각 시스템은 물체 선별 작업이나 자동화 주문을 처음부터 끝까지 이행할 수 있도록 하는 물류 산업 분야의 혁명이 될 것이다."라고 말했다.

14 윗글의 로봇 H에 대한 설명으로 적절하지 않은 것은?

① H는 세척이 용이하다.
② 손가락 표면의 교체 비용은 비교적 저렴한 편이다.
③ 손가락의 촉각 센서를 통해 물건의 위치를 정확히 파악한다.
④ 내장된 감각 시스템을 통해 작고 연약한 물체도 섬세하게 쥘 수 있다.
⑤ 손가락의 센서들은 물건이 미끄러지는 것을 감지하여 손가락의 힘을 뺀다.

15 윗글의 빈칸에 들어갈 내용으로 가장 적절한 것은?

① 고가의 센서 기기를 필요로 한다.
② 기존 관절 로봇보다 쉽게 구부러질 수 있다.
③ 밀리미터 단위의 정확한 위치 지정을 필요로 하지 않는다.
④ 가까운 곳에 위치한 물건을 멀리 있는 물건보다 더 쉽게 잡을 수 있다.
⑤ 무거운 물건도 간단하게 잡을 수 있다.

제2영역 수리능력

01 농도가 13%의 소금물 400g과 농도가 7%의 소금물 200g을 섞은 후, 농도를 알 수 없는 소금물 100g을 섞었더니 농도 22%의 소금물이 되었다. 농도를 알 수 없는 소금물의 농도는 몇 %인가?

① 66%
② 78%
③ 88%
④ 92%
⑤ 96%

02 한결이가 연이율 1.8%인 1년 만기 월복리 적금 상품에 매월 초 60만 원씩 납입할 때, 만기 시 받는 이자는? (단, $1.0015^{12}=1.018$로 계산하며, 이자 소득에 대한 세금은 고려하지 않는다)

① 10,000원
② 10,200원
③ 10,400원
④ 10,600원
⑤ 10,800원

03 세희네 가족의 올해의 여름휴가 비용은 작년 대비 교통비는 15%, 숙박비는 24% 증가하여 전체 휴가비용이 20% 증가하였다. 작년 전체 휴가비용이 36만 원일 때, 올해 숙박비는?(전체 휴가비는 교통비와 숙박비의 합이다)

① 160,000원
② 184,000원
③ 200,000원
④ 248,000원
⑤ 268,000원

04 다음은 6대 광역시의 연간 학자금 대출 신청건수 및 평균 대출금액에 대한 자료이다. 이에 대한 설명으로 옳지 않은 것은?

〈6대 광역시의 연간 학자금 대출 신청건수 및 평균 대출금액〉

구분	2023년		2024년	
	대출 신청건수(건)	평균 대출금액(만 원)	대출 신청건수(건)	평균 대출금액(만 원)
대구	1,921	558	2,320	688
인천	2,760	640	3,588	775
부산	2,195	572	2,468	644
대전	1,148	235	1,543	376
광주	1,632	284	1,927	317
울산	1,224	303	1,482	338

① 학자금 대출 신청건수가 가장 많은 지역은 2023년과 2024년이 동일하다.

② 2024년 학자금 총 대출금액은 대구가 부산보다 많다.

③ 대전의 2024년 학자금 평균 대출금액은 전년 대비 1.6배 증가하였다.

④ 2024년 총 학자금 대출 신청건수는 2023년 대비 20.5% 증가하였다.

⑤ 2023년 전체 학자금 대출 신청건수 중 광주 지역이 차지하는 비율은 15%이다.

05 다음은 10대 무역수지 흑자국에 대한 자료이다. 미국의 2022년 대비 2024년의 흑자액 증가율은?(단, 소수점 둘째 자리에서 반올림한다)

〈10대 무역수지 흑자국〉

(단위 : 백만 달러)

순번	2022년		2023년		2024년	
	국가명	금액	국가명	금액	국가명	금액
1	중국	32,457	중국	45,264	중국	47,779
2	홍콩	18,174	홍콩	23,348	홍콩	28,659
3	마샬군도	9,632	미국	9,413	싱가포르	11,890
4	미국	8,610	싱가포르	7,395	미국	11,635
5	멕시코	6,161	멕시코	7,325	베트남	8,466
6	싱가포르	5,745	베트남	6,321	멕시코	7,413
7	라이베리아	4,884	인도	5,760	라이베리아	7,344
8	베트남	4,780	라이베리아	5,401	마샬군도	6,991
9	폴란드	3,913	마샬군도	4,686	브라질	5,484
10	인도	3,872	슬로바키아	4,325	인도	4,793

① 35.1%
② 37.8%
③ 39.9%
④ 41.5%
⑤ 42.3%

06 다음은 산업 및 가계별 대기배출량과 기체별 지구온난화 유발 확률에 대한 자료이다. 어느 부문의 대기배출량을 우선적으로 줄여야 지구온난화 예방에 가장 효과적인가?

〈산업 및 가계별 대기배출량〉

(단위 : 천 톤 CO_2eq)

구분		이산화탄소	아산화질소	메탄	수소불화탄소
산업부문	전체	45,950	3,723	17,164	0.03
	농업, 임업 및 어업	10,400	810	12,000	0
	석유, 화학 및 관련제품	6,350	600	4,800	0.03
	전기, 가스, 증기 및 수도사업	25,700	2,300	340	0
	건설업	3,500	13	24	0
가계부문		5,400	100	390	0

〈기체별 지구온난화 유발 확률〉

(단위 : %)

구분	이산화탄소	아산화질소	메탄	수소불화탄소
유발 확률	30	20	40	10

① 건설업
② 가계부문
③ 농업, 임업 및 어업
④ 석유, 화학 및 관련제품
⑤ 전기, 가스, 증기 및 수도사업

07 다음은 주요 대상국별 김치 수출액에 대한 자료이다. 기타를 제외하고 2024년 수출액이 3번째로 많은 국가의 2023년 대비 2024년 김치 수출액의 증감률은?(단, 소수점 셋째 자리에서 반올림한다)

〈주요 대상국별 김치 수출액〉

(단위 : 천 달러, %)

구분	2023년		2024년	
	수출액	점유율	수출액	점유율
일본	44,548	60.6	47,076	59.7
미국	5,340	7.3	6,248	7.9
호주	2,273	3.1	2,059	2.6
대만	3,540	4.8	3,832	4.9
캐나다	1,346	1.8	1,152	1.5
영국	1,919	2.6	2,117	2.7
뉴질랜드	773	1.0	1,208	1.5
싱가포르	1,371	1.9	1,510	1.9
네덜란드	1,801	2.4	2,173	2.7
홍콩	4,543	6.2	4,285	5.4
기타	6,093	8.3	7,240	9.2
합계	73,547	100	78,900	100

① −5.06%
② −5.68%
③ −6.24%
④ −6.82%
⑤ −7.02%

08 다음은 지역개발사업에 대한 신문과 방송의 보도내용을 사업 착공 전후로 나누어 분석하고, 이 중 주요 분야 6개를 선택하여 작성한 자료이다. 이에 대한 설명으로 옳은 것을 〈보기〉에서 모두 고르면?

〈착공 전후 주요 분야의 신문 보도 비율〉

(단위 : %)

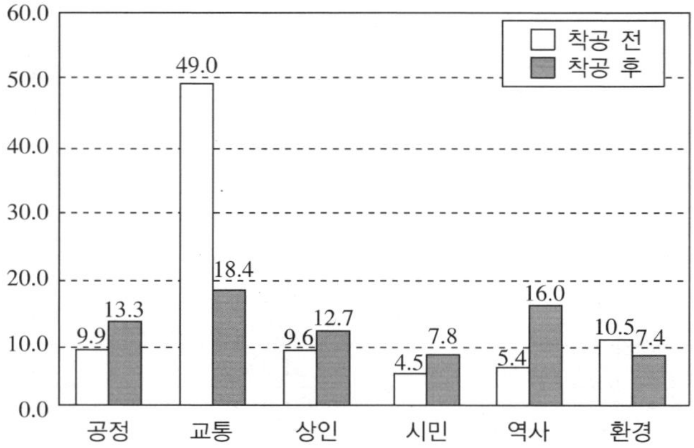

〈착공 전후 주요 분야의 방송 보도 비율〉

(단위 : %)

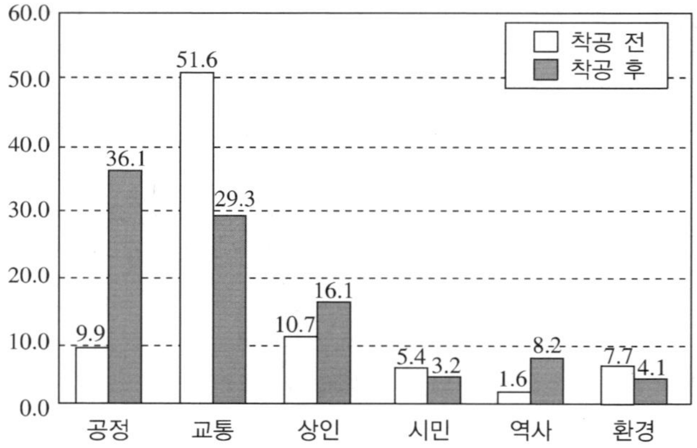

〈보기〉

㉠ 신문 보도에서 착공 전에 가장 높은 보도 비율을 보인 두 분야 모두 착공 후 보도 비율이 감소했다.
㉡ 교통은 착공 후에도 신문과 방송 모두에서 가장 많이 보도된 분야이다.
㉢ 착공 전에 비해 착공 후 교통에 대한 보도 비율의 감소폭은 방송보다 신문에서 더 큰 것으로 나타났다.
㉣ 신문 보도에서 착공 전 대비 착공 후 보도 비율의 증가율이 가장 큰 분야는 역사이다.
㉤ 착공 전 교통에 대한 보도 비율은 신문보다는 방송에서 더 높은 것으로 나타났다.

① ㉠, ㉡, ㉤
② ㉠, ㉢, ㉣
③ ㉡, ㉢, ㉣
④ ㉠, ㉢, ㉣, ㉤
⑤ ㉠, ㉡, ㉢, ㉣, ㉤

09 다음은 2025년 1 ~ 4월 주요국에 대한 한국의 수 · 출입 현황을 나타낸 그래프이다. 이에 대한 설명으로 옳지 않은 것은?

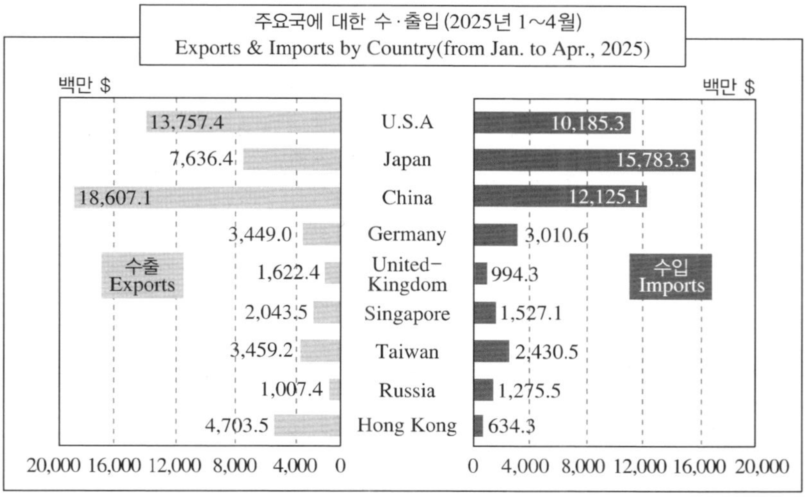

① 한국이 무역을 통해 가장 큰 흑자를 보고 있는 나라는 중국이다.

② 일본과 러시아는 수출이 수입보다 많은 나라에 속한다.

③ 한국이 무역을 통해 가장 큰 적자를 보고 있는 나라는 일본이다.

④ 한국의 가장 큰 교역상대국은 중국이다.

⑤ 이 기간 동안 홍콩과는 40억 달러 이상의 흑자를 보고 있다.

10 다음은 연도별 전국 풍수해 종류별 피해액에 대한 자료이다. 이에 대한 설명으로 옳은 것은?

〈전국 풍수해 종류별 피해액〉

(단위 : 억 원)

구분	2015년	2016년	2017년	2018년	2019년	2020년	2021년	2022년	2023년	2024년
태풍	118	1,609	8	0	1,725	2,183	8,037	17	53	134
호우	9,063	435	581	2,549	1,808	5,282	384	1,555	1,400	14
대설	60	74	36	128	663	477	204	119	324	130
강풍	140	69	11	70	2	5	267	9	1	39
풍랑	57	331	0	241	70	3	0	0	0	3
전체	9,438	2,518	636	2,988	4,268	7,950	8,892	1,700	1,778	320

① 2016 ~ 2024년 동안 연도별로 발생한 전체 풍수해 피해액의 전년 대비 증감 추이는 태풍으로 인한 풍수해 피해액의 증감 추이와 같다.

② 풍랑으로 인한 풍수해 피해액은 매년 가장 적었다.

③ 2024년 호우로 인한 풍수해 피해액의 전년 대비 감소율은 97% 미만이다.

④ 전체 풍수해 피해액 중 대설로 인한 풍수해 피해액의 비중은 2022년이 2020년보다 크다.

⑤ 2015 ~ 2024년 중 태풍으로 인한 풍수해 피해액이 가장 큰 해는 2021년뿐이다.

11 다음은 단위면적당 도시공원 · 녹지 · 유원지 현황을 나타낸 그래프이다. 이에 대한 설명으로 옳지 않은 것은?

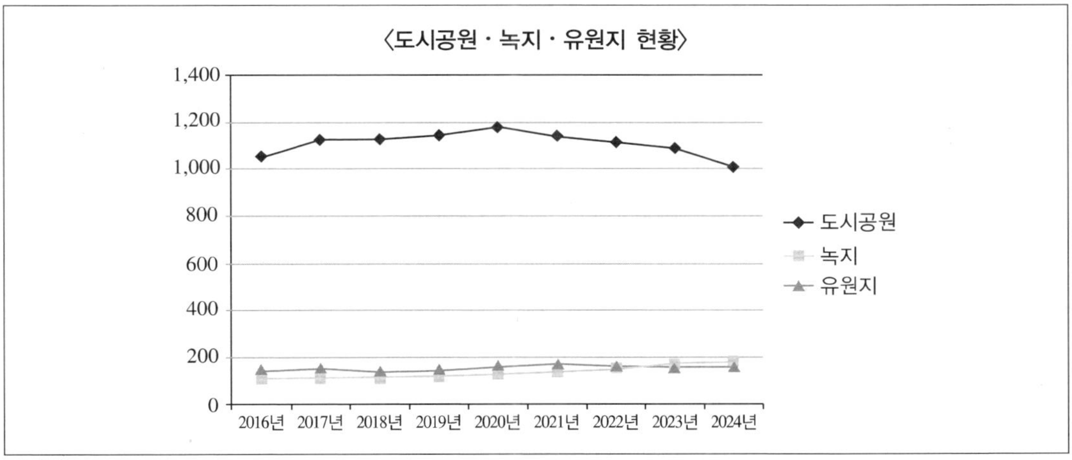

① 도시공원의 면적은 2021년부터 감소하고 있다.

② 2021년부터 녹지의 면적은 꾸준히 증가하고 있다.

③ 도시공원의 면적은 녹지와 유원지의 면적보다 월등히 넓다.

④ 2021년부터 녹지의 면적은 유원지 면적을 추월했다.

⑤ 도시공원의 면적은 2020년에 가장 넓다.

※ 다음은 연령대별 일자리 규모에 대한 자료이다. 이어지는 질문에 답하시오. **[12~13]**

〈연령대별 일자리 규모〉

(단위 : 만 개)

구분	2023년			2024년		
	합계	지속 일자리	신규채용 일자리	합계	지속 일자리	신규채용 일자리
전체	2,301	1,563	738	2,323	1,588	735
19세 이하	26	3	23	25	3	22
20대	332	161	171	330	160	170
30대	545	390	155	530	381	149
40대	623	458	165	618	459	159
50대	515	373	142	532	389	143
60세 이상	260	178	82	288	196	92

12 50대와 60세 이상의 2023년 대비 2024년의 전체 일자리 증가 수를 바르게 나열한 것은?

	50대	60세 이상
①	150,000개	150,000개
②	150,000개	170,000개
③	170,000개	280,000개
④	170,000개	310,000개
⑤	200,000개	310,000개

13 위 자료에 대한 설명으로 옳지 않은 것은?(단, 비중은 소수점 둘째 자리에서 반올림한다)

① 2024년 전체 일자리 규모에서 20대가 차지하는 비중은 2023년보다 약 0.2%p 감소했다.
② 2024년 전체 일자리 규모 중 30대의 전체 일자리 규모 비중은 20% 이상이다.
③ 2023년 40대의 지속 일자리 규모는 신규채용 일자리 규모의 2.5배 이상이다.
④ 2024년 연령대별 전체 일자리 규모는 2023년보다 모두 증가했다.
⑤ 2024년 전체 일자리 규모는 2023년에 비해 22만 개 증가했다.

※ 다음은 산업별 취업자 수에 대한 자료이다. 이어지는 질문에 답하시오. **[14~15]**

〈2016 ~ 2024년 산업별 취업자 수〉

(단위 : 천 명)

연도	총계	농·임·어업		광공업		사회간접자본 및 기타·서비스업				
		합계	농·임업	합계	제조업	합계	건설업	도소매·음식·숙박업	전기·운수·통신·금융업	사업·개인·공공서비스 및 기타
2016년	21,156	2,243	2,162	4,311	4,294	14,602	1,583	5,966	2,074	4,979
2017년	21,572	2,148	2,065	4,285	4,267	15,139	1,585	5,874	2,140	5,540
2018년	22,169	2,069	1,999	4,259	4,241	15,841	1,746	5,998	2,157	5,940
2019년	22,139	1,950	1,877	4,222	4,205	15,967	1,816	5,852	2,160	6,139
2020년	22,558	1,825	1,749	4,306	4,290	16,427	1,820	5,862	2,187	6,558
2021년	22,855	1,815	1,747	4,251	4,234	16,789	1,814	5,806	2,246	6,923
2022년	23,151	1,785	1,721	4,185	4,167	17,181	1,835	5,762	2,333	7,251
2023년	23,432	1,726	1,670	4,137	4,119	17,569	1,850	5,726	7,600	2,393
2024년	23,577	1,686	–	3,985	3,963	17,906	1,812	5,675	2,786	7,633

14 위 자료에 대한 설명으로 옳지 않은 것은?

① 조사 기간 동안 건설업 분야의 취업자 수는 꾸준히 증가하고 있다.

② 2023년 취업자 수의 2016년 대비 증감률이 50% 이상인 분야는 2곳이다.

③ 조사 기간 동안 농·임·어업 분야의 취업자 수는 꾸준히 감소하고 있다.

④ 2016년 도소매·음식·숙박업 분야에 종사하는 사람의 수는 총취업자 수의 30% 미만이다.

⑤ 2024년 취업자 수가 2016년 대비 가장 많이 증가한 분야는 사업·개인·공공서비스 및 기타이다.

15 다음 〈보기〉 중 자료에 대한 설명으로 옳은 것을 모두 고르면?

〈보기〉

㉠ 2019년 어업 분야의 취업자 수는 73천 명이다.

㉡ 2023년 취업자 수가 가장 많은 분야는 전기·운수·통신·금융업이다.

㉢ 2024년 이후 농·임업 분야의 종사자는 계속 줄어들 것이지만, 어업 분야의 종사자는 현상을 유지하거나 늘어날 것이라고 볼 수 있다.

① ㉠

② ㉡

③ ㉠, ㉡

④ ㉡, ㉢

⑤ ㉠, ㉡, ㉢

01 제시된 명제가 모두 참일 때, 빈칸에 들어갈 명제로 가장 적절한 것은?

> • 밤에 잠을 잘 못자면 낮에 피곤하다.
> • ______________________________
> • 업무효율이 떨어지면 성과급을 받지 못한다.
> • 밤에 잠을 잘 못자면 성과급을 받지 못한다.

① 업무효율이 떨어지면 밤에 잠을 잘 못 잔다.
② 낮에 피곤하면 업무효율이 떨어진다.
③ 성과급을 받으면 밤에 잠을 잘 못 잔다.
④ 밤에 잠을 잘 자면 성과급을 받는다.
⑤ 성과급을 받지 못하면 낮에 피곤하다.

02 진영이가 다니는 유치원에는 서로 다른 크기의 토끼, 곰, 공룡, 기린, 돼지 인형이 있다. 다음에 근거하여 바르게 추론한 것은?

> • 진영이가 좋아하는 인형의 크기가 가장 크다.
> • 토끼 인형은 곰 인형보다 크다.
> • 공룡 인형은 기린 인형보다 작다.
> • 곰 인형은 기린 인형보다는 크지만 돼지 인형보다는 작다.

① 곰 인형의 크기가 가장 작다.
② 기린 인형의 크기가 가장 작다.
③ 돼지 인형은 토끼 인형보다 작다.
④ 토끼 인형은 돼지 인형보다 작다.
⑤ 진영이가 좋아하는 인형은 알 수 없다.

03 K병원에는 현재 5명의 심리상담사가 근무 중이다. 얼마 전 시행한 감사 결과 이들 중 1명이 근무시간에 자리를 비운 것이 확인되었다. 5명의 심리상담사 중 3명이 진실을 말하고 2명이 거짓을 말한다고 할 때, 거짓을 말하고 있는 심리상담사를 모두 고르면?

- A : B는 진실을 말하고 있어요.
- B : 제가 근무시간에 C를 찾아갔을 때, C는 자리에 없었어요.
- C : 근무시간에 자리를 비운 사람은 A입니다.
- D : 저는 C가 근무시간에 밖으로 나가는 것을 봤어요.
- E : D는 어제도 근무시간에 자리를 비웠어요.

① A, B　② A, D
③ B, C　④ B, D
⑤ C, E

04 K씨는 인터넷뱅킹에 가입하기 위해 가입절차에 따라 정보를 입력하고 있는데, 패스워드 만드는 과정이 까다로워 계속 실패 중이다. 가입 시 패스워드 〈조건〉이 다음과 같을 때, 적절한 패스워드는 무엇인가?

〈조건〉

- 패스워드는 7자리이다.
- 영어 대문자와 소문자, 숫자, 특수기호를 적어도 하나씩 포함해야 한다.
- 숫자 0은 다른 숫자와 연속해서 나열할 수 없다.
- 영어 대문자는 다른 영어 대문자와 연속해서 나열할 수 없다.
- 특수기호를 첫 번째로 사용할 수 없다.

① a?102CB　② 7!z0bT4
③ #38Yup0　④ ssng99&
⑤ 6LI◇234

05 K는 A은행의 동호회 회장으로 주말에 진행되는 행사에 동호회 회원인 A ~ E의 참여 가능 여부를 조사하려고 한다. 다음 〈조건〉에 따라 E가 행사에 참여하지 않는다고 할 때, 행사에 참여 가능한 사람은 몇 명인가?

〈조건〉

- A가 행사에 참여하지 않으면, B가 행사에 참여한다.
- A가 행사에 참여하면, C는 행사에 참여하지 않는다.
- B가 행사에 참여하면, D는 행사에 참여하지 않는다.
- D가 행사에 참여하지 않으면, E가 행사에 참여한다.

① 1명
② 2명
③ 3명
④ 4명
⑤ 5명

06 K은행의 사원 수와 월급에 대한 정보가 다음과 같을 때, K은행의 사원 수와 사원들의 월급 총액이 바르게 연결된 것은?(단, 월급 총액은 K은행이 사원 모두에게 지급하는 한 달 월급의 합을 말한다)

〈정보〉

- 사원은 모두 동일한 월급을 받는다.
- 사원이 10명 더 늘어났을 때, 월급은 기존보다 100만 원이 적어졌고, 월급 총액은 기존의 80%가 되었다.
- 사원이 20명 줄어들었을 때, 월급은 기존과 동일하지만, 월급 총액은 기존의 60%가 되었다.

	사원 수	월급 총액
①	45명	1억 원
②	45명	1억 2천만 원
③	50명	1억 2천만 원
④	50명	1억 5천만 원
⑤	55명	1억 5천만 원

07 K은행은 직원 복지 차원에서 다양한 프로그램을 운영하고자 한다. 운영할 프로그램은 후보들을 대상으로 한 수요도 조사 결과를 통해 결정된다. 다음 〈조건〉에 따라 프로그램을 선정할 때, 운영할 프로그램들을 바르게 나열한 것은?

〈프로그램 후보〉

분야	프로그램명	인기 점수	필요성 점수
운동	강변 자전거 타기	6	5
진로	나만의 책 쓰기	5	7
여가	자수교실	4	2
운동	필라테스	7	6
교양	독서토론	6	4
여가	볼링모임	8	3

※ 수요도 조사에는 전 직원이 참여하였음

〈조건〉

- 수요도는 인기 점수와 필요성 점수에 가점을 적용한 후, 2 : 1의 가중치에 따라 합산하여 판단한다.
- 각 프로그램의 인기 점수와 필요성 점수는 10점 만점으로 하여 전 직원이 부여한 점수의 평균값이다.
- 단일 분야에 하나의 프로그램만 있는 경우, 그 프로그램의 필요성 점수에 2점을 가산한다.
- 단일 분야에 복수의 프로그램이 있는 경우, 분야별로 필요성 점수가 가장 낮은 프로그램은 후보에서 탈락한다.
- 수요도 점수가 동점일 경우, 인기 점수가 높은 프로그램을 우선시한다.
- 수요도 점수가 가장 높은 2개의 프로그램을 선정한다.

① 강변 자전거 타기, 볼링모임
② 나만의 책 쓰기, 필라테스
③ 자수교실, 독서토론
④ 필라테스, 볼링모임
⑤ 독서토론, 볼링모임

08 다음은 환경기초조사에 대한 정보이다. 이와 〈보기〉를 근거로 할 때 가장 적절한 것은?

> **제○○조 환경오염 및 예방 대책의 추진**
> 환경부장관 및 시장・군수・구청장 등은 국가산업단지의 주변지역에 대한 환경기초조사를 정기적으로 실시하여야 하며 이를 기초로 하여 환경오염 및 예방 대책을 수립・시행하여야 한다.
>
> **제○○조 환경기초조사의 방법・시기 등**
> 전조(前條)에 따른 환경기초조사의 방법과 시기 등은 다음 각호와 같다.
> 1. 환경기초조사의 범위는 지하수 및 지표수의 수질, 대기, 토양 등에 대한 계획・조사 및 치유대책을 포함한다.
> 2. 환경기초조사는 당해 기초지방자치단체장이 1단계 조사를 하고 환경부장관이 2단계 조사를 한다. 다만 1단계 조사결과에 의하여 정상지역으로 판정된 때는 2단계 조사를 하지 아니한다.
> 3. 제2호에 따른 1단계 조사는 그 조사 시행일 기준으로 매 3년마다 실시하고, 2단계 조사는 1단계 조사 판정일 이후 1개월 이내에 실시하여야 한다.

〈보기〉

- A시에는 갑, 을, 병 세 곳의 국가산업단지가 있다.
- A시 시장은 다음과 같이 세 개 단지의 주변지역에 대한 1단계 환경기초조사를 하였다. 2025년 1월 1일 현재, 기록되어 있는 시행일, 판정일 및 판정 결과는 다음과 같다.

구분	1단계 조사 시행일	1단계 조사 판정일	결과
갑단지 주변지역	2024년 7월 1일	2024년 11월 30일	오염지역
을단지 주변지역	2022년 3월 1일	2022년 9월 1일	오염지역
병단지 주변지역	2023년 10월 1일	2024년 7월 1일	정상지역

① 갑단지 주변지역에 대한 1단계 조사는 환경부장관이 실시해야 한다.
② 갑단지 주변지역에 대하여 2025년에 환경부장관은 2단계 조사를 해야 한다.
③ 을단지 주변지역에 대하여 2025년에 A시 시장은 1단계 조사를 해야 한다.
④ 을단지 주변지역에 대하여 A시 시장은 2022년 9월 중에 2단계 조사를 하였다.
⑤ 병단지 주변지역에 대하여 환경부장관은 2024년 7월 중에 2단계 조사를 하였다.

09 다음은 K은행에서 진행하고 있는 이벤트 포스터이다. K은행의 행원인 귀하가 해당 이벤트를 고객에게 추천하기 전 사전에 확인해야 할 사항으로 적절하지 않은 것은?

〈K은행 가족사랑 패키지 출시 기념 이벤트〉

▲ 이벤트 기간 : 2025년 3월 3일(월) ~ 31일(월)

▲ 세부내용

대상	응모요건	경품
가족사랑 통장·적금·대출 신규 가입고객	① 가족사랑 통장 신규 ② 가족사랑 적금 신규 ③ 가족사랑 대출 신규	가입고객 모두에게 OTP 또는 보안카드 무료 발급
가족사랑 고객	가족사랑 통장 가입 후 다음 중 1가지 이상 충족 ① 급여이체 신규 ② 가맹점 결제대금 이체 신규 ③ 신용(체크)카드 결제금액 20만 원 이상 ④ 가족사랑 대출 신규(1천만 원 이상)	• 여행상품권(200만 원, 1명) • 최신 핸드폰(3명) • 한우세트(300명) • 연극 티켓 2매(전 고객)
국민행복카드 가입고객	국민행복카드 신규+당행 결제계좌 등록(동 카드로 임신 출산 바우처 결제 1회 이상 사용)	어쩌다 엄마(도서, 500명)

▲ 당첨자 발표 : 2025년 4월 중순, 홈페이지 공지 및 영업점 통보

- 제세공과금은 K은행이 부담하며 본 이벤트는 당행의 사정으로 변경 또는 중단될 수 있습니다.
- 당첨고객은 추첨일 현재 대상상품 유지고객에 한하며, 당첨자 명단은 추첨일 기준 금월 중 K은행 홈페이지에서 확인하실 수 있습니다.
- 기타 자세한 내용은 인터넷 홈페이지(www.Kbank.com)를 참고하시거나 가까운 영업점, 고객센터(0000-0000)에 문의하시기 바랍니다.

※ 유의사항 : 상기이벤트 당첨자 중 핸드폰 등 연락처 불능, 수령 거절 등의 고객 사유로 1개월 이상 경품 미수령 시 당첨이 취소될 수 있습니다.

① 가족사랑 패키지 출시 기념 이벤트는 3월 한 달 동안 진행되는구나.

② 가족사랑 대출을 신규로 가입했을 경우에 OTP나 보안카드를 무료로 발급받을 수 있구나.

③ 가족사랑 통장을 신규로 가입한 후, 급여이체를 설정하면 OTP가 무료로 발급되고 연극 티켓도 받을 수 있구나.

④ 2025년 4월에 이벤트 당첨자를 발표하는데, 별도의 통보가 없으니 영업점을 방문하시라고 설명해야겠구나.

⑤ 경품 미수령 시 당첨이 취소될 수 있으므로 가족사랑 이벤트 관련 안내 시 연락처를 정확하게 기재하라고 안내해야겠구나.

10 K회사에서는 2개월 동안 근무할 인턴사원을 선발하고자 다음과 같은 공고를 게시하였다. 이에 지원한 A ~ E 중에서 K회사의 인턴사원으로 가장 적절한 지원자는?

〈인턴 모집 공고〉

• 근무기간 : 2개월(7 ~ 8월)
• 자격 요건
  – 1개월 이상 경력자
  – 포토샵 가능자
  – 근무 시간(9 ~ 18시) 이후에도 근무가 가능한 자
• 기타사항
  – 경우에 따라서 인턴 기간이 연장될 수 있음

A지원자	• 경력사항 : 출판사 3개월 근무 • 컴퓨터 활용 능력 中(포토샵, 워드프로세서) • 대학 휴학 중(9월 복학 예정)
B지원자	• 경력 사항 : 없음 • 포토샵 능력 우수 • 전문대학 졸업
C지원자	• 경력 사항 : 마케팅 회사 1개월 근무 • 컴퓨터 활용 능력 上(포토샵, 워드프로세서, 파워포인트) • 4년제 대학 졸업
D지원자	• 경력 사항 : 제약 회사 3개월 근무 • 포토샵 가능 • 저녁 근무 불가
E지원자	• 경력 사항 : 마케팅 회사 1개월 근무 • 컴퓨터 활용 능력 中(워드프로세서, 파워포인트) • 대학 졸업

① A지원자
② B지원자
③ C지원자
④ D지원자
⑤ E지원자

11 다음은 K회사의 승진대상과 승진 규정이다. 다음 규정에 따를 때, 2026년 기준 직급이 대리인 사람은?

〈승진규정〉

- 2025년까지 근속연수가 3년 이상인 자를 대상으로 한다.
- 출산 휴가 및 병가 기간은 근속 연수에서 제외한다.
- 평가연도 업무평가 점수가 80점 이상인 자를 대상으로 한다.
- 평가연도 업무평가 점수는 직전연도 업무평가 점수에서 벌점을 차감한 점수이다.
- 벌점은 결근 1회당 −10점, 지각 1회당 −5점이다.

〈승진후보자 정보〉

구분	근무기간 (2025년까지)	직전연도 업무평가	근태현황		기타
			지각	결근	
A사원	1년 4개월	79점	1	−	−
B주임	3년 1개월	86점	−	1	출산휴가 35일
C대리	7년 1개월	89점	1	1	병가 10일
D과장	10년 3개월	82점	−	−	−
E차장	12년 7개월	81점	2	−	−

① A사원
② B주임
③ C대리
④ D과장
⑤ E차장

※ K은행은 임직원들의 체력 증진과 단합행사 장소 개선을 위해 노후된 운동장 및 체육관 개선 공사를 실시하고자 입찰 공고를 하였다. 이어지는 질문에 답하시오. **[12~13]**

〈입찰 참여 건설사 정보〉

업체	최근 3년 이내 시공규모	기술력 평가	친환경 설비 도입비중	경영건전성	입찰가격
A	700억 원	A등급	80%	2등급	85억 원
B	250억 원	B등급	72%	1등급	78억 원
C	420억 원	C등급	55%	3등급	60억 원
D	1,020억 원	A등급	45%	1등급	70억 원
E	720억 원	B등급	82%	2등급	82억 원
F	810억 원	C등급	61%	1등급	65억 원

〈항목별 점수 산정 기준〉

- 기술력 평가 등급, 친환경 설비 도입비중, 경영건전성은 등급 혹은 구간에 따라 점수로 환산하여 반영한다.
- 기술력 평가 등급별 점수(기술점수)

등급	A등급	B등급	C등급
점수	30점	20점	15점

- 친환경 설비 도입비중별 점수(친환경점수)

도입비중	90% 이상 100% 이하	75% 이상 90% 미만	60% 이상 75% 미만	60% 미만
점수	30점	25점	20점	15점

- 경영건전성 등급별 점수(경영점수)

등급	1등급	2등급	3등급	4등급
점수	30점	26점	22점	18점

12 K은행이 다음 선정 기준에 따라 시공업체를 선정하고자 할 때, 선정될 업체는?

〈운동장 및 체육관 개선 공사 시공업체 선정 기준〉

- 최근 3년 이내 시공규모가 500억 원 이상인 업체를 대상으로 선정한다.
- 입찰가격이 80억 원 미만인 업체를 대상으로 선정한다.
- 입찰점수는 기술점수, 친환경점수, 경영점수를 1 : 1 : 1의 가중치로 합산하여 산정한다.
- 입찰점수가 가장 높은 업체 1곳을 선정한다.

① A업체
② B업체
③ D업체
④ E업체
⑤ F업체

13 K은행은 더 많은 업체의 입찰 참여를 위해 시공업체 선정 기준을 다음과 같이 변경하였다. 변경된 기준에 따라 선정될 업체는?

〈운동장 및 체육관 개선 공사 시공업체 선정 기준(개정)〉

- 최근 3년 이내 시공규모가 400억 원 이상인 업체를 대상으로 선정한다.
- 입찰가격을 다음과 같이 가격점수로 환산하여 반영한다.

입찰가격	60억 원 이하	60억 원 초과 70억 원 이하	70억 원 초과 80억 원 이하	80억 원 초과
점수	15점	12점	10점	8점

- 입찰점수는 기술점수, 친환경점수, 경영점수, 가격점수를 1 : 1 : 1 : 2의 가중치로 합산하여 산정한다.
- 입찰점수가 가장 높은 업체 1곳을 선정한다.

① A업체
② C업체
③ D업체
④ E업체
⑤ F업체

※ 다음 글을 읽고 이어지는 질문에 답하시오. [14~15]

- 사업자는 30만 원 이상 거래금액에 대하여 그 대금을 현금(대금 일부를 현금으로 지급한 경우도 포함)으로 받은 경우, 세금계산서를 발급하는 경우를 제외하고는 소비자가 요청하지 않아도 현금영수증을 발급하여야 한다. 물론 30만 원 미만의 거래금액도 소비자의 요청이 있으면, 현금영수증을 발급하여야 한다.
- 사업자가 현금영수증 발급 의무를 위반하였을 경우에는 미발급금액의 50%를 과태료로 부과한다. 사업자가 현금영수증을 발급하지 않은 경우, 소비자가 거래사실과 거래금액이 확인되는 계약서 등 증빙서류를 첨부하여 현금 지급일로부터 1개월 이내에 신고하면, 미발급금액에 대한 과태료의 20%를 포상금으로 지급한다.
- 소비자가 현금영수증 발급을 원하지 않는 경우에 사업자는 국세청에서 지정한 코드로 발급할 수 있으며, 이 경우 현금영수증 발급으로 인정한다.

※ 단, 문제에 제시된 업종의 사업자는 현금영수증 발급 의무자임

14 부동산중개인을 통해 2025년 4월 1일 집을 산 A씨는 중개료 70만 원에 대해 30만 원은 신용카드로, 40만 원은 현금으로 결제하였으나, 부동산중개인은 현금영수증을 발급하지 않았다. A씨는 같은 해 4월 29일 부동산중개인을 현금영수증 발급 의무 위반으로 신고하였다. 이때, 신고 포상금은 얼마인가?

① 4만 원
② 6만 원
③ 8만 원
④ 10만 원
⑤ 14만 원

15 B씨가 2025년 5월 7일 법무서비스 대금 100만 원을 현금으로 지불하면서 현금영수증 발급을 원하지 않는다고 말하자 업주는 국세청의 지정코드로 자진 발급하였다. 마음이 변한 B씨는 업주가 현금영수증 당연 발급 의무를 위반했다며 2025년 5월 14일 관련 증빙서류를 첨부하여 신고했다. 이때, 신고 포상금은 얼마인가?

① 받을 수 없다.
② 5만 원
③ 10만 원
④ 20만 원
⑤ 25만 원

01 다음 중 워크시트에 외부 데이터를 가져오는 방법이 아닌 것은?

① 데이터 연결 마법사
② Microsoft Query
③ 하이퍼링크
④ 웹
⑤ 텍스트

02 다음은 K대학교 4학년 학생 1,320명의 조기취업 학생 수에 대한 자료를 엑셀 파일로 정리한 표이다. [E6] 셀의 미취업 학생 수를 구하는 함수로 옳은 것은?(단, 미취업 학생은 C열에서 공백이다)

	A	B	C	D	E	F
1						
2		이름	조기취업 여부		조기취업 학생 수	
3		A	O			
4		B				
5		C			미취업 학생 수	
6		D	O			
7		E	O			
8		F				
9		G	O			
⋮		⋮	⋮			
1321		Y				
1322		Z	O			
1323						

① =COUNTA(C)
② =1320−COUNTA(C:C)
③ =1320−COUNTA(C3:C1322)
④ =COUNTA(C3:C1322)
⑤ =COUNTA(B3:C1322)

03 다음은 K중학교 2학년 1반 국어, 수학, 영어, 사회, 과학에 대한 학생 9명의 성적표이다. 학생들의 평균 점수를 가장 높은 순서대로 구하고자 할 때, [H2] 셀에 들어갈 함수로 옳은 것은?(단, G열의 평균 점수는 구한 것으로 가정한다)

〈2학년 1반 성적표〉

	A	B	C	D	E	F	G	H
1		국어	수학	영어	사회	과학	평균 점수	평균 점수 순위
2	강○○	80	77	92	81	75		
3	권○○	70	80	87	65	88		
4	김○○	90	88	76	86	87		
5	김△△	60	38	66	40	44		
6	신○○	88	66	70	58	60		
7	장○○	95	98	77	70	90		
8	전○○	76	75	73	72	80		
9	현○○	30	60	50	44	27		
10	황○○	76	85	88	87	92		

① =RANK(G2,G$2:G$10,0)

② =RANK(G2,$G2$:G10,0)

③ =RANK(G2,$B2$:G10,0)

④ =RANK(G2,$B$2:$G$10,0)

⑤ =RANK(G2,B2$:$F$F10,0)

04 다음 엑셀 스프레드시트에서 판매수량과 추가판매의 합계를 구하기 위해 [B6] 셀에 입력해야 할 수식은?

	A	B	C
1	일자	판매수량	추가판매
2	06월19일	30	8
3	06월20일	48	
4	06월21일	44	
5	06월22일	42	12
6	합계	164	

① =SUM(B2,C2,C5)

② =LEN(B2:B5,3)

③ =COUNTIF(B2:B5,">=12")

④ =SUM(B2:B5,C2,C5)

⑤ =SUM(B2:B5)

05 다음 중 엑셀(Excel)의 단축키에 대한 설명으로 옳은 것은?

① 〈Alt〉+〈F〉 : 삽입 메뉴

② 〈Alt〉+〈Enter〉 : 자동합계

③ 〈Shift〉+〈F5〉 : 함수 마법사

④ 〈F12〉 : 다른 이름으로 저장

⑤ 〈Ctrl〉+〈9〉 : 창 최소화

06 워드프로그램으로 문서를 작성하던 중 프로그램 오류로 인하여 작성 중인 문서를 미처 저장하지 못한 채 워드프로그램이 자동으로 종료되었다. 작성 중인 문서를 복구하고자 할 때, 시도해 볼 수 있는 방안으로 옳지 않은 것은?

① 파일명 확장자가 'wbk'인 워드 백업 파일을 검색한다.

② 파일명 확장자가 'tmp'인 임시 파일을 검색한다.

③ 탐색기를 통해 자동 복구 파일을 검색한다.

④ 시스템 복원을 실행한다.

⑤ 워드프로그램을 재시작하여 자동 복구 파일을 실행한다.

※ 다음 엑셀 스프레드시트를 보고, 이어지는 질문에 답하시오. **[7~8]**

	A	B	C	D	E	F	G
1							
2		구분	매입처수	매수	공급가액(원)	세액(원)	합계
3		전자세금계산서	12	8	11,096,174	1,109,617	12,205,791
4		수기종이계산서	1	0	69,180		76,098
5		합계	13	8	11,165,354	1,116,535	

07 귀하는 VAT(부가가치세) 신고를 준비하기 위해 엑셀 파일을 정리하고 있다. 세액은 공급가액의 10%일 때, 수기종이계산서의 '세액(원)'인 [F4] 셀을 채우기 위해 필요한 수식은?

① =E3*0.1
② =E3*0.001
③ =E3*10%
④ =E4*0.1
⑤ =E4+0.1

08 총합계인 [G5] 셀을 채울 때 필요한 함수식과 그에 대한 결괏값은?

	함수식	결괏값
①	=AVERAGE(G3:G4)	12,281,890
②	=SUM(G3:G4)	12,281,889
③	=AVERAGE(E5:F5)	12,281,890
④	=SUM(E3:F5)	12,281,888
⑤	=SUM(E3:F5)	12,281,890

09 2026년에 출시될 음료 제품의 블라인드 테스트를 진행한 설문 응답표를 엑셀 프로그램으로 정리하였다. 이를 토대로 다음과 같은 결과표를 만들고 싶을 때 필요한 엑셀의 함수는?

〈설문 응답표〉

문항 1. 음료를 개봉했을 때, 냄새가 바로 느껴지는가?
1. 매우 그렇다. 2. 그렇다. 3. 보통이다. 4. 아니다. 5. 매우 아니다.

문항 2. 음료를 마신 후, 이전에 먹어본 비슷한 음료가 생각나는가?
1. 매우 그렇다. 2. 그렇다. 3. 보통이다. 4. 아니다. 5. 매우 아니다.
⋮

	A	B	C	D	E	F	G
1	〈설문 응답표〉						
2		설문자 A	설문자 B	설문자 C	설문자 D	설문자 E	…
3	문항 1	1	2	3	4	5	…
4	문항 2	5	4	3	2	1	…
5	문항 3	1	1	1	1	1	…
6	문항 4	2	2	2	3	3	…
7	문항 5	4	4	5	1	2	…
8	…	…	…	…	…	…	…

	A	B	C	D	E	F	G
1	〈결과표〉						
2		매우 그렇다(1)	그렇다(2)	보통이다(3)	아니다(4)	매우 아니다(5)	
3	문항 1	1	1	1	1	1	
4	문항 2	1	1	1	1	1	
5	문항 3	5	0	0	0	0	
6	문항 4	0	3	2	0	0	
7	문항 5	1	1	0	2	1	
8	…	…	…	…	…	…	

① COUNTIF
② COUNT
③ COUNTA
④ DSUM
⑤ SUMIF

10 K중학교에서 근무하는 P교사는 반 학생들의 과목별 수행평가 제출 여부를 확인하기 위해 다음과 같이 자료를 정리하였다. P교사가 [D11] ~ [D13] 셀에 〈보기〉와 같이 함수를 입력하였을 때, [D11] ~ [D13] 셀에 나타날 결괏값이 바르게 연결된 것은?

	A	B	C	D
1			(제출했을 경우 '1'로 표시)	
2	이름	A과목	B과목	C과목
3	김혜진	1	1	1
4	이방숙	1		
5	정영교	재제출 요망	1	
6	정혜운		재제출 요망	1
7	이승준		1	
8	이혜진			1
9	정영남	1		1
10				
11				
12				
13				

〈보기〉

- [D11] 셀에 입력한 함수 → 「=COUNTA(B3:D9)」
- [D12] 셀에 입력한 함수 → 「=COUNT(B3:D9)」
- [D13] 셀에 입력한 함수 → 「=COUNTBLANK(B3:D9)」

	[D11]	[D12]	[D13]
①	12	10	11
②	12	10	9
③	10	12	11
④	10	12	9
⑤	10	10	9

11 다음에서 설명하는 함수로 옳은 것은?

주어진 조건에 의해 지정된 셀들의 합계를 구하는 함수로, 특정 문자로 시작하는 셀들의 합계를 구하는 경우, 특정 금액 이상의 셀 합계를 구하는 경우, 구분 항목별 합계를 구하는 경우 등 다양하게 사용할 수 있다.

① SUM
② COUNT
③ AVERAGEA
④ SUMIF
⑤ COUNTIF

12 **다음 중 정보의 가공 및 활용에 대한 설명으로 옳지 않은 것은?**

① 정보는 원형태 그대로 혹은 가공하여 활용할 수 있다.
② 수집된 정보를 가공하여 다른 형태로 재표현하는 방법도 가능하다.
③ 정적정보의 경우, 이용한 이후에도 장래활용을 위해 정리하여 보존한다.
④ 비디오테이프에 저장된 영상정보는 동적정보에 해당된다.
⑤ 동적정보는 입수하여 처리 후에는 해당 정보를 즉시 폐기해도 된다.

13 **다음 설명에 따라 2차 자료에 해당하는 것은?**

> 우리는 흔히 필요한 정보를 수집할 수 있는 원천을 정보원(Sources)이라 부른다. 정보원은 정보를 수집하는 사람의 입장에서 볼 때 공개된 것은 물론이고 비공개된 것도 포함되며 수집자의 주위에 있는 유형의 객체 가운데서 발생시키는 모든 것이 정보원이라 할 수 있다.
> 이러한 정보원은 크게 1차 자료와 2차 자료로 구분할 수 있다. 1차 자료는 원래의 연구성과가 기록된 자료를 의미한다. 2차 자료는 1차 자료를 효과적으로 찾아보기 위한 자료 혹은 1차 자료에 포함되어 있는 정보를 압축·정리해서 읽기 쉬운 형태로 제공하는 자료를 의미한다.

① 학술회의자료
② 백과사전
③ 출판 전 배포자료
④ 학위논문
⑤ 신문

14 **정보는 일정한 절차에 따라 사용되는 것이 효과적이다. 다음 중 정보의 효과적인 사용 절차를 바르게 나열한 것은?**

① 기획 → 관리 → 수집 → 활용
② 수집 → 관리 → 기획 → 활용
③ 기획 → 수집 → 관리 → 활용
④ 수집 → 기획 → 관리 → 활용
⑤ 관리 → 수집 → 기획 → 활용

15 **다음 중 엑셀의 차트와 스파크라인의 공통점에 대한 설명으로 옳지 않은 것은?**

① 작성 시 반드시 원본 데이터가 있어야 한다.
② 데이터의 추이를 시각적으로 표현한 것이다.
③ 데이터 레이블을 입력할 수 있다.
④ 원본 데이터를 변경하면 내용도 자동으로 함께 변경된다.
⑤ 디자인 도구를 활용하여 디자인 편집이 가능하다.

KDB한국산업은행

일반시사논술 + 면접

일반시사논술

면접

일반시사논술

01 논술 작성법

(1) 논술의 정의

논술은 사리의 옳고 그름에 대한 자신의 생각이나 주장을 체계를 갖춰 이치에 맞게 객관적으로 증명하면서 차례를 좇아 풀어 쓰는 글이다. 이와 같은 정의는 논술이 논증과 서술을 합친 개념이며 논증은 논리와 증명을, 논리는 논(論)과 이(理)를 더한 개념이라는 사실에서 비롯된 것이다.

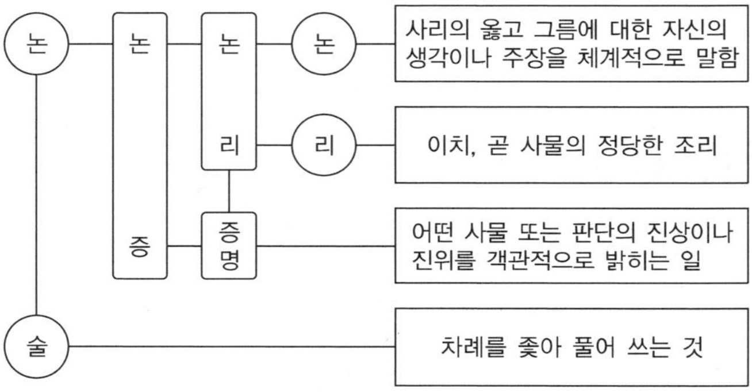

① 자신의 생각이나 주장을 서술 : 현상에 대한 맹목적 수용이 아닌, 비판적 안목에서 논의를 개진한다.
② 체계를 갖춰 이치에 맞게 서술 : 논리적 사고를 바탕으로 논지를 풀어간다.
③ 객관적으로 증명 : 사고를 객관화한다.
④ 차례를 맞춰 기술 : 올바르게 서술한다.

(2) 논술의 특징

논술은 자신의 생각이나 주장을 비판적으로 제시할 수 있는 논제, 논리적인 사고를 토대로 서술할 수 있는 주제, 사고의 객관성을 드러낼 수 있는 제재 등을 대상으로 한다.

① 비판 가능한 논제를 다룬다.

> **논제 : 법과 도덕의 차이점을 논술하시오.**
>
> ① '법은 도덕의 최소한'이라는 예리니크의 말을 떠올리며 법은 강제력에 의해, 도덕은 비강제력에 의해 각각 실현된다고 주장하기 쉽다. 그러나 이런 주장을 펴기 전에 법이 비강제력, 도덕이 강제력으로 각각 실현되는 상황이 없는지 생각해 보아야 한다.
> ② 현재 통용되는 패러다임이나 선험적인 지식을 재음미해 볼 것을 요구하는 특징이 있다.

② 사고의 논리성을 중시한다.

논리는 형식과 내용의 측면에서 이해될 수 있다. '논(論)'이라는 개념 속에 포함되어 있는 '체계를 갖추다.'라는 것이 형식의 측면이며, '이(理)'라는 개념 속에 포함되어 있는 '정당한 조리'라는 것이 내용의 측면인 것이다. 그러므로 논술에서는 '서론 – 본론 – 결론'의 체계를 중요하게 생각하며, 사실적이고 진실한 말로 논의를 펼치는 것에서 비롯되는 정당한 조리를 중요하게 생각한다.

③ 추론 과정을 중시한다.

추론 과정은 명제와 논거를 연결하는 과정이다. 명제는 주장을 문장으로 나타낸 것이며, 논거는 명제를 뒷받침하기 위한 근거이므로 결국 추론 과정은 근거와 주장을 연결하는 과정이라 할 수 있다. '주민은 용감하다.'라는 주장과 '주민은 집에 침입한 강도를 맨손으로 잡았다.'라는 근거를 연결하는 과정을 가지고 이를 음미해 보자. 추론 과정을 중시한다면 '주민은 집에 침입한 강도를 맨손으로 잡았다. 따라서 주민은 용감하다.'라는 식으로 진술하지 말아야 한다. 왜냐하면 집에 침입한 강도가 여러 날 굶주린 사람이고, 주민의 집을 침입할 때 기진맥진하여 무기력한 상태였다고 한다면, 그런 강도를 맨손으로 잡았다고 해서 용감하다고 할 수는 없기 때문이다. 그러므로 '주민은 집에 침입한 강도를 맨손으로 잡았다.'라는 근거로부터 '주민은 용감하다.'라는 주장을 이끌어 내기 위해서는 강도에 대한 상태를 언급하는 중간 단계의 과정이 있어야 한다. 이런 중간 단계의 설정은 사고의 객관성을 확보하기 위한 것이다.

따라서 '논술에서는 추론 과정을 중시한다.'라는 말은 '논술에서는 사고의 객관성을 중시한다.'라는 말과 같은 의미라고 할 수 있다.

(3) 논술에서 요구되는 능력

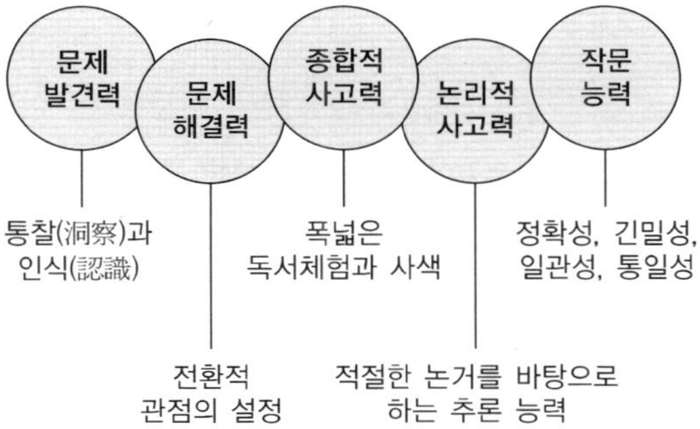

(4) 논술의 출제 유형

논술은 논제나 주제 또는 논의 방향 등과 관련된 자료를 제시한 후, 그 자료를 참고하여 주어진 문제에 답하게 하는 유형이다. 이러한 방식은 글쓴이의 자료 해석 능력을 일차적으로 파악한 후, 궁극적으로 글쓴이의 비판적 사고, 논리적 사고, 서술 능력 등을 알아보고자 할 때 쓰인다.

한편, 자료는 도표, 그림, 관련 글귀 등으로 제시되며 제시되는 자료의 수에 따라 복수 자료 제시형과 단일 자료 제시형으로 나뉜다.

① 복수 자료 제시형

두 개 이상의 자료를 제시한 후, 그중에서 하나를 택해 그것에 대해 지지하거나 반대하는 내용의 논술을 쓰게 하는 유형이다. 이러한 유형은 주로 글쓴이의 비판적 사고를 확인하고자 할 때에 쓰인다.

논제 : 다음 제시문들을 읽고 (가), (나)의 교훈을 해석하여 (다)의 사형 제도에 대한 견해를 밝히는 글을 논술하시오.

〈제시문〉

(가) 이솝 우화에 나오는 이야기이다. 소들이 모여서 회의를 하였다. 수많은 동족을 죽여 온 소백정을 어떻게 할 것인가를 의논하기 위해서이다. 모두가 이구동성으로 당장에 소백정을 죽이러 가야 한다고 외쳤다. 그래서 모두 날카롭게 뿔을 세우고 막 소백정에게로 몰려가려는 참이었다. 그때 한쪽 구석에서 말없이 듣고 있던 늙은 소가 말렸다. “그는 우리를 아프지 않게 죽이는 기술자다. 그가 죽으면 다른 서툰 놈이 우리를 더 아프게 죽일 것이다. 인간들이 소고기 먹는 습관을 고쳐야지 소백정 하나 죽인다고 될 일이 아니다.” 그러자 당장이라도 달려 나갈 것 같았던 소들이 걸음을 멈추었다.

(나) ‘물고기를 주어라. 한 끼를 먹을 것이다. 물고기 잡는 법을 가르쳐 주어라. 평생을 먹을 것이다.’ 이것은 유태 경전인 『탈무드』에 나오는 이야기이다. 유태인이 자녀들에게 재산을 물려주려 하기보다는 재능을 키워 주려 애쓰는 것은 이러한 경전의 충고에 따르려 하기 때문이다.

(다) 사형 제도에 대해서는 찬반양론이 대립하고 있다. 존치론자들은 그 제도가 첫째, 응보적 정의관에 부합하고 둘째, 범죄의 예방 효과를 갖는다고 주장한다. 그러나 폐지론자들은 사형이 숭고한 법적 정의의 이름을 빙자해서 자행되는 복수극일 뿐이라고 주장한다. 또 사형 제도가 엄격하게 집행되는 사회에서도 범죄가 일시적으로는 감소하다가 오히려 더 증가한다는 통계 자료를 제시하며 그것의 범죄 예방 효과에 대해서도 의문을 제기한다.

② 단일 자료 제시형

논제 : 다음 글은 앨빈 토플러의 『권력이동』 중에서 발췌한 것이다. 제시문을 참고하여 미래 사회의 모습을 예측해 보고, 우리가 새로운 시대를 어떻게 준비해야 할 것인지 자신의 견해를 논술하시오.

〈제시문〉

1. 권력이동 시대

지금까지 남용되어 온 탓으로 권력이란 개념 자체에 악취가 붙어 다니기는 하지만 권력 그 자체는 좋은 것도 나쁜 것도 아니다. 권력은 모든 인간관계에 있어서 불가피한 측면이며, 남녀 관계에서부터 우리가 갖는 직업, 자동차, TV, 우리가 추구하는 희망에 이르기까지 모든 것에 영향을 미치고 있다. 그런데도 우리 생활의 모든 측면 중에서 권력은 여전히 이해가 가장 부족하면서도 가장 중요한 것으로 남아 있다. – 특히 우리 세대에게 그렇다. 그것은 지금이 ‘권력이동’ 시대이기 때문이다. 우리는 지금 세계를 결집시켰던 권력 구조 전체가 붕괴되는 시기에 살고 있다.

2. 완력, 돈 그리고 정신 – 고품질 권력

권력은 다양하게 나타나는데, 어떤 권력은 명백히 옥탄가(엔진 성능을 향상시키는 정도와 관련된 휘발유의 등급을 매기는 단위)가 낮다. 폭력은 그 희생자나 생존자들이 기회만 있으면 반격을 노리고 저항할 수 있다는 점에서 융통성이 적다. 폭력은 응징을 위해서만 사용할 수 있으므로 저품질 권력이다. 부(富)

는 훨씬 더 우량한 권력 수단이다. 두둑한 돈지갑은 훨씬 더 융통성이 있다. 부는 단지 협박을 하거나 처벌을 내리는 대신 정교하게 등급을 매긴 현물의 보상을 제공해 준다. 따라서 부는 물리력보다 훨씬 더 융통성이 있어 중품질의 권력을 만들어내는 것이다.

고품질의 권력은 지식의 적용에서 나온다. 고품질의 권력은 단순히 영향력을 미치는 데 그치지 않는다. 지식을 사용하면 벌을 줄 수도 있고, 보상과 설득이 가능함은 물론, 심지어는 변형시킬 수도 있다. 지식은 적을 자기편으로 만들 수 있어 물리력이나 부의 낭비를 피할 수 있다.

3. 지식 : 수많은 기호 – 21세기 화폐

자본은 화폐와 함께 변화하고 있으며, 이 두 가지는 사회가 중요한 변혁을 겪을 때마다 새로운 형태를 취하게 된다. 이 과정에서 자본과 화폐의 지식 내용이 변화한다. 농업 시대의 '제1 물결' 통화는 금속으로 이루어져 지식 내용이 제로에 가까웠다. 오늘날의 '제2 물결' 통화는 인쇄된 종이로서 상징적이긴 하지만 아직도 유형적이다. '제3 물결'(앨빈 토플러의 저서 『제3의 물결』에 나오는 용어로 정보 혁명 시대를 말함) 통화는 날이 갈수록 펄스(전자 공학적인 전파 흐름)로 되어있다. 이 통화는 순간적으로 송금되며, 비디오 스크린에서 모니터된다. 실제로 이 통화는 비디오 현상 그 자체이며, 이는 초기호적인 형태로 옮겨지는 것이다. 현재의 부는 수많은 상징들로 되어 있고, 이에 기초한 권력 또한 놀라울 정도로 상징적이다.

4. 균형 있는 권력 – 새로운 지식의 건축물

권력의 삼각 받침대의 세 번째 다리는 지식이다. 최근 수십 년간에 있었던 요원의 불길 같은 컴퓨터의 보급은 15세기 활자 발명이나 심지어 문자 발명 이래 지식 체계에서 일어난 가장 중요한 변화라고 일컬어지고 있다. 오늘날의 초고속 변화로 인해 주어진 '사실'들은 빠른 속도로 시대에 뒤떨어지게 되고, 이를 토대로 한 지식의 영속성도 줄어들고 있다. 지식의 신진대사가 빨라지고 있는 것이다. 요컨대 지식은 지금 적어도 폭력 및 부에 못지않게 개조되고 있다. 결국 권력의 세 가지 요소는 모두가 동시적 혁명을 겪고 있는 것이다. 그리고 권력의 다른 두 차원 자체도 매일같이 더욱 지식 의존적으로 되어 가고 있다. 국가는 세 가지 형태로 분류될 수 있다. 권력을 '폭력 – 부 – 지식' 삼각대의 어느 한쪽에 주로 의존하는 국가, 두 다리에 의존하는 국가, 세 가지 권력 차원 위에 고루 균형을 이룬 국가가 그것이다. 미국, 일본 또는 유럽이 앞으로 세계의 권력투쟁에서 얼마나 잘해 나갈지를 판단하려면 이 세 가지 권력 모두를 살펴보되, 특히 세 번째인 지식 기반을 중점적으로 살펴볼 필요가 있다. 앞으로 이 세 번째 원천이 더욱더 다른 두 가지의 중요성을 결정짓게 될 것이다.

(5) 논술의 핵심 10가지

① 문제의 파악

문제의 파악이란 곧 문제가 원하는 내용이 무엇인가를 정확하게 포착해서 그 내용을 차근차근 살펴 풀어내야 한다는 것을 의미한다. 문제가 어느 것이 옳은지를 묻고 있다면 옳은 것을 가려내고, 원인을 밝히라고 하면 왜 그렇게 되었는지 인과관계를 살필 수 있어야 한다.

② 사실의 이해

사실이란 논술을 할 때 논의하고자 하는 대상이 지닌 모든 것을 말한다. 논의하고자 하는 대상은 늘 여러 가지 다른 측면을 지니기 때문에 이러한 다양한 측면을 포괄적으로 살필 수 있어야 제대로 된 논술문을 쓸 수 있다. 사실에 대한 이해는 구체적이고 정확한 이해여야 한다는 점을 잊어서는 안 된다.

③ 해결의 능력

논술이란 어떤 문제를 해결하기 위해 사실과 논리에 맞춰 타당한 해결 방안을 찾아내는 것이다. 보통 문제는 설명이나 선택, 규명, 권고 등의 모습이나 비교, 대조 또는 인과관계의 양상 등으로 해결책을 포함하고 있다. 문제가 어떤 해결을 요구하고 있는지를 파악하고 거기에 맞는 절차를 찾는 것이 관건이다.

④ 논지의 적절성

논술은 어떤 문제에 대한 의견이나 주장을 펴는 글이다. 그리고 그런 의견이나 주장은 남들이 수긍할 만큼 타당한 것이어야 하는데, 그러기 위해서는 사실에 근거해야 하고 적절한 논지를 갖추어야 한다. 논지의 적절성은 과정과 결과 모두에 관계된다. 논술의 가치를 높이기 위해서는 창의성이 필요하고 타당성을 확보하기 위해서는 보편성을 지녀야 한다.

⑤ 논의의 일관성

논술을 하는 데 있어서 논점을 일관되게 유지하는 것은 매우 중요하다. 처음에 화제로 삼은 주제가 샛길로 빠지는 것은 대체로 개요 짜기가 부실한 경우에 발생한다. 일관성은 단순히 주제 면에 있어서만이 아니라, 표기법이나 용어의 사용에 있어서도 해당한다.

⑥ 논거 제시의 적합

논거란 자신의 견해를 밝히기 위해 제시하는 근거로 논술의 기본 자료라고 할 수 있다. 논거는 우선 확실한 사실이어야 하며 풍부해야 하고 대표성이 있어야 한다. 논거 없는 주장은 허공을 향해 내지르는 외침이나, 현수막에 걸려 있는 구호와 다름이 없다.

⑦ 논증 방식의 타당성

논술은 반드시 논리적으로 입증하는 단계를 거쳐야 한다. 이러한 논증 방식의 타당성이란 규칙과 절차를 얼마나 잘 지키는가에 달려 있다. 논증은 추론의 과정을 통해서 완성된다. 즉, 연역·귀납·유추·귀류법 등을 잘 이용해야만 타당하고 논리적인 논증이 이루어지는 것이다.

⑧ 어휘의 정확성과 풍부성

논술의 어휘는 문맥에 관계없이 그 자체로 정확해야 한다. 각 개념에 대해 정확히 알아야 함은 물론 정확한 표현을 뒷받침하는 정확한 표기 능력도 길러야 한다. 정확한 표현은 풍부한 어휘력에 크게 의존함을 유념하여 항상 국어사전을 가까이하는 습관을 길러야 한다.

⑨ 문장의 정확성과 효율성

논술문에서 의미를 정확하게 전달하려면 올바른 문장을 쓰는 것이 중요하다. 정확한 문장이란 표기가 정확하고 그 뜻이 명료하게 전달되는 문장을 말한다. 또한 문장은 효율성을 지니고 있어야 하는데, 이런 효율성을 확보하기 위해서는 우선 논리적인 사고 과정이 명쾌하게 드러나도록 문장을 써야 한다. 불필요한 감탄문이나 의문문의 빈번한 사용과 구어체로 적당히 넘어가려는 문장은 논술의 효율성을 저해하는 요소들이다.

⑩ 글의 단위성과 유기성

한 편의 글을 이루는 각 부분은 그 글에 있어서 꼭 필요한 역할을 하고 있어야 한다. 문단은 하나의 소주제를 갖는 단위로서 여러 문장이 소주제를 중심으로 단단히 결집되어 있어야 한다. 또한 각 문단은 제 나름의 생각으로 결집되어 있기는 하되 각 문단이 유기적으로 긴밀한 관계를 맺고 있어야 한다. 그리고 문단이 하나씩 추가되면서 글을 전개시켜 나갈수록 결론을 향해 접근할 수 있어야 한다.

(6) 개요 작성 및 논술문의 구성

논술은 시나 소설, 수필과 같은 글을 잘 쓰지 못하는 사람이라도 크게 두려워하거나 염려할 필요가 없다. 이는 논술문의 성격 자체가 상상력을 마음껏 발휘하거나 감성이나 감정을 대놓고 드러내어도 되는 글이 아닌 까닭이다. 따라서 논술문은 기타의 다른 글쓰기에 비해 문학적 자질에 크게 영향받지 않는 글쓰기이다. 논술문에는 논제의 요구에 맞게 논의를 이끌어낸다는 점에서 일종의 문제해결의 과정이 담겨 있다. 그런 점에서 논술문은 문학적 상상력에 의존한 글쓰기라기보다는 논리적 사고, 그 광학적 사고에 훨씬 근접한 글이라 하겠다. 따라서 논술문의 구성 절차를 잘 알고 그에 맞는 전략을 구사할 수 있다면, 논술에 한 발 쉽게 다가설 수 있다.

논술의 과정은 다음과 같이 5단계로 나뉜다. 그러나 문제분석과 주제문 작성은 크게 보면 개요 작성을 위한 부속적인 과정이기 때문에 개요 작성, 집필, 퇴고의 3단계로 볼 수 있다.

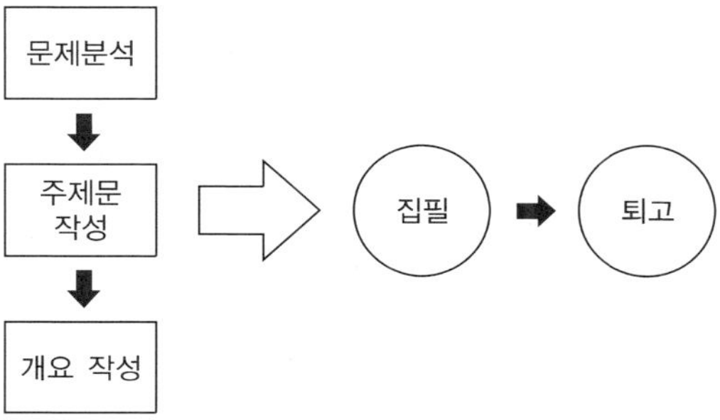

논술문에서 개요는 회화에 비유하면 스케치와 같다. 따라서 미리 대강의 쓸거리를 구상한 개요 없이 논술문을 작성한다는 것은 밑그림을 그리지 않고 색칠하는 것과 같다. 그럼에도 불구하고 많은 수험생은 개요를 작성하는 것을 번거롭게 여긴 나머지 개요 없이 논술문을 작성한다. 그러나 논술의 달인이 아니고서야 그 답안이 좋은 평판을 얻기란 힘들 것이다. 개요는 비교적 자세히 작성해야 좋은데, 그렇다고 개요 작성하는 데 정해진 시간을 죄다 소비할 수도 없는 일이다.

① 개요 작성의 필요성

㉠ 글의 전체적인 흐름, 논리 전개 과정을 정리할 수 있다.

㉡ 글이 주제에서 벗어나는 것을 막을 수 있다.

㉢ 중요한 항목이나 필요한 내용을 빠뜨리는 일을 막을 수 있다.

㉣ 불필요하게 중복된 사항을 막을 수 있다.

㉤ 글 전체와 부분, 부분과 부분 상호 간의 균형을 유지할 수 있다.

② 개요 작성 시 유의할 사항

㉠ 개요는 문제의 정확한 분석에서 비롯되어야 한다.

개요를 작성하는 과정 속에는 문제를 분석하고 주제문을 작성하는 일이 우선적으로 포함되어 있다. 따라서 주어진 문제를 정확하게 파악하지 못한 상태에서 개요를 짜는 것은 동문서답의 격이 될 수 있다. 제한 시간이 대략 60분가량 주어진 경우라면, 문제 파악에서 개요 작성까지 10분 남짓 할애하도록 한다. 때로 문제 파악이 쉽지 않아 그 이상의 시간을 쓰더라도 문제에 대해 깊이 있게 사고하는 것은 훌륭한 논술의 선결조건이다(이 경우, 10분가량을 개요 작성에 할애하고, 집필에 45분 정도, 퇴고에 5분 정도 소요되도록 설정하여 주어진 시간을 효율적으로 쓰는 시간 안배에도 신경을 써야 한다).

㉡ 개요는 결론을 도출한 후에 글로써 작성해야 한다.

개요는 답안에 옮기기 전에 머릿속에 미리 써 놓은 글이다. 따라서 어떠한 결론에 이를 것인가를 도출한 다음에 개요를 작성한다. 좋은 개요는 훌륭한 논술을 약속한다. 그러므로 개요를 잘 짜놓으면 글은 다 쓴 것이나 다름없다.

㉢ 개요는 논제의 요구 조건을 수용하는 방법을 택해라.

개요 작성을 크게 어려워 할 필요는 없다. 논제가 요구하는 조건을 토대로 주요 골격을 잡는 것도 개요를 쉽게 작성하는 하나의 방법이다.

㉣ 개요는 자세히 작성할수록 좋다.

개요에는 글의 처음과 중간, 끝 부분에 놓일 내용은 물론, 주장을 뒷받침하는 근거가 함께 제시되어야 한다. 따라서 그만큼 자세히 작성하도록 한다. 흔히 개요를 짜지 않을 경우에 논제를 벗어난 답안을 작성하는 실수를 범한다. 마찬가지로 엉성한 개요는 문단의 단락 구성에 있어서 어느 문단은 내용이 풍부하고 지나치게 길거나 혹은 그 반대의 상황도 연출할 수 있다. 그러므로 가능한 한 개요는 자세히 짜야 한다.

㉤ 다른 사람의 글을 요약하는 방법으로 훈련해라.

개요 작성이 어려운 수험생은 하루에 몇 번씩이라도 신문의 사설이나 혹은 다른 사람이 작성한 우수 답안을 놓고 단락의 핵심을 요약하여 보자. 바꾸어 생각하면 이 요약된 내용이야말로 하나의 잘 짜인 개요인 셈이다. 이러한 훈련은 비단 개요 작성뿐 아니라 논술문의 문제 파악에서 논의의 전개에 대한 감각을 터득하는 데도 아주 좋은 방법이다.

③ 개요 작성의 순서

㉠ 떠오르는 생각을 구체적으로 자세하게 작성한다.

논술 문제를 파악한 후에, 출제 의도나 요구 사항에 유의하면서 가능한 한 구체적으로 자세하게 개요를 작성한다. 문제지의 여백이나 백지에 논술 문제와 관련해서 떠오르는 생각이나 주장, 논거 등을 되는 대로 서술한다. 그리고 어떤 예를 들지도 생각해서 메모를 한다. 이때 되도록 완결된 문장의 형태로 자세하게 서술하는 것이 좋다. 물론 개요는 남에게 보여주기 위한 것이 아니기 때문에 깨끗하게 정자로 쓸 필요는 없으며, 글을 쓰는 사람 자신만 알아볼 수 있으면 된다.

㉡ 연관된 내용을 묶어서 문단 구성하기

서로 연관된 내용이나 중복된 내용을 묶거나 삭제한 다음 본론을 몇 문단으로 구성할지를 결정한다. 그리고 문단을 배치할 경우에 제일 중요한 논거나 내용을 포함한 문단을 본론의 첫 문단으로 삼는 것이 좋다.

㉢ 서론은 거의 완성된 형태로 작성한다.

서론을 잘못 쓸 경우 글이 엉뚱한 방향으로 흐를 수도 있다. 따라서 개요를 작성할 때, 서론은 거의 완성된 형태로 작성하는 것이 좋다. 나중에 약간만 수정하면서 원고지에 그대로 옮기면 된다.

㉣ 각 문단의 분량을 답안지에 연필로 표시하기

개요를 작성한 다음에 원고지에 문단별로 쓸 분량을 연필로 대충 표시한다. 예를 들면 1,000자 분량이라면 서론은 200자 정도, 본론의 첫째 문단은 중요한 내용이기에 400자 정도, 둘째 문단은 300자 정도, 결론은 100자 정도로 배분하기로 하고, 답안지에 연필로 살짝 표시한다. 그래야 정해진 원고지 분량을 채우지 못하거나 초과하는 사태를 막으면서, 문단별로 글의 분량을 균형 있게 배분할 수 있다.

ⓜ 수정을 하면서 답안에 옮기는 작업은 아주 간편하다.

이렇게 개요 작성에서 서론을 거의 완성하고, 본론의 문단 수나 문단 배치를 결정한 이후에 원고지에 옮기면서 쓸데없는 군더더기는 삭제하고, 필요한 내용은 첨가하면서 본문을 완성하면 된다. 개요를 자세하게 작성한 후에 글을 옮기는 데는 그리 많은 시간이 걸리지 않는다. 오히려 개요를 작성하지 않고 서둘러서 답안에 쓸 경우 이미 쓴 글을 뺄 것인가 말 것인가, 아니면 어떻게 고칠 것인가를 고민하다가 시간을 낭비하는 경우가 많다.

ⓗ 개요를 작성할 때 각 단락에 들어가야 할 내용

[서론]
- 다루고자 하는 문제에 대한 독자의 관심을 환기시킨다(관심 환기).
- 과제를 분명하게 제시한다(과제 제시).
- 다루고자 하는 문제의 범위나 성격, 문제를 다루는 방법이나 글쓴이의 입장과 관점, 그 밖에 필요한 예비적 사항들도 포함한다.
- 유의할 점 : 서론에서는 본격적인 글의 내용을 다루지 않도록 해야 하고, 분량도 너무 길어지는 일이 없도록 해야 한다.

서론에는 반드시 주제가 포함되어야 한다. 서론에서는 가장 중요한 요소가 주제이므로, 주제를 맨 위에 쓴다. 그러나 실제로 글을 쓸 때에는 앞뒤의 문맥에 맞게 주제의 위치를 다시 결정할 수 있다. 나머지 세 요소는 서론에 반드시 포함될 필요는 없다. 짧은 글에서는 주제 외에 모든 요소가 생략될 수도 있고, 긴 글에서는 모든 요소가 다 포함될 수 있다.

[본론]
- 내용을 몇 갈래로 나누어서 부문별로 다룬다(과제 해명).
- 부문별로 문제를 제시하면서 필요한 풀이, 분석, 예시, 인용, 입증 따위의 방법으로 전개해 간다(해명의 구체화).
- 부분마다 결론을 짓고 내용을 정리하면서 서술한다.

본론의 종속 주제의 수는 많을 수도 있고 적을 수도 있다. 각 종속 주제 밑에 딸리는 예나 증거의 수도 많을 수도 있고 적을 수도 있다.

[결론]
- 본론 부분의 논의를 통해 드러난 것을 간추려서 상기시키고 전체적으로 종합함으로써 결론을 제시한다.
- 주의해야 할 점은 본론에서 언급하지 않은 새로운 문제가 나와서는 안 된다는 것이다.
- 이 밖에 그 글에서 미처 다루지 못한 미진한 점이라든가 또는 앞으로 그 문제가 어떻게 다루어졌으면 좋겠다는 희망 등이 마무리 부분에서 덧붙여지기도 한다.

결론에서 제일 중요한 요소는 주제의 반복이다. 주제를 반복할 때에는 서론의 주제와 똑같이 표현할 수도 있으나, 뜻이 달라지지 않게 하면서 표현을 바꾸어 쓸 수도 있다. 제한된 시간이 있으므로 너무 많은 시간을 허비할 수는 없다. 그러므로 개요를 쓸 때는 '결론'이라는 말만 쓰고 더 쓰지 않아도 된다. 그러나 개요 작성만을 요구하는 문제가 나왔을 때에는 결론도 자세히 써야 한다.

④ 개요 작성의 모형

㉠ 서론

- 도입 : 선정한 주제의 의의나 가치, 중요성 · 당위성, 유래, 배경, 일화
- 논제 제시 : 본론에 전개될 내용의 포괄적인 핵심어구가 있는 문장으로 제시한다.

㉡ 본론

- 주제를 핵심어구 중심으로 문단을 구분하고, 통일성과 일관성에 유의하여 상술한다.
- 문단마다 소주제문을 작성하고 부연, 첨가 또는 예시를 통하여 상술한다.
- 문단마다 논제를 증명할 논거의 타당성에 유의한다.
- 문단 간의 긴밀성과 균형 유지에 유의한다.

㉢ 결론 : 본론의 요약(주제 확인의 요약문), 마무리, 소견, 전망

⑤ 개요 작성의 구체적인 순서

위의 순서와 같이 결론부터 개요를 작성하면 자신의 생각을 구체적으로 알 수 있게 된다. 수험생들이 많은 오류를 범하는 것은 자신이 쓴 글을 자신이 결론 맺지 못하는 데 있다. 그러므로 먼저 정답을 내려놓도록 하자. 그런 다음 본론의 내용과 서론으로 넘어가서 내가 무엇을 주장하였는지 살펴보고 서론을 써나가는 것이 바람직한 행동이다. 본론에서 하고 싶은 말이 있는데도 불구하고 서론을 먼저 쓴다면 본론에서 정작 중요한 주장을 놓치는 경우가 발생할 수 있다.

(7) 서론 쓰기 방법

글은 맨 처음이 중요하다. 사람에게 첫인상이 중요하듯, 글도 그렇다. 단적으로는 글의 처음만 봐도 전체 글의 수준을 가늠하게 한다. 따라서 논술문의 서두에 각별한 신경을 써서 좋은 문장으로 이끌 수 있어야 한다. 주장하는 글은 대체적으로 서론, 본론, 결론의 3단 구성을 지닌 채 서술되는 것이 일반적이다. 그렇다고 지나치게 틀에 얽매여서는 안 된다. 따라서 글을 어떻게 시작하여, 어떻게 이끌어서, 어떻게 끝맺을 것인가에 대한 생각으로 유화시키는 것이 요구된다.

① 논술문의 서론 쓰는 요령

㉠ 문제 파악을 확실히 하여야 한다.

문제 파악을 제대로 하여야 글의 서두를 자연스러우면서도 문제의 요구에 맞게 이끌 수 있다. 따라서 문제가 요구하는 핵심을 정확히 읽어내는 것은 필수적이다.

㉡ 논술문의 서두는 분위기와 내용 암시의 성격을 지니도록 한다.

글에도 분위기가 중요하다. 주어진 답에 곧바로 대답하려고 하지 말고, 그에 상응한 분위기를 유도하여 글을 이끌어갈 수 있어야 한다. 그것은 너무 길어서도 안 되므로 전체 글의 분량을 고려하여 적당히 이끌어야 한다. 또한 분위기로만 서두를 장식해서도 안 된다. 자신이 이제부터 쓸 글의 내용에 대한 암시적 요소를 지닐 수 있어야 한다.

㉢ 직설적인 문장의 흐름을 삼간다.

㉡과 결부된 사항이다. 주어진 문제에 맞서 곧바로 그에 대한 해답을 내리려 해서는 안 된다. 그렇기 때문에 '~에 대하여 알아보자. ~에 대하여 논해보겠다. ~에 대하여 살펴보면 다음과 같다.' 등의 문구는 채점자에게 감점의 구실을 제공하는 격이다.

㉣ 첫 문장은 짧고 의미가 분명한 명제형 문장이 좋다.
글의 서두를 시작하는 방법은 다양하다. 유명한 사람의 문구를 빌려 쓰는 방법, 사회 현상에 대한 분위기로 유도하는 방법, 사실적인 명제로 시작하는 방법 등 다양하다. 그러나 가장 쉬우면서도 뒷문장과의 연결을 비교적 쉽게 할 수 있는 방법은 명제형 문장으로 시작하는 방법이다. 따라서 되도록 현재형 종결어미를 쓰도록 한다.

㉤ 상투적인 문장을 삼가고, 지적 문장이 되도록 한다.
누구나 뻔히 알고 있는 상투성에 빠진 문장으로 이끌어서는 안 된다. 따라서 너무 손쉽게 꺼내 쓸 수 있는 속담이나 격언 등으로 서두를 장식하는 것은 오히려 자신의 글의 약점을 노출하는 것이라는 점을 명심해야 한다. 논술문을 읽는 사람은 일반 독자가 아니라 전문가인 채점자이다. 그들을 만족시켜야 한다는 점을 항상 염두에 두어 지적(知的)인 문장이 될 수 있도록 신경을 써야 한다.

㉥ 주관적인 감정이 들어 있는 서술문이 되지 않도록 주의한다.
논술문은 자신의 주장을 남에게 설득시키려는 데 목적을 둔 글이다. 따라서 괜한 자기 감정에 치우쳐 문장을 쓰거나, '나' 혹은 '내 생각에는' 등의 표현을 통해 글이 개인적인 차원으로 전락하는 일이 없도록 해야 한다. 간혹 문장의 주어부는 잘 이끌어 간 경우라도 술어부에 이런 실수를 범하는 경우가 종종 있다. '~라는 생각이 든다. ~인 것 같다. ~라고 생각한다.' 등도 논술문에서는 삼가야 할 문장 표현이다.

㉦ 항상 논리적 구성력을 지닌 문장이 되도록 한다.
논술문이 여타의 글과 다른 것은 글의 구성에 있어서 논리성을 띠어야 한다는 점에 있다. 형식적으로는 전체 분량에 맞는 길이를 지녔어도 논리적 구성력이 없으면 제대로 된 논술문이라고 할 수 없다. 따라서 논리적 오류는 물론이고, 문법적인 오류가 있어서도 안 된다.

㉧ 어법에 맞는 정확한 언어 구사는 필수적이다.
막상 읽어보면 별 무리 없어 보이는 글도 상당 부분 비문(非文)이 자리하는 경우가 많다. 따라서 정확한 언어 구사를 하도록 힘써야 한다. 이것은 가장 기본적인 사항인 만큼 잘 쓰면 눈에 띄지 않지만, 간혹 잘못 쓰면 약점으로 작용하여 감점의 대상이 되기 딱 좋은 경우에 해당한다.

㉨ 과도한 인과관계에 의한 서술이나 중복된 의미를 피한다.
논리적 구성을 갖추기 위해 애써 꾸몄다는 인상을 주어서는 안 된다. 따라서 '왜냐하면 ~ 때문이다.'와 같은 인과관계에 의한 서술이 의도적으로 노출되었다는 인상을 주어서는 안 된다. 또한 의미가 중첩된 문장을 나열하는 것도 삼가야 한다. 이런 문장은 읽어보면 앞서 첫 문장에서 언급한 내용에 대한 중복 의미로 받아들여지는 경우가 간혹 있다. 이것은 자기 주장을 전개하는 데 있어 비효율적인 언어표현이 많다는 것이다. 따라서 언어의 경제성을 살려 조리 있고 분명한 의미전달이 되도록 힘써야 한다.

㉩ 자신 있게 써나가라.
서두가 막히면 한 줄도 못 쓰고 쩔쩔매는 경우가 발생할 수 있다. 내가 어려우면 다른 사람도 어렵다는 생각을 가지고 자신 있게 써나가야 한다. 그러기 위해서 앞서 말한 논제가 요구하는 바의 내용 파악이 무엇보다 중요함을 새삼 강조한다. 뿐만 아니라 그냥 써내려 가다가 실수하지 말고 반드시 논술문의 개요(Out Line)를 미리 짜보도록 한다.

② 다양한 서론 쓰기의 예

㉠ 논의하려는 주제를 직접 언급하면서 시작하기

〈자유와 평등의 바람직한 관계에 대한 관점 제시〉

우리가 자유와 평등, 개인과 사회의 바람직한 관계를 살펴보려면 먼저 자유와 평등의 이념이 개인과 사회의 관계와 어떻게 논리적으로 연결되는가를 보아야 한다. 왜냐하면 현실 사회에서 이들은 긴밀한 상호 연관 속에서 존재하기 때문이다. 또 우리는 구체적인 현실 사회로 눈을 돌려 이들의 관계를 검토해야 한다. 양자의 바람직한 관계는 구체적인 현실 속에서 결정되기 때문이다.

㉡ 최근의 사건이나 상황으로 시작하기

〈청소년 교육의 문제점〉

요즘 언론에서는 청소년 문제 보도로 떠들썩하다. 학교폭력, 촉법소년, 게임을 비롯한 인터넷 중독에 관한 기사를 접하면 우리나라가 마치 청소년 비행의 소굴인 것 같은 착각에 빠져든다. 그런데 이 시점에서 우리는 왜 이런 문제가 발생했는가를 진지하게 고민해야 한다. 또 이를 위해서는 청소년 교육의 문제점을 생각하지 않을 수 없다.

㉢ 주요 개념을 규정하며 시작하기

〈올바른 가치관 수립의 중요성〉

가치관이란 어떤 사람이 세상을 살아가면서 사고나 판단, 행동을 할 때 기준으로 삼는 잣대라고 할 수 있다. 이런 면에서 세상을 살아가는 사람들은 누구나 자기 나름의 가치관을 갖고 있다. 이 같은 가치관은 그 사람의 인생 목표와 긴밀히 결합되어 있기 때문에 자신의 가치관에 따라 인생 목표가 정해진다고 할 수 있다. 예를 들어 어떤 사람이 '돈의 가치'를 인생에서 제일 중요하게 여긴다면, 그 사람은 돈 버는 일에 일생을 걸 것이다.

㉣ 대상을 분류·구분하며 시작하기

〈현대 사상에서 동양 사상이 갖는 의의〉

동양 사상에는 여러 종류가 있다. 예를 들면 춘추 전국시대에 등장한 제자백가 사상 가운데 중요한 것만 들어도 서너 가지가 된다. 또 불교 사상도 동양 사상 가운데 하나이며, 조선시대의 실학 사상도 중요한 동양 사상이다. 이 중에서 현대 사회와 관련하여 중요한 의미를 갖는 사상은 노자와 장자의 도가 사상이다.

㉤ 인용하면서 시작하기

〈현대 사회에서 지식인의 역할〉

'도둑질도 배운 놈이 한다.'는 우리 속담이 있다. 이것은 교육의 중요성을 표현한 말이지만, 다른 측면에서는 지식인에 대한 부정적인 시각을 표현한 말이기도 하다. 즉, 지식인이 자기가 가진 지식을 이용하여 개인적 이익을 얻는 데만 사용하고, 그 과정에서 사회에 해가 되는 일도 한다는 것이다. 그래서 지금 우리 사회에는 '배운 놈이 도둑질 한다.'는 인식이 퍼져 있다. 이러한 상황에서 우리는 지식인의 바람직한 역할은 무엇인가를 진지하게 고민해야 한다.

위의 항목 중 어느 것이 제일 좋다고 단정할 수는 없다. 주어진 논제와의 적합성을 고려하여 자신이 소화할 수 있는 범위 내에서 서론을 이끄는 것이 중요하다.

③ 서론 쓰기의 논리적 흐름

㉠ 자료 제시

위에서 언급한 것처럼 서론은 다섯 가지 형태로 시작하는 것이 좋다. 그렇게 해서 먼저 채점자의 관심을 유도하자. 채점자는 여러 가지 형태의 논술을 보기 때문에 눈에 들어오는 문구가 있으면 그것은 끝까지 읽는다고 봐도 무방할 것이다. 그러나 여기서 주의할 점은 자료를 인용하더라도 식상한 인용을 하면 반감을 살 수도 있다는 것이다.

㉡ 문제의 발견

관심을 끌었다면 이제 논제의 문제를 발견해야 한다. 여기서 중요한 것은 제시문이나 문제에 분명 문제점을 제시했음에도 불구하고 문제의 접근을 본론에서 하는 수험생들이 많다는 것이다. 되도록 서론에서 문제의 접근 방법이나 접근할 수 있는 요령을 언급해 주고 다음 단계로 넘어가는 것이 좋다.

㉢ 관점의 표명

문제를 발견했다면 자신의 견해를 밝히고 본론으로 넘어가야 한다. 여기서 주의할 점은 너무 억지로 넘어가면 안 된다는 것이다. 억지로 넘어갈 것 같다는 느낌이 들 때는 생략해도 무관하다.

(8) 본론 쓰기 방법

알맹이 있는 전개가 되는 것은 본론에 달려 있다. 일반적으로 본론은 주장과 주장을 뒷받침하는 근거 제시문의 형태로 구성된다. 본론은 서론에서 제시한 중심 과제를 구체적으로 해명하고, 자신의 주장이나 의견이 타당하다는 점을 구체적인 근거를 들어 증명하는 단계이다. 따라서 본론 부분은 주장의 타당성을 입증하기 위한 논증 과정에 해당하는 셈이다. 주장과 논거 사이에 논리적 연관성이 중요함을 새삼 강조한다. 또 한편 '본론의 구성이 잘 되었는가'의 여부는 논제의 요구에 맞게 개요 작성이 자세하게 갖춰져 있는가와 직결된다. 최근 논술 문제는 논제가 요구하는 바가 복합적으로 얽혀 있는 경우가 대부분이다. 이는 곧 답안 또한 다양한 논제의 요구 조건을 충족시키는 가운데 단락과 단락이 상호 유기적으로 연결되어야 함을 암시한다. 따라서 주장을 첫째 – 둘째 – 셋째와 같이 수평식으로 나열시키는 것은 절대 금물이다. 본론의 구성은 주장과 그에 따르는 근거 제시라는 두 축을 중심으로 하되, 논제가 요구하는 바가 무엇인가에 따라 논의의 전개 과정은 다양하고 탄력적이어야 한다. 논제에 따라 본론의 내용은 다양하게 변주된다. 언뜻 복잡하고 어렵게 보일 수 있다. 그러나 논제가 요구하는 조건을 정확하게 받아들여 충족시켜 간다면 본론의 진행은 결코 어렵게 여겨질 성질의 것만은 아니다. 그렇다면 본론에서 충족되어야 할 사항들과 본론 작성법에 대하여 좀 더 자세히 알아보자.

- 원인을 규명하는 내용
- 해결 방안을 제시하는 내용
- 근거나 이유를 제시하는 내용
- 구체적인 예시를 들어야 하는 내용
- 내용을 부언하여 상세화가 필요한 경우
- 반론을 제기하는 내용
- 내용을 전환하거나 유추하는 문장
- 예시문을 상호 비교해야 하는 경우

① 본론의 구실과 쓰는 법

본론은 글의 중심을 이루는 부분이다. 서론에서 내세운 문제에 대해서 자세하게 논증하여 상대를 설득시켜야 한다. 본론은 대략 두세 개의 단락으로 구성하는 것이 좋으며, 각 단락 속에는 소주제를 담아야 한다. 중요한 것은 읽는 이로 하여금 자기의 견해에 동조하도록 끌어들여야 한다는 점이다. 그러기 위해서는 자기 나름의 견해를 분명하게 내세우고 그 근거를 조리 있게 밝히면서, 필요하면 반대론의 견해를 반박하여 자기주장의 정당성을 입증해야 한다. 본론은 서론에서 제시한 글의 목적, 주제, 방법, 문제점 등 화제의 범위에 따라 써나가면 된다. 이때 중심 문장(소주제 문장)과 뒷받침 문장을 적절하게 연결시켜야 함을 잊어서는 안 되며, 정확한 진술 방식과 논리 방식으로 전개해야 한다. 즉, 본론은 서론에서 제시된 문제점들을 짜임새 있게 논술하여 결론을 이끌어 내는 일을 한다. 문제점별로 주어진 자료를 분석하고 종합하여 조리 있는 논술을 함으로써 논문의 내용을 펼쳐 나가는 과정이 본론이다. 따라서 본론이야말로 논문에서 가장 중요한 '가운데 토막'이다. 서론이 다룰 대상을 도마 위에 올려 놓는 기능을 지녔다면, 본론은 그것에 차례로 칼질을 하고 요리를 하여 음식을 만들어 내는 과정이다. 그러므로 본론은 다음과 같은 방법으로 쓰여야 한다.

㉠ 본론은 서론에서 제시된 목표, 문제점 그리고 다룰 범위들을 좇아서 전개되어야 한다.

㉡ 본론을 쓰는 데는 체계적인 하위 구분을 해서 줄거리를 미리 만드는 것이 바람직하다.
본론의 분량은 서론에 견주어 논술의 과정이 열 곱쯤 길다. 그러므로 그 내용을 여러 갈래로 쪼개고 또 그것을 다시 나누어서 체계적으로 다루어 나가야 한다. 그러자면 막연한 가운데 붓을 들 것이 아니라 주제를 중심으로 한 줄거리를 짜는 작업이 미리 행해져야 한다. 특히 본론의 분량이 많을 때에는 어떤 형태로든 줄거리를 마련하여 다루어야만 체계적인 논술이 된다.

㉢ 본론 줄거리의 각 항목에 대해서는 충분한 논의와 짜임새 있는 뒷받침이 마련되어야 한다. 각 항목을 필요에 따라 몇 개의 소주제로 나누고 소주제별로 한 단락씩을 펼쳐 나갈 것이다. 그런 각 단락의 펼침에는 논술법이 주가 되며 필요에 따라서 설명법이나 서사법 등을 곁들이게 된다. 그러한 전개 과정에서는 적절한 자료와 논거를 되도록 충분히 활용해야 할 뿐 아니라, 그것을 바탕으로 조리 있는 추론과 설득력 있는 결론이 나오도록 해야만 한다. 또한 비록 많은 뒷받침 자료가 있다 하더라도 그것을 짜임새 있게 연결하는 논리적 추론이 서툴러서는 좋은 논술이 되지 못한다.

② 본론 쓰기의 요건

㉠ 논리적 설득력(논증)
이 논증 과정이 특히 본론 쓰기의 핵심이라 할 수 있다. 어떠한 주장이 다른 사람에게 설득력을 갖기 위해서는 그 주장을 뒷받침해 줄 근거가 명확해야 한다. 논술은 자기가 가지고 있는 생각이나 견해를 내세우는 글이므로 근거가 제시되지 않는 논술문은 논술문이 아니다. 예컨대 "농산물 수입 개방은 저지되어야 한다."라든가 "영어 조기 교육은 바람직하지 않다."와 같은 견해는 하나의 주장으로 성립될 수 있다. 그러나 이 주장이 설득력을 가지려면 "왜?"라는 물음에 대한 답변이 제시되어야 하는 것이다. 이 답변이 곧 논거이다.

㉡ 타당성
주장을 뒷받침하는 근거가 아무리 훌륭하다 할지라도 그것이 이치에 맞지 않는다면 근거로서 성립될 수 없다. 예컨대 "청소년들의 흡연은 금지되어야 한다."라는 주장에 대해 "오늘날 청소년 흡연에 대해 긍정적인 생각을 갖는 사람은 별로 많지 않을 것이기 때문이다."를 근거로 제시한다면 이 주장은 설득력을 가질 수 없다.

㉢ 일관성과 통일성

본론의 각 단락에서 펼쳐지는 모든 내용은 언제나 일관된 논리를 유지해야 한다. 그리고 각 단락의 소주제에 부합하는 통일된 내용과 논거를 충분히 제시해야 한다. 특히 단락에 소주제문이 분명히 진술되었는지 반드시 확인해야 한다. 소주제문이 논술자의 머릿속에만 들어 있지 단락에는 빠진 경우가 허다하기 때문이다. 또 서로 반대되는 논거가 동시에 존재한다거나 필자의 주장과는 전혀 무관한 논거가 있다면, 읽는 이는 필자가 말하고자 하는 바에 대해 갈피를 잡을 수 없게 된다. 예컨대 "여성의 사회 진출은 적극적으로 권장되어야 한다."라는 주장에 대해 "① 고등 교육을 받은 여성을 가사에만 매달리게 하는 것은 개인적으로나 사회적으로나 큰 손실이기 때문이다. ② 또한 가정은 그 무엇과도 바꿀 수 없는 소중한 존재라는 점은 아무도 부인할 수 없다."라는 근거를 든다면, 이것은 일관성 있는 논증이라고 할 수 없다. ①과 ②는 상충되는 내용이기 때문이다.

③ **본론에서 논지를 전개할 때의 요령**

㉠ 논지를 전개하는 기본 원리를 따르자.

- 항상 주제에서 벗어나지 않았나 확인하자.
  - 너무 많은 것을 쓰려는 욕심을 부릴 때
  - 주장할 내용이 정리되지 못했을 때
  - 개요를 잘못 짰거나 지나치게 엉성하게 짰을 때
- 전체 문단이 자연스럽게 연결되고 있는가 확인하자.
- 자신의 주장이 완결성을 갖추고 있는가 확인하자.

㉡ 본론의 구성 방법을 알고 따르자.

- 본론에서는 풍부하고 다양한 논거를 제시한다. 논술 문제와 연관된 다양한 논거를 제시해야 글이 풍부해진다. 물론 너무 산만하게 나열식으로 제시해서는 안 되고, 서로 연관된 논거를 묶어서 깔끔하게 정리해 서술해야 한다. 그리고 중요한 주장이나 논거를 먼저 제시해야 한다.
- 상대방에 대한 비판을 선행한 후에 자신의 입장을 적극적으로 옹호한다. 두 입장 중에서 한 입장을 선택하여 다른 입장을 비판할 경우에는 우선 상대방이나 반대 입장에 대한 비판을 먼저 한 후에, 자신의 입장을 적극적으로 옹호하는 것이 더 낫다.
- 큰 문제에서 작은 문제로, 일반적 사항에서 특수한 사항으로, 추상적인 것에서 구체적인 것으로 전개해 간다.
- 논지를 전개할 때 논리적인 비약이나 편견에 의한 사실 왜곡 등이 없어야 한다.
- 본론을 형성하는 몇 개의 중간 단락은 올바른 순서 속에서 서로 알맞은 균형을 유지해야 한다. 중간 단락의 균형 역시 글의 목적과 관계된다. 만일 글의 목적이 대립되는 두 쟁점에 대해 결론을 내려는 것이라면, 중간 단락은 두 개 정도가 적당하고, 이 두 개의 중간 단락은 동일한 길이로 나타내야 한다. 또한 중간 단락들의 균형 역시 서론부에서 소개된 명제문을 전제로 이루어져야 한다.
- 중간 단락들을 발전시킬 때 독자에게 글의 중요한 지점들을 알려 주어야 한다. 특히 글의 흐름이 전환되는 경우에 '한국과 똑같이 일본에서도 이 문제는 ~, 이 명제에 대립되는 의견들은 ~' 등의 어구로 나타내어 글의 방향을 알려주는 것이 좋다. 글의 흐름이 나아가는 방향을 알고 읽을 때 글이 명확하게 파악된다. 따라서 그것을 명확하게 드러내는 것이 좋은 논술이 된다.

④ 본론을 쓸 때 주의할 점

㉠ 같은 내용을 중언부언하지 않도록 한다.

㉡ 논점에서 벗어나지 않도록 한다.

㉢ 논제가 추상적이고 어려운 내용일 때는 구체적인 용어로 풀어주어야 한다. 이때 상술에 해당하는 내용은 앞에 제시된 내용의 범위를 벗어나지 않아야 한다.

㉣ 예시, 인용 등을 적절히 활용하여 논거 없는 의견을 제시하지 않도록 한다, 한 문장을 쓸 때마다 "왜", "어떻게"라는 질문을 스스로 해본다. 논증 과정을 거치지 않은 의견으로는 독자를 설득할 수가 없다.

→ 특히 예시를 쓸 때는 지나치게 길어지지 않도록 한다(배보다 배꼽이 더 커진다).

㉤ 비유나 상징 등 함축적인 표현, 모호한 표현은 가능하면 삼간다. 논술은 감상문이 아니다.

㉥ 글의 내용이 무난히 이어지도록 개요 작성 시부터 논리 전개 과정을 명확히 해 둔다.

㉦ 단순 나열식이 되지 않도록 주의한다. 특히 단순 나열의 경우에는 그 밖에 또 다른 것이 없는가를 확인해야 한다. 예를 들어 4가지를 나열했다면 왜 4가지뿐이냐는 질문에 대답할 수 있어야 하며, 나열한 것 중 가장 중요한 원인이 무엇인가를 밝힐 수 있어야 한다. 즉, 주요한 측면과 부차적 측면을 구분할 수 있어야 나열이 가능하다.

→ 첫째, 둘째, …식으로 나열하면 성의와 사고의 깊이가 없어 보인다.

(9) 결론 쓰기 방법

서두가 시발점이라면 결미부는 종착점에 해당한다. 아무리 출발이 멋있게 되었다 하더라도 끝맺음이 좋지 않으면 용두사미(龍頭蛇尾)가 되고 만다. 반면, 끝맺음이 잘되면 내용이 다소 빈약하더라도 그럴듯한 인상을 준다. 결미부 역시 서두 못지않게 인상적이어야 한다. 그리고 함축성도 있어야 한다. 명작 소설이나 영화의 끝 장면을 보면 기나긴 이야기 줄거리가 오직 이 한 장면을 위해 있었던가 싶을 정도로 감명 깊어서 오래도록 우리 가슴에 여운을 남긴다. 논술문 역시 끝마무리를 박력 있게 인상적으로 해서 글자 그대로 화룡점정(畵龍點睛)이 되도록 해야 한다.

① 결론의 구실과 쓰는 법

결론은 서론, 본론에 이어 논술문을 마무리 짓는 부분이다. 결론의 중요한 구실은 본론 부분의 논술 과정에서 밝혀진 주요 골자를 간추려 보이는 데에 있다. 다시 말하면 그 논문의 본론에서 어떠한 점들이 논의되어 어떤 내용이 가장 중요하게 드러났는가를 한눈에 볼 수 있도록 하는 것이 주요 기능이다. 즉, 단락의 소주제를 열거해 보이는 것이다. 그 밖에 결론에서 해당 논문에서 못다 다룬 점 등을 지적하고 다른 기회에 해결되기를 바라는 뜻을 덧붙이기도 한다. 그러나 결론 부분에서는 본론에서 다루어지지 않은 문제를 덧붙여 논의해서는 안 된다. 만일 그렇게 되면 본론과 결론의 한계가 흐려지고 만다.

㉠ 결론은 '마무리'라고도 하는 것으로서 본론에서 논술하여 밝힌 요지를 간추려 보인다. 곧 본론에서 문제점마다 장이나 절마다 밝힌 골자를 간단하고 명료하게 적어 보인다.

㉡ 결론에서는 구체적인 논술이나 설명이 필요 없다. 본론에서 다루어지지 않은 문제는 결론에서 추가로 논의해서는 안 된다.

㉢ 결론은 그 밖에 미진한 사항을 지적하거나 앞으로의 전망을 덧붙이는 구실을 한다.

② 좋은 결론의 요건

결말은 한 편의 글의 종착점이고, 한 편의 글을 총괄하는 곳이다. 또한 독자에게 그 글에 대한 강한 인상과 기억을 심어주는 곳이다. 따라서 적당한 곳에서 앞의 내용에 맞도록 자연스럽게 글의 결말을 지어야 한다. 결말에서 갖추어야 할 요건은 다음과 같다.

㉠ 적당한 곳에서 이루어져야 한다. 본문의 내용이 채 마무리되기도 전에 결말을 맺는다든지, 말할 것을 다 말해 놓고서도 중언부언하면서 마무리를 늦춘다든지 해서는 안 된다.

㉡ 앞서 말한 내용과 일관성이 있어야 한다. 앞의 내용과 관계가 없거나 상반되는 이야기를 결말에 넣어 주제를 흐리게 해서는 안 된다.

㉢ 되도록 강한 인상을 남겨 기억에 오래 남도록 하는 것이 좋다.

③ 끝마무리 요령

㉠ 되도록 짧게 구체적으로 쓴다.

㉡ '~라 생각한다.', '~일지도 모른다.', '~는 아닐는지', '~것 같다.'와 같은 말을 사용함으로써 인상이 약화되고 산만해지지 않도록 해야 한다. 필자도 자신이 없어 우물쭈물하고 결단을 내리지 못하는데, 누가 이런 견해나 주장에 동의하겠는가.

㉢ 서론, 본론의 내용과 조화되고 처음에 제시한 논지와 일치되게 쓴다.

㉣ 본론 부분의 설명이나 단순한 되풀이가 되지 않도록 한다.

㉤ 너무 독선적인 주장은 내세우지 않는다(당당하게 끝맺되 겸손해야 한다).

④ 결론의 실수를 줄이는 요령

㉠ 주제의 반복, 본론의 요약, 앞으로의 전망, 인용구 등을 활용한다.

㉡ 처음에 제시했던 일반화 또는 전제로 되돌아간다.

㉢ 새로운 견해나 개념을 말하지 않는다.

㉣ 본론의 논지를 총체적이면서 압축적으로 요약한다.

㉤ 피상적이고 일반적인 논지의 결론은 글의 참신성을 떨어뜨린다.

㉥ 무조건 도덕적인 결론으로 가지 마라.

㉦ 글의 흐름을 지켜라.

㉧ 분량을 균형 있게 하라(서론과 거의 같도록).

⑤ 결론에 들어가야 할 사항

㉠ 앞 내용의 요약 : 지금까지 논의한 내용을 다시 한 번 정리한다는 의미를 갖는다.

㉡ 관심이나 행동의 촉구

㉢ 새로운 과제나 방향 제시

㉣ 대안의 제안이나 제언

㉤ 전망 : 앞 내용의 요약을 중요하게 생각하는 사람들이 많은데 논술에서는 전망이나 대안의 제안이나 방향 제시가 더 중요하다. 결론은 내용을 요약하고 마무리 짓는 끝맺음 부분이다. 아무리 서론에서 문제 제기를 잘하고 본론에서 설득력 있게 논증을 했다 하더라도, 결론이 미흡하면 헛일이다.

02 KDB한국산업은행 논술 기출

KDB한국산업은행 필기시험은 크게 NCS 직업기초능력평가와 직무수행능력평가로 구분된다. 직무수행능력은 직무지식을 평가하는 전공 시험과 논리적 사고력을 평가하는 일반시사논술로 구분되며, 이 중 일반시사논술은 45분간 치러진다.
실제 KDB한국산업은행 필기시험을 치른 수험생들의 후기에 따르면, 전공 시험에서는 논술형 1문항, 서술형 4문항, 약술형 5문항, 총 10문항을 평가한다. 또한 일반시사논술에서는 2 ~ 3개의 상황 · 자료가 제시되고 이를 토대로 주어진 쟁점 · 사안에 대하여 논하는 방식으로 출제된다.

※ 논술 기출 질문은 채용공고상 연도가 아닌 실제 시험일을 기준으로 분류하였습니다.

2025년 기출

일반시사논술

① 다음 제시된 (가)와 (나)를 읽고 기술패권 경쟁이 한국에 미치는 영향을 설명하고, 산업은행과 정책금융의 역할에 대해 서술하시오.

(가)	미국과 중국의 기술패권 경쟁에 대한 기사
(나)	국민성장펀드 150조에 대한 지문

② 다음 제시된 (가) ~ (다)를 읽고 휴리스틱의 유용성, 한계 그리고 보완방법에 대해 서술하시오.

(가)	휴리스틱의 정의 및 설명에 대한 지문
(나)	현대 사회에서 수많은 선택지로 인해 어려운 소비 선택과 금융투자를 하는 사람들에 있어 휴리스틱의 장점 및 유용성에 대한 지문
(다)	휴리스틱에 대한 비판 및 확률적 사고의 중요성

2024년 기출

일반시사논술

① 다음 제시된 (가)와 (나) 중 현대 사회에서 어떤 역량이 더 필요할지 한 가지 입장을 정하고 다른 의견을 비판하시오.

(가)	인간 사이 소통의 다양성을 추구하는 내용의 지문
(나)	디지털 합리성(빅데이터, AI 등)을 활용한 소통을 추구하는 내용의 지문

② 다음 제시된 (가)를 읽고 청년세대의 특성을 기성세대와 비교하여 서술하고, (나)와 (다)를 참고하여 바람직한 조직문화 발전방향에 대해 논하시오.

(가)	청년세대와 기성세대의 특징에 대한 지문
(나)	기성세대의 정체성에 대한 지문
(다)	아마존에서 진행된 멘토링에 대한 지문

2023년 기출

일반시사논술

① 다음 제시된 (가)를 참고하여 (나)의 원인을 두 가지 이상 설명한 다음 (다)를 참고하여 금융정책기관이 나아가야 할 방향을 논하시오.

(가)	코로나19 팬데믹에 이은 러시아 – 우크라이나 전쟁으로 불안정해지고 불확실해진 경제 · 사회 전반에 대한 설명
(나)	최근 미국에서 반(反) ESG 성향의 상장지수펀드(ETF; Exchange Traded Fund) 등장
(다)	직렬회로는 효율적이나 불안정적인 반면, 병렬회로는 비용이 높지만 비교적 안정적

② 다음 제시된 (가), (나)가 시사하는 바를 쓰고 (다)의 관점에서 일과 가정의 양립을 위한 해결 방안을 논하시오.

(가)	일과 가정의 양립을 원하는 사람들이 늘어나고 있다는 내용의 지문
(나)	코로나19 팬데믹 이후 재택근무를 축소하거나 없애려고 한다는 내용의 지문
(다)	역사적 사건 중 두 개의 갈등의 내면적 니즈를 파악하여 솔루션을 제공했던 사례

2022년 기출

① 경제성장 이면에 존재하는 사회적 모순을 서술하시오.
② 산업은행의 역사와 주요 사업 내용에 대해 서술하시오.
③ 산업은행이 코로나 사태 이후 드러난 모순을 해결하기 위해 어떤 방향으로 정책금융을 실시해야 하는지 서술하시오.
④ 기술발전의 하락 문제를 해결하기 위해 산업은행이 정책금융기관으로서 무슨 일을 해야 할지 서술하시오.
⑤ 현재 한국 산업의 문제점을 기술하고 앞으로 산업은행이 나아가야 할 방향에 대해 서술하시오.

2021년 기출

① 환경의 중요성이 대두됨에 따라 투자기관의 투자 회수 문제가 불거졌는데, 한국의 산업구조를 고려해 국내 금융기관은 어떻게 대응해야 하는지 서술하시오.
② 팬데믹 위기가 국내 산업에 미친 영향과 이에 대한 정책금융기관의 대응방안을 서술하시오.

2020년 기출

① AI에 따른 변화와 위협이 무엇인지 서술하고, 그에 대한 대응방안을 서술하시오.

② 코로나 팬데믹처럼 우리 사회에 급격한 변화를 초래하는 외부 요인들과 그로 인한 변화 그리고 그것과 관련된 금융권의 대응방안을 서술하시오.

2019년 기출

① 금융산업과 관련하여 기존 경제와 플랫폼 경제의 특징을 비교하여 설명하고, 플랫폼 비즈니스를 이용한 개선안을 서술하시오.

2016년 기출

① 금융산업의 변화에 대해 설명하고, 이에 대한 금융기관의 대응방안을 서술하시오.

2015년 기출

① 두 가지 주제 중 하나를 골라 자신의 의견을 서술하시오.

아래 두 지문에서 조직 관리와 관련해서 시사하는 바가 무엇인지 그리고 현재 경영환경을 고려하여 이를 은행업에 접목시킨다면 어떻게 해야 하는지 서술하시오.

(가)	영조의 탕평책에 대한 설명과 함께 마지막 부분에서는 이로 인해 오히려 또 다른 폐해가 생기기도 한다는 내용으로, 쿼터제처럼 일정한 자리를 배분함으로써 생기는 당 내부 자리싸움과 유사한 내용의 지문
(나)	조조의 능력 위주의 인재 등용에 대한 설명으로, 출신·배경과 관계없이 능력을 보고 인재를 등용하고자 천명했던 조조의 정책으로 인해 수많은 인재들이 모여 들었다는 내용의 지문

② 외국인 노동자 유입에 따라 발생할 수 있는 사회경제적인 비용에 대해 설명하고 이러한 상황에 맞춰서 기업이 어떻게 대응해야 하는지에 대해 자신의 견해를 밝히시오.

2014년 기출

일반시사논술(택1)

① 〈기업의 사회적 책임(CSR), 공유 가치 창출(CSV)과 관련된 문장 제시〉

TOMS, 네슬레, 미소금융, 산업은행의 대출제도 등의 제시문에 대해 서술하고 창조경제와 관련하여 기업의 공유가치 창출을 위한 기업 또는 금융기관의 대안을 논하시오.

② 개인 수준의 의사결정과는 달리 집단 합의에 도달하여 결과를 도출하는 집단 의사결정에 대한 긍정적인 바와 부정적인 바를 논하시오.

2013년 기출

일반시사논술(택1)

① 직관적 판단과 빅데이터 분석을 통한 의사결정을 비교하고 이를 기업금융에 어떻게 활용할 수 있는지에 대해 논하시오.

② 중소기업 상생을 위한 정부의 대기업 규제 강화에 대한 긍정적인 측면과 부정적인 측면을 논하고 이 둘의 상생방안에 대해 논하시오.

영문 논술(택1)

① 〈제주도 방언 등 사라져 갈 위기에 처한 언어들을 살려야 하는지 말아야 할지에 대한 지문 제시〉
자신의 생각을 경험, 근거를 통해서 에세이로 작성하시오.

② 전문가들은 현재 아이들의 IQ는 올라가고 있지만 EQ는 떨어짐에 따라 감정적인 문제가 많아지는 역설적 상황인 플린효과(Flynn Effect)가 발생하고 있다고 주장하고 있다. 이러한 역설적 상황에 대해 논하고 이를 Community Organization으로 극복하는 방법에 대하여 논하는 에세이를 작성하시오.

2012년 기출

일반시사논술(택1)

① 우리나라 은행과 기업이 동반 성장할 수 있는 상생방안에 대해서 논하시오.

② 비정규직 해법 등으로 각광받고 있는 분리직군제에 대해 찬반의 형식으로 논하시오.

영문 논술(택1)

① 프랑스에서는 학교수업 후 과외는 물론 미미했던 초등학생들의 숙제마저도 국가에서 금지시키겠다고 한다. 숙제에 대한 생각과 효용성에 대해 논하시오.

② E-Book과 Print Book에 대한 자신의 생각을 논하시오.

면접

01 면접 가이드

1. 면접유형 파악

(1) 면접전형의 변화

기존 면접전형에서는 일상적이고 단편적인 대화나 지원자의 첫인상 및 면접관의 주관적인 판단 등에 의해서 입사 결정 여부를 판단하는 경우가 많았습니다. 이러한 면접전형은 면접 내용의 일관성이 결여되거나 직무 관련 타당성이 부족하였고, 면접에 대한 신뢰도에 영향을 주었습니다.

기존 면접(전통적 면접)		능력중심 채용 면접(구조화 면접)
• 일상적이고 단편적인 대화 • 인상, 외모 등 외부 요소의 영향 • 주관적인 판단에 의존한 총점 부여 ⇩ • 면접 내용의 일관성 결여 • 직무 관련 타당성 부족 • 주관적인 채점으로 신뢰도 저하	VS	• 일관성 – 직무 관련 역량에 초점을 둔 구체적 질문 목록 – 지원자별 동일 질문 적용 • 구조화 – 면접 진행 및 평가 절차를 일정한 체계에 의해 구성 • 표준화 – 평가 타당도 제고를 위한 평가 Matrix 구성 – 척도에 따라 항목별 채점, 개인 간 비교 • 신뢰성 – 면접 진행 매뉴얼에 따라 면접위원 교육 및 실습

(2) 능력 중심 채용의 면접 유형

① 경험 면접
- 목적 : 선발하고자 하는 직무 능력이 필요한 과거 경험을 질문합니다.
- 평가요소 : 직업기초능력과 직업성격검사 및 태도적 요소를 평가합니다.

② 상황 면접
- 목적 : 특정 상황을 제시하고 지원자의 행동을 관찰함으로써 실제 상황의 행동을 예상합니다.
- 평가요소 : 직업기초능력과 직업성격검사 및 태도적 요소를 평가합니다.

③ 발표 면접
- 목적 : 특정 주제와 관련된 지원자의 발표와 질의응답을 통해 지원자의 역량을 평가합니다.
- 평가요소 : 직무수행능력과 인지적 역량(문제해결능력)을 평가합니다.

④ 토론 면접

- 목적 : 토의과제에 대한 의견수렴 과정에서 지원자의 역량과 상호작용능력을 평가합니다.
- 평가요소 : 직무수행능력과 팀워크를 평가합니다.

2. 면접유형별 준비 방법

(1) 경험 면접

① 경험 면접의 특징

- 주로 직업기초능력에 관련된 지원자의 과거 경험을 심층 질문하여 검증하는 면접입니다.

> - 능력요소, 정의, 심사 기준
>   - 평가하고자 하는 능력요소, 정의, 심사 기준을 확인하여 면접위원이 해당 능력요소 관련 질문을 제시합니다.
> - Opening Question
>   - 능력요소에 관련된 과거 경험을 유도하기 위한 시작 질문을 합니다.
> - Follow-up Question
>   - 지원자의 경험 수준을 구체적으로 검증하기 위한 질문입니다.
>   - 경험 수준 검증을 위한 상황(Situation), 임무(Task), 역할 및 노력(Action), 결과(Result) 등으로 질문을 구분합니다.

경험 면접의 형태

- 직무능력 관련한 과거 경험을 평가하기 위해 심층 질문을 하며, 이 질문은 지원자의 답변에 대하여 '꼬리에 꼬리를 무는 형식'으로 진행됩니다.

② 경험 면접의 구조

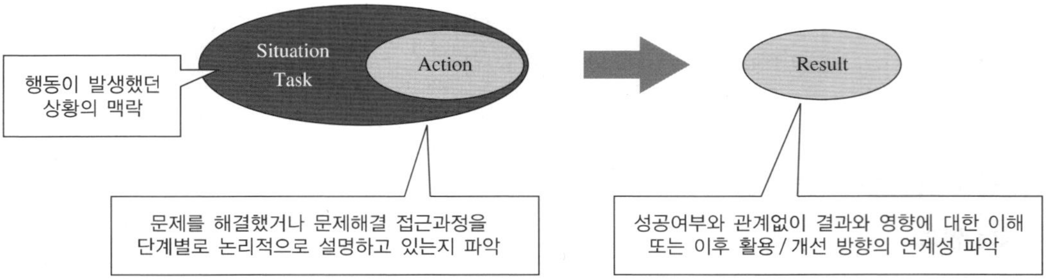

S(Situation)	귀하가 처해 있던 상황에 대해 말해 보시오.
T(Task)	귀하가 수행한 과제 / 과업은 무엇인가?
A(Action)	어떻게 행동(대응)했는가?
R(Result)	그 행동의 결과는 어땠는가?

(　　　　)에 관한 과거 경험에 대하여 말해 보시오.

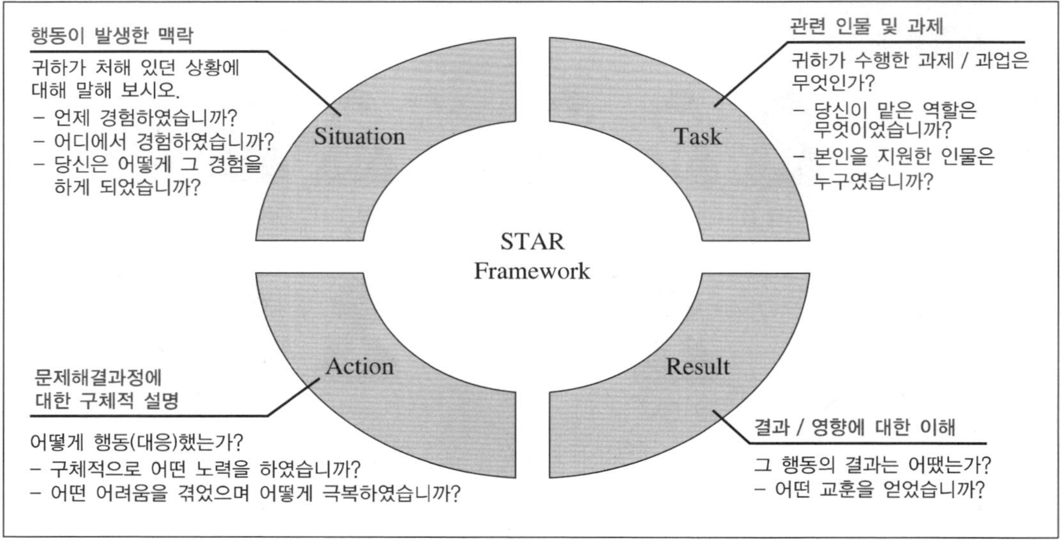

③ 경험 면접 질문 예시(직업윤리)

시작 질문	
1	남들이 신경 쓰지 않는 부분까지 고려하여 절차대로 업무(연구)를 수행하여 성과를 낸 경험을 구체적으로 말해 보시오.
2	조직의 원칙과 절차를 철저히 준수하며 업무(연구)를 수행한 것 중 성과를 향상시킨 경험에 대해 구체적으로 말해 보시오.
3	세부적인 절차와 규칙에 주의를 기울여 실수 없이 업무(연구)를 마무리한 경험을 구체적으로 말해 보시오.
4	조직의 규칙이나 원칙을 고려하여 성실하게 일했던 경험을 구체적으로 말해 보시오.
5	타인의 실수를 바로잡고 원칙과 절차대로 수행하여 성공적으로 업무를 마무리하였던 경험에 대해 말해 보시오.

후속 질문		
상황 (Situation)	상황	구체적으로 언제, 어디에서 경험한 일인가?
		어떤 상황이었는가?
	조직	어떤 조직에 속해 있었는가?
		그 조직의 특성은 무엇이었는가?
		몇 명으로 구성된 조직이었는가?
	기간	해당 조직에서는 얼마나 일했는가?
		해당 업무는 몇 개월 동안 지속되었는가?
	조직규칙	조직의 원칙이나 규칙은 무엇이었는가?
임무 (Task)	과제	과제의 목표는 무엇이었는가?
		과제에 적용되는 조직의 원칙은 무엇이었는가?
		그 규칙을 지켜야 하는 이유는 무엇이었는가?
	역할	당신이 조직에서 맡은 역할은 무엇이었는가?
		과제에서 맡은 역할은 무엇이었는가?
	문제의식	규칙을 지키지 않을 경우 생기는 문제점 / 불편함은 무엇인가?
		해당 규칙이 왜 중요하다고 생각하였는가?
역할 및 노력 (Action)	행동	업무 과정의 어떤 방면에서 규칙을 철저히 준수하였는가?
		어떻게 규정을 적용시켜 업무를 수행하였는가?
		규정을 준수하는 데 어려움은 없었는가?
	노력	그 규칙을 지키기 위해 스스로 어떤 노력을 기울였는가?
		본인의 생각이나 태도에 어떤 변화가 있었는가?
		다른 사람들은 어떤 노력을 기울였는가?
	동료관계	동료들은 규칙을 철저히 준수하고 있었는가?
		팀원들은 해당 규칙에 대해 어떻게 반응하였는가?
		규칙에 대한 태도를 개선하기 위해 어떤 노력을 하였는가?
		팀원들의 태도는 당신에게 어떤 자극을 주었는가?
	업무추진	주어진 업무를 추진하는 데 규칙이 방해되진 않았는가?
		업무수행 과정에서 규정을 어떻게 적용하였는가?
		업무 시 규정을 준수해야 한다고 생각한 이유는 무엇인가?

결과 (Result)	평가	규칙을 어느 정도나 준수하였는가?
		그렇게 준수할 수 있었던 이유는 무엇이었는가?
		업무의 성과는 어느 정도였는가?
		성과에 만족하였는가?
		비슷한 상황이 온다면 어떻게 할 것인가?
	피드백	주변 사람들로부터 어떤 평가를 받았는가?
		그러한 평가에 만족하는가?
		다른 사람에게 본인의 행동이 영향을 주었다고 생각하는가?
	교훈	업무수행 과정에서 중요한 점은 무엇이라고 생각하는가?
		이 경험을 통해 느낀 바는 무엇인가?

(2) 상황 면접

① 상황 면접의 특징

직무 관련 상황을 가정하여 제시하고 이에 대한 대응능력을 직무관련성 측면에서 평가하는 면접입니다.

- 상황 면접 과제의 구성은 크게 2가지로 구분
  - 상황 제시(Description) / 문제 제시(Question or Problem)
- 현장의 실제 업무 상황을 반영하여 과제를 제시하므로 직무분석이나 직무전문가 워크숍 등을 거쳐 현장성을 높임
- 문제는 상황에 대한 기본적인 이해 능력(이론적 지식)과 함께 실질적 대응이나 변수 고려능력(실천적 능력) 등을 고르게 질문해야 함

상황 면접의 형태

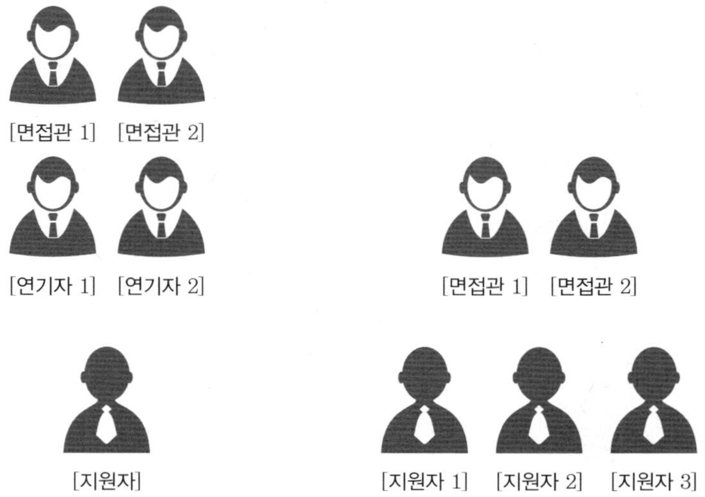

〈시뮬레이션〉 〈문답형〉

② 상황 면접 예시

상황 제시	인천공항 여객터미널 내에는 다양한 용도의 시설(사무실, 통신실, 식당, 전산실, 창고 면세점 등)이 설치되어 있습니다.	실제 업무 상황에 기반함
	금년에 소방배관의 누수가 잦아 메인 배관을 교체하는 공사를 추진하고 있으며, 당신은 이번 공사의 담당자입니다.	배경 정보
	주간에는 공항 운영이 이루어져 주로 야간에만 배관 교체 공사를 수행하던 중, 시공하는 기능공의 실수로 배관 연결 부위를 잘못 건드려 고압배관의 소화수가 누출되는 사고가 발생하였으며, 이로 인해 인근 시설물에는 누수에 의한 피해가 발생하였습니다.	구체적인 문제 상황
문제 제시	일반적인 소방배관의 배관연결(이음)방식과 배관의 이탈(누수)이 발생하는 원인에 대해 설명해 보시오.	문제 상황 해결을 위한 기본 지식 문항
	담당자로서 본 사고를 현장에서 긴급히 처리하는 프로세스를 제시하고, 보수완료 후 사후적 조치가 필요한 부분 및 재발방지 방안에 대해 설명해 보시오.	문제 상황 해결을 위한 추가 대응 문항

(3) 발표 면접

① 발표 면접의 특징

- 직무 관련 주제에 대한 지원자의 생각을 정리하여 의견을 제시하고, 발표 및 질의응답을 통해 지원자의 직무 능력을 평가하는 면접입니다.
- 발표 주제는 직무와 관련된 자료로 제공되며, 일정 시간 후 지원자가 보유한 지식 및 방안에 대한 발표 및 후속 질문을 통해 직무적합성을 평가합니다.

> • 주요 평가요소
> – 설득적 말하기 / 발표능력 / 문제해결능력 / 직무 관련 전문성
> • 이미 언론을 통해 공론화된 시사 이슈보다는 해당 직무 분야에 관련된 주제가 발표 면접의 과제로 선정되는 경우가 최근 들어 늘어나고 있음
> • 짧은 시간 동안 주어진 과제를 빠른 속도로 분석하여 발표문을 작성하고 제한된 시간 안에 면접관에게 효과적인 발표를 진행하는 것이 핵심

발표 면접의 형태

〈개별과제 발표〉 〈팀 과제 발표〉

※ 면접관에게 시각적 효과를 사용하여 메시지를 전달하는 쌍방향 커뮤니케이션 방식
※ 심층면접을 보완하기 위한 방안으로 최근 많은 기업에서 적극 도입하는 추세

② 발표 면접 예시

1. 지시문

당신은 현재 K사에서 직원들의 성과평가를 담당하고 있는 팀원이다. 인사팀은 지난주부터 사내 조직문화 관련 인터뷰를 하던 도중 성과평가제도에 관련된 개선 니즈가 제일 많다는 것을 알게 되었다. 이에 팀장님은 인터뷰 결과를 종합하려 성과평가제도 개선 아이디어를 A4 용지 1장 이내로 신속 보고할 것을 지시하셨다. 당신에게 남은 시간은 1시간이다. 자료를 준비하는 대로 당신은 팀원들이 모인 회의실에서 5분간 발표할 것이며, 이후 질의응답을 진행할 것이다.

2. 배경자료

〈성과평가제도 개선에 대한 인터뷰〉

최근 K사는 회사 사세의 급성장으로 인해 작년보다 매출이 두 배 성장하였고, 직원 수 또한 두 배로 증가하였다. 회사의 성장은 임금, 복지에 대한 상승 등 긍정적인 영향을 주었으나 업무의 불균형 및 성과보상의 불평등의 문제가 발생하였다. 또한 수시로 입사하는 신입직원과 경력직원, 퇴사하는 직원들까지 인원들의 잦은 변동으로 인해 평가해야 할 대상이 변경되어 현재의 성과평가제도로는 공정한 평가가 어려운 상황이다.

[생산부서 김상호]
우리 팀은 지난 1년 동안 생산량이 급증했기 때문에 수십 명의 신규인력이 급하게 채용되었습니다. 이 때문에 저희 팀장님은 신규 입사자들의 이름조차 기억 못할 때가 많이 있습니다. 성과평가를 제대로 하고 있는지 의문이 듭니다.

[마케팅 부서 김흥민]
개인의 성과평가의 취지는 충분히 이해합니다. 그러나 현재 평가는 실적기반이나 정성적인 평가가 많이 포함되어 있어 객관성과 공정성에는 의문이 드는 것이 사실입니다. 이러한 상황에서 평가 제도를 재수립하지 않고, 인센티브에 계속 반영한다면, 평가제도에 대한 반감이 커질 것이 분명합니다.

[교육부서 홍경민]
현재 교육부서는 인사팀과 밀접하게 일하고 있습니다. 그럼에도 인사팀에서 실시하는 성과평가제도에 대한 이해가 부족한 것 같습니다.

[기획부서 김경호 차장]
저는 저의 평가자 중 하나가 연구부서의 팀장님인데, 일 년에 몇 번 같이 일하지 않는데 어떻게 저를 평가할 수 있을까요? 특히 연구팀은 저희가 예산을 배정하는데, 저에게는 좋지만 ….

(4) 토론 면접

① 토론 면접의 특징

- 다수의 지원자가 조를 편성해 과제에 대한 토론(토의)을 통해 결론을 도출해 가는 면접입니다.
- 의사소통능력, 팀워크, 종합인성 등의 평가에 용이합니다.

1. 주요 평가요소
   - 설득적 말하기, 경청능력, 팀워크, 종합인성
2. 의견이 대립이 명확한 주제 또는 채용분야의 직무 관련 주요 현안을 주제로 과제 구성
3. 제한된 시간 내 토론을 진행해야 하므로 적극적으로 자신 있게 토론에 임하고 본인의 의견을 개진할 수 있어야 함

토론 면접의 형태

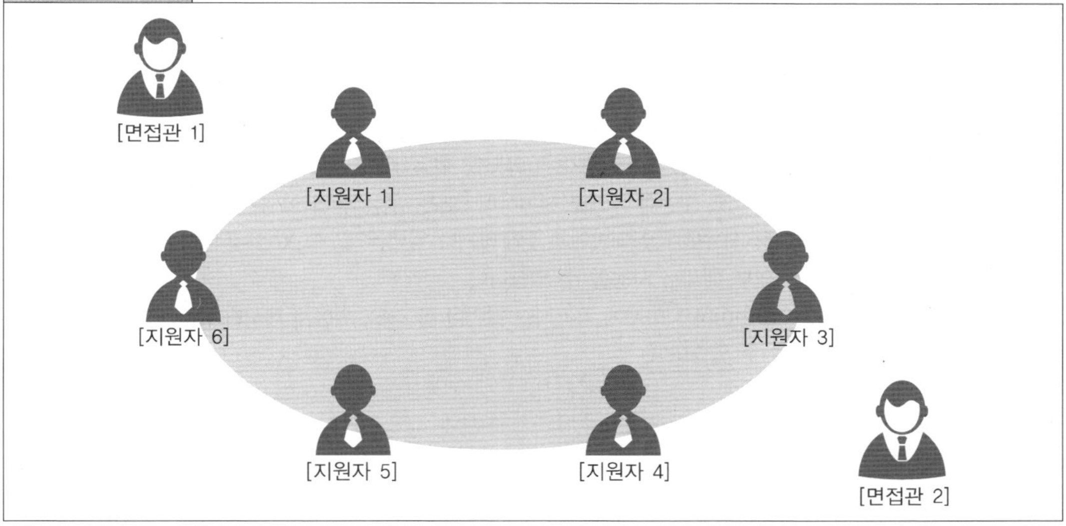

② 토론 면접 예시

고객 불만 고충처리
1. 들어가며
최근 우리 상품에 대한 고객 불만의 증가로 고객고충처리 TF가 만들어졌고 당신은 여기에 지원해 배치받았다. 당신의 업무는 불만을 가진 고객을 만나서 애로사항을 듣고 처리해 주는 일이다. 주된 업무로는 고객의 니즈를 파악해 방향성을 제시해 주고 그 해결책을 마련하는 일이다. 하지만 경우에 따라서 고객의 주관적인 의견으로 인해 제대로 된 방향으로 의사결정을 하지 못할 때가 있다. 이럴 경우 설득이나 논쟁을 해서라도 의견을 관철시키는 것이 좋을지 아니면 고객의 의견대로 진행하는 것이 좋을지 결정해야 할 때가 있다. 만약 당신이라면 이러한 상황에서 어떤 결정을 내릴 것인지 여부를 자유롭게 토론해 보시오.
2. 1분 자유 발언 시 준비사항
• 당신은 의견을 자유롭게 개진할 수 있으며 이에 따른 불이익은 없습니다. • 토론의 방향성을 이해하고, 내용의 장점과 단점이 무엇인지 문제를 명확히 말해야 합니다. • 합리적인 근거에 기초하여 개선방안을 명확히 제시해야 합니다. • 제시한 방안을 실행 시 예상되는 긍정적 · 부정적 영향요인도 동시에 고려할 필요가 있습니다.
3. 토론 시 유의사항
• 토론 주제문과 제공해드린 메모지, 볼펜만 가지고 토론장에 입장할 수 있습니다. • 사회자의 지정 또는 발표자가 손을 들어 발언권을 획득할 수 있으며, 사회자의 통제에 따릅니다. • 토론회가 시작하면, 팀의 의견과 논거를 정리하여 1분간 자유발언을 할 수 있습니다. 순서는 사회자가 지정합니다. 이후에는 자유롭게 상대방에게 질문하거나 답변을 할 수 있습니다. • 핸드폰, 서적 등 외부 매체는 사용할 수 없습니다. • 논제에 벗어나는 발언이나 지나치게 공격적인 발언을 할 경우, 위에서 제시한 유의사항을 지키지 않을 경우 불이익을 받을 수 있습니다.

3. 면접 Role Play

면접 Role Play 편성

- 교육생끼리 조를 편성하여 면접관과 지원자 역할을 교대로 진행합니다.
- 지원자 입장과 면접관 입장을 모두 경험해 보면서 면접에 대한 적응력을 높일 수 있습니다.

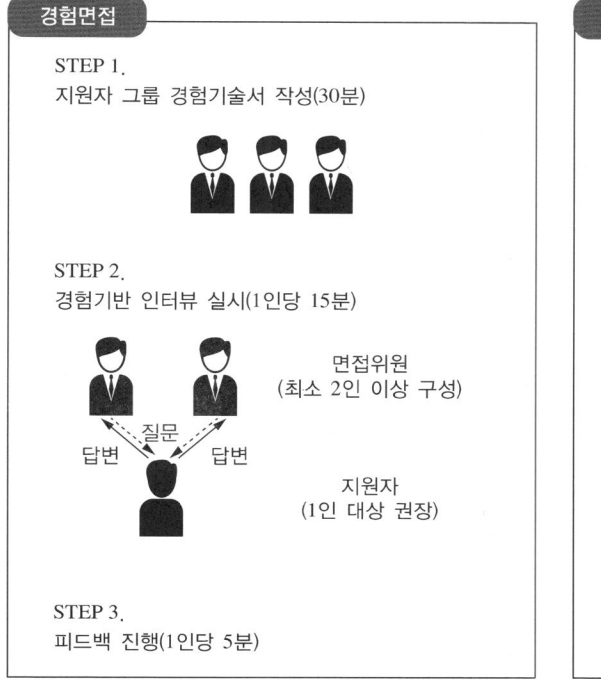

경험면접

STEP 1.
지원자 그룹 경험기술서 작성(30분)

STEP 2.
경험기반 인터뷰 실시(1인당 15분)

면접위원
(최소 2인 이상 구성)

지원자
(1인 대상 권장)

STEP 3.
피드백 진행(1인당 5분)

발표면접

STEP 1.
지원자 그룹 발표 내용 작성(30분)

STEP 2.
발표 5분+추가질의 5분(1인당 10분)

면접위원
(최소 2인 이상 구성)

지원자
(1인 대상 권장)

STEP 3.
피드백 진행(1인당 5분)

TIP

면접 준비하기

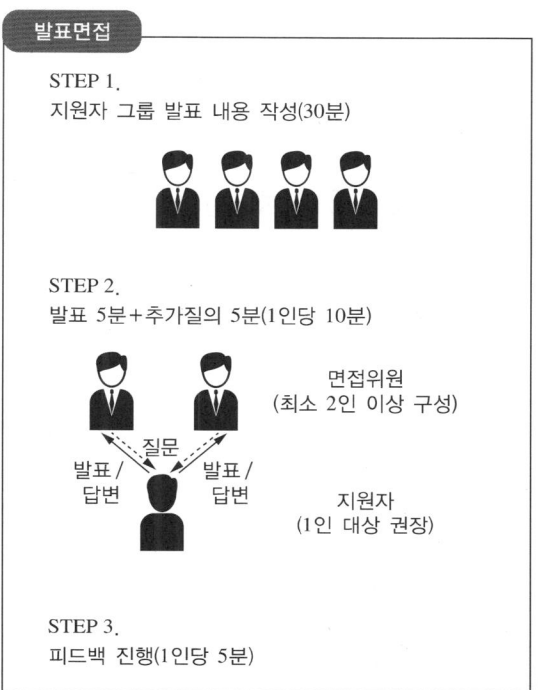

1. 면접 유형 확인 필수
   - 기업마다 면접 유형이 상이하기 때문에 해당 기업의 면접 유형을 확인하는 것이 좋음
   - 일반적으로 실무진 면접, 임원 면접 2차례를 거쳐 면접을 실시하는 기업이 많고 실무진 면접과 임원 면접에서 평가요소가 다르기 때문에 유형에 맞는 준비방법이 필요
2. 후속 질문에 관한 사전 점검
   - 블라인드 채용 면접에서는 주요 질문과 함께 후속 질문을 통해 지원자의 직무능력을 판단
     → STAR 기법을 통한 후속 질문을 미리 대비하는 것이 필요

02 주요 금융권 면접 기출

신용보증기금

신용보증기금의 면접전형은 과제수행(20점)+실무(40점)+심층(40점) 총 3단계에 걸쳐 진행된다. 직무적합성과 신용보증기금 업무에 대한 이해, 가치관 등을 종합적으로 평가한다.

1. 과제 수행 면접

두 조가 함께 들어가서 주어진 주제와 제시문을 읽고 조별로 논의한 뒤에 주제, 목적, 내용 등을 요약하여 해결방법을 써서 발표한다. 두 조의 발표가 모두 끝난다면 상대 조에게 질문을 하고 토론을 하며 면접관들도 질문한다. 발표시간이 그리 길지는 않고, 시간이 초과되면 더 이상 듣지 않고 발표를 멈추게 하니 조원들과 요점만 간략히 전달하는 것이 중요하다.

[기출 질문]

- 최근 금융시장의 문제점과 해결 방안에 대해 토론하시오.
- 기업의 부실징후는 무엇을 보면 파악할 수 있는지 토론하시오.
- 보증료율을 높여야 하는지, 낮춰야 하는지 토론하시오.
- 최저임금 상승에 대해 찬반을 나누어 토론하시오.
- 사립유치원에 국가관리 회계 시스템(에듀파인)을 적용하는 것이 바람직하다고 생각하는가?
- 종교인 과세에 대해 찬반을 나누어 토론하시오.
- 교육 평등주의에 대해 찬반을 나누어 토론하시오.
- 보증기업 사장에게 한도 축소를 통보할 때 어떻게 해야 하는가?
- 전사적 차원에서 신용보증과 신용보험을 어떠한 비중으로 분배해야 하는가?
- 클라우드 컴퓨팅을 신용보증기금에 적용해야 하는가? 적용해야 한다면 그 이유는 무엇인가?
- 금융정책기관으로서 신용보증기금이 확대·강화해야 할 업무영역은 무엇인가?
- 연대보증 폐기에 대한 본인의 생각은 무엇인가?
- 우버택시의 도입에 대해 찬반을 나누어 토론하시오.
- SNS 소통에 대해 긍정적인가 부정적인가?
- 전업주부 영유아 어린이집 이용제한에 대해 찬반을 나누어 토론하시오.
- 벤처 창업자에 대한 병역혜택을 찬반을 나누어 토론하시오.

2. 실무 면접

실무진들과 조가 다대다로 진행한다. 공통 질문과 개인 질문으로 나뉘는데 신용보증기금에서 진행하고 있는 프로젝트나 전공에 관련된 질문이 많다. 만약 지원자가 예전에 했던 프로젝트가 있다면 그것과 관련된 구체적인 설명을 요구하기도 한다.

[기출 질문]

- 신생기업이 새로운 사업을 시작할 때 고려할 점이 무엇인지 말해 보시오.
- DBM이란 무엇인가?
- OSI 7계층은 무엇인가?
- TCP는 몇 계층인지 알고 있는가?
- 공통키, 대칭키 방식에 대하여 설명해 보시오.
- 유동화증권에 대하여 설명해 보시오.
- 후순위채권은 누가 매입하는지 알고 있는가?
- 후순위채권 매입 시 회계처리 과정에 대하여 알고 있는가?
- M&A 보증 시 꼭 진행해야 하는 상법적 절차에 대하여 알고 있는가?
- 중소기업의 재무제표를 볼 때, 수익성을 보기 위해서는 어떤 계정과목 혹은 재무비율을 보아야 하는가?
- 자산담보부증권에 대하여 알고 있는가?
- 지원자가 알고 있는 자산담보부증권에 대하여 말해 보시오.
- 기업가치평가 기법에 대하여 설명해 보시오.
- 블록 체인이 무엇인지 알고 있는가?
- 보증심사 시 고려해야 할 사항을 말해 보시오.
- 지원자가 생각하는 가장 소중한 물건에 대하여 말해 보시오.
- 팔로우십에 대한 생각을 말해 보시오.
- 팔로우십에서 가장 중요한 가치가 무엇이라고 생각하는가?
- 매출채권보험에 대하여 설명해 보시오.
- 보험과 보증의 차이를 알고 있는가?
- 직접 금융 활성화 방안에 대하여 말해 보시오.
- 신용 보증에 대해 아는 것을 설명해 보시오.
- 삼성 바이오로직스 사태를 설명할 수 있겠는가?
- 공모전 수상 내역이 있는데 어떤 내용인가?
- 신용보증기금이 하는 일이 어떤 일이라고 생각하는가?
- 대민 업무를 함에 있어서 자신의 단점은 무엇인가?
- 민원고객이 몰려든다면 어떻게 하겠는가?
- 시각장애인에게 파란색을 설명해 보시오.
- 이자보상비율이란 무엇인가?
- SMART 융합 보증이란 무엇인가?
- 신용보증기금과 기술보증기금의 차이는 무엇인가?
- 영업점에서 민원이 심하게 발생할 경우 이에 대한 대처방법에 대해 말해 보시오.
- 투자옵션부 보증이란 무엇인가?

- 본인의 장점을 한 가지 말해 보시오.
- 동대구역의 가치를 계산해 보시오.
- 4차 산업혁명에 대해 말해 보시오.
- 보증 기한 연장이 불가능한 기업의 대표가 연장 신청을 해달라고 할 경우 어떻게 할 것인가?
- 제조업, 도소매업에 대한 부채비율을 어느 정도로 관리하는 것이 바람직한가?
- 한계기업의 정의에 관해 설명해 보시오.
- 마포 사옥을 창업자들을 위한 공간으로 조성하려 하는데 어떻게 차별화할 수 있겠는가?
- 리플레이션에 대해 아는가?
- 메인비즈, 이노비즈의 개념에 대해 아는 사람이 있으면 답변해 보시오.
- 30초 내로 간단한 자기소개를 해 보시오.
- 중요도가 낮은 업무의 경우 상사에게 일일이 보고하고 일을 처리할 것인가?
- 보증과 보험의 차이를 말해 보시오.
- 보험의 경우 부보율이 얼마나 되는가?
- 재무·비재무적 요소 중 중요하게 보아야 할 것은 무엇인가?
- 사모펀드에 대해 어떻게 규제해야 하는가?
- 중소기업의 사업실패 요인은 무엇이라고 생각하는가?
- 최근 미국, 일본, 유럽 등의 통화정책 차이로 환율 등의 대외여건이 변화하고 있는데, 본인이 중소기업 사장이라면 어떻게 대응하겠는가?
- 본인이 신용보증기금에 입사하기 위하여 노력한 것은 무엇인가?
- 결혼과 직장의 공통점 및 차이점은 무엇인가?
- 최근 읽었던 신용보증기금 관련 기사는 무엇인가?
- 신용보증기금이 당신을 뽑아야 하는 이유가 무엇인가?

3. 심층 면접

실무 면접과 비슷하지만 임원들이 인성적인 질문을 한다. 자기소개서를 바탕으로 지원자의 기본적인 인성 및 가치관, 도전의식 및 열정, 윤리의식·사회적 책임감을 중점으로 평가한다.

[기출 질문]

- 실제 경영자와 대표자가 다를 경우 어떻게 할 것인지 말해 보시오.
- 신용보증기금에 입사하기 위해 얼마나 준비했는지 말해 보시오.
- 새로운 환경에 적응할 때 어려움을 극복한 방법에 대하여 말해 보시오.
- 신용보증기금에 입사하여 얻고 싶은 점을 말해 보시오.
- 무엇인가를 성공했던 경험에 대하여 말해 보시오.
- 책임감을 발휘한 경험에 대하여 말해 보시오.
- 본인의 롤 모델에 대하여 말해 보시오.
- 상사가 부당한 업무를 지시했을 때, 어떻게 대처하겠는가?
- 본인의 직업관은 무엇인가?
- 신용보증기금의 최근 이슈에 대해 아는 것이 있는가?
- 중소기업의 자생력을 높이기 위한 방안을 설명할 수 있는가?
- 자격증과 교육훈련이 업무를 수행하면서 어떤 도움이 되겠는가?
- 본인의 단점이 무엇이며 어떻게 극복하여 업무에 활용할 것인가?
- 4차 산업혁명과 같은 기술발전으로 인한 명과 암에 대해 말해 보시오.
- 약속이 있는 날, 오늘 꼭 처리해야만 하는 업무가 생겼다. 어떤 선택을 할 것인가?
- 국보 1호가 왜 국보 1호로 지정되었는지 아는가?
- 직장상사가 사내결혼에 대해 심한 선입견을 가지고 있고, 본인은 사내연애 중이며 결혼을 생각하고 있다. 상사의 선입견을 풀기 위해 어떻게 할 것인가?
- 황제경영을 해결하기 위한 방안은 무엇인가?
- 신용보증기금에 입사 후 본인이 생각하는 본인의 모습을 말해 보시오.
- 신용보증기금이 나아가야 할 방향은 무엇이라고 생각하는가?
- 대기업의 한식 사업 진출에 대해 어떻게 생각하는가?
- 식물 혹은 동물로 태어난다면 무엇이 되고 싶은가?
- 본인이 가진 역량 말고 가치관은 무엇인가?
- 사회양극화의 원인과 해소방안은 무엇이라고 생각하는가?
- 기술금융이 활성화되지 않는 원인과 해결 방안은 무엇이라 생각하는가?
- IT 업계가 아닌 신용보증기금에 지원한 이유는 무엇인가?
- 공기업과 사기업의 차이를 설명해 보시오.
- 경력 프로젝트 관련 구체적인 설명을 해 보시오.

기술보증기금

기술보증기금의 면접전형은 1차 면접과 2차 면접으로 총 2단계에 걸쳐 진행된다. 1차 면접은 조직적합성과 직무적합성, 토론을 합산하여 평가하며, 2차 면접은 종합적합성과 1차 면접전형의 점수, 필기전형의 점수를 합산하여 평가한다.

1. 1차 면접 – 조직적합성 면접(인성 면접)

다대다로 이뤄지며 지원자의 자기소개서를 기반으로 진행된다. 제출한 자기소개서의 내용에 대한 숙지와 함께 기술보증기금의 핵심가치를 반영한 답변을 준비할 필요가 있고 모순되지 않은 솔직한 답변을 하도록 주의가 필요하다.

[기출 질문]

- 마지막으로 하고 싶은 말을 해 보시오.
- 본인이 원하지 않는 직무에 배정될 경우 어떻게 할 것인가?
- 현재를 개선하기 위해 했던 노력에 대하여 말해 보시오.
- 30초간 자기소개를 해 보시오.
- 어떤 상사가 좋은 상사라고 생각하는가?
- 전국 순환근무에 적응할 자신이 있는가?
- 금융기관 직원으로서 지녀야 할 중요한 덕목은 무엇이라고 생각하는가?
- 창의력을 키우기 위한 지원자만의 노력이 있는가?
- 지원자의 스트레스 해소방법은 무엇인가?
- 마지막으로 20초간 맺음말을 해 보시오.
- 여러 금융기관 중 기술보증기금에 지원한 이유가 무엇인가?
- 기술보증기금의 핵심가치와 지원자의 가치관이 어떻게 부합하는가?
- 기술보증기금이 여성을 배려하고 있는 점에 대하여 아는 것이 있는가?
- 다른 사람들이 생각하는 지원자의 모습 중 지원자의 생각과 다른 점이 있었는가?
- 인턴생활을 하면서 힘들었던 점을 말해 보시오.
- 희망근무지역을 부산으로 했는데, 주소는 서울이다. 왜 이런 선택을 했는가?
- 부모님과 요즘 하는 이야기는?
- 연수원까지 오면서 어떤 생각을 했는가?
- 전 직장에서 구체적으로 어떤 일을 했는가?
- 자신의 강점은 무엇이고 그것을 기보에서 어떻게 활용할 것인가?
- 동아리 활동을 했다고 기록했는데, 어떤 활동을 했는가?
- 조직과 개인 중 어느 것이 더 중요하다고 생각하는가?
- 만약 상사로부터 부당한 대우를 받는다면 어떻게 할 것인가?
- 기술보증기금에 지원하게 된 동기가 무엇인가?
- 블랙 컨슈머도 고객으로 보아야 한다고 생각하는가?
- 기술보증기금의 핵심 가치 3가지 중 지원자를 잘 표현할 수 있는 키워드 한 가지와 관련된 경험을 말해 보시오.

- 공기업으로서 나아가야 할 방향은 무엇이라고 생각하는가?
- 토끼와 거북이 이야기에서 어떤 동물이 낫다고 생각하는가?
- 기업의 사회적 책임과 노블리스 오블리주에 대해서 어떻게 생각하는가?
- 경제 민주화란 무엇이고, 본인의 생각은 무엇인가?
- 자기소개서에는 취업을 위해 많은 것을 준비한 것 같은데, 학창시절에 대한 이야기가 없는 것 같다. 학창시절 중 가장 기억에 남는 일은 무엇인가?
- 가장 기억에 남는 여행과 그곳에서 배운 교훈은?
- 올해 목표 중 본인이 이루고 싶은 가장 큰 목표는 무엇인가? 단, 취업과 관련이 없는 것만 이야기 해달라.
- 본인이 최근 읽은 책 중 기억에 남는 책과 그것에서 얻은 교훈은 무엇인가?

2. 1차 면접 – 직무적합성 면접(PT 면접)

지원자 1명과 면접관 다수로 이뤄지는 발표와 질의응답으로 구성되는 면접인데 시사관련 주제가 나오기도 하기 때문에 기업, 비즈니스, 4차 산업혁명, 기술보증기금의 사업과 관련된 것을 알고 가는 것이 좋다. 처음 보는 단어라도 문제지에 쓰인 뜻을 보고 차분히 생각해서 발표 내용을 구상해야 한다.

[기출 질문]

- 문화 콘텐츠 보증에 대하여 발표하시오.
- 최신 IT 기술을 기술보증기금 업무에 적용할 방안에 대하여 발표하시오.
- 문화 콘텐츠(영화, 드라마, 게임, 캐릭터 등) 평가 방안에 대하여 발표하시오.
- 대기업의 중소기업 기술탈취에 대해 어떻게 생각하는가?
- 기금의 경제 활성화 방안에 대하여 설명하시오.
- 금리 인하로 인한 우리 정부의 앞으로의 방향은 어떠한지 말해 보시오.
- 빅데이터에 3V가 있는데 4V, 5V에 V가 무엇인지 아는가?
- 본인이 생각하기에 기술평가에서 중요하게 생각할 요소와 각 비중을 정해 설명하시오.
- 기술평가와 관련하여 어떤 경험과 역량을 쌓아왔는가?
- 실제 기술평가 시 어떤 평가요소를 중점적으로 평가할 것인가?
- CAMP에서 베타는 어떻게 구하는가?
- 기술이 눈에 보이지 않는데 어떻게 이를 증명할 것인가?
- 성적이 좋은데 대학원에 갈 생각은 없는가?
- 동아리 활동 경험에 대해 이야기해 보시오.

3. 1차 면접 – 토론 면접

한 조로 이루어진 4명의 지원자들 간에 주어진 주제에 대해 토론하는 형식으로 진행된다. 주로 시사와 관련된 주제 및 창의력, 업무 전공에 관련한 주제가 주어진다. 자기 자신의 주장을 강하게 밀어붙이는 것보다는 다른 토론자들의 의견을 경청하여 덧붙이는 태도가 중요하다. 상대방을 이기기보다는 서로 이야기를 하면서 협의점을 찾는 것을 목적으로 생각해야 한다.

[기출 질문]
- 연대보증에 대하여 찬반 여부를 토론하시오.

4. 2차 면접 – 임원 면접

약 30분간 다대다로 이뤄지는 종합적합성면접으로 공통 질문 2개와 개인 질문 2개 정도를 물어보는 형식으로 진행된다.

[기출 질문]
- 남들이 생각하는 지원자의 모습 중 지원자의 생각과 다른 것이 있는가?
- 기금의 경제 활성화 방안에 대하여 설명해 보시오.
- 지원자가 생각하는 기술금융이란 무엇인가?
- 기술보증기금의 보증절차에 대해 설명해 보시오.
- 지원자가 지원한 직무에서 가장 중요하다고 생각하는 점은 무엇인가?
- 거주하고 있는 지역 외 근무를 하게 돼도 괜찮은가?
- 자기소개를 20초 내로 하시오.
- 남들보다 경쟁력이 있다고 생각하는 것은 무엇인가?
- 조직융화와 전문성 중에 어떤 것을 중시하는가?
- 자신과 닮은 동물과 그 동물을 선택한 이유를 말해 보시오.
- 진상 고객이 왔을 때 어떻게 대처할 것인가?
- 일하면서 동료와 갈등이 있을 때, 어떻게 할 것인가?
- 학창시절에 기억에 남는 경험을 말해 보시오.
- 중소기업에서 일했던 경험이 있던데, 어떤 고충이 있었나?
- 마지막으로 하고 싶은 말을 한 문장으로 말해 보시오.

한국수출입은행

최근 몇 년간 한국수출입은행은 청년인턴의 경우 조직가치적합도(인성 면접) 및 PT 면접으로 면접을 실시하며, 전문직 행원의 경우 1차에서 NCS 기반 직무역량평가와 영어활용능력을 평가한 뒤 2차에서 조직가치적합도(인성 면접)를 평가하고 있다.

1. 인성 면접

[기출 질문]

- 한국수출입은행에 지원한 동기는 무엇인가?
- 한국수출입은행에 입사하게 된다면 어떤 업무를 가장 잘할 수 있는가?
- 한국수출입은행의 장점과 단점은 무엇인가?
- 한국수출입은행의 미션은 무엇인가?
- 책임감을 가지고 일을 해서 성과를 낸 경험이 있는가?
- 자신의 경험이나 역량을 한국수출입은행에서 어떻게 발휘할 것인가?
- 전공이 다름에도 한국수출입은행을 선택한 이유는 무엇인가?
- 조직생활에서 가장 중요한 것은 무엇인가?
- 업무 중 커피 심부름을 시킨다면 어떻게 할 것인가?
- 인사에서 성장성, 안정성, 개인의 적성 중에 무엇이 가장 중요하며 그 이유는 무엇인가?
- 어떤 업무를 맡고 싶은가?
- 지원한 분야의 업무를 맡고 싶은 이유는 무엇인가?
- 협업을 했던 경험이 있는가?
- 자신의 인생에서 갈등을 해결한 경험은 무엇인가?
- 인생에서 중요하게 여기는 것은 무엇인가?

2. 예상 면접 질문

[기출 질문]

- 상사가 부당한 지시를 한다면 어떻게 대처할 것인가?
- 고객이 서비스에 만족하지 않는다면 어떻게 대처할 것인가?
- 실패를 한 경험과 그것을 극복한 방안에 대해 말해 보시오.
- 남들과는 다른 자신의 강점은 무엇인가?
- 직원 대부분이 부정에 연관되어 있다는 사실을 알게 된다면 어떻게 대처할 것인가?
- 직무를 수행하기 위해 어떤 능력을 갖추었는가?
- 다른 사람과의 갈등이 발생하면 어떻게 해결할 것인가?

하나금융그룹

'비전 달성을 위한 전문 역량과 리더십을 겸비한 리더'를 추구하는 하나금융그룹은 정직과 성실을 바탕으로 열정, 열린 마음, 손님 우선, 전문성, 존중과 배려의 5가지 핵심가치를 갖춘 전문인이 인재상이다.
하나금융그룹의 1차 면접은 BEI 면접, PT 면접, 세일즈 면접, Hana Value 면접 등으로 구성되어 있고, 2차 면접은 인성 중심 면접으로 진행된다.

1. 1차 면접

(1) BEI 면접

은행 기초직무와 자기소개서를 기반으로 한 多대多 인성 면접이다. 3명의 실무진 면접관이 평가하며, 지원자 5 ~ 7명이 한 조가 되어 면접을 치르게 되는데 평균적으로 1시간 정도 소요된다. 직무지식 외 자기소개서에 작성한 본인의 경험을 바탕으로 솔직하고 자신있게 대답해야 한다. 간혹 면접관이 질문에 대해 생각나는 사람이 먼저 손을 들고 대답하라고 하는 경우도 있으므로 면접 참여 시 적극성을 보이는 것이 중요하다.

[하나은행]
- 자기소개를 해 보시오.
- 지원한 직무는 어떤 일을 한다고 생각하는지 말해 보시오.
- 하나은행에 입행 후 하고 싶은 업무에 대해 말해 보시오.
- 해당 업무를 진행할 때 본인이 가장 중요하다고 생각하는 것에 대해 말해 보시오.
- 하나은행에 대해서 유튜브나 TV 등 매체를 통해 인상 깊게 본 것이 있다면 말해 보시오.
- 하나은행의 서비스에 대해 잘 알고 있는 것이 있다면 말해 보시오.
- 인턴 활동을 하면서 아쉬웠던 점이나 후회되는 점에 대해 말해 보시오.
- 본인이 극복할 수 없는 단점에 대해 말해 보시오.
- 조직문화가 나와 맞지 않다고 생각할 때 어떻게 대처할 것인지 말해 보시오.
- 하나원큐를 사용해 봤을 때 느낀 장점과 단점에 대해 말해 보시오.
- 디지털 전환 시대에 고령층들에게 어떤 식으로 서비스를 할 것인지 말해 보시오.
- 은행 내 모든 직무에 대해 알고 있는 대로 말하고, 해당 직무 역량을 기르기 위해 했던 경험에 대해 말해 보시오.
- 자신이 은행원으로서 가지고 있는 강점과 역량에 대해 말해 보시오.
- 자신의 전공을 은행업에 어떻게 연결할 것인지 말해 보시오.
- 인턴을 했던 공공기관에서의 업무와 은행 업무가 어떤 연관이 있다고 생각하는가?
- 회계에서 어떠한 계정과목이 가장 중요하다고 생각하는가?
- 재무제표에서 중요하다고 생각되는 3가지 항목은 무엇인가?
- 금융지식을 쌓기 위해 어떠한 노력을 했는가?
- 기업금융 측면에서 생각해 본 상품이 있는가?
- 개인적으로 인상 깊었던 하나은행 상품은 무엇인가?
- 하나은행이 직면하고 있는 문제 상황은 무엇이라고 생각하는가?
- 하나은행 하면 떠오르는 좋은 이미지와 나쁜 이미지에는 무엇이 있는가?
- 은행원이나 금융 자격증을 준비하면서 어려웠던 점이 있다면 무엇인가?
- 하나은행의 글로벌 역량 신장을 위해 어느 나라로 진출하면 좋을지 말해 보시오.
- 외국어 전공자인데 은행에 지원하는 이유가 무엇인가?

- 자신의 커리어패스를 1분 자기소개와 함께 담아내시오.
- 본인의 커리어패스를 위해 어떠한 노력을 했는가?
- 왜 은행원이 되려고 하는가?
- 나이가 많은데 왜 늦은 나이에 입행을 결심했는가?
- 이용해 본 은행들 인터넷뱅킹의 특징은 무엇인가?
- 비전공자인데 왜 은행에 관심을 갖게 되었는가?
- 개인의 단점은 무엇인가? 은행에 일하면서 어떻게 극복할 것인가?
- 고객과 조직 중 어느 이익이 중요한가?
- 은행원이 되기 위해 어떤 노력을 했는가?
- IoT는 무엇인가?
- IoT를 하나은행에 적용할 수 있는 예시는 무엇인가?
- 진상손님 대처방법을 말해 보시오.
- 4차 산업혁명은 무엇인가?
- 휴대폰 단축번호 1번은 누구인가?
- 가장 행복했던 기억과 가장 슬펐던 기억을 말하고, 그로 인해 얻었던 교훈을 말해 보시오.
- 하나은행이 유스고객을 위해 해야 하는 마케팅은 무엇인가?
- 청년실업이란 무엇인가?
- 자신을 나타낼 키워드를 제시하고 키워드에 맞는 자기소개를 해 보시오.
- 하나은행에 입행하기 위해 준비한 것을 말해 보시오.
- 왜 하나은행에 지원했는가?
- 주거래 은행이 어디인가?
- 주말에 보통 무엇을 하는지 말해 보시오.
- 창의적 활동 경험에 대해 말해 보시오.
- 대외활동 중 어려웠던 점에 대해 말해 보시오.
- 아르바이트 경험이 특이한데 자세히 말해 보시오.
- 하나멤버스를 어떻게 활성화할 것인가?
- 친화력이 뛰어나다고 했는데 까다로운 손님을 어떻게 대처할 것인가?
- 학부 전공이 은행 업무와 관련이 전혀 없는데 은행원이 되고 싶은 이유가 있는가?
- 자기소개서에 적힌 역량 외에 다른 역량은 없는가?
- PB에 대해 어떻게 생각하는지 말해 보시오.
- 자신의 성격의 단점이 은행원으로서 단점이 될 수 있다. 어떻게 극복할 것인가?
- 중국 교환학생 경험이 있는데, 중국과 한국의 문화 중에 가장 큰 차이점은 무엇인가?
- 현재 IT 발달로 지점방문고객이 감소하고 있는데, 은행원을 줄여야 하는 것은 아닌가?
- 닮고 싶은 사람은 누구인가?
- 공백기간 동안 무엇을 했는지 말해 보시오.
- 하나은행의 단점은 무엇인가?
- 인생에서 가장 힘들었던 경험은 무엇인가?
- 자신이 지점에 입사하면 가장 먼저 할 일은 무엇인가?
- 본인이 은행원으로서 고객에게 만족을 줄 수 있다고 생각하는가?
- 본인의 전공을 업무 수행에 어떻게 적용할 것인가?
- 본인만의 스트레스 관리법에 대해 말해 보시오.
- 마케팅이란 무엇이라 생각하는가?

• 입행 후 하고 싶은 업무는 무엇인가?
• 은행에 입사하기 위해 준비한 것들에 대해 말해 보시오.
• 방문해 본 하나은행 지점에 대해 말해 보시오.
• 경영학을 복수전공 했는데 특별한 이유가 있는가?
• 살면서 겪었던 가장 큰 시련은 무엇인가?
• (비전공자에게) 앞으로 본인의 전공과 관련된 기회가 생긴다면 어떻게 하겠는가?
• 면접관이라면 어떤 인재를 뽑아야 하는가?
• 오늘 몇 시에 일어났는가?
• 연금수급을 받는 사람에게 어떤 상품을 추천하면 좋을지 말해 보시오.
• 행원이 갖춰야 할 덕목은 무엇인가?
• 지방에서 지역 은행들과 경쟁하려면 어떻게 해야 할지 말해 보시오.
• 지금 당장 10만 원을 주면 어떻게 할 것인가?
• 창의성을 발휘한 사례에 대해 말해 보시오.
• PT 면접 때 본인이 생각한 전략이 실패할 경우 어떻게 할 것인가?
• 상급자를 설득한 경험에 대해 말해 보시오.
• 돈을 번 경험에 대해 말해 보시오.
• 최근에 감동했던 경험이 있으면 손들고 이야기해 보시오.
• 학생회장을 한 이유와 하면서 느낀 점에 대해 말해 보시오.
• 마지막으로 하고 싶은 말이 있다면, 손을 들어 말해 보시오.

[하나카드]
• 좌우명이 무엇인가?
• 핀테크의 문제점과 해결방법에 대해 말해 보시오.
• 위험 관리 역량과 관련하여 어떤 역량을 쌓았는지 말해 보시오.
• 변화하는 현 금융 상황에 대해 어떻게 생각하는지 말해 보시오.
• 학부 시절 가장 어려웠던 것은 무엇인지 말해 보시오.
• 살아가면서 어려웠던 일을 극복했던 사례에 대해 말해 보시오.

[하나캐피탈]
• 야근이 많아도 잘 버틸 수 있는가?
• 금융인으로서 자부심을 말해 보시오.
• 학점이 좋은 편이다. 어떻게 공부를 했는가?
• 하나캐피탈에 대해 아는 대로 말해 보시오.
• 본인이 생각하는 하나캐피탈의 외부 이미지와 그 이유를 말해 보시오.
• 회사가 남녀평등을 지향하고 있으나, 아직은 수준에 미치지 못했다. 오래 다닐 수 있겠는가?
• 회사 차원에서 신입사원이 갖춰야 할 덕목이 무엇이라고 생각하는가?
• 하나캐피탈의 발전 방향은 무엇인가?
• 본인이 생각하는 하나캐피탈에 대해 말해 보시오.
• 팀 프로젝트나 활동 중에 가장 힘들었던 경험에 대해 말해 보시오.

[하나자산신탁]
• 자기소개를 해 보시오.
• 마지막으로 하고 싶은 말해 보시오.

• 『초한지』를 읽어 봤는가? 읽어봤다면 유방과 항우의 차이점에 대해 이야기해 보시오.
• 지금 당장 사야 할 물건이 있는데 예산이 부족하다면 어떻게 하겠는가?

[하나금융투자]

• 영업은 무엇이라고 생각하는가?
• 호모 헌드레드(Homo Hundred)에 대해 말해 보시오.
• 지점 발령은 어느 곳이든 상관없는가?
• 마지막으로 하고 싶은 말을 해 보시오.

[하나아이앤에스]

• 지원동기를 말해 보시오.
• 1분 자기소개를 해 보시오.
• POST / GET 방식에 대해 말해 보시오.
• 실제 서비스 장애를 경험한 사례가 있으면 이야기한 후, 어떻게 문제를 해결하였는지 설명해 보시오.
• 데이터베이스 인스턴스에 대해 말해 보시오.
• 조인문에 대해 말해 보시오.
• 업데이트문에 대해 말해 보시오.
• 관심 있는 IT분야에 대해 말해 보시오.
• 학부 시절 팀 프로젝트에서 맡은 임무에 대해 말해 보시오.
• 청라 이전에 대한 생각을 말해 보시오.
• 업무 특징상 야근이 많은데 괜찮은가?
• 프로젝트 경험에 대해 말해 보시오.
• 핀테크에 대해 말해 보시오.
• 이전 직장에서 퇴사한 이유는 무엇인가?
• 이전 직장에서 수행한 직무는 무엇인가?
• 입사 후 어떤 일을 하고 싶은가?
• 정부의 국정화 교과서에 대해 어떻게 생각하는가?
• 한국사 자격증을 취득한 이유는 무엇인가?
• 성격의 장단점에 대해 말해 보시오.

(2) PT 면접

PT 면접은 총 45분간 진행되며, '발표 준비(30분) – 발표(7분) – 질의응답(8분)'으로 구성되어 있다. 두 가지 주제에 대한 자료를 받고 30분간 A4 용지에 발표할 내용을 정리할 수 있는 시간이 주어진다. 두 가지 주제 모두 발표해야 하며, 면접관 2 ~ 4명이 있는 곳에서 혼자 발표를 진행하게 된다. 이후 발표한 내용에 대한 꼬리질문 3 ~ 4가지가 이어진다. 창의적이고 현실적인 방안을 도출하여 핵심 키워드 중심의 논리적인 설명을 하는 것이 중요하다.

[하나은행]
- 이스라엘 – 하마스 전쟁이 세계 금융 시장에 미치는 영향과 그에 따른 은행의 대응 방안에 대해 제시해 보시오.
- AI 챗봇 도입 시 하나은행이 가질 장점과 활용 방안에 대해 제시해 보시오.
- 기업금융에서 BaaS 활용 방안에 대해 제시해 보시오.
- 온라인 대환대출 플랫폼을 구축하는 데 있어 핀테크 업체와 은행 간 의견 차이가 발생하는 이유 및 원인에 대해 설명해 보시오.
- 중소기업 특화은행의 등장에 따른 하나은행의 대응 방안에 대해 제시해 보시오.
- 사적연금시장의 변화에 따른 하나은행의 대응 방안에 대해 제시해 보시오.
- 실버시대 비대면 마케팅 방안에 대해 말해 보시오.
- 하나은행의 ESG 경영 실천 방안에 대해 제시하고, 기업금융과 ESG를 결합할 수 있는 아이디어가 있다면 말해 보시오.
  - E, S, G 중 가장 중요한 한 가지와 그 이유는 무엇인가?
  - G 측면에서 수익성과 공공성에 대한 논란의 해결법을 제시해 보시오.
  - 기업금융 측면에서 ESG 컨설팅을 제시하는 게 당행에 이득일 것 같은가? 손해일 것 같은가?
- 금융서비스에서 업무 자동화가 가능한 영역(외환 / 글로벌 / 기업금융 중 택 1)과 자동화 시 개선 가능한 금융서비스는 무엇이 있을지 말해 보시오.
- MZ세대의 특징과 MZ세대 유치 및 자산 증대 전략에 무엇이 있을지 말해 보시오.
- 인터넷전문은행의 기업금융 진출에 대한 하나은행의 대응책을 제시해 보시오.
- 2022년의 3고(高)현상에 대한 파급효과로 2023년 3고(苦)현상이 우려되는 상황이다. 이러한 경제 흐름 속, 하나은행의 기업금융 방향에 대해 말해 보시오.
- 세 가지 금융 트렌드(피지털 / 알파세대 / 줍줍) 중 가장 주목해야 할 트렌드와 전략에 대해 말해 보시오.
- 아트테크가 유행하고 있다. 이러한 트렌드 속에서 하나은행이 어떠한 자산관리 서비스를 시도해 볼 수 있을지 제안해 보시오. 또한 비금융적인 측면으로 손님들에게 어떤 서비스 제시할 수 있을지 제시해 보시오.
- 현재 금리 상승으로 인하여 은행 예금으로 돈이 몰리고 있는데, 손님의 행복을 위해 이를 어떻게 사용하면 좋을지 아이디어를 제시해 보시오.
- 주어진 자료를 토대로 앞으로의 환율 등락에 대해 예측해 보시오.
- 기업 내 AI 면접 도입에 대한 의견과 예상되는 어려움에 대해 말해 보시오.
- 클래시페이크(Classy Fake) 활용 방안 및 발전 방향에 대해 말해 보시오.
- 최근 대형견이 사람을 해치는 경우가 잦아 입마개 착용을 의무화하려는 움직임을 두고, 동물보호단체는 동물의 권리 침해라며 반대하고 있다. 이러한 논란을 최소화할 수 있는 방안을 제안하시오.
- 어린이 코딩 교육을 위한 좋은 방법을 제안하시오.
- ○○지점 영업 활성화 방안에 대해 말해 보시오.

[하나카드]
- 신규 카드상품 마케팅에 대해 말해 보시오.

[하나아이앤에스]
- 핀테크를 활용한 금융업 발전 방향을 말해 보시오.

[하나금융투자]
- 금융복합점포 활성화 방안에 대해 말해 보시오.

(3) 세일즈 면접

최근 하나은행의 세일즈 면접은 다른 은행의 세일즈 면접과는 다르게 PT 면접과 유사한 방식으로 진행되고 있다.

1페이지는 주제를 제시하고, 2 ~ 4페이지는 특정 상황 및 데이터를 제시하는 5페이지 분량의 자료와 30분의 준비 시간이 주어진다. 이후 BEI 면접을 진행했던 3명의 면접관들 앞에서 주제에 대해 7분간 발표하며, 8분간 질의응답하는 시간을 갖는다.

주제에 대한 대책이나 방안의 질보다는 자신감, 적극성, 상황대처능력, 서비스 자세 등을 중점적으로 평가한다.

[하나은행]

- ○○산업단지지점 영업전략 제시
  - 수신, 가계여신, 기업여신, 외국환 중 2개를 선택한 후 영업점 전략에 대해 말해 보시오.
  - 지점 특성, 현황, 경제기사, 손님수요상품, 주변 환경 등을 고려하여 설정한 전략에 대해 말해 보시오.
- ○○지점 활성화 방안 제시
  - ○○지점 활성화를 위한 마케팅 방안에 대해 구체적으로 설명해 보시오.
  - ○○지점이 위치한 지역과 고객의 특성에 맞는 영업 방안에 대해 말해 보시오.
  - 행원이 아닌 지점장의 입장에서 당행이 손님 확보에 어려움을 겪는 이유와 함께 향후 시장점유율을 얼마만큼 차지할 거 같은지 예측해 보시오.

(4) 문화적합성 면접

하나은행만의 문화적합성(구 Hana Value) 면접은 핵심가치 기반 문화적합성 면접으로, 음악이 흘러나오는 방에서 간단한 다과와 함께 진행된다. 편안한 분위기 속에서 면접관과 1대1로 살아오면서 겪은 다양한 경험들에 대해 이야기하는 방식으로 치러진다.

필기시험 전 응시한 개인별 온라인 인성검사 결과에 따라 다른 질문이 주어질 수 있으므로, 면접 전 인성검사에서 어떠한 항목에 체크했는지 잘 기억하고 면접에 임해야 한다.

[하나은행]

- 금융권에 지원하게 된 계기에 대해 말해 보시오.
- 후배가 조직에 잘 적응하지 못할 때 선배로서 어떻게 할 것인지 말해 보시오.
- 직업을 선택하는 기준에 대해 발해 보시오.
- 갈등을 해결한 경험이 있다면 말해 보시오.
- 남들보다 뛰어난 자신만의 강점을 사례를 들어 말해 보시오.
- 함께 일하는 상사나 팀원이 업무의 효율성을 위해 윤리적으로 어긋나는 일을 지시했을 때 어떻게 할 것인지 말해 보시오.
- 협업을 하면서 자신의 의견을 관철하지 않고 다른 사람의 의견을 수용하여 진행한 경험이 있다면 말해 보시오.
- 하나은행의 핵심가치인 POWER in Integrity 중 자신의 장점과 약점에 대해 말해 보시오.
- 하나은행의 핵심가치인 POWER on Integrity 다섯 가지 중에서 가장 공감하는 가치는 무엇인가?
- 하나은행의 핵심가치인 INTEGRITY(정직과 성실)를 목격하거나 경험한 적이 있다면 말해 보시오.
- 다른 사람에게 도움을 주었던 경험이 있다면 말해 보시오.
- 꾸준하게 열심히 노력해서 목표를 달성한 경험이 있다면 말해 보시오.
- 집단의 분위기를 좋게 하는 본인만의 노하우가 있다면 말해 보시오.

- 팀이나 조직을 이끌어 본 경험이 있다면 말해 보시오.
- 다른 사람과 차별화된 본인만의 강점 또는 역량이 있다면 말해 보시오.
- 상사가 부당한 지시를 내렸다면 어떻게 대처할 것인가?
- 마지막으로 할 말은 무엇인가?

2. 2차 면접(인성 중심 임원면접)

2차 면접은 대면 인터뷰로 회사의 경영진이 직접 참여해 금융 전문가로서의 역량을 평가한다. 여러 명이 한 조가 되어 자기소개서를 기반으로 多대多 면접을 치르며, 인성 및 역량 면접으로 지원자는 자기소개서를 기반으로 한 질의응답과 직무 관련 질문을 받게 된다. 질문에는 조원 모두에게 묻는 공통 질문과 개별 질문이 있으며, 공통 질문에는 먼저 손을 든 사람이 대답한다.

[하나은행]

- 디지털 전환 시대에서 하나은행의 전략에 대해 말해 보시오.
- 하나은행의 글로벌 진출 전략에 대해 말해 보시오.
- 직업을 선택하는 기준에 대해 발해 보시오.
- 갈등을 해결한 경험이 있다면 말해 보시오.
- 고령층에게 하나원큐 가입을 어떻게 유도할 것인지 말해 보시오.
- 자산관리를 하는 데 제일 중요하다고 생각하는 역량에 대해 말해 보시오.
- 조직 생활과 개인 일이 상충될 수 있는데, 개인 일이 급하면 어떻게 할 것인지 말해 보시오.
- 금융업에 관심을 가지게 된 계기에 대해 말해 보시오.
- 입행하기 위해 쌓아온 역량에 대해 말해 보시오.
- 자신의 강점과 약점에 대해 말해 보시오.
- 입행 후 어떻게 성장할 것인지 말해 보시오.
- 원거리 영업점에 발령이 나면 어떻게 할 것인가?
- 기업을 볼 때 가장 어떤 지표를 가장 중요하게 봐야 한다고 생각하는가?
- RM은 위험과 기회의 상충되는 측면을 모두 고려해야 하는데 이에 대해 어떻게 생각하는가?
- 기업대출 승인 후 심사역에 대출승인을 올렸는데 거절된다면 어떻게 대처할 것인가?
- 상대방의 의도를 오해했던 경험이 있는가? 당시 그런 것들을 바꿔보기 위해 노력한 것들이 있는가?
- 누군가에게 감동을 준 경험이 있는가?
- 하나은행에 입사하기 위해 어떠한 노력을 하였는가?
- 입사 후 포부에 대해 말해 보시오.
- 1분 자기소개를 해 보시오.
- 취득한 자격증을 업무에 어떻게 적용할 것인가?
- 살면서 가장 힘들었던 경험을 말해 보시오.
- 조직 생활에서 본인이 희생한 경험을 말해 보시오.
- 빅테크 기업들 속에서 어떤 전략으로 살아남을 것인가?
- 기업금융과 IB직무 중 IB는 무엇이라 생각하는지 말해 보시오.
- 남이 평가하는 자신은 어떤 사람인지 말해 보시오.
- 어떤 평가를 받고 싶은지 말해 보시오.
- 취미를 말해 보시오.

- 하나은행에서 개발한 디지털 서비스는 무엇인가?
- 핀테크 기업보다 차별성을 갖추기 위한 방안은 무엇인가?
- 재무제표에서 가장 중요한 것은 무엇인가?
- "고객은 ○○○이다."를 나만의 단어로 채워 보시오.
- 고객과 관계에서 정직, 신뢰를 발휘한 경험을 말해 보시오.
- 하나은행에 지원한 동기가 무엇인가?
- 하나은행 말고, 지원한 곳을 솔직하게 말해 보시오.
- 진상손님을 어떤 방법으로 대처할 것인가?
- 공부나 공모전 말고 가장 자기가 노력해서 얻은 결과가 있는 분은 손들어 보시오.
- 자신의 신념에 대해 말해 보시오.
- 고객들에게 행복을 주는 방법에 대해 말해 보시오.
- 미친 듯이 몰두했던 경험에 대해 말해 보시오.
- 교환학생 시절 중 인상 깊었던 경험에 대해 말해 보시오.
- 계좌이동서비스에 대해 설명해 보시오.
- 지점 실적이 좋지 않으면 어떻게 할 것인가?
- 마지막으로 하고 싶은 말을 해 보시오.

[하나자산신탁]

- 중대형 아파트를 팔아 보시오.

[하나아이앤에스]

- 합숙 면접 때 조원들과 갈등이 있었는가?
- 입사 후 포부에 대해 말해 보시오.

IBK기업은행

'인재를 중시하는 IBK기업은행'은 세계인 · 책임인 · 창조인 · 도전인을 갖춘 전문인을 인재상으로 하여 시장경쟁력을 갖추고, 고객을 감동시키게 하며 성과를 창출하는 인재를 추구한다. IBK기업은행 면접은 원래 합숙 면접을 본 후 최종적으로 임원 면접을 보았으나, 2020년 상반기부터는 코로나19의 영향으로 합숙 없이 하루 동안 면접을 진행했다. 면접 프로그램은 협상 면접, 팀 프로젝트(PT), 세일즈 면접, 마인드맵 PT 면접, 인성 면접 등이 있는데 이는 최근 변화한 면접에도 적용되었다. 2025년 상반기에는 1차 면접에 해당하는 실기시험에서 팀 프로젝트, 토론 면접, 세일즈 면접, 인성 면접(개인 인터뷰) 등이, 2차 면접에 해당하는 최종 면접에서는 임원 면접이 진행되었다.

1. 1차 면접

(1) 아이스 브레이킹 & IBK 챌린지

처음 만난 조원들과 어색함을 없애고 친목을 도모하는 등 팀워크를 위해 여러 가지 게임을 진행하는 면접이다. 조별로 지정된 좌석에 앉아서 조장, 진행보조자, 구호 등을 정한 다음 자기 소개, 난센스와 퀴즈 맞히기, 볼바운딩, 풍선 릴레이 등의 IBK 챌린지를 진행한다. 조원과의 협동심과 순발력이 있어야 하는 것들로 구성되며, 리더십과 적극성으로 조원들의 호응을 끌어내는 것이 중요하다.

(2) 팀 프로젝트(PT 면접)

스케치북에 하나의 주제를 주고 팀이 한마음이 되어 문제를 해결하는 형식으로 팀원끼리 토론하고, 스케치북에 키워드 등을 적어 PT를 준비한다. 면접 시간은 약 1시간 30분으로 준비가 끝나면 10분 휴식 후 발표(20분)한다. 팀별로 발표한 후에 2 ~ 3개의 질의응답을 갖는다. 2025년 상반기에는 제시된 주제와 자료를 가지고 약 40분 동안 팀별로 정리 및 발표 준비를 하는 시간을 가진 뒤, PT 발표를 진행하였다. 이후 같은 주제에 대해 찬성과 반대가 바뀐 채로 토론 면접이 진행되는데, 토론 면접은 약 35분 정도 진행되었고 그중 30분은 토론, 5분은 찬성과 반대 중 어떤 팀이 이긴 것 같은지와 그 이유에 대해 의견을 나누었다고 한다.

TIP

결과물을 만드는 과정에서 적극적인 모습과 팀과 융화되는 모습이 중요하며 리더의 기질을 보여주는 것도 좋다.

[기출 질문]

- 반려동물 공적보험 도입 찬성 / 반대
- 사모펀드 규제 강화 찬성 / 반대
- 소득세 물가 연동제 도입 찬성 / 반대
- 금융권 동의의결제 도입 찬성 / 반대
- 법무 AI 도입 활성화 찬성 / 반대
- AI로봇 법인격 부여 찬성 / 반대
- 지방 공공은행 설립 및 확대 찬성 / 반대
- 사회신용 시스템 찬성 / 반대
- IT기술을 은행에 도입할 수 있는 아이디어
- IBK기업은행이 대중친화적이고, 이미지 상승효과를 얻을 수 있는 광고 시나리오 작성
- 제조업 경기하락과 고비용 저효율로 어려운 중소기업에 대한 기업은행의 전략방안 작성
- 복합점포 개발 방안 작성
- IBK기업은행이 인구통계학적으로 고객을 유치할 수 있는 방안
- IBK기업은행 동반자금융이 나아가야 할 방향
- 3.0의 방향성과 전략
- MICE 산업 활성화 방안
- 기업은행을 흥(興)하게 만드는 전략
- 기업은행의 아시아 또는 아프리카 진출 전략
- 외국인 노동자와 다문화가정을 위한 상품 및 서비스 개발
- 30 ~ 40대 독신남녀를 유치할 수 있는 방안
- 고객기반을 확충할 수 있는 상품 개발
- 현재 은행의 이동통신사 또는 유통업체와의 전략적 제휴를 효율적으로 하기 위한 방안

- 신개념 영업점을 만들기 위한 아이디어와 마케팅 전략 도출
- IBK가 스마트폰 시장에서 우위를 점하기 위한 제품, 서비스, 채널 아이디어
- 40 ~ 50대를 위한 신상품 개발
- MZ세대의 수요와 니즈에 맞춘 상품 개발
- 기업은행의 글로벌화 전략
- 비대면 채널
- 솔로이코노미를 겨냥한 기업은행의 전략
- 새내기 직장인을 위한 상품과 마케팅 방안
- 우리나라에서 노벨과학상을 받기 위한 방안
- 우리나라가 IT, 금융 모두 글로벌 선두자가 되기 위한 상품, 서비스, 제휴 방안

(3) 세일즈 면접

2017년까지 시행된 후 마인드 맵 PT 면접으로 대체되었던 세일즈 면접이 2019년 하반기에 다시 부활하였다. 세일즈 면접은 영업 역량 테스트 면접으로, 무작위로 3가지 상품명과 각 상품에 대한 정보가 적혀있는 종이를 뽑아 해당 상품을 면접을 보조하는 서포터즈에게 판매해야 한다. 2025년 상반기의 경우 면접 시작 전 약 20분 동안 상품설명서를 바탕으로 발표 자료를 작성할 시간을 주며, 세일즈 대상층을 선정하고 약 4 ~ 5분 동안 면접관들에게 세일즈하는 형태로 진행되었다.

TIP

일방적인 정보전달보다는 대화를 통해 고객이 무엇을 원하는지를 도출해 나가는 것이 중요하다. 강매하거나 감정에 호소하는 느낌을 주는 방식은 마이너스 요인이 된다.

[기출 질문]

단기 예금, 외화적금, 자유예적금 통장, IRP, 신용카드, 프리랜서를 위한 상품, 1인가구를 위한 상품, 챌린지형 상품, 여행상품, 냉장고, 정수기, 족발, 씨름, 백지, 와인글라스, 가래떡, 새우, 과일 깎는 기계, 자동차, 보쌈, 헬스운동기구, 소화기, 열기구, 기관총, 화초, 카드, 팝콘기계, 연탄, 국가대표 사진, 장구, 알람시계, 석굴암, 뱀, 사자, 로봇, 딸기, 북극곰, 우산 등을 서포터즈에게 판매하기

(4) 인성 면접(개인 인터뷰)

다른 조의 면접관과 본인 조의 면접관과 옆 조 면접관이 진행하며, 각 조의 1명씩 2명이서 2 : 2로 면접을 진행한다. 보통 제출했던 자소서를 바탕으로 4 ~ 5개의 질문을 한다. 2025년 상반기에는 약 15분 동안 다대일 면접으로 진행되었다고 한다.

TIP

긴장하지 않고, 자기 생각을 솔직하고 자신 있게 전달하는 것이 좋다.

[기출 질문]

- 자기소개를 해 보시오.
- 본인을 다섯 글자나 세 글자로 표현해 보시오.
- 원하지 않는 직무나 지역으로 배치되면 어떻게 할 것인가?
- 디지털 플랫폼이 강점을 띄고 있는데 이와 관련하여 입행해서 하고 싶은 일은 무엇인가?
- 다른 시중은행이 아닌 IBK기업은행이어만 하는 이유는 무엇인가?
- 가장 존경하는 인물과 그 이유는 무엇인가?
- 본인이 잘한 면접과 못한 면접이 무엇인가?
- 대학생들이 보는 기업은행의 이미지는 어떠한가?
- 전공이 다른데 은행에 왜 지원했는가?
- 기업은행의 장·단점은 무엇인가?
- 오늘 조원들 중 누가 가장 잘했다고 생각하는가?
- 은행원이 안 된다면 무엇을 할 것인가?
- 가장 기억에 남은 면접 프로그램은 무엇인가?
- 오늘 면접 프로그램 중에서 어떤 점이 아쉬웠는가?
- 자신의 성격 중 장점은 무엇인가?
- 오늘 남에게 배울 점은 무엇이 있었는가?
- 은행에 오기 위한 자신의 열정에는 무엇이 있는가?
- 자신의 실패경험은 무엇인가?
- 자신이 생각하는 최고의 직장은 어디인가?
- 오후 근무 시간이 오프라면, 어디서 무엇을 하며 시간을 보낼 것인가?
- 왜 기업은행인가(지원동기)?
- 봉사를 좋아하는가?
- 영업에서 중요한 것은 무엇인가?
- 자신이 남들보다 뛰어난 점은 무엇인가?
- 인턴을 한 후에 IBK기업은행에 대한 이미지가 어떻게 달라졌는지 말해 보시오.
- 단점을 고치기 위해 했던 노력을 말해 보시오.
- 행원에게 가장 필요한 역량이 뭐라고 생각하는지, 본인은 해당 역량을 갖추고 있는지 말해 보시오.

(5) The 콜라보레이션

두 미션이 진행된다. 먼저 단체 미션은 20분간 진행되며 조의 이름, 구호, 노래 등을 정한다. 그룹 미션은 한 조가 두 팀이 되어 팀 PT 면접을 진행한다.

TIP

단체 미션, 그룹 미션 각각 발표자가 있으므로 팀에서 돌아가면서 발표를 하는 것이 보기에 좋다.

[기출 질문]
- IBK기업은행이 100년 기업이 되기 위한 조건과 경쟁력
- IBK기업은행에 합격하기 위해 우리들이 포기한 것
- IBK기업은행 면접에 새로운 프로그램 제안

(6) 협상 면접

같은 조를 반으로 나누어 각 팀의 입장에서 원하는 결과를 도출하는 면접이다. 1시간 10분 정도 진행하며 협상에 들어가기 전에 팀원과 논의할 시간이 주어지며 이 과정 역시 면접 진행하는 곳에서 같이 진행한다.

TIP

협상력뿐 아니라 태도 역시 중요하기 때문에 차분하게 자신의 생각 또는 의견을 상대 팀에게 어필하는 것이 중요하며, 협상결과가 한쪽에 치우치지 않는 것이 좋다.

[기출 질문]
- 월 임대료
- 행사 횟수
- 수수료
- 계약기간

2. 임원 면접

임원들이 면접관으로 들어오고, 여러 명이 한 조가 되어 면접을 본다. 임원 중 인사 담당자 1명만이 지금까지 전형들의 점수를 알고 있으며, 다른 면접관들은 블라인드 면접으로 이루어진다. 인성 질문이 주를 이룬다.

TIP

학과나 대외활동의 경험, 인턴을 한 사람들은 인턴을 하면서 무엇을 느꼈는지는 반드시 물어보는 질문이므로 이 부분을 준비를 해두어야 한다. 자기소개서의 내용도 종종 질문하기 때문에 어떤 내용을 썼는지 체크해 두는 것도 중요하다. 또한 질문에 답하려고 노력하기보다는 임원들과 편안히 대화한다는 마음가짐으로 임하는 것이 좋은 결과를 가져올 수 있다.

[인성 질문]
- 요즘 취업난을 해결하기 위해 기업의 입장에서 어떤 방법이 있을지 개인의 의견을 말해 보시오.
- 입행이 결정되고 한 달의 시간이 주어진다면 어떤 것을 해보고 싶은가?
- 은행원으로서 가장 중요하게 생각하는 덕목은 무엇인가?
- K은행의 나라사랑카드와 기업은행의 나라사랑카드의 장·단점은 무엇인가?

- 은행원이 되고 싶은 이유는 무엇인가?
- 이 자격증을 취득한 이유는 무엇인가?
- 어떤 은행원이 되고 싶은가?
- 전공이 이쪽이 아닌데 왜 은행에 관심을 가지게 되었나?
- 인턴은 왜 지원하였나?
- 학점에 비해 대외활동의 흔적이 적은데 학교 수업에 치중하였나?
- 면접을 하면서 느낀 점은 무엇인가?
- 취미는 무엇인가?
- 졸업하고 난 후 기간이 있는 편이다. 무엇을 하였는가?
- 이전 직장을 그만둔 이유는 무엇인가?
- 어학연수를 가서 어떤 점이 좋았고, 어떤 점이 싫었는가?
- 인턴활동을 했던 곳은 어떤 곳이었나?
- 어떤 은행들에 지원을 했나?
- 만약 다른 은행에서 합격발표가 난다면 어디를 갈 것인가?
- 전에 다니던 회사의 건물과 기업은행의 건물을 비교해 보시오.
- 특기가 무엇인가?
- 이 면접이 끝나고 무엇을 할 것인가?
- 언제부터 은행원을 준비해왔는가?
- 본인의 친구들이 본인을 뭐라고 부르는가?
- 자격증이 없는데, 왜 준비를 안했는가?
- 자신의 단점은 무엇이고, 단점과 관련된 사례나 경험에 대해서 말해 보시오.
- 최근에 읽은 책에 대해서 말해 보시오.
- 은행에 들어오면 어떤 일을 하고 싶은가?
- 인생의 좌우명이 있는가? 있다면 설명해 보시오.
- 어떤 점이 자신의 매력 포인트라고 생각하는가?
- 취득한 자격증은 무엇이며, 그 자격증에 대한 특징과 이를 은행 업무에 어떻게 적용할 것인지 말해 보시오.
- 기업은행의 예금상품을 설명해 보시오.
- 기업은행에 대해 얼마나 알고 있는가? 자산규모가 얼마인지 아는가? 영업점의 수가 몇 개인지 아는가?
- 기업은행과 자신이 어떤 점에서 어울린다고 생각하는가?
- 기업은행에 필요한 인재는 어떤 인재라고 생각하는가?
- 기업은행에 어떻게 이바지할 것인가?
- 기업은행과 자신과의 연결점을 찾아서 설명해 보시오.
- 수업 중 가장 흥미롭거나 기억에 남았던 수업에 대해서 말해 보시오.
- 인턴 당시 무슨 일을 주로 했는지, 기억에 남는 경험이 있는지 말해 보시오.
- 자신의 차별화된 역량은 무엇이며, 왜 기업은행에 지원하였는지 말해 보시오.

[시사 · 상식 질문]
- 크라우드 펀딩이란?
- 골디락스 경제란?
- 글로벌 위기가 왜 진행되었는가?

- 달러 캐리 트레이드란?
- 최근 경제 성장의 모멘텀 약화 중 기업은행의 극복방안은?
- 하우스푸어가 무엇인지 아는가?
- 경제와 환율의 관계에 대해 말해 보시오.
- CP와 RP란?
- CMA란 무엇인가?
- 가계부채 문제와 해결법은?
- 토빈세란 무엇인가?
- 기준금리 인상에 대한 자신의 의견은?
- 반 월가 시위란?
- 은행세란 무엇인가?

신한은행

신한은행의 면접접형은 1차 면접과 2차 면접으로 구분되어 치러진다. 1차 면접은 신한은행 연수원에서 진행되며, 토론 면접 – PT 면접 – 심층 면접으로 구성되어 있다. 토론 면접은 개별 토론과 팀 토론으로 구분되며, 현장에서 주어진 주제에 대해 간략하게 생각해 볼 시간을 준 다음 발언 기회가 주어진다. PT 면접의 경우 은행·경제·금융 관련 3개의 주제 중 뽑기를 통해 랜덤으로 주제가 결정되며, 본인의 발표 외 다른 면접자들의 발표 주제에 대해 질문할 내용을 준비해야 한다. 심층 면접은 약 10분간 진행되며, 자기소개서를 기반으로 질문이 주어진다.

2차 면접은 1차 면접 합격자에 한하여 임원들과 인성 면접으로 진행된다. 대개 면접관 3 ~ 4명과 지원자 3 ~ 4명의 다대다 면접으로 진행되며, 시간은 약 15 ~ 20분으로 지원자당 5분씩 배분된다. 신한은행 면접은 자기소개서를 중심으로 대답을 준비하되, 자신의 경험이 신한은행과 연결될 수 있도록 답변해야 한다. 신한은행 정보를 바탕으로 한 면접 기출 문제로 연습한다면 어려움 없이 면접을 볼 수 있을 것이다.

1. 1차 면접

(1) PT 면접

3개의 주제 중 랜덤으로 1개를 뽑아 해당 주제에 대해 발표하는 방식으로 진행된다. 발표 시간은 3분이 주어지며, 이에 대해 면접관들이 2분가량 질문한다. 1시간 동안의 준비시간이 주어지고, 최근 금융 산업에서 이슈가 되고 있는 내용이 주제로 출제되므로 주관적으로 서술하기보다는 객관적으로 수치나 용어를 사용하여 서술하는 것이 좋다.

[기출 주제]
- 망분리규제완화 찬반
- 예술계 AI 활용 찬반
- 중앙은행 CBDC도입 논의와 배경
- 에브리싱랠리의 원인과 투자전략

- 시니어 은행 활성화 방안
- 가계부채 감소의 원인과 은행의 전략
- 행동주의 펀드의 개념과 시사점
- 앱테크 / 슈퍼앱
- 디지털 월렛
- 디지털 뱅크런
- 금융업 속 빅데이터 / AI 활용 방안
- 은행의 비금융 복합서비스 영업 전략
- 금융노마드 대응 전략
- 잘파세대 대응 전략
- 포용금융 실천 방안
- 고객경험 CX
- 은행대리업
- ESG경영
- 디지털소외현상 해결 방안
- 로보어드바이저(Robo – adviser)
- 기후금융
- 금융환경의 변화에 의한 소비자 보호 방안
- 청년부채 증가 원인 및 해결 방안으로서의 금융서비스 제안

[기출 질문]

- 현재 대형 포탈에서 연예 · 스포츠 댓글 폐지에 따른 순기능과 역기능을 1개씩 말해 보고, 이러한 댓글 폐지가 긍정적인지 부정적인지 이유를 들어 말해 보시오.
- 독점의 정의를 말해보고, 본인은 독점에 대해 긍정적인지 부정적인지 이유를 들어 말해 보시오.
- 간접 금융과 직접 금융의 차이를 말해보고, 둘 중에 어느 것이 더 안전하다고 생각하는지 말해 보시오.

(2) 인성 면접

비교적 편한 분위기로 진행되며, 사상과 자기소개서 사실 검증 위주로 면접이 진행된다. 지원자의 진실한 모습을 보여주는 것이 좋다.

[기출 질문]

- 신한은행의 장단점에 대해 말해 보시오.
- 은행원이 되고 싶은 이유에 대해 말해 보시오.
- 지원자가 남들보다 뛰어나다고 생각하는 역량과 부족한 역량을 말해 보시오.
- 자기소개를 해 보시오.
- 타행에서 인턴을 했음에도 불구하고 신한은행을 지원한 이유는 무엇인가?
- 신한은행에 최근 방문했던 경험이 있는가?
- 신한은행의 쏠(SOL)의 사용해 보았는가? 해보았다면 장 · 단점이 무엇이라고 생각하는가?
- 신한은행하면 떠오르는 이미지가 있는가?
- 본인이 세상을 이롭게 했던 경험이 있는가?

- 기업금융과 관련된 자격증이 없는데, 대기업을 준비하다가 은행에 지원한 것인가?
- 본인이 기업금융 업무에 가진 역량이 무엇이라고 생각하는가?
- 본인이 가장 중요시하는 가치관은 무엇인가?
- 갈등을 해결해봤던 경험을 구체적으로 말해 보시오.
- 인생에서 가장 창의적인 경험은 무엇인가?
- 세일즈 경험에서 수익을 얻었는가? 얻었다면 그 수익은 어느 곳에 사용했으며, 왜 세일즈 경험을 하기로 다짐한 것인가?
- 입행 후에 하고 싶은 업무는 무엇인가?
- 신한은행의 가치 중 자신이 부합한다고 생각되는 것과 그 이유는 무엇인가?

(3) 직무역량 면접

직무와 관련된 가장 구체적으로 질문하는 면접 유형으로, 롤플레잉으로 진행된다.

[기출 질문]

- 고객이 체험할 수 있는 생활밀착형 ESG서비스(은행권)에 대해 말해 보시오.
- 수도권 이외의 지방과의 상생과 활성화를 위한 기업 브랜딩 전략에 대해 말해 보시오.
- 재무제표에서 수익성 · 건전성 · 성장성에 대해 평가할 수 있는 재무지표로는 무엇이 있는가?
- 현재 저금리로 인해서 수익이 낮아지고 있는데, 신한은행이 어떻게 대처해야 한다고 생각하는가?
- 최근 카카오와 네이버가 기업금융 분야까지 진출하는 상황에서 신한은행은 어떻게 대처해야 한다고 생각하는가?
- 고객이 금리를 낮춰달라고 한 상황에 어떻게 대처할 것인가?

2. 2차 면접

면접에서 활용할 자기소개를 준비해 두며, 자기소개서를 바탕으로 나올 수 있는 예상 질문을 만들어 미리 답변을 준비해 본다. 또한 최신 뉴스와 신문 기사 등을 통해 사회 전반적인 이슈 및 금융권 관련 지식을 습득해 두도록 한다.

- 최근 1 ~ 2년 내에 24시간 동안 가장 많은 시간을 쏟은 것은 무엇인지 말해 보시오.
- 성장성 빼고 직장에서 중요하다고 생각하는 것 3가지를 말해 보시오.
- 은행 업무 외에 관심 있는 분야는 무엇인지 말해 보시오.
- 신한은행에서 이루고 싶은 꿈이 있는지 설명하시오.
- 면접에 임하는 각오를 말해 보시오.
- 우리 은행과 거래하던 중소기업이 주거래 은행을 변경하는 경우가 있다. 이를 방지하기 위해서 해야 할 일은?
- 옆의 지원자의 장점은 무엇이라고 생각하는가?
- 옆의 지원자보다 나은 내 장점은 무엇인가?
- 자기소개를 해 보시오.
- 마지막으로 하고 싶은 말이 있는가?
- 지원동기를 말해 보시오.

- 본인의 별명에 대해 말해 보시오.
- 워라밸에 대한 자신의 생각을 말해 보시오.
- 어제 본 기사 중 생각나는 것을 말해 보시오.
- 증시하락에 어떤 펀드가 좋은지 말해 보시오.
- 좋아하는 사자성어는 무엇인가?
- 면접 전날에 무엇을 하였는가?
- 친구들이 생각하는 본인의 모습에 대해 말해 보시오.
- 신한만의 키워드는 무엇이라고 생각하는가?
- (은행 인턴 유경험자에게) 은행에서 일한 경험이 있는데 생각했던 은행과 달랐던 점이 있는가?
- 기업의 가치관과 본인의 가치관이 다를 경우 어떻게 행동할 것인가?
- 본인만의 강점은 무엇인가?
- 자신의 단점이나 약점은 무엇이라고 생각하는가?
- 본인을 책 주인공에 비유해 보시오.
- 신한은행의 단점은 무엇이라 생각하는가?
- 꼭 지원한 직무가 아니어도 괜찮겠는가?
- 본인에게 중요한 것은 신한은행에서 일하는 것인가, 아니면 지원한 그 직무를 맡는 것인가?
- 아르바이트를 하면서 손님과 마찰을 빚었던 경험이 있는가?
- 은행원이 되기 위해 무엇을 준비했는가?
- 본인이 생각하는 은행원이 갖추어야 할 역량은 무엇이며, 그중 가장 중요한 한 가지는 무엇인가?
- 더 좋은 근무조건의 회사에서 합격 통지를 받으면 이직할 것인가?
- 신한은행 입행 후 이루고 싶은 꿈은 무엇인가?
- 신한은행에 들어오기 위해 어떠한 노력을 하였는가?
- 타 은행과 비교하여 신한은행의 장점과 단점은 무엇이라고 생각하는가?
- 가치관 형성에 가장 큰 영향을 준 사람은 누구인가?
- PB로서 가장 조심해야 할 부분은 무엇이라 생각하는가?

KB국민은행

KB국민은행의 면접은 1차 면접과 2차 면접으로 나뉘어 진행된다. 2024년 상반기 KB국민은행 면접에서는 기존에 면접전형과 진행하던 역량검사(인성검사)와 TOPCIT 테스트가 필기전형과 함께 진행되었다. 1차 면접에 심층 면접(BEI 면접), 세일즈 면접, PT 면접이 구성되었고, 2차 면접은 임원 면접으로 진행되었다. 한편 2024년 하반기부터는 1차 면접의 PT 면접이 없어지고 토론 면접이 추가되었다.

2025년 상반기 KB국민은행 면접에는 큰 변화가 있었다. 1차 면접은 1박 2일 합숙면접으로 진행되었다. 심층 면접(BEI 면접), 세일즈 면접, 토론 면접, 팀 빌딩 프로그램(평가에는 미반영) 등으로 구성되었으며, TOPCIT 테스트와 인성검사가 1차 면접 과정에서 함께 진행되었다. 2차 면접은 인성, 조직 적합도, 직무전문성 등 종합 역량 검증을 위한 심층 종합 면접이 임원 면접으로 실시되었다.

1. 1차 면접

(1) 심층 면접(BEI 면접)

심층 면접(BEI 면접)은 면접관 2명 이상과 다대일 면접으로 진행된다. 자기소개를 시작으로 주로 자기소개서 기반의 면접이 진행되지만 자기소개서에 기재된 경험 이외에 다른 경험에 대해 질문을 받을 수도 있다.

[공통 질문]

- 자기소개를 해 보시오.
- 시중은행과 인터넷 전문은행의 차이점과 시중은행이 발전해야 할 방향에 대해 말해 보시오.
- 국민은행만의 강점과 약점에 대해 말해 보시오.
- 주변 사람들에게 어떤 사람이라는 평가를 받는지 말해 보시오.
- 최근에 관심 깊게 본 경제 기사에 대해 말해 보시오.
- 가장 중요하게 생각하는 가치관에 대해 말해 보시오.
- 금융인이 되고 싶은 이유에 대해 말해 보시오.
- 국민은행에서 자영업자나 소상공인을 성장시킬 수 있는 방법에 대해 말해 보시오.
- 국민은행 지점 및 어플 개선방안을 말해 보시오.
- 국민은행의 새로운 캐릭터에 대한 아이디어 제안해 보시오.
- 국민은행의 캐릭터로 고양이 vs 강아지 중 자신의 생각을 말해 보시오.
- 국민은행의 금융투자상품을 추천해 보시오.
- 이제 발표까지 한 달 남았는데 무엇을 하고 싶은가?
- 국민은행 면접을 보러 오면서 이 건물에서 보았던 문구든, 무엇이든 상관없으니 기억에 남은 것이 무엇인지 말해 보시오.
- 은행에 입행한 후에 어떤 역량이 중요하다고 생각하는가?
- 시국이 별로 좋지 않다. 정치적 색을 제외하고 국가란 무엇인지 자유롭게 생각을 말해 보시오.
- 능동적으로 주도해서 도전을 한 경험은?

[개별 질문]

- 최근 은행은 비대면 전환이 대세인데 대면 업무를 하고 싶은 이유는 무엇인가?
- 업무 중 윤리적으로 흔들렸던 경험과 그 과정을 통해 느낀 점에 대해 말해 보시오.
- 영업을 직접 한 경험이 있는가?
- 영업점 방문 경험에 대해 말해 보시오.
- 상사가 자신의 실수를 본인에게 떠넘길 경우 어떻게 할 것인지 말해 보시오.
- 영업에서 가장 중요한 것은 무엇인가?
- 은행원에게 가장 중요한 것은 무엇인가?
- 기업금융을 하고 싶은 이유에 대해 말해 보시오.
- 해당 직무자가 갖춰야 할 역량이 무엇인지 말해 보시오.
- 본인을 한 단어로 표현해 보시오.
- 본인의 강점이 무엇인지 말해 보시오.
- 별명은 무엇인가?
- 진상 고객을 만나 본 경험에 대하여 말해 보시오.
- 여행지를 추천해 보시오.
- 본인의 단점은 무엇인가?

- 면접비를 받으면 무엇을 할 것인가?
- 자신의 멘토는 누구인가?
- 가장 즐거웠던 일은 무엇인가?
- 나를 점수로 표현한다면 몇 점인가?
- 최근 가장 즐거웠던 일은?
- 좋은 친구란 어떤 친구하고 생각하는가?
- 옆 지원자를 칭찬해 보시오.
- 사람과의 관계에서 가장 중요한건 무엇이라고 생각하는가?
- 본인의 지역 자랑해 보시오.
- 입사 후 포부를 말해 보시오.
- 마지막으로 하고 싶은 말은?
- 여러 금융권 중에서 왜 은행을 선택했는가?
- 자신이 진행했던 프로젝트에 대해 말해 보시오.
- 개인의 이익과 단체의 이익이 상충한 사례는?
- 진상 고객이 오면 어떻게 대처할 것인가?
- (어려운 용어를 제시) 어떻게 쉽게 설명할 것인가?
- 국민은행 하면 떠오르는 것은?
- 가계 대출 문제가 심각해져서 정부는 대출을 제한하라고 지시하고, 고객들은 계속해서 받길 원한다. 은행의 대처 방안은?
- 국민은행의 주주가치를 극대화하기 위한 방법에는 무엇이 있는가?
- 제일 즐겨들었던 과목 하나와 싫었던 과목 하나를 이유와 함께 말해 보시오.
- 가장 싫어하는 책은 무엇이었나?
- 봉사활동을 많이 한 것 같은데 본인이 희생해서 무엇을 한 경험인가?
- 절대로 이 일만은 포기할 수 없다고 한 경험이 있는가?
- KB국민은행 지점을 방문한 적이 있는가? 방문해서 무엇을 느꼈는가?
- 핀테크 시대가 도래했는데, 10년 후 은행의 방향성은?
- 최근 영화를 본 것이 있으면 소개해 보시오.
- 가장 기억에 남는 책은 무엇인가?
- 펀드 손실이 난 고객 응대방법은?
- 본인의 친구를 소개해주고 그 친구와 어떻게 친해졌는지와 그 친구는 나를 어떻게 평가하는지 말해 보시오.
- 은행 지점의 문제점은 무엇이라고 생각하고 개선하고 싶은 점은 무엇인가?
- 노래방 애창곡은 무엇이고 그 애창곡을 좋아하는 이유와 스트레스 해소방법을 말해 보시오.
- 행원보다 더 많은 지식을 알고 있는 고객님은 어떻게 대할 것인가?
- 우는 아기를 업고 있는 여성과 지팡이를 짚은 노인 모두 번호대기표를 잃어버렸다. 서로 먼저 상담을 해달라고 하는데 어떻게 행동할 것인가?
- 자소서를 보니 여행을 많이 다녔는데, 여행 다니면서 가장 기억에 남은 경험은?
- 국민은행의 해외진출 국가를 제안하고 해외진출 전략을 말해 보시오.
- 살면서 가장 후회되는 경험은?
- 자기소개서에 정직이라고 적었는데, 정직이란 무엇이라고 생각하는가?
- 타인으로부터 어려운 부탁을 받았을 때 어떻게 행동하는가?
- 국민은행 하면 떠오르는 것을 한 단어로 말해 보시오.
- 국민은행에 대해 아는 대로 설명해 보시오.

- 퇴근시간 이후에도 상사가 퇴근하지 않으면 그대로 자리를 지키는 경우가 많은데, 이 문제에 대해 어떻게 생각하는가?
- 국민은행이 나아가야 할 방향이 어떤 방향이라고 생각하는가?
- 가장 힘들었거나 어려웠던 경험을 말해 보시오.
- 국민은행의 상품에 대해 아는 대로 말해 보시오.
- 최근 신문이나 뉴스 중 인상 깊었던 기사와 그에 대한 자신의 견해를 말해 보시오.
- 자신의 대인관계는 어떠한지 말해 보시오.
- 리더로 활동해 본 경험이 있으면 답변해 보시오.
- 직장생활에서 중요한 것은 어떤 것이라고 생각하는지 견해를 말해 보시오.
- 살면서 가장 기뻤던 일과 슬펐던 일이 언제였는지 말해 보시오.
- 국민은행의 지점이 몇 개인지 알고 있는가?
- 조직생활에서 중요한 것은 무엇이라고 생각하는지 말해 보시오.
- 살면서 들은 긍정 / 부정적인 평가가 있다면?

(2) 세일즈 면접

세일즈 면접 전 판매할 상품과 고객에 대한 정보가 주어진다. 2024년 상반기에는 PT 면접 준비 자료와 함께 세일즈 면접 준비 자료가 제공되었으며, 50분이라는 제한된 시간에 PT 면접 준비와 세일즈 면접 준비를 함께 진행해야 하므로 시간을 잘 활용해야 한다. 고객에 대한 정보는 나이, 직업, 거주지, 월 소득 등 매우 상세하게 주어지며, 이에 따라 적절하다고 생각하는 상품을 선택하여 판매하는 방식으로 면접이 진행된다.

면접관 2명 앞에서 10분간 세일즈를 한 후 2 ~ 3분간 질의응답이 이어진다. 면접관 2명 중 1명은 고객 역할을 하며, 나머지 1명은 어떻게 세일즈를 진행하는지 메모하며 지켜본다. 세일즈가 종료된 뒤 면접관 2명 모두 질문하며, 제시된 상황 이외에 다른 상황에 대한 질문을 받을 수도 있다.

[기출 질문]

- 국민은행의 적금과 신탁상품 판매하기
- 국민은행의 적금 투자 통장 판매하기
- 국민은행의 MMF상품 판매하기
- 국민은행의 예금상품과 펀드상품 판매하기
- 시험장 안에 있는 물, 필통, 시계 등 판매하기
- 연아사랑적금에 대한 마케팅 방안
- 주택청약 종합저축에 대한 마케팅 방안
- 국민은행 상품(제시) 기획 및 마케팅 방안
- 사회초년생, 초등학생, 할머니에게 은행의 필요성을 설명하고 펀드 판매하기
- 다우존스 미국 신탁 상품 판매하기

(3) 토론 면접

토론 면접은 다양한 주제에 대해 토론을 진행하여 원하는 답을 도출하는 면접이다. 해당 면접에서는 결과보다는 토론에 임하는 태도와 적극성을 평가한다는 것을 유념에 두고 면접에 임해야 한다.

조당 공개되지 않은 두 개의 주제가 주어지고, 조원 중 한 명이 임의로 선택한 주제로 토론을 진행하게 된다. 주제는 금융뿐만 아니라 일반 시사까지 다양한 범위에서 출제된다.

주제가 선택되면 A4용지 한 장 정도의 분량의 자료가 주어진다. 5분 동안 찬성 또는 반대 입장을 결정하고, 각자 토론 주제를 검토하고 의견을 정리하는 10분의 시간이 주어진다. 토론은 35 ~ 40분 동안 진행되며, 토론이 끝나면 양측은 반드시 결론을 내려야 한다.

[기출 질문]

- 저신용자 신용 공급을 축소할 것인가에 대한 찬반 토론
- 회식장소로 고깃집을 선택할 것인가, 혹은 횟집을 선택할 것인가에 대한 토론
- 사공이 많으면 배가 산으로 가는가에 대한 찬반토론
- 고객을 만나러 가는 길에 길이 막히는데, 버스전용 차선을 탈 것인가에 대한 토론
- 야유회를 산이나 바다 중 어디로 갈 것인가에 대한 토론
- 상대평가와 절대평가 중 무엇이 더 좋은지에 대한 토론
- 국민연금의 주주의결권 확대에 대한 찬반토론
- 네이버의 독점에 대한 찬반토론
- 양적완화 축소에 대한 찬반토론
- 기부금 세액공제에 대한 찬반토론
- 마트 상품판매품목 제한에 대한 찬반토론
- 기업의 성공을 위해 필요한 전략으로서 다각화 VS 선택과 집중에 대한 입장토론
- 디버전스와 컨버전스에 대한 입장토론
- 정보화, 첨단기술의 발달 등으로 고도화되고 있는 사회에서의 인간소외현상에 대한 입장토론
- 개발이익환수제에 대한 찬반토론
- 반려동물 보유세 징수에 대한 찬반토론
- 무한도전의 성공요인에 대한 입장토론

(4) PT 면접

이전까지 KB국민은행 PT 면접은 필기전형 합격자 발표 시 개인별로 부여되는 사전과제를 바탕으로 진행되었다. 다만 2024년에는 별도의 사전과제가 부여되지 않고 면접 당일 오리엔테이션에서 PT 면접 준비 자료를 제공하였으며, 2025년 상반기에는 해당 면접이 실시되지 않았다. 면접 전 준비시간은 약 50분 정도 주어지지만 PT 면접 후에 진행되는 세일즈 면접 준비도 함께 진행해야 하므로 시간을 잘 활용해야 한다. 발표시간은 10분 이내이며 발표가 끝난 후 질의응답이 약 5분 정도 진행된다. 발표한 내용과 관련 있는 내용의 꼬리 질문에 대비하는 것이 좋으며, 자기소개서를 기반으로 한 질문을 받을 수도 있다.

[기출 질문]
- 당사 발전방향에 대해서 발표하기
- 저출산 원인과 대책 발표하기
- 해외진출국가 선정 및 진출방안 발표하기
- 회사가 글로벌브랜드가 되기 위한 전략 발표하기
- 디지털 격차 해소 방안 발표하기
- 월드컵 마케팅과 당사의 전략 발표하기
- 국민은행 최종합격 후 일주일간 여행 코스 짜기
- 외국인 친구를 위한 한국여행 코스 짜기

2. 2차 면접

2차 면접은 은행 임원들과 인성 / 역량 면접을 진행한다. 인성 · 조직 적합도 · 직무 전문성 등 종합 역량을 검증하기 위한 심층 면접이 실시된다. 주로 자기소개서 위주의 질문과 은행 등과 관련된 질문을 한다. 다대다 면접이며, 약 50분 정도 진행된다.

[기출 질문]
- 본인이 경험한 갈등 사례에 대해 말해 보시오.
- 본인이 실패했던 사례에 대해 말해 보시오.
- 살면서 멘토로 삼는 인물이 누구인지 말해 보시오.
- 인터넷뱅킹 사용자가 증가함에 따라 발생하는 보이스 피싱 예방법에 대해 말해 보시오.
- 개발에 대한 본인의 가치관에 대해 말해 보시오.
- 동료와 의견이 다를 경우 어떻게 조율할 것인가?
- 입행해서 어떤 업무를 하고 싶은가?
- 4차 산업혁명에 대해 말해 보시오.
- 떨어져도 다시 도전할 것인가?
- 행복이란 무엇인가?
- 재밌게 들었던 수업과 가장 중요하다고 느낀 수업은?
- 가장 재미없게 읽었던 책은?
- 정치색 없이 국가란 무엇인가?

지역농협 6급

1. 지역농협 6급 면접

지역농협 6급 면접은 블라인드로 진행되어 자신의 이름이나 출신 학교, 스펙 등의 공개가 불가능하다. 다대다 면접으로 진행되며 조별로 나눠서 제비뽑기로 순서를 정한다. 크게 인성 면접, 주장 면접, 상식 면접으로 나눠서 진행된다.

(1) 인성 면접

인성 면접은 4 ~ 5개의 질문을 지원자들에게 돌아가면서 질문한다. 관심이 가는 지원자에게 편중된 질문을 하기보다, 모든 지원자에게 골고루 질문을 하는 편이므로 기회를 잡을 수 있도록 노력한다. 최근에는 1분 자기소개나 지원 동기 등과 같은 일반화된 질문은 생략하는 추세에 있다.

(2) 주장 면접

출제되는 여러 주제 중에 하나를 골라 이를 읽고 약 3분간 자신의 주장을 전개하는 면접이다. 이를 대비하기 위해서는 최근 농협이 추진하고 있는 사업에 대한 깊이 있는 이해가 필요하며 농민신문 등을 통해 최근 농촌 이슈에 대한 관심을 가지고 있어야 한다.

(3) 상식 면접

농협 관련 상식이나 은행 업무, 금융 관련 상식에 대한 내용이 주로 출제된다. 또한, 경제나 금융, 농업과 관련된 용어의 정의를 물어보기도 하므로 이에 대한 철저한 준비가 필요하다.

2. 기출 질문

(1) 서울농협

① 상식 면접

- DTI란?
- 사모펀드의 장 · 단점은?
- 미국의 금리 인상이 농협은행에 미치는 영향은?
- 지급유예제도란?
- 레임덕이란?
- 모태펀드란?
- 순이자수익이란?
- 임금피크제란?
- 퇴직연금이란?
- 옐로칩과 블루칩이란?

② 인성 면접

- 최근에 칭찬받은 경험이 있는가?
- 팀원을 설득해서 좋은 평가를 받아본 경험이 있는가?
- 편견을 가지고 상대방을 대해서 실수한 경험이 있는가?
- 국내 부동산 현황에 대해 어떻게 생각하는가?
- 본인의 매력 포인트는 무엇이라고 생각하는가?
- 최근 본 영화 중 인상 깊었던 것과 그 이유는?
- 생활신조는 무엇인가?
- 본인의 가치관에 대해 말해 보시오.
- 본인을 상품화한다면 어떻게 소개할지 말해 보시오.
- 농협의 인재상은 무엇인가?
- 본인의 주량은 얼마인가?
- 감명 깊게 읽은 책은 무엇인가?
- 신용 직무가 아닌 유통에 배치될 수도 있는데, 어떻게 생각하는가?
- 연봉은 어느 정도 생각하는가? 얼마면 괜찮다고 생각하는가?
- 입사하면 어디까지 올라가고 싶은가?
- 수출을 위해서 해외농산물 수입이 바람직한가?
- 수도권 집중화 현상에 대해 말해 보시오.
- 농협의 사회적 위치에 대해 말해 보시오.
- 여행을 어디로 떠나고 싶은가?
- 애플의 스티브 잡스에 대해 어떻게 생각하는가?
- 삼성과 농협 두 곳에 합격하면 어디로 가겠는가?
- 평소 스트레스를 어떤 식으로 해소하는가?
- 주말에 농촌 봉사활동을 할 수도 있는데 괜찮은가?
- 최근 농협 CF를 보았는가? 누가 출연하는가? 출연자에 대해 어떻게 생각하는가?
- 농협에 대해서 아는 대로 말해 보시오.
- 농협에서 일할 때 가장 필요한 것이 무엇인지 말해 보시오.
- 팀 프로젝트를 했던 경험이 있다면 말해 보시오.
- 갈등을 해결해본 경험이 있는가?
- 목표를 설정하고 달성하기 위해 노력했던 경험이 있는가?
- 농민에게 농협은 어떤 이미지가 되어야 하는가?

③ 주장 면접

- 친환경 농산물의 소비 연령층을 넓힐 수 있는 방안
- 최저임금 인상에 대한 찬반
- 전자제품 수출과 농산물 수입에 대한 찬반
- 오디션 프로그램에 대한 찬반
- 자립형 사립고 폐지에 대한 의견
- 한·중 FTA에 대한 찬반
- 기초선거구 정당공천제 폐지에 대한 의견
- 식품 산업에서 농협의 역할에 대한 의견
- 저금리시대에 농협이 나아갈 방안
- 농협의 비대면 금융서비스 제안

(2) 부산농협

① 상식 면접

- 구상권이란?
- 비교우위란?
- 토빈의 Q이론은 무엇인가?
- DTI와 LTV의 차이는?
- SSM이란?
- 잡셰어링이란?
- 공동화현상이란?

② 인성 면접

- 주위 사람들은 본인을 어떤 사람이라고 말하는가?
- 야근에 대해서 어떻게 생각하는가?
- TV를 볼 때 어떤 프로그램을 먼저 보는가?
- 신문을 읽을 때 순서는?
- 배우자를 선택하는 기준에 대해 말해 보시오.
- 로또 해봤는가? 당첨되면 직장을 그만둘 것인가?
- 농협은행을 놔두고 지역농협을 선택한 이유는 무엇인가?
- 입사 후 직장상사와 잘 지내기 위해 어떻게 할 것인가?
- 경험한 봉사활동 중 가장 기억에 남는 것과 느낀 점은?

③ 주장 면접

- 협동조합기본법에 대해 설명하고, 농협과의 상관관계에 대한 의견을 말해 보시오.
- 밀양 송전탑에 대한 본인의 의견을 말해 보시오.
- 사람들이 도시보다 농촌에서 살기를 꺼리는 이유와 그 대책에 대한 본인의 의견을 말해 보시오.
- 농촌 인력난 문제에 대한 해결방안을 말해 보시오.

(3) 인천농협

① 상식 면접

- 농협이 다른 기업들과 비교해 더 성장할 수 있는 방향을 제시해 보시오.
- 쌀 직불금이란?
- 일사일촌운동이란? 이것이 미치는 영향에 관해 설명해 보시오.
- 경제위기의 원인과 해결방안은?

② 인성 면접

- 평소 자신의 가치관은 무엇인가?
- 농협 입사 후 각오가 있다면 무엇인가?
- 최근 새롭게 공부하고 있는 것이 있다면 무엇인가?
- 편견을 가지고 봤는데 아니었던 경험이 있는가?
- 교양을 쌓는 자신만의 방법은 무엇인가?
- 인생의 가치관과 가치관대로 행동한 사례가 있다면?
- 지역농협에서 일할 때, 가장 중요하다고 생각하는 역량은?
- 최근 관심을 갖고 봤던 농업, 농촌에 관한 이슈가 있는가?
- 내가 주장하여 다른 이들을 설득했던 경험이 있는가?
- 직접 제안한 전략으로 성과를 낸 경험이 있는가?
- 본인이 생각하는 성실함이란?
- 상사가 부당한 것을 강요할 때 해결방안은?
- 도전적이거나 창의적으로 무엇을 이뤄낸 성과가 있는가?
- 농협지점에 방문해 본 적이 있는가? 직원들의 친절도는 타 은행에 비해 어떠하며, 개선할 점은 없는가?

③ 주장 면접

- 고령화 인구 대상 기능식품의 활성화가 갖는 의미
- 특정 지역을 선택 후 그 지역에서 나오는 특산품과 관광객을 유치하기 위한 전략
- 하나로 마트에서 수입 바나나를 판매하는 행위에 대한 찬반
- 초・중・고등학교 9시 등교에 대한 찬반

(4) 경기농협

① 상식 면접

- 코픽스란?
- 매몰비용이란?
- 관세의 의미와 그 존재 이유는?
- 6차 산업이란?
- 평창 올림픽이 열리는 날짜는?
- 브렉시트란?
- 로하스란?
- 미소금융이란?
- 임금피크제란?
- 블랙스완이란?

② 인성 면접

- 농협에 지원하게 된 계기에 대해 말해 보시오.
- 농협의 경제사업부에서 어떤 일을 하고 싶은지 말해 보시오.
- 농협 직원으로서 어떤 자세가 가장 중요한가?
- 농협에 입사한다면 어떤 업무를 맡고 싶은가?
- 농협의 장·단점을 설명해 보시오.
- 농협에 입사한다면 언제까지 다니고 싶은가?
- 나만의 사회 현상을 바라보는 기준은?
- 일상 속에서 행복을 느끼는 것이 무엇인가?
- 농협에서 얼마나 일하고 싶으며 떨어지면 다시 지원할 것인가?
- 마을의 영농 발전 방행에 대해 설명해 보시오.
- 조직 내 첨예한 갈등이 생겼을 때가 언제이며, 그 상황에서 어떻게 해결했는가?
- 오늘 옆 지원자와 대화한 적이 있는가? 그렇다면 본인은 사교적이라고 생각하는가?
- 일하는 도중 술에 취한 사람이 들어온다면 어떻게 행동할 것인가?
- 농협에 입사하기 위해 준비한 역량에 대해 말해 보시오.
- 마지막으로 하고 싶은 말을 해 보시오.

③ 주장 면접

- 농촌지역 사막화 문제 해결 방안에 대해 말해 보시오.
- 기후위기에 대응하기 위해 금융권에서 할 수 있는 일을 말해 보시오.
- 전통주를 활성화하기 위한 전략에 대해 말해 보시오.
- 종자산업에 대해 말해 보시오.
- 생물의 다양성에 대해 설명해 보시오.
- 스마트팜에 대해 설명해 보시오.
- 농산물 유통전략에 대한 생각을 이야기해 보시오.

- 지속가능한 농업에 대해 설명해 보시오.
- 핀테크로 인해 변화된 환경과 그에 대한 금융권(은행)의 방안을 말해 보시오.
- 우버택시에 대한 본인의 의견을 말해 보시오.
- 푸드트럭에 대한 본인의 의견을 말해 보시오.
- 초·중·고등학교 9시 등교에 대한 찬반
- 단통법에 대한 찬반
- 원전발전소 폐지에 대한 찬반
- 학교 체벌금지에 대한 찬반
- 아베노믹스에 대한 본인의 의견을 말해 보시오.
- 정년연장에 대한 본인의 의견을 말해 보시오.

(5) 강원농협

① 상식 면접

- 그린메일이란?
- 콜금리란?
- 유리천장효과란?
- 베블런효과란?
- 뱅크런이란?
- 센카쿠 열도란?
- 대기업의 경영전략은 무엇인가?
- 워킹푸어란?
- 람사르협약이란?

② 인성 면접

- 본인의 인생관은 무엇인가?
- 상사가 부당한 업무지시를 한다면 어떻게 할 것인가?
- 본인이 편견을 가졌던 상황에 대해 말해 보시오.
- 최근 관심 있게 본 뉴스나 이슈에 대해 생각을 말해 보시오.
- 농협은 뭐라고 생각하는지 한 단어로 말해 보시오.
- 본인에게 지역농협의 이미지는 어떠한가?
- 본인의 인생관은 무엇인가?
- 상사가 부당한 업무지시를 한다면 어떻게 할 것인가?
- 본인이 편견을 가졌던 상황에 대해 말해 보시오.
- 최근 관심 있게 본 뉴스나 이슈에 대해 생각을 말해 보시오.
- 농협은 뭐라고 생각하는지 한 단어로 말해 보시오.

③ 주장 면접

- 청소년의 식습관 개선에 대한 의견
- 농촌이 도시민에게 주는 영향에 대한 의견
- 범죄자 수사 시 휴대전화 감청에 대한 의견
- 공인인증서 폐지
- 원자력발전소 건립에 대한 찬반
- 개인회생제도에 대한 찬반
- 전·월세 상한제에 대한 의견

(6) 대전농협

① 상식 면접

- 스미싱이란?
- 공무원 연금 개혁이란?
- FTA에 대한 자신의 의견은?
- 버핏세란?
- 6-시그마란?
- 사이드카란?

② 인성 면접

- 자기소개를 해 보시오.
- 여러 업무 중 자신이 싫어하는 업무에 배정된다면 어떻게 할 것인가?
- 추곡수매 시기에 남자 사원은 나가서 일하고, 여자 사원은 사무실에서 책을 보는데, 진급은 같이한다. 이를 어떻게 생각하는가?
- 취미생활은 무엇인가?
- 농협에 노동조합이 필요한가?

③ 주장 면접

- 재배지 북상에 따른 농협의 대처 방안에 대한 본인의 의견을 말해 보시오.
- 범죄자 수사 시 휴대전화 감청에 대한 본인의 의견을 말해 보시오.
- 공인인증서 폐지에 대한 본인의 의견을 말해 보시오.
- 군 가산점에 대한 본인의 의견을 말해 보시오.
- 담뱃값 인상에 대한 본인의 의견을 말해 보시오.
- 원자력발전소 건립에 대한 찬반
- 무상보육과 무상급식에 대한 찬반
- 개인회생제도에 대한 찬반
- 전·월세 상한제에 대한 본인의 의견을 말해 보시오.

(7) 충남농협

① 상식 면접

- 디마케팅이란?
- 8 : 2 법칙이란?
- 사물인터넷에 대해 말해 보시오.
- 헤지펀드에 대해 말해 보시오.
- 지역 농협이 타 시중은행과 다른 점은?
- 추심이란 무엇인가?
- 체리피커란?

② 인성 면접

- 자신의 가치관에 대해 말해 보시오.
- 농협과 관련하여 알고 있는 것과 그에 대해 내가 할 수 있는 노력에 대해 말해 보시오.
- 코로나19가 농협 / 농업에 미치는 영향과 의견에 대해 말해 보시오.
- 설득한 경험이나, 설득했으나 거절당한 경험을 말해 보시오.
- 멘토가 누구고, 그 사람이 농협을 지원하는데 어떤 동기를 줬는지 말해 보시오.
- 사회생활을 하면서 필요한 매너와 지식 등을 어디서 얻었는가?
- 농협에 입사한다면 어떠한 태도로 임할 것인가?
- 자신이 친구에게 영향력을 끼친 경험은 무엇인가?
- 많이 알려진 사람 중에 자신과 성격이 유사한 사람을 소개해 보시오.
- 입사한 후에 어떤 업무를 맡고 싶은가?
- 존경하는 사람에 대해 말해 보시오.
- 집단이나 조직에서 갈등이 발생했을 때 어떻게 해야 하는가?
- 입사 후의 계획은?
- 농협, 농촌, 농업과 관련하여 쌓은 경험은?
- 본인의 장점을 어떻게 농협에 접목할 수 있는지 말해 보시오.

③ 주장 면접

- 수입과일에 대한 국산과일의 경쟁력 제고방안에 대해 설명하시오.
- 농협이 청소년 금융교실을 운영하고 있다. 자신이라면 어떠한 전략으로 추진할 것인가?
- 요새 다양한 채널을 통해 홍보가 이루어지고 있는데, 자신이라면 어떠한 채널을 이용할 것인가?
- 현재 농식품의 트렌드는 무엇이고, 어떻게 홍보할 것인가?
- 추석 이후로 농가들의 실적이 나빠지고 있는데, 홈쇼핑에서 어떤 제품을 팔면 좋을지 말해 보시오.
- 도농교류의 일환으로 특성화 도시 조성과 여러 가지 사업을 펼치고 있는데, 정작 관광객들은 해외로 나간다. 이에 대한 대처 방안은?

(8) 충북농협

① 상식 면접

- 한국은행에서 통화량 증가를 위해 사용하는 3가지 수단은 무엇인가?
- 엔저현상에 대한 우리나라의 대응책은 무엇인가?
- GCF(녹색기후기금)란?
- 워킹푸어란?
- PF(프로젝트 파이낸싱)란?

② 인성 면접

- 지금까지 자신의 견해를 지지받은 경험이 있는가?
- 자신의 주장이 좋은 평가를 받았던 경험을 말해 보시오.
- 본인의 장점을 말해 보시오.
- 맞벌이 부부의 역할분담은 어떻게 해야 하는가?
- 주말에 무엇을 할 것인지 말해 보시오.
- 농협의 사회적 공헌에 대해 말해 보시오.
- 대인관계에서 중요하게 생각하는 것은 무엇인가?
- 배춧값 폭락으로 농민이 배추를 들고 와 팔아 달라고 요구하면 어떻게 할 것인가?
- 남녀의 성차별에 대해 어떻게 생각하는가?
- 고객을 응대하는 본인만의 노하우는?
- 최근 본 영화는 무엇인가?
- 자기개발을 위해 무엇을 하는가?
- 원하는 배우자상에 대해 말해 보시오.

③ 주장 면접

- 어린이보호구역 내 호텔설립에 대한 본인의 의견을 말해 보시오.
- 범죄자 수사 시 휴대전화 감청에 대한 본인의 의견을 말해 보시오.
- 공무원 개혁안에 대한 본인의 의견을 말해 보시오.
- 현 상황에서 우리나라는 성장이 우선인가, 복지가 우선인가?

(9) 광주농협

① 상식 면접

- 농협과 시중은행을 비교할 때 무엇이 다른가?
- 알뜰주유소란?
- 한우와 국내산 쇠고기의 차이는?
- 잡셰어링이란?
- 지연인출제도란?

② 인성 면접

- 본인에게 농협 직원들의 의미는 무엇인가?
- 본인의 가치를 돈으로 평가한다면?
- 동료와 갈등이 생겼을 경우 어떻게 할 것인가?
- 입사하게 되면 본인이 오르고 싶은 최고 위치는?
- 공무원의 공금횡령을 보고 무슨 생각을 했는가?
- 본인이 생각하는 회식이란 무엇인가?
- 첫 월급을 받으면 어떻게 쓰고 싶은가?
- 뉴스에서 본 최근 이슈에 대한 본인의 생각을 말해 보시오.

③ 주장 면접

- 양심적 병역거부에 대한 찬반
- 대형마트 주말 강제휴무에 대한 찬반
- 무상급식과 무상보육에 대한 찬반

(10) 전남농협

① 상식 면접

- 채식주의가 사회에 끼치는 영향은?
- 규모의 경제란?
- 변액보험이란?
- 유동성의 함정이란?
- 노동협동조합법이란?
- 출구전략이란?
- 배드뱅크란?
- 콜금리란?
- 모라토리엄이란?

② 인성 면접

- 조직을 위해 헌신해서 이익을 가져온 경험이 있는가?
- 농협에서 개선해야 할 부분은 무엇인가?
- 성공한 삶이 무엇이라고 생각하는가?
- 농협의 인재상은 무엇이며 그중 전문가를 무엇이라고 생각하는가?
- 자신의 장·단점은 무엇인가?
- 농업과 관련한 경험이 있는가?
- 인간관계가 잘 안되었을 때 해결했던 경험이 있는가?
- 상사와의 갈등을 어떻게 해결할 것인가?
- 본인과의 약속을 잘 지키는가?
- 동아리 활동을 해봤는가?
- 농협의 강점은 무엇이라고 생각하는가? 강점을 살리기 위해서 어떻게 해야 하는가?
- 고객이 불편사항을 토로한다면 어떻게 할 것인가?
- 자기 자신을 어느 정도 신뢰하는가?
- 별명이 무엇인가?
- 당신이 면접관이라면 지원자의 어떤 점을 중점적으로 평가할 것인가?
- 존경하는 인물과 그 이유는?
- 희망 연봉은 얼마인가?

③ 주장 면접

- 친환경가공품의 활성화 전략에 대해 말해 보시오.
- 농번기 온열질환의 해결 방안에 대해 말해 보시오.
- 사회금융 활성화 방안에 대해 말해 보시오.
- 탄소중립 실천방안에 대해 말해 보시오.
- 지역별 농산물 활성화 방안에 대해 말해 보시오.
- 사내 유보금 과세 문제에 대한 자신의 의견을 말해 보시오.
- 선행학습금지 법안에 대한 자신의 의견을 말해 보시오.
- 광역버스 입석 금지에 대한 자신의 의견을 말해 보시오.
- 공무원 연금 개혁에 대한 자신의 의견을 말해 보시오.
- 안락사에 대한 자신의 의견을 말해 보시오.
- 대형마트의 골목상권 규제에 대한 자신의 의견을 말해 보시오.

(11) 전북농협

① 상식 면접

- 순환출자란?
- 쌀 직불금이란?
- 경제민주화란?
- 승자의 법칙이란?
- 유리천장 효과란?

② 인성 면접

- 농협의 이미지는 어떠한가?
- 행복하기 위해 필요한 5가지는 무엇인가?
- 입사하게 되면 상사, 동료, 후배 집단이 생기게 되는데, 우선순위대로 나열하고 그 이유를 말해 보시오.
- 농협을 찾은 고객에게 어떻게 인사하겠는가? 한번 해 보시오.
- 농협에 입사해서 이루고 싶은 꿈은 무엇인가?

③ 주장 면접

- 지하철 여성 전용칸에 대한 찬반
- 일본의 우경화에 대한 본인의 의견을 말해 보시오.
- 여성 군복무에 대한 본인의 의견을 말해 보시오.
- 원자력발전소 건설에 대한 찬반

(12) 대구농협

① 상식 면접

- RFID란?
- 출구전략이란?
- 소고기 이력제란?

② 인성 면접

- 협동해서 했던 일 중 가장 큰 성과를 거뒀던 경험을 말해 보시오.
- 본인이 크게 성공했던 일에 대해 말해 보시오.
- 존경하는 인물은 누구인가?
- 어떤 책을 주로 읽는가?
- 본인의 어떤 장점으로 농협에 기여할 수 있겠는가?
- 노조에 가입하겠는가?
- 이 지역에서 생산되는 특산물이 무엇인가?
- 인생의 멘토가 있는가?

③ 주장 면접

- 한의사의 현대 의료기기 사용에 대한 의견을 말해 보시오.
- 농업 커뮤니케이션을 활성화할 방법에 대해 말해 보시오.
- 고교 졸업생 취업에 대한 찬반
- 제주 해군기지 건설에 대한 찬반

(13) 경북농협

① 상식 면접

- 농협의 핵심가치는 무엇인가?
- 구황작물이란?
- 치킨게임이란?
- GMO란?
- 지니계수란?
- 자동차나 반도체를 수출하고, 쌀을 수입하는 것에 대해 어떻게 생각하는가?

② 인성 면접

- 본인의 인생관이 무엇이며, 이와 관련된 경험을 말해 보시오.
- 이전에 가졌던 편견에 대해서 말하고, 편견을 극복했던 경험을 말해 보시오.
- 타인을 설득했던 경험을 말해 보시오.
- 100년 농협에서 앞으로 농협이 나아가야 할 방향은?
- 직장생활 중 가장 필요한 것은 무엇이라고 생각하는가?
- 농협에 입사하여 농협의 비전에 맞게 어떻게 일할 것인가?
- 농협이 농산물을 수입하는 것에 대해 어떻게 생각하는가?
- 농협이 잘하는 일은 무엇이라고 생각하는가?
- 농협에 대해서 주변에서 비판하는 내용은?
- 뉴스에서 노인 폭행 사건이 있었다. 그 자리에 있었다면 어떻게 하겠는가?
- 힘든 일이 있을 수 있는데 할 수 있는가?
- 봉사활동 경험에서 무엇을 느꼈는가?
- 농협 입사 후의 각오에 대해 말해 보시오.

③ 주장 면접

- 6차 산업시대에 지역농협의 역할은?
- 앞으로 농민과 도시민이 함께 어울려 살기 위해 농협이 해야 할 일은 무엇인가?
- 블록체인을 농협이 어떻게 이용하면 좋은지 설명해 보시오.
- 농촌과 도시의 가치가 함께 상승할 수 있는 방안에 대해 설명하시오.
- 관광 상품을 개발한다면 무엇을 할 것인가?
- 원자력발전소 증설에 대한 찬반
- 범죄자 신원 공개에 대한 의견을 말해 보시오.
- SNS 개인 신상정보 유출에 대한 의견을 말해 보시오.
- 아동 성폭력 문제에 대한 의견을 말해 보시오.
- 쌀값 목표제에 대한 의견을 말해 보시오.
- 농촌의 문제점과 해결책에 대한 생각을 말해 보시오.

(14) 경남농협

① 상식 면접

- 은행이 지역사회를 위해 해야 할 일에 대해 말해 보시오.
- 확실성과 불확실성에 대한 본인의 생각을 말해 보시오.
- 자유학기제에 대해 어떻게 생각하는가?
- 황의 법칙이란?
- 무의 법칙이란?
- 역모기지론이란?
- Safe Guard란?

② 인성 면접

- 농협 사업 중 개선할 점은?
- 농협의 인재상 중 더 발전시켜야 할 점은?
- 농협의 여러 가지 사업 중 본인이 어울린다고 생각하는 사업은?
- 본인 성격의 강점은?
- 남을 위해서 희생한 경험을 말해 보시오.
- 직장생활을 하는 데 있어서 가장 중요한 덕목은?
- 본인보다 나이가 많은 분을 설득해본 경험이 있는가?
- 농협에 지원한 동기는?
- 해당 조합에 지원한 이유는?
- 유명인 중에 농협인의 인재상과 부합하는 사람을 말해 보시오.
- 공제 상품을 팔아야 하는데 누구한테 가장 먼저 팔 것인가?
- 지점 서비스에 대해 불만사항 대처방법에 대해 말해 보시오.
- 행복하기 위해 하루에 한 가지씩 행하는 것은?
- 본인의 성장과정에서 가장 큰 영향을 미친 사람과 그 이유는?
- 노조에 대한 본인의 생각은?
- 지역농협 고객이 금리가 높은 시중은행으로 예금을 옮기려고 하는데, 이를 어떻게 설득할 것인가?
- 협동조합 기본법에 대해 아는가?
- 고객이 터무니없는 요구를 한다면 어떻게 대응할 것인가?
- 최근에 읽은 책은 무엇인가?
- 보람찬 일을 한 경험을 말해 보시오.

③ 주장 면접

- 쌀 소비량 부진의 주된 이유와 해결방안은?
- 농민 월급제에 대한 의견은?
- 농촌 고령화의 이유와 해결방안은?
- 국내외 박람회에 참가하여 우리 농산물의 우수성을 홍보해 보시오.
- 농민과 고객들의 소통의 장을 마련해 보시오.
- 농축산물위축방지법에 대해 설명하시오.
- 홈쇼핑에서 상품을 판매할 때 농산물 판매 촉진을 위한 방법을 말해 보시오.
- 설악산 케이블카 찬반
- 어린이집 CCTV 찬반
- 길고양이 급식소 찬반
- 국제중학교 폐지 찬반
- 편의점 새벽영업 금지 찬반
- 전자 건강보험증 찬반
- 내국인 카지노 허용 찬반

(15) 제주농협

① 상식 면접

- 기저효과란?
- 더블딥이란?
- 시너지 효과란?
- 베블런 효과란?
- 다운계약서란?
- 애그플레이션이란?
- 순환출자란?
- 남북관계와 NLL에 대해 말해 보시오.
- 저출산 문제 해결을 위해 기업이 해야 할 일은 무엇인가?

② 인성 면접

- 구독하는 신문은 있는가?
- 자신에게 점수를 준다면 몇 점을 주겠는가? 이유와 함께 말해 보시오.
- 자기소개를 해 보시오.
- 농협에 지원하게 된 동기를 말해 보시오.
- 외곽지역으로 발령 나면 어떻게 할 것인가?
- 농협에 들어오기 위해 준비한 것은 무엇인가?
- 농협에 합격한다면 무슨 일을 하고 싶은가?
- 마지막으로 하고 싶은 말을 해 보시오.

③ 주장 면접

- 초·중·고등학교 9시 등교에 대한 찬반
- 단통법에 대한 자신의 의견을 말해 보시오.
- 영어권 국가의 조기유학에 대한 찬반
- 취업과 결혼을 위해서 성형을 하는 것에 대한 찬반
- 죄질이 좋지 않은 범죄자의 사형집행에 대한 찬반
- 대학생들의 무분별한 스펙 쌓기에 대한 찬반

NH농협은행 6급

NH농협은행 6급 면접은 철저한 블라인드 면접이다. 즉, 면접관이 지원자의 이름, 출신 학교, 현재 농협 계약직 근로 여부 등을 알지 못한 채 면접이 실시된다. 따라서 지원자는 면접 시 자신의 신상공개를 하면 안 된다. 2023년부터 PT 면접+ 집단 면접으로 바뀌면서, 지원자의 순발력과 적극성이 중요한 변수로 작용하게 되었다. PT 면접은 주로 농협은행 상품의 마케팅 방안에 대한 발표로 진행되며, 집단 면접은 다대다(多對多) 인성·직무 면접으로 진행된다.

1. NH농협은행 6급 면접 안내

(1) PT 면접

별도의 공간으로 이동하여 15분간 발표 준비시간을 갖는다. 농협은행 금융상품(적금, 펀드, 보험 등)의 특징을 파악한 후 주어진 상황에 적절한 상품 판매 확대 방안에 대해 발표한다. PPT·한글·워드 중 선호하는 프로그램을 자유롭게 선택하여 발표 자료를 제작한다. 발표 준비시간 내에 USB에 옮기지 못할 시 발표를 하지 못하므로, 반드시 주어진 시간 내에 발표 자료를 저장해야 한다. 발표 장소로 이동하면 대형 TV(또는 스크린)와 레이저 포인터가 준비되어 있다. 발표 10분 + 질의응답 5분, 총 15분간 3명의 면접관 앞에서 단독으로 발표를 진행한다. 발표를 마친 후에 면접관이 발표에 소요된 시간을 알려준다. 10분 미만으로 발표를 진행했다면 질의응답 시간이 그만큼 늘어난다.

PT 면접은 지원자가 농협은행의 일원으로서 마케팅 역량과 커뮤니케이션 능력이 있는지 검증한다. 주요 내용과 준비사항은 사전 공지되므로 농협은행의 금융상품에 대해 미리 공부하고 실제 은행직원들의 세일즈 기술을 연습해 두어야 한다. 또한 PT 면접을 효과적으로 준비하기 위해서는 지원자 본인이 지원한 직무를 확실하게 파악하고 있어야 하며, 어떤 역량이 요구되는지를 이해하고 있어야 한다. 그리고 문제를 해결하는 해결력과 주어진 과제를 무리 없이 소화할 수 있는 대응력을 키워야 한다.

[기출 질문]
- '걸으면 걸을수록 우대금리가 생기는 적금' 상품을 어필할 수 있는 고객층을 제시하고, 상품 판매를 활성화할 수 있는 방안을 제시하시오.
- 농협은행의 새로운 대출상품의 판매량을 높이기 위해 어떤 타깃층을 중점으로 마케팅을 진행할 것인지 보고서를 작성하시오.
- 가상의 농협은행 상품에 대한 특징과 관련 기사에 따라 효율적인 판매 전략 및 타깃층을 수립하시오.

(2) 집단 면접

5 ~ 6명이 한 조가 되어 50분가량 다대다(多對多) 면접방식으로 진행된다. 면접관들은 지원자 모두에게 1 ~ 2분가량 자기소개를 시키고 질문을 시작한다. 자기소개서 내용을 바탕으로 한 인성 관련 질문이 주를 이룬다. 또한 최근 경제신문에서 다루고 있는 시사용어 또는 경제용어를 묻기도 한다. 따라서 농협과 관련한 회사상식, 경제 · 시사상식을 미리 정리해 두고 인성과 관련된 질문도 사전에 확인해 보는 것이 좋다.

[인성 질문]
- 1분 자기소개
- 1억 원을 모아야 한다면 어떤 방법으로 모을 것인가?
- 첫 월급을 100만 원으로 받았을 때 전체 금액으로 선물을 한다면 누구에게 무엇을 할 것인가?
- 금융권에서 가장 중요하게 생각하는 덕목과 역량은?
- 사람을 평가한 경험이 있는가? 무엇을 가장 중요하게 생각하는가?
- 고객이 전화에 대고 막 화를 내는 클레임이 생긴다면?
- 이전 회사를 그만둔 사유는 무엇인가?
- 본인의 단점은 무엇인가?
- 은행원이 갖춰야 할 역량은 무엇이라고 생각하는가?
- 본인만의 영업전략은?
- 마지막으로 하고 싶은 말은?
- 상사와의 업무 시 의견충돌이 있을 때 어떤 식으로 본인의 의견을 관철시킬 것인가? 그리고 주변사람들에게 어떤 식으로 제시할 것인가?
- 단순한 업무의 반복을 하는 은행의 업무는 매너리즘에 빠지기 쉬운 환경에서 본인이 과거에 단순한 업무의 반복을 하면서 매너리즘에 빠진 경험과 그때 느꼈던 점 그리고 본인의 가치관을 연결해서 말해 보시오.
- 본인의 친화력으로 사람의 마음을 움직였던 경험을 말해 보시오.
- 10년 후, 30년 후 농협은행의 방향성이 어떻게 바뀔지 말해 보시오.

[회사 · 경제 · 시사 관련 질문]
- PF가 무엇인지 아는가?
- 블랙컨슈머에 대한 기업의 대응 방안은?
- DTI가 무엇인가?
- LTV를 설명하시오.
- BIS 비율을 설명하시오.
- ABS를 설명하시오.
- BIB와 BWB가 무엇인가?

- 금융복합점포의 단점에 대해 이야기해 보시오.
- 개인회생제도가 무엇인가?
- 세계에서 유통되고 있는 3가지 원유를 설명하시오.
- 기술금융이 무엇인가?
- 인터넷은행이 무슨 뜻인가?
- 저금리 시대에 은행과 농협의 대응 방안은?
- 내가 CEO인데 회사가 어려워졌다. 인원을 감축할 것인가, 전체 임금을 삭감할 것인가?
- 은행업의 미래와 농협의 방향성을 말하고, 본인의 기여 방안에 대해 말해 보시오.
- 핀테크와 인터넷전문은행은 무엇인가?
- 노조에 대해 어떻게 생각하는가?
- PEF가 무엇인지 설명해 보시오.
- 농협이 하고 있는 일을 말해 보시오.
- 농협의 장점과 단점을 말해 보시오.
- 주택 대출 관련 용어 몇 개를 말해 보시오.
- 본인이 팔고 싶은 금융상품 그리고 그 상품에 대한 장·단점을 말해 보시오.
- 알고 있는 금융 상식을 설명해 보시오.
- 미국 금리가 인상되면 농협 매출이 어떻게 될 것 같은가?
- 사모펀드의 장·단점은 무엇인가?

2. 지역별 기출 질문

(1) 서울농협

① 상식 질문

- 유동성함정의 구체적 예를 들고, 해결 방안을 제시해 보시오.
- 파생금융상품이란 무엇인가?
- CMA란 무엇인가?
- 보이스피싱이란 무엇인가?
- 블랙스완이란 무엇인가?

② 인성 질문

- 자기소개를 해 보시오.
- 맞벌이하다 본인이 전업주부가 된 상황을 어떻게 생각하는가?
- 자신이 꺼리는 사람에게 다가가거나 자기 사람으로 만드는 자신만의 노하우가 있다면 말해 보시오.
- 지금까지 살면서 이룬 가장 큰 성취 3가지만 말해 보시오.
- 농협의 사회적 역할에 대해 말해 보시오.
- 농협에서는 팀별로 목표 실적이 주어지는데, 그것을 달성하려면 팀워크가 좋아야 한다. 좋은 팀워크를 유지하기 위해서 가장 중요한 점이 무엇이라고 생각하는가?
- 농협에 입사해서 10년쯤 지났을 때, 자신은 어떤 모습일 것 같은가?

- 지원자가 만약 상품개발부서에 배치된다면 예금 상품을 새롭게 개발할 수 있는데, 혹시 지금 생각해 둔 상품이 있는가?
- 타깃 고객을 선정해서 상품을 개발한다면 어떤 방안이 있겠는가?
- 농협상품을 홈쇼핑에서 팔아보시오.
- 고객이 앞에 왔다고 생각하고 예금을 팔아보시오.
- 효율적이지 못한 리더와 가장 좋은 리더에 대해 설명해 보시오.
- 마지막으로 하고 싶은 말을 해 보시오.

(2) 경기농협

① 상식 질문

- 블랙스완이란 무엇인가?
- 서브프라임 모기지란 무엇인가?
- 삼강오륜이란 무엇인가?
- 저축은행 '88클럽'이란 무엇인가?
- IFRS가 도입되면 농협이 받는 영향은 무엇인가?
- 애그플레이션이란? 애그플레이션을 극복하기 위한 농협의 방안은 무엇인가?
- 재스민 혁명이 무엇을 뜻하고, 어디에서 일어났는지 설명하시오.
- 일본 대지진과 리비아 공격에 따른 국제경제 변화를 어떻게 보는가?

② 인성 질문

- 자기소개를 해 보시오.
- 농협과 시중은행의 차이점은 무엇인가?
- 만약 자신의 신념과 상충된다고 생각하는 지시를 상사가 내렸을 경우에 어떻게 하겠는가?
- 농협의 예금 종류 5가지만 말해 보시오.
- 농협의 신용등급은 무엇인가?
- 농협의 문제점이 무엇이라고 생각하는가?
- 농협 홈페이지에서 '경영' 앞에 쓰여 있는 두 글자가 무엇인지 이야기해 보시오.
- 농협이 고객에게 더 어필할 수 있는 방법은 무엇인지 설명해 보시오.
- 나이 어린 상사를 잘 대할 수 있겠는가?
- 조직 관리의 가장 어려운 점을 말해 보시오.
- 타 금융기관에 비해 농협의 장점을 꼽으면 무엇이 있겠는가?
- 마지막으로 하고 싶은 말을 해 보시오.

(3) 인천농협

① 상식 질문

- 모기지론에 대해 말해 보시오.
- 신용위험, 시장위험, 운영위험 3가지를 추론해서 말해 보시오.
- IMF와 2008년 미국발 금융위기의 공통점과 차이점은 무엇인가?
- BIS 자기자본비율이란 무엇인가?
- DTI란 무엇인가?

② 인성 질문

- 자기소개를 해 보시오.
- 대북지원에 대해 찬성하는가, 반대하는가? 그 이유는 무엇인가?
- 꼴등 지점에 배치되면 단합 자리에서 어떻게 분위기를 띄울 것인가?
- 상사가 됐을 때 팀을 어떻게 이끌어나갈 것인가?
- 지점장 A와 B가 각각 3억씩 투자했는데, A는 한 곳에 모두 투자해 1억, B는 열 군데 투자해서 1억의 수익을 냈다. 누가 옳다고 생각하는가?
- 한국경제의 문제점에 대해 말해 보시오.
- 어떤 상사를 바라는가?
- 어떤 부하 직원이 될 것인가?
- NH농협은행의 인재상에 대해 말해 보시오.
- 마지막으로 하고 싶은 말을 해 보시오.

(4) 대전 · 충남농협

① 상식 질문

- 수신금리 관련 최근 이슈에 대해 말해 보시오.
- 수쿠크법이란 무엇인가?
- 라마단이란 무엇인가?
- 타임오프제란 무엇인가?
- 세계 7대 자연경관에는 무엇이 있는가?
- 우루과이라운드란 무엇인가?
- WTO협정이란 무엇인가?

② 인성 질문

- 자기소개를 해 보시오.
- 악성 고객에 대처하는 자신만의 방법이 있다면 말해 보시오.
- 합격 후 원하는 직무에 배정되지 않는다면 어떻게 할 것인지 말해 보시오.
- 조직 내에서 목표달성을 위해 노력했던 경험이 있다면 말해 보시오.
- 조직 내에서 갈등 때문에 목표달성을 실패했던 경험이 있다면 말해 보시오.
- 농협이 신경분리(신용사업과 경제사업의 분리)되었는데 신용 쪽이 발전하려면 어떤 노력을 해야 하는가?
- 농협이 이번에 신경분리를 했는데, 은행으로 성공하기 위하여 어떻게 해야 하는가?
- 농협법 개정안으로 2012년부터 농협중앙회는 NH농협은행으로 바뀌었다. 만약 지원자가 농협은행장이 된다면 농협은행의 발전을 위해 어떤 부분을 바꾸겠는가?
- 상사와의 충돌이 생길 때 어떻게 할 것인가?
- 마지막으로 하고 싶은 말을 해 보시오.

(5) 충북농협

① 상식 질문

- 바이럴 마케팅에 대해 말해 보시오.
- CMA에 대해 말해 보시오.
- 미스터리 쇼퍼에 대해 말해 보시오.
- 변액보험에 대해 설명해 보시오.
- 대강 사업에 대한 자신의 생각을 말해 보시오.
- FTA로 인해 특혜를 받는 종목은 무엇이 있는가?

② 인성 질문

- 자기소개를 해 보시오.
- 자신에게 할당된 실적을 달성하지 못했을 때 어떻게 할 것인가?
- 자신의 신념을 어쩔 수 없이 어겼던 경험이 있으면 말해 보시오.
- 배우자의 어떤 면을 보고 선택할 것인가?
- 한국 사람이 고쳐야 할 점이 무엇인가?
- 농협의 발전을 위해 사업을 한다면 어떤 것을 했으면 좋겠는가?
- 마지막으로 하고 싶은 말을 해 보시오.

(6) 부산농협

① 상식 질문

- 서킷브레이커란 무엇인가?
- 더블딥이란 무엇인가?
- 경제5단체란 무엇인가?
- 사회적 기업에 대해 말해 보시오.
- 다우지수란 무엇인가?
- 세계 3대 신용평가기관을 말해 보시오.
- 임금피크제란 무엇인가?

② 인성 질문

- 자기소개를 해 보시오.
- 농협에 지원한 특별한 이유는 무엇인가?
- 농협에 입사해서 10년쯤 지났을 때, 자신은 어떤 모습일 것 같은가?
- 마지막으로 하고 싶은 말을 해 보시오.

(7) 광주 · 전남농협

① 상식 질문

- 세계 3대 신용평가기관과 농협의 신용도에 대해 말해 보시오.
- FTA에서 ISD 조항에 대해 말해 보시오.
- 유가 상승 시 농협은 어떻게 대처해야 하는가?
- 트리플 위칭데이란 무엇인가?
- 스파게티볼 효과란 무엇인가?
- 2012년 4 · 11 총선에 대해 어떻게 생각하는가?
- 오늘의 환율에 대해 알고 있는가?
- CRM이란 무엇인가?
- 20 : 80 법칙이란 무엇인가?
- 콜금리란 무엇인가?
- 배드뱅크란 무엇인가?
- 코스피 200이란 무엇인가?
- 환율이란 무엇인가?
- 평가절하란 무엇인가?

② 인성 질문

- 자기소개를 해 보시오.
- 본인이 상사인데, 부하직원이 일을 잘 못한다. 어떻게 할 것인가?
- 좋아하는 운동은 무엇인가?
- 존경하는 인물은 누구인가?
- 천안함 사건 또는 연평도 포격 사건이 일어났을 때 자신이 합참의장이라면 어떻게 했겠는가?
- 대기업의 사회적 역할에 대해 말해 보시오.
- 감명 깊게 읽은 책을 말해 보시오.
- 펀드를 판매했는데 가입자가 손실을 입고 따지러 왔다. 어떻게 해야 하는가?
- 동료애란 무엇인가?
- 농협의 기업문화는 어떠한가?
- 농협의 인터넷 뱅킹을 써보았다면 어땠는지 말해 보시오.
- 타 금융기관에 비해 농협의 장점을 꼽으면 무엇이 있겠는가?
- 마지막으로 하고 싶은 말을 해 보시오.

(8) 전북농협

① 상식 질문

- 유네스코 지정 세계문화유산에 대해 아는 대로 말해 보시오.
- 새만금 사업의 장·단점에 대해 말해 보시오.
- 신용카드, 직불카드, 체크카드의 차이점에 대해 말해 보시오.
- 님비현상과 핌피현상의 차이점에 대해 말해 보시오.
- 콜금리란 무엇인가?
- 한미 FTA의 장·단점과 농협의 대처 방안에 대해 말해 보시오.
- 사회적 기업에 대해 말해 보시오.
- 4대강 사업에 대한 자신의 생각을 말해 보시오.
- 서브프라임모기지론에 대해 말해 보시오.

② 인성 질문

- 자기소개를 해 보시오.
- NH농협은행에 입사하기 위해 어떠한 노력을 해왔는지 말해 보시오.
- 국기에 대한 맹세를 외울 수 있다면 말해 보시오.
- 신경(信經)분리에 대해 아는 대로 말해 보시오.
- 사회봉사경험이 있는가?
- 자연과 발전 중 어느 것이 더 중요하다고 생각하는가?
- 마지막으로 하고 싶은 말을 해 보시오.

(9) 경남농협

① 상식 질문

- 체리피커는 무엇인가?
- 20 : 80 법칙에 대해 설명해 보시오.
- 나라별 종합주가지수 명칭을 아는 대로 말해 보시오.
- 백세세대란 무엇인가?
- 랩어카운트란 무엇인가?
- 스타지수란 무엇인가?
- 전환사채란 무엇인가?
- 서브프라임모기지론에 대해 말해 보시오.
- BIS 자기자본비율이란 무엇인가?
- DTI란 무엇인가?
- 일본 엔고현상이란 무엇인가?
- 고령화 사회의 해법에 대해 말해 보시오.

② 인성 질문

- 자기소개를 해 보시오.
- 취미는 무엇인가?
- 맛집을 아는 데가 있으면 소개해 보시오.
- 회의 시 지루할 때 동료들에게 힘을 북돋아 주려고 한다면 어떻게 할 것인가?
- 농협에 대해 아는 대로 말해 보시오.
- 신경(信經)분리에 대해 아는 대로 말해 보시오.
- 농협의 경쟁력은 무엇이라고 생각하는가?
- 농협중앙회 회장님 성함, 은행장님 성함, 경남지역본부장님 성함, 영업본부장님 성함 중 아는 것이 있는가?
- 상사로부터 성희롱 당했을 때 어떻게 대처할 것인가?
- 은행원으로서 갖춰야 할 자질이 뭐라고 생각하는가?
- 현 정부의 경제정책에 대해 어떻게 생각하는가?
- 본인이 옆 사람보다 더 강점이라고 생각하는 것을 말해 보시오.
- NH농협은행이 앞으로 나아가야 할 방향에 대해 말해 보시오.
- 다른 곳을 면접 본 적이 있는가?
- 자격증이 많은데, 취득하는 데 얼마나 소요되었는가?
- 직업을 가지는 목적이 무엇인가?
- 최근에 읽은 책과 작가 이름, 내용에 대해 말해 보시오.
- 농촌의 문제점은 무엇이라고 생각하는가?
- 자신의 장점을 말해 보시오.

(10) 대구 · 경북농협

① 상식 질문

- DTI란 무엇인가?
- 파생금융상품이란 무엇인가?
- 도덕적 해이란 무엇인가?
- '88클럽'이란 무엇인가?
- 역모기지론이란 무엇인가?
- 뱅크런이란 무엇인가?
- 스태그플레이션에 대해 말해 보시오.
- 방카슈랑스 자사 25% 혜택에 대해 말해 보시오.
- 저축은행 피해보상 사태에 대한 자신의 생각은 어떠한가?

② 인성 질문

- 자기소개를 해 보시오.
- 신경(信經)분리에 대해 아는 대로 말해 보시오.
- 자신의 장 · 단점에 대해 말해 보시오.
- 자신의 이상형에 대해 말해 보시오.
- 농협에 들어와서 하고 싶은 업무는 무엇인가?
- 자신이 NH농협은행 경영자가 된다면 어떻게 운영할 것인가?
- 자신의 특기를 말해 보시오.
- 본인 인생의 멘토는 누구인가?
- 농협 이미지의 장 · 단점에 대해 말해 보시오.
- 농협에 들어와서 이루고 싶은 것은 무엇인가?
- 펀드 손실이 나서 항의하러 고객이 온다면 어떻게 할 것인가?
- 만약 1억 원이 생긴다면 어떻게 할 것인가?
- 외진 지역에 근무하게 된다면 어떻게 할 것인가?
- 나만의 경쟁력에 대해 말해 보시오.
- 삼성과 농협의 차이는 무엇인가?
- 마지막으로 하고 싶은 말을 해 보시오.

(11) 울산농협

① 상식 질문

- MMF란 무엇인가?
- 하이리스크와 하이리턴에 대해 설명해 보시오.
- 변액보험에 대해 설명해 보시오.
- 뱅크런이란 무엇인가?
- 수쿠크법이란 무엇인가?
- BIS 자기자본비율이란 무엇인가?
- 재할인율이란 무엇인가?

② 인성 질문

- 자기소개를 해 보시오.
- NH농협은행에 입사하기 위해 어떠한 노력을 해왔는지 말해 보시오.
- 자신의 특기를 말해 보시오.
- 가장 존경하는 인물은 누구인가?
- 농협에 들어와서 10년 후의 자신의 모습을 상상해 보시오.
- 상사와의 충돌이 생길 때 어떻게 할 것인가?
- 사업분리 후 농협의 발전 방향에 대해 말해 보시오.
- 누군가에게 무엇을 가르치게 되었을 때 어떤 것을 가장 잘할 수 있겠는가?
- 농협과 시중은행의 차이점은 무엇인가?
- 농협에 대해 얼마나 알고 있는가?
- 마지막으로 하고 싶은 말을 해 보시오.

(12) 강원농협

① 상식 질문

- BIS 자기자본비율이란 무엇인가?
- DTI란 무엇인가?
- 역모기지론이란 무엇인가?
- IFRS가 도입되면 농협이 받는 영향은 무엇인가?

② 인성 질문

- 자기소개를 해 보시오.
- 농협과 시중은행의 차이점은 무엇인가?
- 다른 사람이 자신을 어떻게 평가하는가?
- 리더십이란 무엇이며, 자신이 지향하는 리더십은 어떤 것인가?
- 만약 농협에 합격하면 오지로 갈 수도 있는데, 불편하지 않겠는가?

- 농협이 젊은 층을 확보하기 위한 방안은 무엇인가?
- 마지막으로 하고 싶은 말을 해 보시오.

MG새마을금고 지역본부

새마을금고는 지역본부와 대기 순서에 따라 모두 질문이 다르다. 따라서 많은 예상 질문을 준비하는 것이 실제 면접에 도움이 된다. 방대한 금융 지식 가운데, 특히 현재의 금융 이슈나 기존의 새마을금고 지식을 바탕으로 한 면접 기출 문제로 연습한다면, 어려움 없이 면접을 볼 수 있을 것이다.

1. 서울지역

(1) 시사 질문

- 유동성비율 산출식을 말해 보시오.
- 흑자도산이 무엇인지 말해 보시오.
- 실리콘밸리 은행 파산의 원인과 해결 방안에 대해 말해 보시오.
- 해당 금고의 경영 공시에 대해 말해 보시오.
- 최근 경제 동향에 대해 말해 보시오.
- 예금자 보호법에 관해 설명해 보시오.
- 신용창조이론은 무엇인가?
- 출자금과 주식 출자의 다른 점은 무엇인가?
- 재무제표 요소 4가지에 관해 설명해 보시오.
- LTV와 DTI에 대해 말해 보시오.
- 현재 한국은행의 금리는 어떻게 되는가?
- BIS 자기자본비율이 무엇인지 설명해 보시오.
- 방카슈랑스에 대해 설명해 보시오.
- 한중 FTA가 금융권에 미치는 영향에 대해 말해 보시오.
- 자본금융통합법에 대해 아는 대로 설명해 보시오.
- 한미 FTA에 대해 설명해 보시오.
- 한미 FTA가 새마을금고에 미치는 영향에 대해 설명해 보시오.
- 공제에 대해 설명해 보시오.
- 공제상품 판매 전략에 대해 말해 보시오.
- 서민형 PB가 무엇이라고 생각하는가?
- 케인스학파와 고전학파 중 선호하는 학파를 말한 후 이유를 말해 보시오.
- 핀테크에 관해 설명해 보시오.
- 비대면 채널이 확대 중인 상황에서 새마을금고의 돌파방법은?
- 오늘 금리가 인상되었는데 어떻게 생각하는가?
- 새마을금고의 자산, 자본, 부채가 얼마인가?

- 기준금리가 무엇이며, 현재 몇 퍼센트인지 말해 보시오.
- 새마을금고의 이미지를 설명해 보시오.
- 새마을금고 발전 방향에 대해 말해 보시오.
- 새마을금고의 수익구조에 대해 알고 있다면 말해 보시오.
- 새마을금고에 대해 아는 대로 말해 보시오.

(2) 인성 질문

- 자기소개를 해 보시오.
- 가장 좋아하는 음식과 그 이유는 무엇인가?
- 면접비를 받으면 어디에 사용할 것인가?
- 경영학자 중 가장 좋아하는 사람과 그 이유를 말해 보시오.
- 입사 후 하고 싶은 일은 무엇인가?
- 본인에게 부모님은 어떤 존재인가?
- 고객과 문제가 생길 때 어떻게 해결할 것인지 말해 보시오.
- 직장상사와 문제가 생길 때 어떻게 해결할 것인지 말해 보시오.
- 인생의 좌우명은 무엇인가?
- 주량이 어떻게 되는가?
- 살면서 힘들었던 점은 무엇인가?
- 새마을금고가 젊은이들에게 인지도가 낮은데 어떻게 하면 좋을지 설명해 보시오.
- 본인과 주변 사람들 사이에 문제가 생기면 잘 해결하는 편인가?
- 요새 본 드라마나 예능프로가 무엇인가?
- 지원동기에 대해 말해 보시오.
- 성공의 기준을 무엇이라 생각하는지 말해 보시오.
- 새마을금고에 대해 어떻게 알게 되었는지 말해 보시오.
- 본인의 전공이 어떻게 새마을금고에서 활용될 수 있을 것 같은가?
- 전공이 은행 업무와 전혀 상관없는데 어떤 이유로 지원을 하게 되었는가?
- 자격증 취득이 실제로 금융지식을 얻는 데 도움이 되었는가?
- 자격증은 어떻게 취득하였는가?
- 내가 살아있음을 느꼈을 때는 언제이고, 그것으로 배운 것은 무엇인가?
- 상품을 어떻게 고객에게 팔 것인가?
- 상사가 나보다 나이가 어리면 사회생활을 하는 데 문제가 없겠는가?
- 가족 중에 공제에 든 사람이 있는가?
- 아버지가 하시는 일은 무엇인가?
- 동생과의 우애는 어떠한가?
- 금융으로 진로를 바꾼 이유는?
- 집에서 가장 가까운 새마을금고는 어디인지?
- 공제를 팔아서 실적을 올리기 위한 영업이 필요한데 잘할 수 있겠는가?
- 금융권에서 아르바이트를 한 경험이 있다고 되어 있는데, 고객의 나이대가 어떻게 되었는가?
- 다른 기업에 취업해 본 경험이 있는가?

- 청소년 직업 박람회에 참여했던 프로젝트는 정확히 어떤 것이었는가?
- VR게임을 만들었다고 했는데 어떤 게임인가?
- 새마을금고 적금은 가지고 있는가?
- 첫 월급을 타면 무엇을 할 것인지 말해 보시오.
- 신문은 많이 읽는가?
- 그동안 했던 아르바이트에 대해 말해 보시오.
- 집안일은 하는가?
- 평소에 취미가 있다면 말해 보시오.
- 10년 후 자신의 포부에 대해 말해 보시오.
- 새마을금고의 모델을 누구로 하면 좋을 것 같은지 말해 보시오.
- 새마을금고와 타 금융기관과의 차이점에 대해 설명해 보시오.
- 새마을금고가 타 은행과의 경쟁에서 살아남을 수 있는 방법은 무엇인가?
- 직장상사에게 부당한 지시를 받았을 경우 어떻게 대처할 것인지 설명해 보시오.
- 입사했는데 커피를 타오라고 한다면 어떻게 하겠는가?
- 입사했는데 화장실 청소를 하라고 한다면 어떻게 하겠는가?
- 본인이 가장 자신 있는 특기는 무엇인가?
- 본인이 가장 용기 있었던 순간은 언제인가?
- 지점 방문 후 개선방안은 무엇이라고 생각하는가?
- 새마을금고 회장의 임기는?
- 5억이 생긴다면 어떻게 할 것인가?
- 가장 큰 실패 경험과 그것을 어떻게 극복했는가?
- 일과 개인시간 중에 무엇이 더 중요한가?
- 돈의 의미가 무엇이라고 생각하는지 말해 보시오.
- 젊은 고객 유치방안을 생각해본 적이 있는가?
- 공공기관에서 인턴으로 근무하면서 어떠한 업무를 담당하였는가?

2. 부산지역

(1) 시사 질문

- 재무상태표에 관해 설명해 보시오.
- SWOT 분석에 관해 설명해 보시오.
- 비채변제에 관해 설명해 보시오.
- 우리나라 경제의 현 상황에 관해 설명해 보시오.
- 은행경영공시제도에 관해 설명해 보시오.
- 클라우딩 펀드에 관해 설명해 보시오.
- LTV와 DTI에 대해 말해 보시오.
- 요즘 SNS의 효과를 어떻게 보는가?
- 현재 한국은행의 금리는 어떤지 설명해 보시오.
- 방카슈랑스와 어슈어뱅크를 아는가?
- CD금리란 무엇인가?
- 평소에 새마을금고를 이용하는가?
- 새마을금고의 이미지는 어떠한가?
- 직업이란 무엇인가?
- 새마을금고와 새마을금고중앙회의 차이점을 말해 보시오.

(2) 인성 질문

- 5년 후의 목표는 무엇인가?
- 돈을 벌려는 이유는 무엇인가?
- 개인정보에 관해 설명해 보시오.
- 직장생활을 잘하기 위해서는 어떻게 해야 하는가?
- 좋은 후임이란 어떤 사람이라고 생각하는가?
- 친화력이 좋다고 했는데, 그에 대한 경험에 대해 말해 보시오.
- 학창시절 성적이 좋았는데 자신만의 노하우가 있는가?
- 회사에서 상사나 동료와 트러블이 생긴다면 어떻게 극복할 것인지 설명해 보시오.
- 리더십이 강한 편이라고 생각하는가?
- 좋은 상사는 어떤 사람이라고 생각하는가?
- 신입사원의 자세에 관해 설명해 보시오.
- 자기소개를 간단히 해 보시오.
- 다른 곳도 지원했는가?
- 이 지역 지리를 잘 아는가?
- 부모님은 무슨 일을 하시는가?
- 만약 나보다 늦게 입사한 동료가 먼저 승진을 한다면 어떻게 하겠는가?
- 현재 소득은? 그럼 아르바이트를 한 경험은 있는가? 그렇게 번 돈은 어떻게 사용했는가?
- 자신의 롤모델이나 존경하는 분이 있다면?
- 10년 후의 나의 모습과 그런 모습을 위해 지금 준비하고 있는 것은 무엇인가?
- 학교에서 자신이 공부했던 전공의 포트폴리오에 대해 이야기해 보시오.

- 경영학을 전공했고, 자격증도 있다던데 베타계수에 대해 설명해 보시오.
- 몇 시에 일어나고 몇 시에 잠자는가?
- 주말에는 보통 무엇을 하며 시간을 보내며, 당장 지난 주말에는 어떻게 보냈는가?
- 복수전공을 왜 안 했는가?
- 자신의 장단점을 말해 보시오.
- 입사 후 포부에 대해 말해 보시오.
- 만약 자기 업무가 바쁜 와중에 상사가 다른 업무(잡일)를 자꾸 시킨다면 어떻게 하겠는가?
- 마지막으로 하고 싶은 말은?

3. 인천지역

(1) 시사 질문

- 1금융권과 2금융권의 차이에 대해 말해 보시오.
- 기준금리가 어떻게 되며, 기준금리가 금고에 미칠 영향에 대해 말해 보시오.
- 회계에서 대변과 차변에 대해 설명해 보시오.
- 가족 중에 공제에 든 사람이 있는가?
- 새마을금고에 대해 알고 있는 것을 모두 말해 보시오.
- 예금자보호제도에 대해 설명해 보시오.
- 수익적 지출과 자본적 지출에 대해 설명해 보시오.
- 새마을금고의 장단점에 대해 말해 보시오.
- 경청하면 제일 먼저 떠오르는 것은?
- 분식회계와 역분식회계에 대해 설명해 보시오.
- 최근 한국은행이 기준금리를 짧은 시일에 많이 내렸는데, 여기에 대해 어떻게 생각하는가?
- 경영의 3요소란 무엇인가?
- 최근에 신문을 보았는가? 가장 기억에 남는 기사는?
- 지인에게 3억의 돈이 있는데 이 돈을 새마을금고에 예치시키려면 어떤 방법으로 설득할 것인가?
- 지금 저축을 하고 있는가? 하고 있다면 어디 은행에 저축하고 있으며, 수입의 몇 %를 하는가?

(2) 인성 질문

- 자신을 한 단어나 사자성어로 표현한다면 무엇인가?
- 자기소개를 새로 만들어서 다시 해 보시오.
- 첫 지원이 아닌데 왜 떨어졌다고 생각하는가?
- 회사에서 상사나 동료와 트러블이 생긴다면 어떻게 해결할 것인가?
- 자기소개를 해 보시오.
- 새마을금고에 지원한 동기를 말해 보시오.
- 새마을금고에 입사하게 된다면 어떤 업무를 맡고 싶은가?
- 본인이 상품이라면 어떤 장점을 얘기하면서 팔 것인가?
- 자신의 장점과 단점에 대해 말해 보시오.

- 새마을금고 입사가 얼마나 간절한지 말해 보시오.
- 고객이 돈을 가져가지 못했다고 성화를 낸다면 어떻게 대처할 것인가? 그래도 화를 낸다면? 이러한 일이 발생하지 않으려면 어떻게 해야 하는가?
- 당신이 첫 출근을 했을 때 지점에서 어떻게 행동할지 말해 보시오.
- 새마을금고 필기시험에 합격하고 면접 전까지 무엇을 준비했는가?
- 봉사활동을 한 적이 있는가? 있다면 가장 기억에 남는 봉사활동은?
- 신입사원에게 가장 필요한 자세는 무엇이라고 생각하는가?
- 본인에게 부모님은 어떤 분이신가?
- 존경하는 인물은?
- 본인에게 있어서 돈이란?
- 본인의 결혼관은 어떠한가?
- A와 B 두 곳의 새마을금고가 있는데, A금고는 초봉이 마음에 드는 반면 더 이상 발전하기 어려울 정도로 발전된 상태이고, B금고는 초봉은 낮지만 발전가능성이 큰 곳이다. 어디에 들어가고 싶으며 그 이유는 무엇인가?
- (고등학생 지원자에게) 진학 대신 취업을 선택한 이유는?
- (선착순) 장기자랑 하고 싶은 사람 있으면 해 보시오.
- 마지막으로 하고 싶은 말이 있는가?

4. 경기지역

(1) 시사 질문

- 예금자보호제도에 대해서 말해 보시오.
- 수익적 지출과 자본적 지출에 대해 설명해 보시오.
- 소비자보호제도에 대해 설명해 보시오.
- 자기자본이익률이 무엇인가?
- 재무상태표에 대해 설명해 보시오.
- 수익적 지출과 자본적 지출에 대해 설명해 보시오.
- (우리나라 경제 정책의 이슈에 따른 사항이 제시되고) 이에 대해 설명해 보시오.
- 손익계산서는 무엇인가?
- 출자금은 무엇인가?
- 제1금융과 제2금융의 차이는 무엇인지 설명해 보시오.
- 새마을금고가 협동조합인지 금융기관인지 말해 보시오.
- 새마을금고에서 하고 있는 사회공헌 활동에 대해 말해 보시오.
- 새마을금고 햇살론에 대해 아는 것이 있으면 설명해 보시오.
- 북한 인권문제에 대해 어떻게 생각하는가?
- 한국의 복지사업에 대해 어떻게 생각하는가?
- 공제가 무엇이고 어떻게 팔 건지 말해 보시오.
- 코픽스에 대해서 설명해 보시오.
- 최근 대한민국 경제 상황에 대해서 말해 보고, 추후에 어떻게 될건지 본인의 의견과 해결 방안에 대해서 설명해 보시오.
- 수익적 지출은 무엇인가?

- 요즘 신문에서 나오는 이슈거리 1가지씩만 말해 보시오.
- 6·25전쟁이 일어난 연도는?
- 천안함 사건에 대한 생각을 말해 보시오.
- 지금 이 지역의 국회의원의 이름과 그 전 국회의원의 이름을 말해 보시오.
- 이사장의 이름을 말해 보시오.
- 이 금고의 직원 수를 말해 보시오.
- 이 지역의 지점 수를 말해 보시오.
- 새마을금고에 대해 알고 있는 것은?
- 요즘 시중은행에서 비대면으로 이뤄지는 것들이 많은데 무엇이 단점이라고 생각하는가?
- MZ세대의 갈등이 심해지는데 MZ가 무엇인지 말해 보시오.

(2) 인성 질문

- 당신이 처음 출근했을 때 지점에서 어떻게 행동할지 말해 보시오.
- 새마을금고를 고급브랜드로 인식시키려면 어떻게 해야 하는지 설명해 보시오.
- 은행원에게 가장 필요한 덕목은 무엇인지 설명해 보시오.
- 시중은행과 새마을금고의 차이점은 무엇인지 설명해 보시오.
- 본인의 인간관계에 대해 말해 보시오.
- 주말엔 주로 무엇을 하는지 말해 보시오.
- 1분 동안 자기소개를 해 보시오.
- 자신이 면접관이라고 생각하고, 하고 싶은 질문을 한 명씩 해 보시오. 그리고 본인이 한 질문에 답해 보시오.
- 어떤 장르의 책을 읽는가?
- 취미와 특기는 무엇인가?
- 10년 후 자신의 모습을 설명해 보시오.
- 새마을금고에 예견된 사건이 터졌을 경우의 대처방법은 무엇인가?
- 상사와 의견이 충돌했을 때 어떻게 처리할 것인가?
- 본인이 욕심이 많은 편이라고 생각하는가?
- 타 은행 인턴 기간 중에 무엇을 배웠는가?
- 왜 이전 직장을 그만뒀는가?
- 최근에 감명 깊게 본 슬픈 영화가 있는가?
- 본인만의 스트레스 관리법이 있는가?
- 최근 흥미있는 금융 이슈는 무엇인가?
- (경찰행정학과 지원자에게) 내년에 경찰 채용을 많이 한다고 들었는데, 경찰을 준비할 계획은 없는가?
- 나만의 스트레스 해소법은 무엇인가?
- 꿈이 무엇인가?
- 입행하면 무엇부터 먼저 할 것인가?
- 새마을금고에 입행하기 위해 준비한 것은 무엇인가?
- 자신이 돈을 벌어야 하는 이유 3가지를 말해 보시오.
- 로또 30억이 당첨되면 무엇을 할 것인가?
- 인생의 최종 목표가 무엇인가?
- 연봉은 얼마를 받고 싶은가?

- 자신은 어떤 사람인지 3분 동안 말해 보시오.
- 자신만의 스트레스 해소법이 있으면 말해 보시오.
- 주량은 어떻게 되는가?
- 새마을금고의 이미지는 어떠한가?
- 새마을금고의 광고는 봤는가?
- 역경을 이겨냈던 경험은 있는가?
- A지원자는 초봉이 3,000만 원이고, B지원자의 초봉은 1,500만 원이다. 이것에 대해 어떻게 생각하는가?
- 자신이 새마을금고의 이사장이 되면 어떤 새마을금고를 만들고 싶은가?
- 마지막으로 하고 싶은 말을 해 보시오.
- 은행원은 사양직업 중 하나인데 새마을금고에 지원한 이유가 무엇인가?
- 본인이 리더인데 팀원 한 명이 조직에서 적응을 못하면 어떻게 할 것인가?
- 주소가 타 지역인데 어떻게 출퇴근할 예정인가?
- 기업은행 인턴을 하면서 힘들었던 점은 무엇인가?
- 일하다가 시재가 맞지 않다면 어떻게 할 것인가?
- 금융권 취업을 위해 준비한 것은?
- 새마을금고에서 세대갈등이 나오면 어떻게 해결할지 말해 보시오.

5. 강원지역

(1) 시사 질문

- 크라우드 펀딩에 관해 설명해 보시오.
- 자기자본비율에 관해 설명해 보시오.
- 방카슈랑스에 관해 설명한 후, 어슈어뱅킹과의 차이점에 관해 설명해 보시오.
- 유동성 함정은 무엇인가?
- 트리플 먼데이란 무엇인가?
- 선물은 무엇인가?
- 제1금융권과 제2금융권의 차이에 대해 아는 대로 말해 보시오.
- 새마을금고의 공제에 대해서 알고 있는가? 공제와 보험의 차이점은 무엇인가?
- 새마을금고의 이미지는 무엇인가?

(2) 인성 질문

- 직장생활을 하면서 가장 중요하다고 생각되는 가치는 무엇인가?
- 롤모델은 누구인가?
- 가장 소중하다고 생각하는 물건이나 사람이 있는가?
- 아르바이트 경험이 있다면 무엇을 느꼈는가?
- 새마을금고를 어떠한 경유로 알게 됐는가?
- 고객이 무리한 요구를 했을 때 어떻게 대처할 것인가?
- 입사하면 막내가 될 텐데 신입사원으로서 어떠한 태도가 중요하다고 생각하는가?
- 상품을 팔아야 할 때도 있는데, 상품을 잘 팔기 위해 본인은 어떤 장점이 있는가?
- 본인이 생각하는 새마을금고의 단점은 무엇이라 생각하는가?
- 본인을 채용해야 하는 이유를 강점을 바탕으로 말해 보시오.
- 펀드와 적금 중 어떤 상품을 이용할 것인가?
- 펀드와 주식 중 어떤 상품을 이용할 것인가?
- 혼자 일하는 것이 편한가? 같이 일하는 것이 편한가?
- 개인기가 있는가?
- 월급을 어떤 식으로 사용할 것인가?
- 일이 적성에 맞지 않는다면 어떻게 할 것인가?
- 자기소개를 간단히 말해 보시오.
- 새마을금고에 대해 아는 대로 말해 보시오.
- 서민금융기업의 입장에서 서민들에게 어떻게 했으면 좋겠는가?
- 새마을금고와 거래한 적이 있는가?
- 5년 후 새마을금고는 어떻게 될 것이며, 본인은 무엇을 하고 있겠는가?
- 요즘 지원자들은 새마을금고에 지원할 때 큰 열정을 가지고 들어오지만, 막상 합격하면 이직을 하거나 관두는 경우가 많다. 어떻게 생각하는가?
- 나이 어린 상사와 어떻게 잘 지내겠는가?
- 마지막으로 하고 싶은 말을 해 보시오.

6. 울산 · 경남지역

(1) 시사 질문

- 핀테크에 대해 설명해 보시오.
- 제1금융과 새마을금고의 차이를 말해 보시오.
- 새마을금고의 주요 사업내용을 설명해 보시오.
- TV나 인터넷을 통해 새마을금고에 대해 알아본 뉴스나 정보가 있다면 말해 보시오.
- 공제판매 목표를 달성하지 못했다면 어떻게 할 것인가?
- 새마을금고 지점의 개수는 몇 개인가?
- 새마을금고에 거래는 하는가?
- 주식 투자하는 사람 또는 해보고 싶은 사람 있으면 손들어 보시오.
- 새마을금고에는 여러 가지 상품들이 있는데 판매할 수 있겠는가?
- 새마을금고가 판매하는 카드에 대해 아는 것이 있는가?

(2) 인성 질문

- 새마을금고에 대해 아는 것을 설명해 보시오.
- 첫 월급을 타면 어떻게 쓸 것인가?
- 새마을금고를 이용해 본 적이 있는가?
- 상사가 부당한 지시를 하면 어떻게 할 것인가?
- 1분 동안 자기소개를 말해 보시오.
- 새마을금고인이 갖추어야 하는 덕목 2가지를 말해 보시오.
- 다른 사람이 나를 보는 이미지가 어떠하다고 생각하는지 말해 보시오.
- 주소지와 다른 타 지역에 합격하면 출퇴근을 어떻게 할 것인지 말해 보시오.
- 주량은 어떻게 되는지 말해 보시오.
- 특기와 취미에 대해 말해 보시오.
- 성공이란 무엇이라 생각하는가?
- 최근에 감명 깊게 읽은 책은 무엇인가?
- 혹시 다른 지역으로 발령받으면 어떻게 할 것인가?
- 상사가 커피 심부름을 시키는 것에 대해 어떻게 생각하는가?
- 새마을금고에서 이루고 싶은 것은 무엇인가?
- 금융자격증은 있는가?
- 희망하는 연봉을 말해 보시오.
- 아르바이트 경험은 있는가?
- 아르바이트를 해서 모은 돈은 어떻게 사용했는지 말해 보시오.
- 평소에 일기를 쓰는가?
- 사회에서 수상 경험이 있는가?
- 왜 다른 금융사 말고 새마을금고를 선택했는가?
- 목표를 이루기 위해 노력한 경험이 있는가? 그 경험을 통해 무엇을 성취했는가?
- 다른 데 지원한 곳은 있는가?
- 전공과는 다른데 이곳에서 잘할 수 있겠는가?
- 마지막으로 하고 싶은 말을 해 보시오.

7. 대구 · 경북지역

(1) 시사 질문

- 미국이 계속해서 금리를 올리는 이유에 대해 말해 보시오.
- 현재 저금리 상황에서의 재테크 방법을 제안해 보시오.
- 제1금융권과 제2금융권의 대출 차이점에 대해 설명해 보시오.
- 윤창중 사건과 관련하여 성폭력에 대한 본인의 생각은?
- 기준금리가 무엇인가? 금리 상승 시 일어나는 현상에 대해 말해 보시오.
- 낙수효과가 무엇인지 말해 보시오.
- 기저효과가 무엇인지 말해 보시오.
- 전국의 새마을금고 지점의 수는 몇 개인가?
- 새마을금고 거래를 사용하고 있는가?
- 새마을금고 자산이 얼마인지 아는가?
- 새마을금고 중에 가장 자산규모가 큰 지점은?
- 공제에 대해 아는 점을 이야기해 보시오.
- 행원이 가져야 할 중요한 가치는 무엇이라 생각하는가?
- (재무설계 자격증이 있는 사람에게) 60대를 위한 재무설계는 어떻게 하겠는가?
- 새마을금고에 대해 아는 것을 말해 보시오.
- 금융인이 가져야 할 자질은 무엇이라고 생각하는가?
- 공제판매를 어떻게 할 것인가?

(2) 인성 질문

- 자기소개를 해 보시오.
- 새마을금고에 대한 부정적인 뉴스를 본 적이 있다면 말해 보시오.
- 대구 새마을금고 PF 관련 원인과 해결방안에 대해 말해 보시오.
- 상사가 부당한 업무지시를 내린다면 어떻게 할 것인지 말해 보시오.
- 살면서 가장 중요하게 생각하는 것이 무엇인가?
- 다른 지역에 발령이 나도 근무를 하겠는가?
- 본인이 취득한 자격증을 업무에 어떻게 사용할 것인지 말해 보시오.
- 직장에서 중요한 가치에 대해 말해 보시오.
- 휴학기간에 무엇을 했는가?
- 자신의 장단점을 말해 보시오.
- 새마을금고에 지원하게 된 동기를 말해 보시오.
- 입행하게 된다면 고객을 어떻게 대할 것인가?
- 기존의 새마을금고에 대한 이미지와 필기시험 후 새마을금고의 이미지는 어떠한가?
- 경영학과에 들어간 이유는?
- 5년 후의 본인의 모습을 설명해 보시오.
- 마지막으로 하고 싶은 말을 해 보시오.

8. 충남지역

(1) 시사 질문

- 대차대조표와 손익계산서에 관해 설명해 보시오.
- 공제란 무엇이며, 몇 개가 있는가?
- 새마을금고에 대해서 아는 대로 말해 보시오.
- 금리가 곧 인상될 텐데 금리 인상으로 인해 어떤 영향이 있을지 설명해 보시오.
- 새마을금고의 수익구조는 어떻게 되는지 설명해 보시오.

(2) 인성 질문

- 자기소개를 해 보시오.
- 입사 후 포부를 말해 보시오.
- 본인의 성격은 외향적인가 아니면 내향적인가?
- 성격이 외향적(내향적)이라면 자신의 성격의 장단점에 대해 말해 보시오.
- 다른 지역 거주자인데 왜 이곳 지점을 지원하였는가?
- 전공이 상경계열이 아닌데 왜 지원하였는가?
- 타 전공인데 자신의 전공을 어떻게 살려서 회사에 기여하겠는가?
- 취미나 특기는 무엇인가?
- 조직생활에서 발생하는 문제를 어떻게 해결할 것인가?
- 경영학과인데 경영학이란 무엇인가?
- 새마을금고 외의 타 은행은 어디에 지원하였는가?
- 학교생활에서 가장 중요한 것은 무엇인가?
- 받고 싶은 연봉은 얼마인가?
- 새마을금고와 거래를 하고 있는가?
- 커피 심부름과 청소를 시키면 할 것인가?
- 리더십이 강한 편인가?
- 팀워크를 발휘한 경험을 설명해 보시오.
- 결혼했고 아이가 있는데 아이가 아프다면 어떻게 출근할 것인가?
- 새마을금고에 지원한 동기에 대해 말해 보시오.
- 새마을금고와 은행과의 차이점에 대해 말해 보시오.
- 자신의 장단점에 대해 말해 보시오.
- 직장상사가 부당한 지시를 한다면 어떻게 하겠는가?
- 가족은 무슨 일을 하는가?
- 마지막으로 하고 싶은 말을 해 보시오.

9. 충북지역

(1) 시사 질문

- LTV와 DTI에 대해 말해 보시오.
- BIS 자기자본비율이 무엇인지 설명해 보시오.
- 금융소득종합과세에 대해 설명해 보시오.
- 저축은행 사태에 대해 설명하고 금융인이라면 어떻게 대처할 것인지 말해 보시오.
- 경기의 흐름을 예측해 보시오.
- 현 경제상황에 대해 설명해 보시오.
- 공제상품에 대해 알고 있는 것을 말해 보시오.
- 이자율이 높지 않은데 새마을금고가 어떻게 해야 할 것인가?
- 새마을금고의 날을 아는가?
- 새마을금고의 금고 수는 몇 개인가?
- 새마을금고와 시중은행의 차이점에 대해 설명해 보시오.

(2) 인성 질문

- 자기소개를 해 보시오.
- 친구가 몇 명 있는가? 친구 사이에서 별명은 무엇인가?
- 상사가 부당한 일을 시키면 어떻게 할 것인가?
- 스트레스를 어떻게 푸는가?
- 무인도에 떨어지면 어떤 도구 3가지를 들고 갈 것인가?
- 상사와 트러블이 생겼을 때 어떻게 대처하겠는가?
- 고객이 행패를 부릴 때 어떻게 대처하겠는가?
- 자신만의 강점에 대해 말해 보시오.
- 10년 후 본인의 미래는 어떠할 것 같은가?
- 신입 직원으로서 갖춰야 할 덕목이나 자세에 대해 말해 보시오.
- 살아오면서 가장 최선을 다해 몰입한 경험과 그로 인하여 배운 점에 대해 말해 보시오.
- 상사가 퇴근하지 않고 있다면 어떻게 할 것인가?
- 입사 후 새마을금고에게 바라는 점은 무엇인가?
- 주량은 어떻게 되는가?
- 지금까지 살면서 제일 어려웠던 경우가 언제인가?
- 자신의 멘토와 생활신조에 대해 말해 보시오.
- 지금까지 자기개발을 위해 무엇을 하였는가?
- 마지막으로 하고 싶은 말을 해 보시오.

10. 전북지역

(1) 시사 질문

- 손익계산서가 무엇인지 아는가?
- 제1금융권과 제2금융권의 차이를 말해 보시오.
- 공제(보험)에 대해 어떻게 생각하는가?
- 기준 금리는 어떻게 정해지는가?
- 새마을금고의 자본금은 얼마인가?
- 새마을금고의 금고 수를 말해 보시오.
- 지원한 지역의 총 인구를 알고 있는가? 또한 어느 동네의 인구가 가장 많은지 알고 있는가?
- 지원한 지역의 현안은 무엇이고, 해결 방법은 무엇이라고 생각하는가?
- 면접을 위해 새마을금고에 대해 많이 공부했을 텐데, 공제가 무엇인지 설명해 보시오.
- 새마을금고의 문제점은 무엇이고, 그 부분에 대해 본인이 어떻게 공헌할 수 있는지 말해 보시오.

(2) 인성 질문

- 30초 동안 자기소개를 간단히 해 보시오.
- 후배가 먼저 승진한다면 어떠할 것 같은가?
- 먼 곳으로 발령이 난다면 어떻게 할 것인가?
- 연봉은 얼마를 받고 싶은가?
- 여자(남자)친구와 중요한 일이 있는데 오늘 회사에서 야근을 시킨다면 어떻게 하겠는가?
- 옛날에는 첫 월급을 받으면 부모님 내복을 사드렸는데, 본인은 첫 월급으로 무엇을 할 것인가?
- 좋아하는 스포츠가 무엇인가?
- 전공이 무엇인가?
- 등산을 좋아한다고 했는데, ○○산이 해발 몇 미터인 줄 아는가?
- 감명 깊게 읽은 책이나 영화가 있는가?

11. 광주 · 전남지역

(1) 시사 질문

- LTV와 DTI에 대해 설명해 보시오.
- 근대민법의 3대 원칙을 설명해 보시오.
- 행위능력에 대해 설명해 보시오.
- 행위무능력자에는 어떤 경우가 있는가?
- 방카슈랑스에 대해 설명해 보시오.
- 제2금융권이 무슨 뜻인가?
- 예금자보호법에 대해 설명해 보시오.
- 대차대조표와 손익계산서의 정의를 말해 보시오.
- BSI 자기자본비율이 무엇인지 설명해 보시오.
- 테이퍼링에 대해 들어본 적 있는가?
- 새마을금고에 대해 아는 것을 모두 말해 보시오.
- 새마을금고가 타 은행과 다른 점은 무엇인가?
- 새마을금고는 공제를 팔아야 하는데 어떻게 팔 것인가?
- 직장 내에서 성희롱을 받았다고 느낄 경우 어떻게 하겠는가?
- 직장인으로서 최대 덕목은 무엇이라고 생각하는가?

(2) 인성 질문

- 30초 동안 자기소개를 간단히 해 보시오.
- 상사 중에 여자 상사가 많은데 트러블이 생기면 어떻게 대처할 것인가?
- 개인 성과달성을 해야 하는데 성과달성을 하지 못한다면 어떻게 할 것인가?
- 어린 사람들이 상사로 있을 텐데 잘할 자신이 있는가?
- 경력이 있어서 그쪽으로 나가면 될 텐데, 왜 새마을금고에 들어오려고 하는가?
- 본인의 친구는 많은가? 친구가 많이 없는데 직장 안에서 대인관계를 잘할 수 있겠는가?
- 야근 또는 휴일에 나와서 일할 수도 있다. 어떻게 생각하는가?
- 민원인이 찾아와 행패를 부린다면 어떻게 하겠는가?
- 자신의 장단점을 말해 보시오.
- 만약에 합격한다면 출퇴근 교통수단은 무엇인가?
- 진상고객이 온다면 어떻게 할 것인가?
- 마지막으로 하고 싶은 말을 해 보시오.
- 싫어하는 업무를 주면 어떻게 하겠는가?
- 업무 교육을 한 번 밖에 안 해주는데 업무에 지장이 있으면 어떻게 하겠는가?

12. 제주지역

(1) 시사 질문

- 직장인으로서 갖추어야 할 항목은 무엇이라고 생각하는가?
- 예금자보호법에 대해 알고 있는가?
- 방카슈랑스에 대해 설명해 보시오.
- 아베노믹스에 대해 설명해 보시오.

(2) 인성 질문

- 자기소개를 간단히 해 보시오.
- 지원동기에 대해 말해 보시오.
- 자신의 장단점에 대해 말해 보시오.
- 경력사항에 대해 말해 보시오.
- 나이 어린 상사가 있다면 어떻게 생각하겠는가?
- 희망연봉이 얼마 정도 되는가?
- 운동을 하는가?
- 운동을 하면 좋은 점에 대해 간략하게 말해 보시오.
- 면접관에게 자신을 어필해 보시오.
- 자기소개서를 읽고 괜찮은 사람이다 생각했는데 면접을 보니 별로인 것 같다. 어떻게 생각하는가?
- 청소나 차 심부름을 시킬 수도 있는데 할 수 있겠는가?
- 생각보다 토익 점수가 낮은데 그동안 뭐 했는가?
- 현재 가지고 있는 자격증에 대해 소개해 보시오.
- 마지막으로 하고 싶은 말을 해 보시오.

MG새마을금고중앙회

1. MG새마을금고중앙회 면접

MG새마을금고중앙회는 1차 면접으로 조별 토론을 진행한다. 이후 1차 합격자들을 대상으로 PT 면접과 실무 및 인성 면접을 진행한다.

2. 기출 질문

(1) 조별 토론

- 청소년 SNS 규제에 대해 찬성과 반대로 나눠 토론해 보시오.
- 엔데믹 이후 재택 업무에 대해 찬성과 반대로 나눠 토론해 보시오.

(2) PT 면접

- 공유경제가 금융권에 미치는 영향과 새마을금고중앙회의 대응 방안에 대해 설명해 보시오.
  - 조건 : 새마을금고중앙회의 핵심가치인 '고객만족 최우선'을 고려한 대응 방안이어야 함

(3) 실무 및 인성 면접

- 1분 동안 자기소개를 해 보시오.
- 최근 부동산 상황에 대해 아는 것을 말해 보시오.
- 이전에 다니던 회사 사람들에게 서운했던 것을 말해 보시오.
- 새마을금고중앙회와 시중은행의 차이점을 논해 보시오.
- 왜 새마을금고중앙회에 취업하려 하는지 말해 보시오.
- 학과 생활을 많이 한 이유를 설명해 보시오.
- 수평적인 조직문화와 수직적인 조직문화 중 어느 곳에서 일하고 싶은지 말해 보시오.
- 한국 금융의 역사를 설명해 보시오.
- 새마을금고가 카카오뱅크, 인터넷은행에 맞서 어떻게 나아가야 하는지 제시해 보시오.
- 오픈뱅킹이 무엇인지 설명하고 그로 인해 새마을금고에게 어떤 장단점이 있는지 말해 보시오.
- 금융소비자법에 대해 아는 대로 말해 보시오.
- 새마을금고가 MZ세대를 대상으로 어떻게 마케팅을 하면 좋을지 말해 보시오.
- 새마을금고가 노년층을 대상으로 어떻게 마케팅을 하면 좋을지 말해 보시오.
- 한국의 부동산 정책에 대해 비판해 보시오.
- 지역금융활성화 방안과 마케팅 방향을 제시해 보시오.
- 자신을 동물이나 꽃에 비유한다면 무엇인지 말하고 설명해 보시오.
- RBC가 무엇인지 설명해 보시오.
- 국제 환율 변화가 한국의 경제에 끼치는 영향을 논해 보시오.
- 금리가 변동하면 어떻게 해야 하는지 말해 보시오.
- 젠트리피케이션에 대해 아는 대로 설명해 보시오.

- 새마을금고 지점을 방문해 본 경험이 있다면 감상을 말해 보시오.
- 배당금과 출자금의 차이를 설명해 보시오.
- 새마을금고의 체크카드는 무엇이 있는지 소개해 보시오.
- 최근 경제와 관련하여 가장 기억에 남는 기사를 말해 보시오.
- 이용해 본 은행들 인터넷뱅킹의 특징은 무엇인지 말해 보시오.
- 비전공자인데 왜 은행에 관심을 갖게 되었지 말해 보시오.
- 자신의 단점을 소개하고, 일하면서 어떻게 극복할 것인지 설득해 보시오.
- 고객과 조직 중 어느 이익이 중요한지 답해 보시오.
- 은행원이 되기 위해 어떤 노력을 했는지 답해 보시오.
- 금융스터디에서 다룬 주제 중 가장 인상적인 것을 소개해 보시오.
- 자신만의 스트레스 환기 방법을 소개해 보시오.
- 동물실험에 대한 의견을 제시해 보시오.
- '현금 없는 사회'에 대한 생각을 말해 보시오.
- 세대 갈등에 대한 의견과 해결 방안을 제시해 보시오.
- 같이 일하고 싶은 이상적인 상사의 모습과 일하기 싫은 상사의 모습을 설명해 보시오.
- 자신을 한 단어로 표현해 보시오.
- 최근에 읽은 책을 소개해 보시오.
- 자신을 나타낼 키워드를 제시하고 키워드에 맞는 자기소개를 해 보시오.
- 새마을금고의 장단점을 말해 보시오.
- 디지털 금융에 있어서 무엇이 가장 중요한지 말해 보시오.
- 점포의 수를 늘려야 하는지 줄여야 하는지 말해 보시오.
- 지원한 직무에서 하고 싶은 일을 말해 보시오.
- 자신이 생각하는 새마을금고중앙회의 역할과 메리트에 대해 설명해 보시오.
- 새마을금고중앙회를 알게 된 계기를 말해 보시오.
- 인턴 생활을 했던 경험이 새마을금고중앙회에서 어떻게 작용할 수 있을지 피력해 보시오.
- 새마을금고 로열티 사용 방법에 대해 아는 대로 설명해 보시오.
- 자기소개서에 적힌 역량 외에 다른 역량이 있다면 피력해 보시오.
- PB에 대해 어떻게 생각하는지 말해 보시오.
- 현재 IT 발달로 지점방문고객이 줄고 있는데, 은행원을 줄여야 한다는 의견에 반박해 보시오.
- 숏폼 영상을 활용한 새마을금고 마케팅 방안을 제시해 보시오.
- 새마을금고의 광고모델이 누구인지 안다면 말해 보시오.
- 테이퍼링이 무엇인지 설명해 보시오.
- 주식 공매도의 문제점을 말해 보시오.
- 기준금리 FOMC가 무엇인지 설명해 보시오.
- 금융활동을 하고 있는 게 있다면 소개해 보시오.
- 새마을금고 부실채권 이슈에 대해 솔직한 생각을 말하고, 중앙회의 해결 방안을 제시해 보시오.
- 최근 관심을 갖고 있는 시사 문제가 있다면 말해 보시오.
- 실리콘밸리 은행의 파산 원인이 무엇이라고 생각하는지와 해결 방안에 대해 말해 보시오.
- 유동성비율 산출식을 안다면 설명해 보시오.
- 흑자도산에 대해 아는 대로 설명해 보시오.
- 새마을금고중앙회의 경영공시에 대한 의견을 말해 보시오.

답안채점 • 성적분석 서비스

모바일 OMR

- 도서 내 모의고사 우측 상단에 위치한 QR코드 찍기 →
- 로그인 하기 →
- '시작하기' 클릭 →
- '응시하기' 클릭 →
- 나의 답안을 모바일 OMR 카드에 입력 →
- '성적분석 & 채점결과' 클릭 →
- 현재 내 실력 확인하기

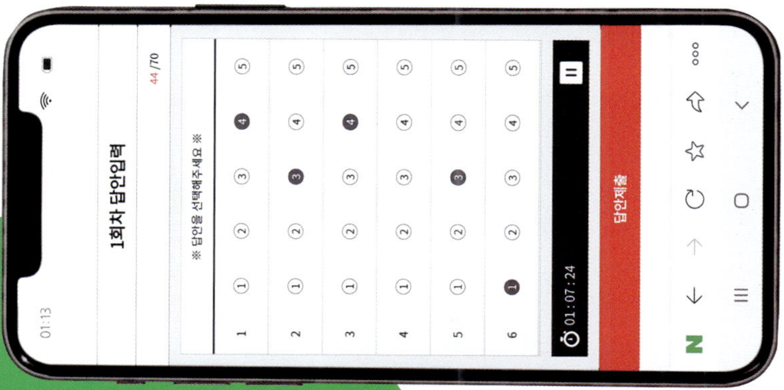

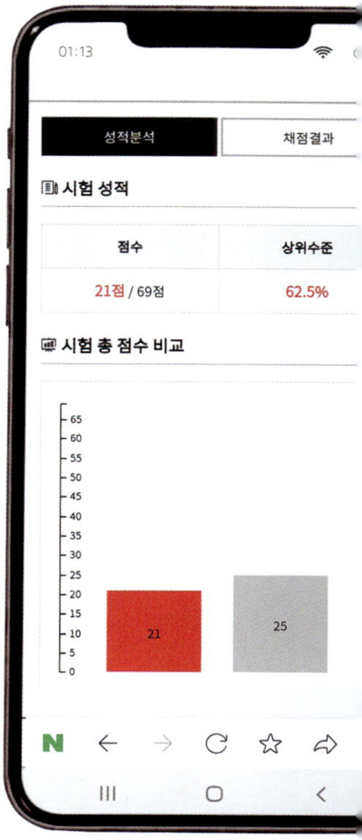

도서에 수록된 모의고사에 대한
객관적인 결과(정답률, 순위)를
종합적으로 분석하여 제공합니다.

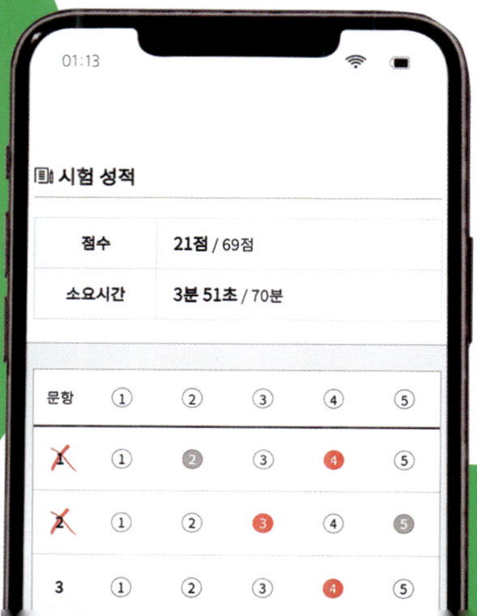

※OMR 답안채점 / 성적분석 서비스는 등록 후 30일간 사용 가능합니다.

KDB 한국산업은행

5급

편저 | SDC(Sidae Data Center)

SDC

SDC는 시대에듀 데이터 센터의 약자로 약 30만 개의 NCS · 적성 문제 데이터를
바탕으로 최신 출제경향을 반영하여 문제를 출제합니다.

최종모의고사 7회분 (온라인 모의고사 3회 포함)

논술 + 면접 + 무료NCS특강

정답 및 해설

시대에듀

KDB한국산업은행

NCS 직업기초능력평가
정답 및 해설

KDB한국산업은행 필기시험

제1회 모의고사 정답 및 해설

제 1 영역 의사소통능력

01	02	03	04	05	06	07	08	09	10
②	⑤	⑤	⑤	③	②	②	④	④	③
11	12	13	14	15					
①	②	③	④	⑤					

01

정답 ②

'썩이다'는 '걱정이나 근심으로 몹시 괴로운 상태가 되게 하다.'라는 뜻으로, '물건이나 사람 또는 사람의 재능 따위가 쓰여야 할 곳에 제대로 쓰이지 못하고 내버려진 상태에 있게 하다.'라는 뜻의 '썩히다'로 고쳐야 한다(썩이고 → 썩히고).

02

정답 ⑤

경험론자들은 인식의 근원을 오직 경험에서만 찾을 수 있다고 주장한다. 따라서 파르메니데스의 주장과 대비된다.

오답분석

① 파르메니데스의 존재론의 의의는 존재라는 개념을 시간적, 물리적인 감각적 대상으로 보는 것이 아니라, 예리한 인식으로 파악하는 로고스와 같은 것이라고 주장했다.
② 첫 문장을 통해 플라톤은 파르메니데스를 높게 평가했음을 알 수 있다.
③ '감각적으로 지각할 수 있는 세계 전체를 기만적인 것으로 치부하고 유일하게 실재하는 것은 존재라고 생각했다.'는 문장에서 파르메니데스는 지각 및 감성보다 이성 및 지성을 우위에 두었을 것이라 추론할 수 있다.
④ 제시문에서 파르메니데스는 예리한 인식에는 감각적 지각이 필요 없다고 하면서 '존재는 로고스에 의해 인식되며, 로고스와 같은 것'이라는 주장한 데에서 추론할 수 있다.

03

정답 ⑤

시민 단체들은 농부와 노동자들이 스스로 조합을 만들어 환경친화적으로 농산물을 생산하도록 교육하고 이에 필요한 자금을 지원하는 역할을 했을 뿐, 이들이 농산물을 직접 생산하고 판매한 것은 아니다.

04

정답 ⑤

초기의 독서는 낭독이 보편적이었고, 12세기 무렵 책자형 책이 두루마리 책을 대체하면서 묵독이 가능하게 되었다. 따라서 책자형 책의 출현으로 낭독의 확산이 아닌 묵독의 확산이 가능해졌다고 할 수 있다.

오답분석

①·②·③ 세 번째 문단에서 확인할 수 있다.
④ 제시문 전체에서 확인할 수 있다.

05

정답 ③

제시문의 전통적인 경제학에서는 미시 건전성 정책에 집중하는데, 이러한 미시 건전성 정책은 가격이 본질적 가치를 초과하여 폭등하는 버블이 존재하지 않는다는 효율적 시장 가설을 바탕으로 한다. 따라서 비판으로 가장 적절한 것은 이러한 효율적 시장 가설에 대해 반박하는 ③이다.

06

정답 ②

두 번째 문단의 '시장경제가 제대로 운영되기 위해서는 국가의 소임이 중요하다.'라고 한 부분과 세 번째 문단의 '시장경제에서 국가가 할 일은 크게 세 가지로 나누어 볼 수 있다.'라고 한 부분에서 '시장경제에서의 국가의 역할'이라는 제목을 유추할 수 있다.

07

정답 ②

능허대는 백제가 당나라와 교역했던 사실을 말해주는 대표적인 유적으로 국내 교역이 아닌 외국과 교역했던 사실을 말해주는 증거이다.

08

정답 ④

'올바른 답을 추론해 내는 데 필요한 모든 정보와 정답 제시가 올바른 추론능력의 필요충분조건은 아니다.'라는 문장이 제시문의 중심 내용이다. 그렇다면 왓슨의 어리석음은 추론에 필요한 정보를 활용하지 못한 데에 있는 것이다. 따라서 빈칸에 들어갈 내용으로 가장 적절한 것은 ④이다.

오답분석

① 왓슨의 문제는 정보를 올바르게 추론하지 못한 데 있다.
② 왓슨은 올바른 추론의 방법을 알고 있지 못했다.
③ 왓슨이 전문적인 추론 훈련을 받지 못했다는 정보는 없다.
⑤ 왓슨은 추론에 필요한 관련 정보를 가지고 있었다.

09

정답 ④

부모와 긍정적인 관계를 형성하고 자란 성인이 개인의 삶에 긍정적인 영향을 주었음을 소개한 (나) 문단이 첫 번째 문단으로 적절하다. 그리고 (나) 문단에서 소개한 실험을 설명하는 (라) 문단이 두 번째 문단으로 와야 한다. (라) 문단의 실험 참가자들에 대한 실험 결과를 설명하는 (가) 문단이 세 번째 문단으로, 다음으로 (가) 문단과 상반된 내용을 설명하는 (다) 문단이 마지막 문단으로 오는 것이 적절하다. 따라서 (나) – (라) – (가) – (다) 순으로 나열하는 것이 적절하다.

10

정답 ③

제시문은 청소년기에 부모와의 긍정적인 관계가 성인기의 원만한 인간관계로 이어져 개인의 삶에 영향을 미침을 설명하고 있다. 따라서 ③이 제목으로 가장 적절하다.

11

정답 ①

제시문은 비–REM수면의 수면 진행 과정을 측정되는 뇌파에 따라 4단계로 나누어 설명하고 있다.

12

정답 ②

분당 2 ~ 5번 정도 나타나는 뇌파는 수면방추이며, 수면방추는 세타파 중간마다 마치 실이 감겨져 있는 것처럼 촘촘한 파동의 모습을 보인다. 세타파 사이사이에 아래위로 삐죽하게 솟아오르는 모습을 보이는 뇌파는 K–복합체로, K–복합체의 주기는 제시문에 나타나 있지 않다.

13

정답 ③

수면 단계에서 측정되는 뇌파들을 고려할 때 보기에서 사람이 잠에서 깨는 것을 방지해 주는 역할을 하여 깊은 수면을 유도하는 '이것'은 (다) 앞에서 설명하는 'K–복합체'임을 알 수 있다. 즉, K–복합체는 수면 중 갑작스러운 소음이 날 때 활성화되어 잠자는 사람이 소음으로 인해 깨는 것을 방지해 준다. 따라서 보기는 (다)에 위치하는 것이 가장 적절하다.

14

정답 ④

준법관리인이 법에 따른 신고 · 신청의 접수, 처리 및 내용의 조사 업무를 부당하게 처리하거나 임직원의 위반행위를 발견했음에도 조치를 취하지 않은 경우에는 형사처벌이 아닌 징계를 받는다.

오답분석

① 제5조에 따라 직원은 동일한 부정청탁을 2번째 받은 경우 신고하지 않으면 징계를 받는다.
② 제8 ~ 9조에 따라 100만 원 이하의 금품이라도 직무와 관련된 것은 제재받게 된다.
③ 제10조에 따라 초과사례금을 받은 경우 신고와 반환을 모두 하여야 한다. 둘 중 하나를 하지 않으면 징계, 둘 다 하지 않으면 과태료를 부과받게 된다.
⑤ 제8 ~ 9조에 따라 직무와 관련하여 공직자에게 1회 100만 원을 초과하는 수수 금지 금품의 제공을 약속한 것만으로도 형사처벌을 받게 된다.

15

정답 ⑤

D과장의 경우, 지자체의 요청 강의이므로 사전 신고 대상은 아니지만, 초과사례금에 대해서는 반환뿐만 아니라 신고도 할 의무가 있다. 하지만 초과사례금에 대한 신고는 하지 않았으므로 징계 대상이다.

오답분석

① A주임의 경우, 배우자가 관련 업체 직원으로부터 100만 원을 초과한 금품을 받았으나, A주임이 이를 알지 못 한 경우이므로 A사원은 제재 대상이 되지 않는다.
② B주임은 K씨로부터 부정청탁을 받고 그에 따라 직무를 수행하였으므로 제5조 위반에 따른 제재에 따라 형사처벌 대상이다.
③ · ④ C대리의 경우, 공직자에게 1회 100만 원을 초과하는 금품 등을 제공하였으므로 제8 ~ 9조 위반에 따른 제재에 따라 형사처벌 대상이다.

제2영역 수리능력

01	02	03	04	05	06	07	08	09	10
③	②	②	⑤	②	③	④	④	③	④
11	12	13	14	15					
⑤	④	②	④	⑤					

01

정답 ③

반장과 부반장을 서로 다른 팀에 배치하는 경우는 2가지이다. 반장과 부반장을 제외한 인원을 2명, 4명으로 나누는 경우는 먼저 6명 중 2명을 뽑는 방법과 같으므로 ${}_6C_2=\frac{6\times5}{2}=15$가지이다.

따라서 래프팅을 두 팀으로 나눠 타는 경우의 수는 $2\times15=30$가지이다.

02

정답 ②

파운드화를 유로화로 환전할 때 이중환전을 해야 하므로 파운드화에서 원화, 원화에서 유로화로 두 번 환전해야 한다.

• 파운드화를 원화로 환전
: 1,400파운드×1,500원/파운드=2,100,000원

• 원화를 유로화로 환전
: 2,100,000원÷1,200원/유로=1,750유로

따라서 K씨가 환전한 유로화는 1,750유로이다.

03

정답 ②

n은 가입기간 개월 수이고, r은 연 이자율일 때, 단리 적금의 이자 계산 공식은 (월 납입액)$\times\frac{n\times(n+1)}{2}\times\frac{r}{12}$이다.

제시된 정보를 대입하면 이자는 $400,000\times\frac{36\times37}{2}\times\frac{0.022}{12}=$ 488,400원이며, 적금 원금은 400,000×36=1,440만 원이다.

따라서 만기 시 받는 총액은 14,400,000+488,400=14,888,400원이다.

04

정답 ⑤

H은행은 시설 및 직원 서비스 부분과 지점·ATM 이용 편리성 부분에서 가장 낮은 점수를 보이고 있다.

오답분석

① A～H은행의 금융상품 다양성 부분의 평균점수는 3.24점이며, A, B, D은행의 점수가 평균점수보다 높다.

② 지점·ATM 이용 편리성 부분에서 가장 높은 점수의 은행은 D은행(3.59점)이며, 이자율·수수료 부분의 점수가 가장 높은 은행은 A은행(3.57점)이다.

③ A은행은 평가항목 중 시설 및 직원 서비스, 금융상품 다양성, 이자율·수수료, 서비스 호감도 4개 부분에서 가장 높은 점수를 보이고 있다.

④ 평가항목 중 A～H은행의 평균점수가 가장 낮은 항목은 금융상품 다양성(평균점수 3.24점) 부분이다.

05

정답 ②

ㄱ. 영어 관광통역 안내사 자격증 취득자 수는 2023년에 345명으로 전년 대비 감소하였으며, 스페인어 관광통역 안내사 자격증 취득자 수는 2023년에 전년 대비 동일하였고, 2024년에 3명으로 전년 대비 감소하였다.

ㄹ. 2022년에 불어 관광통역 안내사 자격증 취득자 수는 전년 대비 동일한 반면, 독어 관광통역 안내사 자격증 취득자 수는 전년 대비 감소하였다.

오답분석

ㄴ. 2024년 중국어 관광통역 안내사 자격증 취득자 수는 일어 관광통역 안내사 자격증 취득자 수의 $\frac{1,350}{150}=9$배이다.

ㄷ. 2021년과 2022년의 태국어 관광통역 안내사 자격증 취득자 수 대비 베트남어 관광통역 안내사 자격증 취득자 수의 비율은 다음과 같다.

• 2021년 : $\frac{4}{8}\times100=50\%$

• 2022년 : $\frac{14}{35}\times100=40\%$

따라서 2021년과 2022년의 차이는 50−40=10%p이다.

06

정답 ③

2024년 3분기 금융 부분의 전체 민원 건수 중 해결 건수는 102×0.96=98건이다. 2024년 4분기 금융 부분 민원 해결 건수는 전 분기의 $\frac{5}{7}$이므로 $98\times\frac{5}{7}=70$건이다. 그러므로 (가)는 $\frac{70}{72}\times100\fallingdotseq97\%$이다.

2024년 4분기 서비스 부분 민원 해결 건수가 97건이고, 해결률이 금융 부분의 민원 해결률과 같으므로 전체 민원 건수 (나)는 $\frac{97}{0.97}=100$건이다.

마지막으로 2024년 3분기 총 민원 건수 해결률을 구하면 $\frac{(\text{해결된 민원 건수의 합})}{(\text{총 민원 건수})}\times100=\frac{98+20}{102+20}\times100\fallingdotseq97\%$이다.

따라서 (가)+(나)+(다)=97+100+97=294이다.

07

정답 ④

A, B, E구의 1인당 평균 소비량을 각각 a, b, e라고 할 때, 제시된 조건을 식으로 나타내면 다음과 같다.

• 첫 번째 조건 : $a+b=30$ … ㉠
• 두 번째 조건 : $a+12=2e$ … ㉡
• 세 번째 조건 : $e=b+6$ … ㉢

㉢을 ㉡에 대입하여 식을 정리하면 다음과 같다.

$a+12=2(b+6) \rightarrow a-2b=0$ … ㉣

㉠-㉣을 하면 $3b=30 \rightarrow b=10,\ a=20,\ e=16$이다.

A～E구의 변동계수를 구하면 다음과 같다.

• A구 : $\frac{5}{20}\times100=25\%$
• B구 : $\frac{4}{10}\times100=40\%$
• C구 : $\frac{6}{30}\times100=20\%$
• D구 : $\frac{4}{12}\times100\fallingdotseq33.33\%$
• E구 : $\frac{8}{16}\times100=50\%$

따라서 변동계수가 3번째로 큰 구는 D구이다.

08

정답 ④

연도마다 총비율은 100%이므로 취업률의 변화율은 취업률 또는 비취업률의 증감률을 구하여 비교하면 된다. 선택지에 제시된 연도의 비취업률의 증감률을 계산하면 다음과 같다.

• 2005년 : $\frac{71-71.5}{71.5}\times100\fallingdotseq-0.7\%$
• 2015년 : $\frac{65.5-69.2}{69.2}\times100\fallingdotseq-5.3\%$
• 2018년 : $\frac{66.0-65.5}{65.5}\times100\fallingdotseq0.8\%$
• 2021년 : $\frac{71.1-66.0}{66.0}\times100\fallingdotseq7.7\%$
• 2024년 : $\frac{69.1-71.1}{71.1}\times100\fallingdotseq-2.8\%$

따라서 조사한 직전 연도 대비 노인 취업률의 변화율이 가장 큰 연도는 2021년이다.

09

정답 ③

우편물을 가장 적게 보냈던 2024년의 1인당 우편 이용 물량은 96통 정도이므로 $365\div96\fallingdotseq3.80$일이다. 즉, 3.80일에 1통은 보냈다는 뜻이므로 4일에 한 통 이상은 보냈다고 볼 수 있다.

오답분석

① 1인당 우편 이용 물량은 증가와 감소를 반복한다.
② 1인당 우편 이용 물량이 2016년에 가장 높았던 것은 맞으나, 2024년에 가장 낮았다.
④ 접수 우편 물량은 2023～2024년 사이에 증가했다.
⑤ 접수 우편 물량이 가장 많은 해는 약 5,500백만 통인 2016년이고, 가장 적은 해는 약 4,750백만 통인 2019년이다. 따라서 그 차이는 약 750백만 통 정도이다.

10

정답 ④

(보증료)=(보증금액)×(보증료율)×(보증기간에 해당하는 일수/365)이므로, 회사별 보증료를 구하면 다음과 같다.

① A : 1.5억 원×0.00122×365/365=18.3만 원
② B : 3억 원×0.00244×730/365=146.4만 원
③ C : 3억 원×0.00908×1,095/365=817.2만 원
④ D : 5억 원×0.00488×1,460/365=976만 원
⑤ E : 2.5억 원×0.244%×730÷365=122만 원

따라서 보증료를 가장 많이 내는 회사는 D이다.

11

정답 ⑤

B은행의 창구이용, 자동화기기의 총 수수료 평균은 약 933원으로 은행들 중에서 가장 크다.

오답분석

① 자동화기기 마감 전 수수료가 700원 이상인 은행은 A・B・I・K・N은행으로 총 5곳이다.
② '운영하지 않음'을 제외한 A～R은행의 창구이용 수수료의 평균은 약 756원이다.
③ '면제'를 제외한 A～R은행의 자동화기기 마감 전 수수료 평균은 600원이며, 마감 후 수수료 평균은 770원으로 마감 후가 더 크다.
④ 자동화기기, 인터넷뱅킹, 모바일뱅킹이 모두 면제인 은행은 P은행과 Q은행 2곳이다.

12

정답 ④

㉠ 운행연수가 4년 이하인 차량 중 부적합률이 가장 높은 차종은 화물차가 아닌 특수차이다.
㉢ 제시된 자료는 4년 이하와 15년 이상을 제외하고 모두 2년 단위로 항목이 구분되어 있다. 1년 단위로 운행연수를 구분할 수 없으므로 운행연수에 따른 부적합률은 판단할 수 없다. 예를 들어, 승합차 중 운행연수가 7～8년에 해당하는 차량의 경우, 운행연수가 7년인 차량과 8년인 차량의 수가 동일하다고 가정하면, 7년인 차량의 부적합률이 12.9%, 8년인 차량의 부적합률이 12.5%인 경우 운행연수가 7～8년인 차량의 부적합률은 표와 같이 12.7%이지만, 운행연수가 7년으로 더 낮은 차량의 부적합률이 8년인 차량보다 더 높게 된다. 따라서 제시된 자료만 참고해서는 명확히 알 수 없다.
㉣ 운행연수가 13～14년인 차량 중 화물차의 부적합률 대비 특수차의 부적합률의 비율은 $\frac{16.2}{23.5}\times100\fallingdotseq69\%$이다.

오답분석

㉡ 운행연수가 11 ~ 12년인 승용차의 부적합률은 16.4%, 5 ~ 6년인 승용차의 부적합률은 7.2%이다. 따라서 운행연수가 11 ~ 12년인 승용차의 부적합률은 5 ~ 6년인 승용차의 부적합률의 $\frac{16.4}{7.2}$ ≒ 2.28배이므로 옳다.

13

정답 ②

㉠ 특수차의 경우 운행연수가 5 ~ 6년인 차량의 부적합률이 7 ~ 8년, 9 ~ 10년인 차량의 부적합률보다 높다. 또한 화물차의 경우 운행연수가 9 ~ 10년인 차량의 부적합률과 11 ~ 12년인 차량의 부적합률이 동일하다.

㉢ 모든 운행연수를 합한 화물차의 부적합률은 18.2%로 가장 높으며, 모든 운행연수를 합한 부적합률이 가장 낮은 차종은 13.8%인 승용차로 화물차와 4.4%p의 차이를 보인다.

오답분석

㉡ 자료를 보면 가장 우측 맨 아래 항목이 15.2%로 15% 이상임을 알 수 있다.

㉣ 특수차의 경우 운행연수가 15년 이상인 차량의 부적합률은 18.7%로, 4년 이하인 차량의 부적합률 8.3%의 $\frac{18.7}{8.3}$ ≒ 2.25로 2.5배 미만이다.

14

정답 ④

2022년 배구의 관중 수는 4,843×0.304 ≒ 1,472.3천 명, 핸드볼의 관중 수는 2,756×0.438 ≒ 1,207.1천 명이다. 또한, 대략적으로 보아도 4,800의 30%와 2,700의 44% 중 4,800의 30%가 더 많은 수치라는 것을 알 수 있다.

오답분석

① 2021년에는 농구의 전년 대비 관중수용률이 증가했다.

② 2024년에는 야구의 관중수용률이 높다.

③ 관중수용률이 매년 증가한 종목은 야구와 축구 2개뿐이다.

⑤ 농구의 증감 추이는 '증가 – 증가 – 동일 – 동일 – 증가'이고, 핸드볼의 증감 추이는 '감소 – 동일 – 동일 – 감소 – 증가'이므로 같지 않다.

15

정답 ⑤

관중수용률을 소수점 첫째 자리에서 반올림하면 야구 경기장 관중수용률은 66%, 축구 경기장 관중수용률은 35%이다.

2024년 야구 관중 수는 19,450×0.66=12,837천 명, 축구 관중 수는 33,320×0.35=11,662천 명이다. 따라서 야구 관중 수가 1,175천 명 더 많다.

제3영역 문제해결능력

01	02	03	04	05	06	07	08	09	10
④	⑤	③	④	⑤	③	①	③	②	②
11	12	13	14	15					
③	④	④	④	②					

01

정답 ④

'낡은 것을 버리다.'를 p, '새로운 것을 채우다.'를 q, '더 많은 세계를 경험하다.'를 r이라고 하면, 첫 번째 명제는 $p \rightarrow q$이며, 마지막 명제는 $\sim q \rightarrow \sim r$이다. 이때 첫 번째 명제의 대우는 $\sim q \rightarrow \sim p$이므로 마지막 명제가 참이 되기 위해서는 $\sim p \rightarrow \sim r$이 필요하다. 따라서 빈칸에 들어갈 명제는 $\sim p \rightarrow \sim r$의 ④이다.

02

정답 ⑤

5명 중 단 1명만이 거짓말을 하고 있으므로 C와 D 중 1명은 반드시 거짓을 말하고 있다.

1) C의 진술이 거짓일 경우
B와 C의 말이 모두 거짓이 되므로 1명만 거짓말을 하고 있다는 조건이 성립하지 않는다.

2) D의 진술이 거짓일 경우

구분	A	B	C	D	E
출장지역	잠실		여의도	강남	

이때, B는 상암으로 출장을 가지 않는다는 A의 진술에 따라 상암으로 출장을 가는 사람은 E임을 알 수 있다.

따라서 'E는 상암으로 출장을 가지 않는다.'는 항상 거짓이 된다.

03

정답 ③

먼저 세 번째 ~ 여섯 번째 조건을 기호화하면 다음과 같다.

- A or B → D, A and B → D
- C → ~E and ~F
- D → G
- G → E

세 번째 조건의 대우 ~D → ~A and ~B에 따라 D사원이 출장을 가지 않으면 A사원과 B사원 모두 출장을 가지 않는 것을 알 수 있다. 결국 D사원이 출장을 가지 않으면 C사원과 E, F, G대리가 모두 출장을 가야 한다. 그러나 이는 대리 중 적어도 한 사람은 출장을 가지 않는다는 두 번째 조건과 모순되므로 성립하지 않는다. 그러므로 D사원은 반드시 출장을 가야 한다.

D사원이 출장을 가면 다섯 번째, 여섯 번째 조건을 통해 D → G → E가 성립하므로 G대리와 E대리도 출장을 가는 것을 알 수 있다. 이때, 네 번째 조건의 대우에 따라 E대리와 F대리 중 적어도 한 사람이 출장을 가면 C사원은 출장을 갈 수 없으며, 두 번째 조건에 따라 E, F, G대리는 모두 함께 출장을 갈 수 없다. 결국 D사원, G대리, E대리와 함께 출장을 갈 수 있는 사람은 A사원 또는 B사원이다.
따라서 항상 참인 것은 'C사원은 출장을 가지 않는다.'이다.

04

정답 ④

전문가용 카메라가 일반화됨에 따라 사람들은 사진관을 이용하지 않고도 고화질의 사진을 촬영할 수 있게 되었다. 따라서 전문가용 카메라의 일반화는 사진관을 위협하는 외부환경에 해당한다.

SWOT 분석
기업의 내부환경과 외부환경을 분석하여 강점(Strength), 약점(Weakness), 기회(Opportunity), 위협(Threat) 요인을 규정하고 이를 토대로 경영전략을 수립하는 기법이다.
- 강점(Strength) : 내부환경(자사 경영자원)의 강점
- 약점(Weakness) : 내부환경(자사 경영자원)의 약점
- 기회(Opportunity) : 외부환경(경쟁, 고객, 거시적 환경)에서 비롯된 기회
- 위협(Threat) : 외부환경(경쟁, 고객, 거시적 환경)에서 비롯된 위협

05

정답 ⑤

버팀목 대출은 지역별 차등 지원이므로 지역별 문의가 필요하고, 월 최대 30만 원씩 2년간 대출이 가능한 것은 주거안정 월세대출이다.

06

정답 ③

오답분석

(라) 아동수당 제도 첫 도입에 따라 초기에 아동수당 신청이 한꺼번에 몰릴 것으로 예상되어 연령별 신청기간을 운영한다. 따라서 만 5세 아동은 7월 1 ~ 5일 사이에 접수를 하거나 연령에 관계없는 7월 6일 이후에 신청하는 것으로 안내하는 것이 적절하다.
(마) 아동수당 관련 신청서 작성요령이나 수급 가능성 등 자세한 내용은 아동수당 홈페이지에서 확인 가능한데, 어떤 홈페이지로 접속해야 하는지 안내하지 않으므로 적절하지 않다.

07

정답 ①

12/5(토)에 근무하기로 예정된 1팀 차도선이 근무를 대체하려고 할 경우, 그 주에 근무가 없는 3팀의 한 명과 바꿔야 한다. 대체근무자인 하선오는 3팀에 소속된 인원이긴 하나, 대체근무일이 12/12(토)로, 1팀인 차도선이 근무하게 될 경우 12/13(일)에도 1팀이 근무하는 날이기 때문에 주말근무 규정에 어긋나므로 적절하지 않다.

08

정답 ③

먼저 모든 면접위원의 입사 후 경력은 3년 이상이어야 한다는 조건에 따라 A, E, F, H, I, L직원은 면접위원으로 선정될 수 없다. 이사 이상의 직급으로 6명 중 50% 이상 구성되어야 하므로 자격이 있는 C, G, N은 반드시 면접위원으로 포함한다. 다음으로 인사팀을 제외한 부서는 2명 이상 구성할 수 없으므로 이미 N이사가 선출된 개발팀은 더 선출할 수 없고, 인사팀은 반드시 2명을 포함해야 하므로 D과장은 반드시 선출된다. 이를 정리하면 다음과 같다.

구분	1	2	3	4	5	6
경우 1	C이사	D과장	G이사	N이사	B과장	J과장
경우 2	C이사	D과장	G이사	N이사	B과장	K대리
경우 3	C이사	D과장	G이사	N이사	J과장	K대리

따라서 B과장이 면접위원으로 선출됐더라도 K대리가 선출되지 않는 경우도 있으므로 ③은 옳지 않다.

09

정답 ②

공사 시행업체 선정방식에 따라 가중치를 반영하여 업체들의 점수를 계산하면 다음과 같다.

(단위 : 점)

평가항목 \ 업체	A	B	C	D	E
적합성 점수	22	24	23	20	26
실적 점수	12	18	14	16	14
입찰 점수	10	4	2	8	6
평가점수	44	46	39	44	46

평가점수가 가장 높은 업체는 B와 E이다. 이 중 실적 점수가 더 높은 업체는 B이므로, 최종 선정될 업체는 B업체이다.

10 정답 ②

수정된 공사 시행업체 선정방식에 따라 가중치를 반영하여 업체들의 점수를 계산하면 다음과 같다.

(단위 : 점)

평가항목 \ 업체	A	B	C	D	E
적합성 점수	24	24	25	22	28
실적 점수	6	9	7	8	7
입찰 점수	9	6	5	8	7
평가점수	39	39	37	38	42

수정된 선정방식에 따르면 A, C업체는 운영건전성에서, D업체는 환경친화설계에서, E업체는 미적만족도에서 만점을 받아 각자 가점 2점을 받는다.

평가점수가 높은 순으로 두 업체를 중간 선정해야 하는데 A, B는 평가점수가 동일하므로 A, B, E 세 업체가 중간 선정된다.

이 중 근무효율성개선 점수가 가장 높은 업체는 B이므로, B업체가 최종 선정된다.

11 정답 ③

각 과제의 최종 점수를 구하기 전에 항목당 최하위 점수가 부여된 과제는 제외하므로 중요도에서 최하위 점수가 부여된 B, 긴급도에서 최하위 점수가 부여된 D, 적용도에서 최하위 점수가 부여된 E를 제외한다. 나머지 두 과제에 대하여 항목별 가중치를 적용하여 최종 평가 점수를 구하면 다음과 같다.

- A : $(84\times0.3)+(92\times0.2)+(96\times0.1)=53.2$점
- C : $(95\times0.3)+(85\times0.2)+(91\times0.1)=54.6$점

따라서 C를 가장 먼저 수행해야 한다.

12 정답 ④

면접자들의 정보와 규칙에 따라 각 면접자의 면접시간을 정리하면 다음과 같다.

(단위 : 분)

구분	공통 사항	인턴 경력	유학 경험	해외 봉사	최종 학력	총 면접시간
A	5	8	–	–	10	23
B	5	–	–	3	10	18
C	5	8	–	3	10	26
D	5	–	–	3	–	8
E	5	8	6	–	–	19
F	5	–	6	–	10	21

따라서 면접을 오래 진행하는 면접자부터 나열하면 C – A – F – E – B – D 순이다.

13 정답 ④

유학경험이 있는 면접자들끼리 연이어 면접을 실시하여야 하므로 E와 F는 연달아 면접을 본다. 이때, 최종학력이 학사인 E가 먼저 면접을 본다(E – F).

그리고 나머지 학사 학위자는 D뿐이므로, D가 E에 앞서 면접을 보게 된다(D – E – F).

F와 같이 마케팅 직무에 지원한 A가 F 다음으로 면접을 보게 되고 (D – E – F – A), A가 남성이므로 나머지 B와 C 중 여성인 B가 A의 뒤를 이어 면접을 보게 된다. 그러므로 면접자들의 면접순서를 나열하면 'D – E – F – A – B – C' 순이다.

이들의 각 면접시간은 D(8분) – E(19분) – F(21분) – A(23분) – B(18분) – C(26분)으로, D부터 A까지 면접을 진행하면 소요되는 시간은 $8+19+21+23=71$분이다. 이때, A의 면접 종료시간은 11시 11분이 되므로 A부터는 6일에 면접을 실시해야 한다.

따라서 5일에 면접을 보는 면접자는 D, E, F이고, 6일에 면접을 보는 면접자는 A, B, C이다.

14 정답 ④

융자 신청기한을 참고하였을 때, 혼인신고일로부터 90일 이내에 신청하여야 하므로 4달(약 120일) 뒤에 신청한 정씨는 혼례비를 지원받을 수 없다.

15 정답 ②

강씨가 대출받은 금액은 9,000,000원이고 보증료율은 연 0.9%이며, 50%를 감면받았다고 하였으므로 강씨가 지불한 보증료는 $9,000,000\times0.009\div2=40,500$원이다.

제4영역 정보능력

01	02	03	04	05	06	07	08	09	10
③	②	①	⑤	③	④	②	②	②	④
11	12	13	14	15					
①	④	③	⑤	③					

01 정답 ③

피벗 테이블의 셀에 메모를 삽입한 경우 데이터를 정렬하여도 메모는 피벗 테이블의 셀에 고정되어 있다.

02 정답 ②

데이터를 입력한 다음 채우기 핸들을 이용해서 입력하는 경우

- 숫자 데이터를 입력한 경우
  - 숫자 데이터 입력 후에 그냥 채우기 핸들을 하면 똑같은 데이터가 복사된다.
  - 숫자 데이터 입력 후에 〈Ctrl〉키를 누른 채로 채우기 핸들을 하면 하나씩 증가한다.
- 문자 데이터를 입력한 경우
  - 문자 데이터를 입력한 뒤에 채우기 핸들을 하면 똑같은 데이터가 복사된다.
- 문자+숫자를 혼합하여 입력한 경우
  - 문자+숫자를 혼합하여 입력한 경우 채우기 핸들을 하면 문자는 복사되고 숫자가 하나씩 증가한다.
  - 문자+숫자를 혼합하여 입력한 후에 〈Ctrl〉키를 누른 채로 채우기 핸들을 하면 똑같은 데이터가 복사된다.
  - 숫자가 2개 이상 섞여 있을 경우에는 마지막 숫자만 하나씩 증가한다.
- 날짜 / 시간 데이터
  - 날짜를 입력한 후에 채우기 핸들을 하면 1일 단위로 증가한다.
  - 시간을 입력한 후에 채우기 핸들을 하면 1시간 단위로 증가한다.

03 정답 ①

AVERAGE 함수를 이용하여 평균을 구하고, 천의 자릿수 자리올림은 「ROUNDUP(수,자릿수)」로 구할 수 있다. 자릿수는 소수점 이하 숫자를 기준으로 하여 일의 자릿수는 0, 십의 자릿수는 −1, 백의 자릿수는 −2, 천의 자릿수는 −3으로 표시한다.

04 정답 ⑤

ROUND 함수는 지정한 자릿수를 반올림하는 함수이다. 함수식에서 '−1'은 일의 자리를 뜻하며, '−2'는 십의 자리를 뜻한다. 여기서 '−' 기호를 빼면 소수점 자리로 인식한다. 따라서 일의 자리를 반올림하기 때문에 결괏값(㉤)은 120이다.

오답분석

① MAX 함수는 지정된 범위 내에서 최댓값을 찾는 함수이다.
② MODE 함수는 지정된 범위 내에서 최빈값을 찾는 함수이다.
③ LARGE 함수는 지정된 범위 내에서 몇 번째 큰 값을 찾는 함수이다.
④ COUNTIF 함수는 특정값이 몇 개가 있는지 세는 함수이다.

05 정답 ③

'1인 가구의 인기 음식(㉡)'과 '5세 미만 아동들의 선호 색상(㉥)'은 각각 음식과 색상에 대한 자료를 가구, 연령으로 특정함으로써 자료를 특정한 목적으로 가공한 정보(Information)로 볼 수 있다.

오답분석

㉠·㉣·㉤ 특정한 목적이 없는 자료(Data)의 사례이다.
㉢ 특정한 목적을 달성하기 위한 지식(Knowledge)의 사례이다.

06 정답 ④

제시된 자료는 '운동'을 주제로 나열되어 있는 자료임을 알 수 있다. 반면, ④는 운동이 아닌 '식이요법'을 목적으로 하는 지식의 사례이다. 따라서 적절하지 않다.

오답분석

①·②·③·⑤ 운동을 목적으로 하는 지식의 사례이다.

07 정답 ②

차트 작성 순서

- 1단계 : 차트 종류 설정
- 2단계 : 차트 범위와 계열 설정
- 3단계 : 차트의 각종 옵션(제목, 범례, 레이블 등) 설정
- 4단계 : 작성된 차트의 위치 설정

08 정답 ②

잠금 화면은 디스플레이 설정이 아닌 개인 설정에 들어가서 설정 가능하다.

09 정답 ②

바로가기 아이콘의 [속성] – [일반] 탭에서 바로가기 아이콘의 위치, 이름, 크기, 만든 날짜, 수정한 날짜 등을 확인할 수 있다.

오답분석

① raw는 손실 압축을 하지 않고 모든 정보를 저장하는 이미지의 확장자 중 하나이다.
③ 〈Ctrl〉+〈Shift〉를 누른 상태로 바탕 화면에 드래그 앤 드롭하면 만들 수 있다.
④ 바로가기 아이콘을 삭제해도 연결된 프로그램은 삭제되지 않는다.
⑤ 원본 파일이 있는 위치와 다른 위치에 만들 수 있다.

10 정답 ④

오답분석

① 〈Ctrl〉+〈F4〉 : 활성 문서를 닫는다.
② 〈Ctrl〉+오른쪽 화살표 : 커서를 다음 단어의 시작 부분으로 이동한다.
③ 〈Ctrl〉+왼쪽 화살표 : 커서를 이전 단어의 시작 부분으로 이동한다.
⑤ 〈Ctrl〉+위쪽 화살표 : 커서를 이전 단락의 시작 부분으로 이동한다.

11 정답 ①

오답분석

② 한 번 복사하거나 잘라낸 내용은 다른 것을 복사하거나 잘라내기 전까지 계속 붙이기를 할 수 있다.
③ 복사와 잘라내기한 내용은 클립보드(Clipboard)에 보관된다.
④ 복사는 문서의 분량에 변화를 주지 않지만, 잘라내기는 문서의 분량을 줄인다.
⑤ 〈Ctrl〉+〈X〉는 잘라내기, 〈Ctrl〉+〈C〉는 복사하기의 단축키이다.

12 정답 ④

그림에서 제시하는 중복된 항목 제거 기능을 통해 A열에 총무부, 인사부, 영업부, 기획부 각 하나의 행만 남게 되므로 유지되는 행의 개수는 4개이다.

13 정답 ③

인덱스는 색인으로 레코드를 추가하거나 변경했을 때 자동으로 업데이트가 된다.

14 정답 ⑤

구체적이고 정확한 정보 수집을 위하여 정보 수집 대상과 종류 등을 명확하게 지정하여야 한다.

오답분석

① 전략적 기획은 정보 수집을 수행하기 이전에 수집할 정보의 내용, 수집방안 등을 결정하는 것을 말한다.
② 전략적 기획 단계에서는 정보 수집의 비용성과 수집한 정보의 품질을 모두 고려해야 한다.
③ 정보 수집 기한에 대한 계획도 필수적이다.
④ 전략적 기획은 정보 수집 계획을 수립하는 과정으로, 정보 수집의 원천을 파악하는 과정을 포함하여야 한다.

15 정답 ③

〈Shift〉+〈Insert〉 : 선택한 항목을 붙여 넣는다.

KDB한국산업은행 필기시험

제2회 모의고사 정답 및 해설

제1영역 의사소통능력

01	02	03	04	05	06	07	08	09	10
①	④	③	①	①	④	①	①	②	③
11	12	13	14	15					
④	②	④	⑤	②					

01

정답 ①

'벋다'는 '기운이나 사상 따위가 나타나거나 퍼지다. 또는 그렇게 하다.'라는 뜻의 동사이다. '벋다'를 강조한 말이 '벋치다'이고, 이를 더 세게 강조한 말이 '뻗치다'이다. 따라서 ①의 '뻗쳤다'는 옳은 표현이다.

오답분석

② 으시시 → 으스스
③ 치루고 → 치르고
④ 잠궜다 → 잠갔다
⑤ 땅겼다 → 당겼다

02

정답 ④

아이들이 따뜻한 구들에 누워 자는 것이 습관이 되어 사지의 활동량이 적어 발육이 늦어진 것이지, 체온을 높였기 때문에 발육이 늦어진 것은 아니다.

03

정답 ③

개별존재로서 생명의 권리를 갖기 위해서는 개별존재로서 생존을 지속시키고자 하는 욕망을 가질 수 있어야 하며, 이를 위해서 자신을 일정한 시기에 걸쳐 존재하는 개별존재로서 파악해야 한다. 그러므로 '자신을 일정한 시기에 걸쳐 존재하는 개별존재로서 파악할 수 있는 존재만이 생명에 대한 권리를 가질 수 있다.'는 빈칸 앞의 결론을 도출하기 위해서는 개별존재로서 생존을 지속시키고자 하는 욕망이 개별존재로서의 인식을 가능하게 한다는 내용이 있어야 한다. 따라서 빈칸에는 ③이 적절하다.

04

정답 ①

네 번째 문단에서 정부가 수입을 규제하는 경우에 '수입 상품의 국내 가격이 상승하면서 수입 상품에 대한 소비를 억제하는 한편 해당 품목의 국내 생산을 촉진하는 효과'가 있다고 하였으므로 이때 수입 상품의 가격 상승은 국내 생산자와 소비자 모두에게 영향을 끼친다.

05

정답 ①

- 첫 번째 빈칸 : 빈칸 앞 문장의 '음악을 수 또는 수학과 연결시키기 어렵다고 생각하는 경우가 많다.'라는 내용과 빈칸 뒤 문장의 '음악을 구성하는 원리로 수학의 원칙과 질서 등이 활용된다.'라는 내용을 통해 빈칸에는 실제로 음악 작품이 수와 관련되어 나타난다는 내용의 ㉠이 적절함을 알 수 있다.
- 두 번째 빈칸 : 빈칸 앞 문단에서는 음악의 구성 원리에 수학의 원칙 등이 활용된다고 하였으므로 빈칸에는 실제로 활용되는 사례의 내용이 나와야 한다. 빈칸 뒤 문장의 '중세 시대'를 통해 빈칸에는 그보다 앞선 고대에서 활용된 사례인 ㉡이 적절함을 알 수 있다.
- 세 번째 빈칸 : 빈칸 앞에서는 중세 시대의 음악에서 나타난 수학적 질서에 대해 이야기하고 있으며, 빈칸 뒤에서는 수학적 질서가 사용된 현대 음악 작품들의 사례를 설명하고 있다. 따라서 빈칸에는 20세기에 들어와 음악과 수학의 관계가 더욱 밀접해졌다는 내용의 ㉢이 적절함을 알 수 있다.

06

정답 ④

제시문은 영화의 시퀀스를 구성하는 요소와 개념에 대해 설명한 후, 씬의 제시 방법에 따른 시퀀스의 종류를 언급하고 있다. 또한 시퀀스의 연결 방법과 효과, 시퀀스의 길이에 따른 특징을 설명한 후 영화를 감상할 때 시퀀스 분석이 지니는 의의를 언급하며 글을 마무리하고 있다. 그러나 영화의 발전 과정과 시퀀스의 상관관계에 대한 내용은 제시문에서 확인할 수 없다.

07

정답 ①

제시문에서는 인간의 생각과 말은 깊은 관계를 가지고 있으며, 생각이 말보다 범위가 넓고 큰 것은 맞지만 그것을 말로 표현하지 않으면 그 생각이 다른 사람에게 전달되지 않는다고 주장한다. 즉, 생각은 말을 통해서만 다른 사람에게 전달될 수 있다는 것이다. 따라서 이러한 주장에 대한 반박으로 ①이 가장 적절하다.

08

정답 ①

첫 번째 문단에서 '우리 조상은 화재를 귀신이 장난치거나, 땅에 불의 기운이 넘쳐서라 여겼다.'라고 하면서 안녕을 기원하기 위해 조상들이 시도했던 여러 가지 노력을 제시하고 있다. 따라서 제목으로 ①이 가장 적절하다.

09

정답 ②

화재 예방을 위한 주술적 의미로 쓰인 것은 지붕 용마루 끝에 장식 기와로 사용하는 '치미'이다. 물의 기운을 지닌 수호신인 해치는 화기를 잠재운다는 의미로 동상으로 세워졌다.

오답분석

① 첫 번째 문단에서 농경사회였던 조선 시대의 백성들의 삶을 힘들게 했던 재난・재해 특히 화재는 즉각적인 재앙이었고 공포였다고 하였다.
③ 세 번째 문단에서 '잡상은 건물의 지붕 내림마루에 『서유기』에 등장하는 기린, 용, 원숭이 등 다양한 종류의 신화적 형상으로 장식한 기와'라고 하였다.
④ 네 번째 문단에서 '실제 1997년 경회루 공사 중 오조룡이 발견되면서 화제가 됐었다.'고 하였다.
⑤ 마지막 문단에서 '세종대왕은 금화도감이라는 소방기구를 설치해 인접 가옥 간에 방화장을 쌓고 방화범을 엄히 다루는 등 화재 예방에 만전을 기했다.'고 하였다.

10

정답 ③

모든 식물이 아닌 전체 식물의 90%가 피보나치 수열의 잎차례를 따르고 있다.

11

정답 ④

제시문은 피보나치 수열과 식물에서 나타나는 피보나치 수열을 설명하고 있다. 따라서 제목으로 ④가 가장 적절하다.

오답분석

①은 첫 번째 문단, ②는 두 번째 문단, ③은 여섯 번째 문단, ⑤는 다섯 번째 문단에 대한 내용으로 제시문 전체에 대한 제목으로는 적절하지 않다.

12

정답 ②

제시문의 ㉠은 '진리, 가치, 옳고 그름 따위가 판단되어 드러나 알려지다.'의 의미로 사용된 것이다. 반면, ②는 '드러나게 좋아하다.'의 의미로 사용되었다.

13

정답 ④

제시문에서 제시한 동물의 의사 표현 방법은 색깔이나 모습, 행동을 통한 시각적 방법과 소리를 이용하는 방법, 냄새를 이용하는 방법이다. 그러나 서식지와 관련된 내용은 제시되어 있지 않다.

14

정답 ⑤

제시문은 동물의 네 가지 의사 표현 수단을 구체적 사례를 들어가며 제시하고 있는 글이다. 하지만 이러한 의사 표현 방법의 장단점을 대조하며 서술하고 있지는 않다.

15

정답 ②

첫 번째 문단에 따르면 동물의 의사 표현을 알아보는 방법은 동일한 상황에서 일관되게 반복되는 행동을 하는지를 관찰하는 것이며, 이에 해당하는 경우 일단 의사 표현으로 간주한다. 이후 상황을 다양하게 변화시켜 반복 관찰하고 그 결과를 분석하여 의미를 알아낼 수 있다. 따라서 일회적인 행위를 통해 그것이 어떤 의미를 표현한 것인지는 아직 알 수 없으며, 반복적으로 나타나는 행동인지를 확인한 뒤에야 의사 표현인지 아닌지를 알 수 있으므로 보기의 질문에 대한 동물행동학 학자의 답변으로 가장 적절한 것은 ②이다.

제2영역 수리능력

01	02	03	04	05	06	07	08	09	10
①	④	③	②	②	③	⑤	②	①	③
11	12	13	14	15					
①	③	③	⑤	⑤					

01

정답 ①

월복리 적금 상품의 연이율이 2.4%이므로 월이율은 $\frac{0.024}{12}=0.002=0.2\%$이다.

- 월초에 100만 원씩 24개월간 납입할 때 만기 시 원리합계 :
$$\frac{100\times1.002\times(1.002^{24}-1)}{1.002-1}=\frac{100\times1.002\times(1.049-1)}{0.002}$$
$=2,454.9$만 원
- 월초에 200만 원씩 12개월간 납입할 때 만기 시 원리합계 :
$$\frac{200\times1.002\times(1.002^{12}-1)}{1.002-1}=\frac{200\times1.002\times(1.024-1)}{0.002}$$
$=2,404.8$만 원

따라서 차이는 $2,454.9-2,404.8=50.1$만 원이다.

02

정답 ④

- 흰 구슬을 먼저 뽑고, 검은 구슬을 뽑을 확률 : $\frac{4}{10}\times\frac{6}{9}=\frac{4}{15}$
- 검은 구슬을 먼저 뽑고, 흰 구슬을 뽑을 확률 : $\frac{6}{10}\times\frac{4}{9}=\frac{4}{15}$

따라서 구하고자 하는 확률은 $\frac{4}{15}+\frac{4}{15}=\frac{8}{15}$이다.

03

정답 ③

처음에 퍼낸 소금물의 양을 xg이라고 하면 다음 식이 성립한다.

$$\frac{(800-x)\times0.15}{800-x+150}\times100=12$$
$$\rightarrow 800-x=\frac{0.12}{0.15}\times(950-x)$$
$$\rightarrow 800-760=x-0.8x$$
$$\therefore x=200$$

따라서 처음에 퍼낸 소금물의 양은 200g이다.

04

정답 ②

음식점까지의 거리를 $x$km라 할 때, 역에서 음식점까지 왕복하는 데 걸리는 시간과 음식을 포장하는 데 걸리는 시간이 1시간 30분 이내여야 하므로 다음 식이 성립한다.

$$\frac{x}{3}+\frac{15}{60}+\frac{x}{3}\le\frac{3}{2}$$
$$\rightarrow 20x+15+20x\le90$$
$$\rightarrow 40x\le75$$
$$\therefore x\le\frac{75}{40}=1.875$$

즉, 역과 음식점 사이 거리가 1.875km 이내여야 하므로 갈 수 있는 음식점은 'N버거'와 'B도시락'이다.

따라서 K사원이 구입할 수 있는 음식은 햄버거와 도시락이다.

05

정답 ②

산지에서 구매한 가격을 a라 하면 협동조합이 도매상에 판매한 가격은 $\left(1+\frac{20}{100}\right)\times a=1.2a$이다.

도매상의 판매가를 x라 하면 $\frac{80}{100}x=1.2a \rightarrow x=1.5a$이고, 소매상의 판매가는 $\left(1+\frac{20}{100}\right)\times1.5a=1.8a$이다.

따라서 상승한 배추가격은 $0.8a$이므로, 협동조합의 최초 구매가격의 80%이다.

06

정답 ③

ㄴ. 경징계 총 건수는 3+174+170+160+6=513건이고, 중징계 총 건수는 25+48+53+40+5=171건으로 전체 징계 건수는 513+171=684건이다. 따라서 전체 징계 건수 중 경징계 총 건수의 비율은 $\frac{513}{684}\times100=75\%$로 70% 이상이다.

ㄷ. 징계 사유 D로 인한 징계 건수 중 중징계 건수의 비율은 $\frac{40}{160+40}\times100=20\%$이다.

오답분석

ㄱ. 경징계 총 건수는 513건이고, 중징계 총 건수는 171건으로 경징계 총 건수는 중징계 총 건수의 $\frac{513}{171}=3$배이다.

ㄹ. 전체 징계 사유 중 C가 총 170+53=223건으로 가장 많다.

07

정답 ⑤

2024년 서울특별시의 1인 가구 수는 전국의 1인 가구 수의 $\frac{133}{532}\times100=25\%$로 20% 이상이다.

오답분석

① 1인 가구 수는 전국적으로 2022년 513만 가구, 2023년 528만 가구, 2024년 532만 가구로 해마다 증가하고 있다.

② 부산광역시 1인 가구 수는 2022년에 대전광역시 1인 가구 수의 $\frac{32}{16}=2$배, 2024년에 대전광역시 1인 가구 수의 $\frac{38}{19}=2$배이다.

③ 2024년 서울특별시 전체 가구 수 중에서 1인 가구 수가 차지하는 비중은 $\frac{133}{380}\times100=35\%$로 30% 이상이다.

④ 연도별로 대전광역시와 울산광역시의 1인 가구 수의 합을 구하면 다음과 같다.

- 2022년 : 16+10=26만 가구
- 2023년 : 18+10=28만 가구
- 2024년 : 19+11=30만 가구

인천광역시의 1인 가구 수는 2022년과 2023년에 각각 25만 명, 2024년에 26만 명이므로 대전광역시와 울산광역시의 1인 가구 수 합이 인천광역시의 1인 가구 수보다 항상 많다.

08

정답 ②

2022년 대비 2024년에 가장 눈에 띄는 증가율을 보인 면세점과 편의점, 무점포 소매점의 증가율을 계산하면 다음과 같다.

- 면세점 : $\frac{14,465-9,198}{9,198}\times100≒57\%$
- 편의점 : $\frac{22,237-16,455}{16,455}\times100≒35\%$
- 무점포 소매점 : $\frac{61,240-46,788}{46,788}\times100≒31\%$

따라서 2022년 대비 2024년 판매액 증가율이 두 번째로 높은 업태는 편의점이고, 그 증가율은 35%이다.

09

정답 ①

- 2016 ~ 2017년 사이 축산물 수입량은 약 10만 톤 감소했으나, 수입액은 약 2억 달러 증가하였다.
- 2021 ~ 2022년 사이 축산물 수입량은 약 10만 톤 감소했으나, 수입액은 변함이 없다.

따라서 축산물 수입량과 수입액의 변화 추세는 동일하지 않다.

10

정답 ③

- (중도상환 원금)=(대출원금)−[원금상환액(월)]×(대출경과월수)

$$=12,000,000-\left(\frac{12,000,000}{60}\times12\right)$$

$$=9,600,000\text{원}$$

- (중도상환 수수료)=$9,600,000\times0.038\times\frac{36-12}{36}=243,200$원

11

정답 ①

제시된 자료에 따라 K기업이 2024년에도 C등급을 유지할 가능성을 산정하면 다음과 같다.

2022년	2023년	2024년	확률
C등급	A등급	C등급	0.1×0.1=0.01
	B등급		0.22×0.33=0.0726
	C등급		0.68×0.68=0.4624

따라서 2022년에 C등급을 받은 K기업이 2024년에도 C등급을 유지할 가능성은 0.01+0.0726+0.4624=0.545이다.

12

정답 ③

사업장가입자에서는 40대보다 50대의 가입자 수가 적고, 지역가입자의 경우에도 60세 이상 가입자 수가 가장 적다. 또한 사업장가입자와 임의가입자의 60세 이상 가입자 수를 명시하지 않았으므로 알 수 없다.

오답분석

① 전체 지역가입자 수는 전체 임의계속가입자 수의 $\frac{7,310,178}{463,143}$ ≒15.8배이다.

② 60세 이상을 제외한 전체 임의가입자에서 50대 가입자 수의 비율은 $\frac{185,591}{9,444+33,254+106,191+185,591}\times100≒55.5\%$이다.

④·⑤ 제시된 자료에서 확인할 수 있다.

13

정답 ③

50대 임의계속가입자 수는 전체 임의계속가입자의 25%라고 했으므로 463,143×0.25=115,785.75, 약 115,786명이다.

14

정답 ⑤

- 관리직의 구직 대비 구인률 : $\frac{993}{2,951}\times100≒34\%$
- 음식서비스 관련직의 구직 대비 취업률 : $\frac{458}{2,936}\times100≒16\%$

따라서 둘의 차이는 34−16=18%p이다.

15

정답 ⑤

영업원 및 판매 관련직의 취업 인원은 733명이고, 구직 인원은 3,083명이다. 따라서 733×4=2,932<3,083이므로 25% 이하이다.

오답분석

① 기계 관련직은 구직자의 $\frac{1}{3}$ 정도가 취업했는데, 다른 직업들은 취업자가 구직자의 $\frac{1}{3}$에 미치지 못하므로 옳다.

② 법률·경찰·소방·교도 관련직과 미용·숙박·여행·오락·스포츠 관련직은 취업자 수가 구인자 수를 초과하였다.

③ 금융보험 관련직 하나이다.

④ 구직자가 가장 많이 몰린 직종은 14,350명이 몰린 경영·회계·사무 관련 전문직이다.

제3영역 문제해결능력

01	02	03	04	05	06	07	08	09	10
②	③	①	③	④	①	③	③	③	①
11	12	13	14	15					
④	②	④	②	③					

01
정답 ②

'공부를 열심히 한다.'를 A, '지식을 함양하지 않는다.'를 B, '아는 것이 적다.'를 C, '인생에 나쁜 영향이 생긴다.'를 D라고 하면, 첫 번째 명제는 C → D, 세 번째 명제는 B → C, 네 번째 명제는 ~A → D이다. 그러므로 네 번째 명제가 도출되기 위해서는 ~A → B가 필요하다. 따라서 빈칸에는 ~A → B의 대우 명제인 ②가 들어가야 한다.

02
정답 ③

세 번째 조건에 따라 D는 6명 중 두 번째로 키가 크므로 1팀에 배치되는 것을 알 수 있다. 또한 두 번째 조건에 따라 B는 2팀에 배치되므로 한 팀에 배치되어야 하는 E와 F는 아무도 배치되지 않은 3팀에 배치되는 것을 알 수 있다. 마지막으로 네 번째 조건에 따라 B보다 키가 큰 A는 2팀에 배치되므로 결국 A ~ F 6명은 다음과 같이 배치된다.

1팀	2팀	3팀
C > D	A > B	E, F

따라서 키가 가장 큰 사람은 C이다.

03
정답 ①

조건을 순서대로 논리 기호화하여 표현하면 다음과 같다.

- 첫 번째 명제 : ~C
- 두 번째 명제 : ~B → (C ∧ E)
- 세 번째 명제 : (~E ∨ ~F) → D
- 네 번째 명제 : B → (~A ∧ ~E)

첫 번째 명제가 참이므로 두 번째 명제의 대우[(~C ∨ ~E) → B]에 따라 B는 공휴일에 영업한다. 그러므로 네 번째 명제에 따라 A와 E는 영업하지 않고, 다섯 번째 명제에 따라 F도 영업하지 않는다. 마지막으로 세 번째 명제에 따라 D는 영업한다.
따라서 공휴일에 영업하는 잡화점은 B와 D 2개이다.

04
정답 ③

제시된 조건을 정리하면 다음과 같다.

구분	가	나	다	라
경우 1	호밀식빵	우유식빵	밤식빵	옥수수식빵
경우 2	호밀식빵	밤식빵	우유식빵	옥수수식빵

따라서 항상 참인 것은 ③이다.

오답분석

①·②·④·⑤ 제시된 정보만으로는 판단하기 힘들다.

05
정답 ④

소득평가액은 실제소득에서 가구특성별 지출비용을 뺀 것이다.

06
정답 ①

오답분석

ⓒ ST전략에서 경쟁업체에 특허 기술을 무상 이전하는 것은 경쟁이 더 심화될 수 있으므로 적절하지 않다.
ⓔ WT전략에서는 기존 설비에 대한 재투자보다는 수요에 맞게 다양한 제품을 유연하게 생산할 수 있는 신규 설비에 대한 투자가 필요하다.

07
정답 ③

우선 아랍에미리트에는 K기업의 해외 EPS센터가 없으므로 제외한다. 또한, 한국 기업이 100개 이상 진출해 있어야 한다는 두 번째 조건으로 인도네시아와 중국으로 후보를 좁힐 수 있으나 '우리나라 사람들의 해외취업을 위한 박람회'이므로 성공적인 박람회 개최를 위해선 취업까지 이어지는 것이 중요하다. 중국의 경우 청년 실업률은 높지만 경쟁력 부분에서 현지 기업의 80% 이상이 우리나라 사람을 고용하기를 원하므로 중국 청년 실업률과는 별개로 우리나라 사람들의 취업이 쉽게 이루어질 수 있음을 알 수 있다. 따라서 K기업이 선택할 나라로 중국이 가장 적절하다.

08
정답 ③

각 조에서 팀별로 한 번씩 경기를 치러야 하므로 조별 경기 수는 ${}_6C_2=\frac{6\times5}{2\times1}=15$경기이다. 1경기를 치르면 각 팀은 승무패 중 하나의 결과를 얻는다. 그러므로 한 조의 승무패의 합은 $15\times2=30$이 되고, 승과 패의 수는 같아야 한다. 이를 활용하여 승점을 계산하면 다음과 같다.

1조			2조		
팀	결과	승점	팀	결과	승점
A	1승 4무	(1×2)+(4×1) =6점	G	3승 2패	(3×2)+(2×0) =6점
B	4승 1무	(4×2)+(1×1) =9점	H	2승 2무 1패	(2×2)+(2×1) +(1×0)=6점
C	1무 4패	(1×1)+(4×0) =1점	I	2승 1무 2패	(2×2)+(1×1) +(2×0)=5점
D	2무 3패	(2×1)+(3×0) =2점	J	3승 1무 1패	(3×2)+(1×1) +(1×0)=7점
E	3승 1무 1패	(3×2)+(1×1) +(1×0)=7점	K	1무 4패	(1×1)+(4×0) =1점
F	2승 1무 2패	(2×2)+(1×1) +(2×0)=5점	L	1승 3무 1패	(1×2)+(3×1) +(1×0)=5점

따라서 결승에 진출하는 팀은 1조의 B팀과 2조의 J팀이다.

09

정답 ③

임원용 보고서 1부의 가격은 (85페이지×300원)+[2×2,000원(플라스틱 커버 앞 / 뒤)]+2,000원(스프링 제본)=31,500원이다. 총 10부가 필요하므로 315,000원이다.

직원용 보고서 1부 제작에 필요한 장수는 84페이지(표지 제외)÷2(2쪽씩 모아 찍기)÷2(양면 인쇄)=21장이다. 그러므로 1부에 (21장×70원)+100원(집게 두 개)+300원(표지)=1,870원이다. 총 20부가 필요하므로 37,400원이다.

10

정답 ①

대학장학회에서 10명에게 주는 총장학금은 (450×8)+(500×2)=4,600만 원이며, 문화상품권은 (30×8)+(40×2)=320만 원이다. 구매처별 할인율과 비고사항을 고려하여 실제 지불 금액을 구하면 다음과 같다.

구분	금액
A업체	(3,200,000×0.92)+4,000=2,948,000원
B업체	{(3,000,000×0.94)+200,000}+4,000+700×10 =3,031,000원
C업체	3,200,000×0.95=3,040,000원
D업체	{(3,000,000×0.96)+200,000}+5,000 =3,085,000원

그러므로 문화상품권은 A업체에서 2,948,000원으로 구매하는 것이 가장 저렴하게 구매할 수 있는 방법이다. 따라서 대학장학회에서 장학금과 부상에 사용한 총액은 46,000,000+2,948,000=48,948,000원이다.

11

정답 ④

첫 번째 조건에서 오만 원권 또는 십만 원권으로 구매한다고 하였는데 모든 구매처는 오만 원권을 판매하므로 첫 번째 조건은 4곳 모두 만족한다. 그러나 두 번째 조건에서 직접 방문은 어렵다고 하였으므로 C업체에서 구매하지 못한다. 그러므로 A·B·D업체 세 곳을 비교할 때, **10**번에서 구매처별로 지불해야 하는 금액에 택배비와 포장비를 제외한 금액은 다음과 같다.

구분	택배비 및 포장비 제외 금액	할인받은 금액
A업체	2,948,000−4,000 =2,944,000원	3,200,000−2,944,000 =256,000원
B업체	3,031,000−4,000 −7,000=3,020,000원	3,200,000−3,020,000 =180,000원
D업체	3,085,000−5,000 =3,080,000원	3,200,000−3,080,000 =120,000원

따라서 최소한의 비용으로 구매할 수 있는 업체는 A업체이고, A업체에서 할인받을 수 있는 금액은 256,000원이다.

12

정답 ②

사원별 평균 점수를 구하면 다음과 같다.

- 윤정아 : (75+85+100)÷3≒86.7점
- 신민준 : (80+80+90)÷3≒83.3점
- 이연경 : (95+70+80)÷3≒81.7점
- 정유미 : (80+90+70)÷3=80점
- 김영진 : (90+75+90)÷3=85점

따라서 윤정아와 김영진이 선정된다.

13

정답 ④

가산점을 적용하여 합산한 결과는 다음과 같다.

- 윤정아 : (75+7.5)+85+100=267.5점
- 신민준 : (80+8)+80+90+5=263점
- 이연경 : (95+9.5)+70+80=254.5점
- 정유미 : (80+8)+90+70+5=253점
- 김영진 : (90+9)+75+90+5=269점

따라서 김영진이 선정된다.

14

정답 ②

제2조 제3항에 따르면 1개월 이상 K사 직원으로 근무하였음에도 성과평가 결과를 부여받지 못한 경우에는 최하등급 기준으로 성과연봉을 지급한다.

15

정답 ③

성과급 지급 규정의 평가기준 가중치에 따라 O대리의 평가점수를 변환하면 다음과 같다.

(단위 : 점)

구분	전문성	유용성	수익성	총합	등급
1분기	1.8	1.6	3.5	6.9	C
2분기	2.1	1.4	3.0	6.5	C
3분기	2.4	1.2	3.5	7.1	B
4분기	2.1	1.6	4.5	8.2	A

따라서 1 ~ 2분기에는 40만 원, 3분기에는 60만 원, 4분기에는 80만 원으로 1년 동안 총 220만 원을 받는다.

제4영역 정보능력

01	02	03	04	05	06	07	08	09	10
③	②	⑤	③	①	④	①	②	①	④
11	12	13	14	15					
⑤	③	②	④	④					

01

정답 ③

피벗 테이블은 대화형 테이블의 일종으로 데이터의 나열 형태에 따라 집계나 카운트 등의 계산을 하는 기능을 가지고 있어 방대한 양의 납품 자료를 요약해서 한눈에 파악할 수 있는 형태로 만드는 데 적절하다.

02

정답 ②

「=SMALL(B3:B9,2)」은 [B3:B9] 범위에서 2번째로 작은 값을 구하는 함수이므로 7이 출력된다. 「=MATCH(7,B3:B9,0)」는 [B3:B9] 범위에서 7의 위치 값을 나타내므로 값은 4가 나온다. 따라서 「=INDEX(A3:E9,4,5)」의 결괏값은 [A3:E9]의 범위에서 4행, 5열에 위치한 대전이다.

03

정답 ⑤

상품이 '하모니카'인 매출액의 평균을 구해야 하므로 AVERAGEIF 함수를 사용해야 한다. 「=AVERAGEIF(계산할 셀의 범위,평균을 구할 셀의 정의,평균을 구하는 셀)」로 표시되기 때문에 「=AVERAGEIF(B2:B9,"하모니카",E2:E9)」가 옳다.

04

정답 ③

INDEX 함수는 「=INDEX(배열로 입력된 셀의 범위,배열이나 참조의 행 번호,배열이나 참조의 열 번호)」, MATCH 함수는 「=MATCH(찾으려고 하는 값,연속된 셀 범위,되돌릴 값을 표시하는 숫자)」로 표시된다. 그러므로 「=INDEX(E2:E9,MATCH(0,D2:D9,0))」을 입력하면 근무연수가 0인 사람의 근무월수가 표시된다. 따라서 그 결괏값은 2이다.

05

정답 ①

오른쪽 워크시트를 보면 데이터는 '김'과 '철수'로 구분되어 있다. 왼쪽 워크시트의 데이터는 '김'과 '철수' 사이에 기호나 탭, 공백 등이 없으므로 각 필드의 너비(열 구분선)를 지정하여 나눈 것이다.

06 정답 ④

워드프로세서의 머리말은 한 페이지의 맨 위에 한두 줄의 내용이 고정적으로 반복되게 하는 기능이다.

07 정답 ①

[E2:E7]은 평균점수를 소수점 둘째 자리에서 반올림한 값이다. 따라서 [E2]에 「=ROUND(D2, 1)」을 넣고 드래그 기능을 이용하면 표와 같은 값을 구할 수 있다.

오답분석

② INT는 정수 부분을 제외한 소수 부분을 모두 버림하는 함수이다.
③ TRUNC는 원하는 자리 수에서 버림하는 함수이다.
④ COUNTIF는 조건에 맞는 셀의 개수를 구하는 함수이다.
⑤ ABS는 절댓값을 구하는 함수이다.

08 정답 ②

TODAY는 현재 날짜를 나타내는 함수이고 DATE는 연, 월, 일에 해당하는 숫자를 날짜로 변환해 주는 함수이다.

09 정답 ①

하이퍼텍스트의 자료의 구조는 링크에 의해서 무작위로 이동 가능하다. 즉, 비순차적인 구조형식을 갖는다.

10 정답 ④

〈Alt〉+〈A〉는 수식 탭이 아닌 데이터 탭으로 이동하는 단축키이다.

11 정답 ⑤

⑤는 그리드 컴퓨팅에 대한 설명이다. 클라우드 컴퓨팅은 웹, 애플리케이션 등 범용적인 용도로 사용된다.

클라우드 컴퓨팅(Cloud Computing)의 특징
- 가상화와 분산처리 기술 기반
- 컨테이너(Container) 방식으로 서버 가상화
- 서비스 유형에 따라 IaaS, PaaS, SaaS로 분류
- 인터넷을 통해서 IT 리소스를 임대하고 사용한 만큼 비용을 지불
- 공개 범위에 따라 퍼블릭 클라우드, 프라이빗 클라우드, 하이브리드 클라우드로 분류

12 정답 ③

① \$3\$ for factor 3 → error value=3
\$21\$ for factor 22 → error value=2
\$7\$ for factor 37 → error value=7
② error value 3, 2, 7의 합인 12를 FEV로 지정 FEV=012
③ correcting value 851B
대조 FEV를 구성하는 숫자 0, 1, 2 중 일부만("1") correcting value 851B에 포함되며, correcting value에 문자 포함
∴ 입력 코드 : cldn35/c

13 정답 ②

① \$5\$ for factor 12 → error value=1
\$2\$ for factor 20 → error value=2
\$7\$ for factor 91 → error value=1
② error value 1, 2, 1 중 가장 큰 값인 2를 FEV로 지정 FEV=002
③ correcting value 802CT → correcting value 1604CT(문자 CT는 없는 것으로 함)
대조 FEV를 구성하는 숫자 0, 2 중 일부만("0") correcting value 1604CT에 포함됨
∴ 입력 코드 : cldn35

14 정답 ④

① \$3\$ for factor 13 → error value=3
\$7\$ for factor 29 → error value=1
\$5\$ for factor 45 → error value=5
② error value 3, 1, 5의 합인 9를 FEV로 지정 FEV=009
③ correcting value 7412 → correcting value 14824
대조 FEV를 구성하는 숫자 0, 9가 correcting value 14824에 포함되지 않음
∴ 입력 코드 : shdnsys

15 정답 ④

「IF(logical_test,[value_if_true],[value_if_false])」 함수는 정의한 조건과 일치하거나 불일치할 때, 그에 맞는 값을 출력하는 조건문이다. 'logical_test'는 정의하려는 조건, [value_if_true]는 앞선 조건이 참일 때 출력할 값, [Value_if_false]는 앞선 조건이 거짓일 때 출력할 값을 입력한다. 또한, LEFT 함수는 셀의 왼쪽부터 공백을 포함하여 몇 번째 수까지의 수 또는 텍스트를 추출하여 출력하는 함수이다. 따라서 [D3]에 입력해야 할 함수는 [C3]의 왼쪽에서 2번째 텍스트를 추출하고, 그 값이 "강원"일 때 1을 출력하는 함수이므로 「=IF(LEFT(C3,2)="강원",1,0)이다.

KDB한국산업은행 필기시험

제3회 모의고사 정답 및 해설

제1영역 의사소통능력

01	02	03	04	05	06	07	08	09	10
⑤	③	③	②	⑤	②	④	④	③	⑤
11	12	13	14	15					
④	④	④	①	⑤					

01

정답 ⑤

• 담백하다 : 욕심이 없고 마음이 깨끗하다.

오답분석

① 결제 → 결재
② 갱신 → 경신
③ 곤혹 → 곤욕
④ 유무 → 여부

02

정답 ③

두 번째 문단을 통해 로렌츠 곡선의 가로축은 누적 인구 비율, 세로축은 소득 누적 점유율임을 알 수 있다.

03

정답 ③

제시문은 우리나라가 지식 기반 산업 위주의 사회로 바뀌면서 내부 노동시장에 의존하던 인력 관리 방식이 외부 노동시장에서의 채용으로 변화함에 따라 지식 격차에 의한 소득 불평등과 국가 간 경제적 불평등 현상이 심화되고 있다고 말하고 있다. 따라서 제목으로 가장 적절한 것은 ③이다.

오답분석

① 정보통신 기술을 통해, 전 지구적 노동시장이 탄생하여 기업을 비롯한 사회 조직들이 국경을 넘어 인력을 충원하고 재화와 용역을 구매하고 있다고 언급했다. 하지만 이러한 국가 간 노동인력의 이동이 가져오는 폐해에 대해서는 언급하고 있지 않다.
② 지식 기반 경제로의 이행은 지식 격차에 의한 소득 불평등 심화 현상을 일으킨다. 하지만 이것에 대한 해결책은 언급하고 있지 않다.
④ 생산 기능은 저개발국으로 이전되고 연구 개발 기능은 선진국으로 모여들어 정보 격차가 확대되고 있다. 하지만 국가 간의 격차 축소 정책의 필요성은 언급하고 있지 않다.
⑤ 사회 불평등 현상은 지식 기반 산업 위주로 변화하는 국가에서 나타나거나 나라와 나라 사이에서 나타나기도 한다. 제시문에서 언급한 내용이지만 전체를 포괄하고 있지 않으므로 제목으로 적절하지 않다.

04

정답 ②

제시문은 상품 생산자와 상품의 관계를 제시하며, 시장 안에서 사람이 아닌 상품이 주체가 되고 사람과 사람 간의 관계가 사물과 사물 간의 관계에 가려 보이지 않게 되면서 인간과 인간들 간의 관계가 소외됨을 설명하는 글이다. 따라서 (가) 상품 생산자와 상품의 관계를 제시 – (다) '자립적인 삶'에 대한 부연 설명 – (라) 시장 법칙의 지배하에서 사람과 사람과의 관계 – (나) 상품이나 시장 법칙이 인간을 지배하므로써 나타나는 인간의 소외 순으로 나열하는 것이 적절하다.

05

정답 ⑤

간접 경험에서 연민을 갖기 어렵다고 하더라도 교통과 통신이 발달하면서 고통을 대면하는 경우가 많아진 만큼 연민의 필요성이 커지고 있다. 따라서 이러한 주장을 현대인들이 연민을 느끼지 못한다는 제시문의 내용에 대한 반박으로 들 수 있다.

오답분석

①·②·③ 제시문의 내용과 일치하므로 제시문에 대한 반론으로 보기 어렵다.
④ 제시문이 주장하는 것은 '현대인은 주로 타인의 고통을 간접적으로 접해 연민을 느끼기 어렵다.'이다. 그러나 ④의 경우 단순히 연민에 대한 학자의 정의에 대해 반대하는 것이므로 제시문에 대한 반론으로 보기 어렵다.

06

정답 ②

한국인들은 달항아리가 일그러졌다고 해서 깨뜨리거나 대들보가 구부러졌다고 해서 고쳐 쓰지는 않았지만, 곧은 대들보와 완벽한 모양의 달항아리를 좋아하지 않았다는 내용은 제시문에서 찾아볼 수 없다.

07

정답 ④

제시문은 딸기에 들어 있는 비타민 C와 항산화 물질, 식물성 섬유질, 철분 등을 언급하며 딸기의 다양한 효능을 설명하고 있다. 따라서 제목으로 가장 적절한 것은 ④이다.

08

정답 ④

딸기는 건강에 좋지만 당도가 높으므로 혈당 조절이 필요한 사람은 마케팅 대상으로 적절하지 않다.

09

정답 ③

제시문은 사회복지의 역할을 긍정하며 사회복지 찬성론자의 입장을 설명하고 있다. 반면 ③은 사회 발전을 위한 사회복지가 오히려 장애가 될 수 있다는 점을 주장하며 반박하고 있으므로 적절하다.

오답분석

① 사회복지는 소외 문제를 해결하고 예방하기 위하여, 사회 구성원들이 각자의 사회적 기능을 원활하게 수행하게 한다.
② 사회복지는 삶의 질을 향상시키는 데 필요한 제반 서비스를 제공하는 행위와 그 과정을 의미한다.
④ 현대 사회가 발전함에 따라 생기는 문제의 기저에는 경제 성장과 사회 분화 과정에서 나타나는 불평등과 불균형이 있다.
⑤ 찬성론자들은 병리 현상을 통해 생겨난 희생자들을 방치하게 되면 사회 통합은 물론 지속적 경제 성장에 막대한 지장을 초래할 것이라고 주장한다.

10

정답 ⑤

미국 컬럼비아 대학교에서 만들어 낸 치즈케이크는 7겹으로, 7가지의 반죽형 식용 카트리지로 만들어졌다. 따라서 페이스트를 층층이 쌓아서 만드는 FDM 방식을 사용하여 제작하였음을 알 수 있다.

오답분석

① PBF / SLS 방식 3D 푸드 프린터는 설탕 같은 분말 형태의 재료를 접착제나 레이저로 굳혀 제작하는 것이므로 설탕 케이크 장식을 제작하기에 적절한 방식이다.
② 3D 푸드 프린터는 질감을 조정하거나, 맛을 조정하여 음식을 제작할 수 있으므로 식감 등으로 발생하는 편식을 줄일 수 있다.
③ 3D 푸드 프린터는 음식을 제작할 때 개인별로 필요한 영양소를 첨가하는 등 사용자 맞춤 식단을 제공할 수 있다는 장점이 있다.
④ 마지막 문단에서 현재 3D 푸드 프린터의 한계점을 보면 디자인적·심리적 요소로 인해 3D 푸드 프린터로 제작된 음식에 거부감이 들 수 있다고 하였다.

11

정답 ④

(라) 문장이 포함된 세 번째 문단은 3D 푸드 프린터의 장점에 대해 설명하는 문단이며, 특히 대체육 프린팅의 장점에 대해 소개하고 있다. 그러나 (라) 문장은 대체육의 단점에 대해 서술하고 있으므로 마지막 문단에서 추가로 서술하거나 삭제하는 것이 적절하다.

오답분석

① (가) 문장은 컬럼비아 대학교에서 3D 푸드 프린터로 만들어 낸 치즈케이크의 특징을 설명하는 문장이므로 적절하다.
② (나) 문장은 현재 주로 사용되는 3D 푸드 프린터의 작동 방식을 설명하는 문장이므로 적절하다.
③ (다) 문장은 3D 푸드 프린터의 장점을 소개하는 세 번째 문단의 중심 내용이므로 적절하다.
⑤ (마) 문장은 3D 푸드 프린터의 한계점인 '디자인으로 인한 심리적 거부감'을 서술하고 있으므로 적절하다.

12

정답 ④

마지막 문단은 3D 푸드 프린터의 한계 및 개선점을 설명하는 문단으로, 3D 푸드 프린터의 장점을 설명한 세 번째 문단과 역접관계에 있다. 따라서 '그러나'가 적절한 접속 부사이다.

오답분석

① ㉠ 앞에서 서술된 치즈케이크의 특징이 대체육과 같은 다른 관련 산업에서 주목하게 된 이유가 되므로 '그래서'는 적절한 접속 부사이다.
② ㉡ 앞의 문장은 3D 푸드 프린터의 장점을 소개하는 세 번째 문단의 중심 내용이고 뒤의 문장은 이에 대한 예시를 설명하고 있으므로 '예를 들어'는 적절한 접속 부사이다.
③ ㉢의 앞과 뒤는 다른 내용이지만 모두 3D 푸드 프린터의 장점을 나열한 것이므로 '또한'은 적절한 접속 부사이다.
⑤ ㉤의 앞과 뒤는 다른 내용이지만 모두 3D 푸드 프린터의 단점을 나열한 것이므로 '게다가'는 적절한 접속 부사이다.

13

정답 ④

제시문의 핵심 내용은 '기본 모델'에서는 증권시장에서 주식의 가격이 '기업의 내재적인 가치'라는 객관적인 기준에 근거하여 결정된다고 보지만 '자기참조 모델'에서는 주식의 가격이 증권시장에 참여한 사람들의 여론에 의해, 즉 인간의 주관성에 의해 결정된다고 본다는 것이다. 따라서 제시문은 주가 변화의 원리에 초점을 맞추어 다른 관점들을 대비하고 있다.

14

정답 ①

제시문에서 글쓴이는 객관적인 기준을 중시하는 기본 모델은 주가 변화를 제대로 설명하지 못하지만, 인간의 주관성을 중시하는 자기참조 모델은 주가 변화를 제대로 설명하고 있다고 보고 있다. 따라서 증권시장의 객관적인 기준이 인간의 주관성보다 합리적임을 보여준다는 진술은 제시문의 내용으로 적절하지 않다.

15

정답 ⑤

'자기참조 모델'에서는 투자자들이 객관적인 기준에 따르기보다는 여론을 모방하여 주식을 산다고 본다. 그 모방은 합리적이라고 인정되는 다수의 비전인 '묵계'에 의해 인정된다. 증권시장은 이러한 묵계를 조성하고 유지해 가면서 경제를 자율적으로 평가할 수 있는 힘을 가진다. 따라서 증권시장은 '투자자들이 묵계를 통해 자본의 가격을 산출해 내는 제도적 장치'인 것이다.

제2영역 수리능력

01	02	03	04	05	06	07	08	09	10
②	①	④	②	⑤	①	②	④	③	③
11	12	13	14	15					
③	③	④	⑤	④					

01

정답 ②

2년 만기, 연이율 0.3%인 연복리 예금 상품에 1,200만 원을 예치하면 만기 시 받는 금액은 $1,200\times(1.003)^2=1,200\times1.006=1,207.2$만 원이다.

2년 만기, 연이율 3.6%인 월복리 적금 상품에 매월 50만 원씩 납입할 때 만기 시 받는 금액은 다음과 같다.

$$\frac{50\times\left(1+\frac{0.036}{12}\right)\times\left\{\left(1+\frac{0.036}{12}\right)^{24}-1\right\}}{\frac{0.036}{12}}$$

$$=\frac{50\times1.003\times(1.003^{24}-1)}{0.003}=\frac{50\times1.003\times(1.075-1)}{0.003}$$

$=1,253.7$만 원

따라서 받을 수 있는 금액의 차이는 $1,253.7-1,207.2=46.5$만 원이다.

02

정답 ①

- 7권의 소설책 중 3권을 선택하는 경우의 수

  : $_7C_3=\frac{7\times6\times5}{3\times2\times1}=35$가지
- 5권의 시집 중 2권을 선택하는 경우의 수

  : $_5C_2=\frac{5\times4}{2\times1}=10$가지

따라서 소설책 3권과 시집 2권을 선택하는 경우의 수는 $35\times10=350$가지이다.

03

정답 ④

평지의 거리를 $x$km, 평지에서 언덕 꼭대기까지의 거리를 $y$km라고 하면 다음 식이 성립한다.

$\frac{x}{4}+\frac{y}{3}+\frac{y}{6}+\frac{x}{4}=6$

$\rightarrow \frac{x}{2}+\frac{y}{2}=6$

$\therefore x+y=12$

따라서 철수가 걸은 거리는 왕복한 거리이므로 $12\times2=24$km이다.

04

정답 ②

26 ~ 30세 응답자 수는 50명으로, 그중 4회 이상 방문한 응답자 수는 5+3=8명이다. 따라서 비율은 $\frac{8}{50}\times100=16\%$로 10% 이상이다.

오답분석

① 전체 응답자 수는 120명이고, 그중 20 ~ 25세 응답자 수는 60명이다. 따라서 비율은 $\frac{60}{120}\times100=50\%$이다.

③ 제시된 자료는 방문횟수를 구간으로 구분했기 때문에 31 ~ 35세 응답자의 1인당 평균 방문횟수를 정확히 구할 수 없다. 그러나 구간별 최솟값으로 평균을 계산하면 {1, 1, 1, 2, 2, 2, 2, 4, 4, 6} → (평균)$=\frac{25}{10}=2.5$이므로 1인당 평균 방문횟수가 2회 이상이라는 것을 알 수 있다.

④ 전체 응답자 수는 120명이고, 그중 직업이 학생 또는 공무원인 응답자 수는 54명이다. 따라서 비율은 $\frac{54}{120}\times100=45\%$로 50% 미만이다.

⑤ 31 ~ 35세 응답자 중 1회 방문한 응답자 비율은 $\frac{3}{10}\times100=30\%$로, 26 ~ 30세 응답자 중 1회 방문한 응답자 비율인 $\frac{12}{50}\times100=24\%$보다 6%p 높다.

05

정답 ⑤

이런 유형의 문제는 제시된 조건 중 하나를 특정할 수 있는 조건부터 읽어 푸는 것이 좋다. 이 문제에서는 ㉣이 그런 조건이다.

㉣ 전년 대비 2021 ~ 2024년 신고 수가 한 번 감소하는 세관물품은 B이다. : B → 잡화류

㉡ 2020 ~ 2024년 세관물품 중 신고 수가 가장 적은 것은 D이다. : D → 가전류

㉢ 전년 대비 2021년 세관물품 신고 수 증감률은 다음과 같다.

- A : $\frac{360-300}{300}\times100=20\%$
- B : $\frac{230-200}{200}\times100=15\%$
- C : $\frac{375-300}{300}\times100=25\%$
- D : $\frac{171-180}{180}\times100=-5\%$

증가율이 가장 높은 것은 C이다. : C → 주류

따라서 A는 담배류가 되며, 바르게 연결된 것은 ⑤이다.

06

정답 ①

㉠ 연령대별 '매우 불만족'이라고 응답한 비율은 10대가 19%, 20대가 17%, 30대가 10%, 40대가 8%, 50대가 3%로 연령대가 높아질수록 그 비율은 낮아진다.

㉢ 연령대별 부정적인 답변을 구하면 다음과 같다.

- 10대 : 28+19=47%
- 20대 : 28+17=45%
- 30대 : 39+10=49%
- 40대 : 16+8=24%
- 50대 : 23+3=26%

따라서 모든 연령대에서 부정적인 답변이 50% 미만이므로 긍정적인 답변은 50% 이상이다.

오답분석

㉡ '매우만족'과 '만족'이라고 응답한 비율은 다음과 같다.

- 10대 : 8+11=19%
- 20대 : 3+13=16%
- 30대 : 5+10=15%
- 40대 : 11+17=28%
- 50대 : 14+18=32%

따라서 가장 낮은 연령대는 30대(15%)이다.

㉣ 50대에서 '불만족' 또는 '매우 불만족'이라고 응답한 비율은 23+3=26%이고, 50대에서 '만족' 또는 '매우 만족'이라고 응답한 비율은 14+18=32%이다.

따라서 $\frac{26}{32}\times100=81.25\%$로 80% 이상이다.

07

정답 ②

제시된 그래프는 구성비에 해당하므로 2024년에 전체 수송량이 증가하였다면 2024년 구성비가 감소하였어도 수송량은 증가했을 수 있다. 구성비로 수송량 자체를 비교해서는 안 된다는 점에 유의해야 한다.

08

정답 ④

그래프에 나타난 프로그램 수입비용을 모두 합하면 380만 불이며, 이 중 영국에서 수입하는 액수는 150만 불이므로 그 비중을 계산하면 $\frac{150}{380}\times100\fallingdotseq39.5\%$이다.

09

정답 ③

2023년 1/4 ~ 4/4분기의 전년 동분기 대비 증가폭을 구하면 다음과 같다.

- 1/4분기 : 109,820−66,541=43,279건
- 2/4분기 : 117,808−75,737=42,071건
- 3/4분기 : 123,650−89,571=34,079건
- 4/4분기 : 131,741−101,086=30,655건

따라서 2023년 중 전년 동분기 대비 확정기여형 퇴직연금을 도입한 사업장 수가 가장 많이 증가한 시기는 1/4분기이다.

오답분석

① 합계를 통해 확인할 수 있다.
② 분기별 확정급여형과 확정기여형 취급실적을 비교하면 확정기여형이 항상 많은 것을 확인할 수 있다.
④·⑤ 제시된 자료를 통해 확인할 수 있다.

10

정답 ③

K공사의 처리 규정에 따라 환급한 금액은 다음과 같다.

(환급 금액)=(과납금액)×(1+환급이자율)^n

(단, n : 납부일 다음 날부터 환급일까지의 일수)

=1,000,000×(1.012)^4

=1,000,000×1.04

=1,040,000원

11

정답 ③

K공사의 처리 규정에 따라 Q사가 납부한 미납액과 연체료를 합산한 금액은 다음과 같다.

(미납액과 연체료를 합산한 금액)=(미납액)×(1+연체이자율)^n

(단, n : 납부일 다음 날부터 환급일까지의 일수)

=1,200,000×(1.02)^3

=1,200,000×1.06

=1,272,000원

12

정답 ③

2021년 대비 2024년 사업자 수가 감소한 업종은 호프전문점, 간이주점, 구내식당으로 감소율은 다음과 같다.

- 호프전문점 : $\frac{41,796-37,543}{41,796}\times 100 \fallingdotseq 10.2\%$
- 간이주점 : $\frac{19,849-16,733}{19,849}\times 100 \fallingdotseq 15.7\%$
- 구내식당 : $\frac{35,011-26,202}{35,011}\times 100 \fallingdotseq 25.2\%$

따라서 2021년 대비 2024년 사업자 수의 감소율이 두 번째로 큰 업종은 간이주점으로 감소율은 15.7%이다.

13

정답 ④

2021년 대비 2023년 일식전문점 사업자 수의 증감률을 계산하면 $\frac{14,675-12,997}{12,997}\times 100 \fallingdotseq 12.91\%$이므로 옳지 않다.

오답분석

① 기타음식점의 2024년 사업자 수는 24,509명, 2023년 사업자 수는 24,818명이므로 24,818−24,509=309명 감소했다.
② 2022년의 전체 요식업 사업자 수에서 분식점 사업자 수가 차지하는 비중은 $\frac{52,725}{659,123}\times 100 \fallingdotseq 8.00\%$이고, 2022년의 전체 요식업 사업자 수에서 패스트푸드점 사업자 수가 차지하는 비중은 $\frac{31,174}{659,123}\times 100 \fallingdotseq 4.73\%$이다.
따라서 두 비중의 차이는 8.0−4.73=3.27%p이므로 5%p 미만이다.
③ 사업자 수가 해마다 감소하는 업종은 간이주점, 구내식당 두 업종인 것을 확인할 수 있다.
⑤ 전체 요식업 사업자 수는 해마다 증가하지만, 구내식당 사업자 수는 해마다 감소하므로 비중이 줄어들고 있다. 전체 요식업 사업자 수 중 구내식당 사업자의 비중은 다음과 같다.

- 2021년 : $\frac{35,011}{632,026}\times 100 \fallingdotseq 5.54\%$
- 2022년 : $\frac{31,929}{659,123}\times 100 \fallingdotseq 4.84\%$
- 2023년 : $\frac{29,213}{675,969}\times 100 \fallingdotseq 4.32\%$
- 2024년 : $\frac{26,202}{687,704}\times 100 \fallingdotseq 3.81\%$

따라서 전체 요식업 사업자 수 중 구내식당 사업자의 비중은 2021년이 가장 높다.

14

정답 ⑤

다문화 초등학생은 2015년에 비해 2024년에 60,283−7,910=52,373명 증가했다.
다문화 고등학생은 2015년에 비해 2024년에 8,388−340=8,048명 증가했다.

15

정답 ④

초·중·고등학교 전체 학생 수는 점점 감소하고, 전체 다문화 학생 수는 점점 증가하고 있으므로 초·중·고등학교 전체 학생 수 대비 전체 다문화 학생 수의 비율은 계속 증가하고 있다.

오답분석

①·② 제시된 자료를 통해 알 수 있다.
③ 전체 다문화 학생 수는 2015년에 9,389명, 2024년에 82,536명이므로 2015년 대비 2024년에 82,536−9,389=73,147명 증가했다.
⑤ 고등학교 다문화 학생 수는 2015년에 340명, 2024년에 8,388명이므로 2024년이 2015년의 8,388÷340≒24.7배이다.

제3영역 문제해결능력

01	02	03	04	05	06	07	08	09	10
④	①	③	④	①	⑤	③	③	④	④
11	12	13	14	15					
①	④	④	④	②					

01
정답 ④

'채소를 좋아한다.'를 A, '해산물을 싫어한다.'를 B, '디저트를 싫어한다.'를 C라고 하면 첫 번째 명제는 A → B로 표현할 수 있다. 다음으로 마지막 명제는 ~C → ~A로 표현할 수 있고 이의 대우 명제는 A → C이다. 따라서 중간에는 B → C가 나와야 하므로 빈칸에는 대우 명제인 ④가 적절하다.

02
정답 ①

제시된 조건을 정리하면 다음과 같다.

구분	1반	2반	3반	4반	5반
경우 1	D	A	B	C	E
경우 2	B	A	D	C	E

따라서 항상 참인 것은 ①이다.

오답분석

② 2반에 배정되는 것은 A이다.
③・④ 같은 반에 연속 배정될 수는 없다.
⑤ 제시된 정보만으로는 판단하기 힘들다.

03
정답 ③

을과 정은 상반된 이야기를 하고 있다. 만약 을이 참이고 정이 거짓이라면 합격자는 병, 정이 되는데 합격자는 1명이어야 하므로 모순이다. 따라서 을이 거짓말을 하고 합격자는 병이다.

04
정답 ④

각 조건을 정리하면 다음과 같다.

- 스페인 반드시 방문
- 프랑스 → ~영국
- 오스트리아 → ~스페인
- 벨기에 → 영국
- 오스트리아, 벨기에, 독일 중 2개 이상

세 번째 명제의 대우 명제는 '스페인 → ~오스트리아'이고, 스페인을 반드시 방문해야 하므로 오스트리아는 방문하지 않을 것이다. 그러므로 마지막 조건에 따라 벨기에와 독일은 방문한다. 네 번째 조건에 따라 영국도 방문하고, 두 번째 조건에 따라 프랑스는 방문하지 않게 된다.

따라서 아름이가 방문할 국가는 스페인, 벨기에, 독일, 영국이며, 방문하지 않을 국가는 오스트리아와 프랑스임을 알 수 있다.

05
정답 ①

조사결과는 모두 회수해야 한다고 했으므로 응답률이 낮거나 응답률을 보장하지 못하는 전자, 우편조사는 제외한다. 또한 질문이 유출되어서는 안 된다고 하였으므로 보안유지가 어려운 전화조사도 적절하지 않다. 개개인별로 구체적인 질문을 할 수 있어야 하므로 집합조사보다는 면접조사가 적절하다.

06
정답 ⑤

각 펀드의 총점을 통해 비교 결과를 유추하면 다음과 같다.

- A펀드 : 한 번은 우수(5점), 한 번은 우수 아님(2점)
- B펀드 : 한 번은 우수(5점), 한 번은 우수 아님(2점)
- C펀드 : 두 번 모두 우수 아님(2점+2점)
- D펀드 : 두 번 모두 우수(5점+5점)

각 펀드의 비교 대상은 다른 펀드 중 두 개이며, 총 4번의 비교를 했다고 하였으므로 다음과 같은 경우를 고려할 수 있다.

i)

A		B		C		D	
B	D	A	C	B	D	A	C
5	2	2	5	2	2	5	5

표의 결과를 정리하면 D>A>B, A>B>C, B・D>C, D>A・C이므로 'D>A>B>C'이다.

ii)

A		B		C		D	
B	C	A	D	A	D	C	B
2	5	5	2	2	2	5	5

표의 결과를 정리하면 B>A>C, D>B>A, A・D>C, D>C・B이므로 'D>B>A>C'이다.

iii)

A		B		C		D	
D	C	C	D	A	B	A	B
2	5	5	2	2	2	5	5

표의 결과를 정리하면 D>A>C, D>B>C, A・B>C, D>A・B이므로 'D>A・B>C'이다.

㉠ 세 가지 경우에서 모두 D펀드는 C펀드보다 우수하다.
㉡ 세 가지 경우에서 모두 B펀드보다 D펀드가 우수하다.
㉢ 마지막 경우에서 A펀드와 B펀드의 우열을 가릴 수 있으면 A ~D까지 우열순위를 매길 수 있다.

07

정답 ③

1) 예약 가능 객실 수 파악

7월 19일부터 2박 3일간 워크숍을 진행한다고 했으므로 19일, 20일에 객실 예약이 가능한지를 확인하여야 한다. 호텔별 잔여객실 수를 파악하면 다음과 같다.

(단위 : 실)

구분	A호텔	B호텔	C호텔	D호텔	E호텔
7월 19일	88－20 =68	70－11 =59	76－10 =66	68－12 =56	84－18 =66
7월 20일	88－26 =62	70－27 =43	76－18 =58	68－21 =47	84－23 =61

2) 필요 객실 수 파악

A은행의 전체 임직원 수는 총 80명이다. 조건에 따르면 부장급 이상은 1인 1실을 이용하므로 4명(처장)＋12명(부장)＝16명, 즉 16실이 필요하다. 나머지 직원 80－16＝64명은 2인 1실을 사용하므로 총 64÷2＝32실이 필요하다. 그러므로 이틀간 48실이 필요하다.

따라서 A호텔, C호텔, E호텔이 워크숍 장소로 적합하다.

3) 세미나룸 현황 파악

총 임직원이 80명인 것을 고려할 때, A호텔의 세미나룸은 최대 수용인원이 70명이므로 제외한다. E호텔은 테이블(4인용)을 총 15개 보유하고 있어 부족하므로 제외된다.

따라서 모든 조건을 충족하는 C호텔이 가장 적절하다.

08

정답 ③

작년 행사 참여인원이 3,000명이었고, 올해 예상 참여인원은 작년 대비 20% 증가할 것으로 예측되므로, 3,000×1.2＝3,600명이다. 경품별로 준비물품 개수 합과 당첨고객 수가 같으므로 총액을 계산해 보면 다음과 같다.

구분	당첨 고객 수	단가	총액
갑 티슈	800명	3,500원	800×3,500＝2,800,000원
우산	700명	9,000원	700×9,000＝6,300,000원
보조배터리	600명	10,000원	600×10,000＝6,000,000원
다도세트	500명	15,000원	500×15,000＝7,500,000원
수건세트	400명	20,000원	400×20,000＝8,000,000원
상품권	300명	30,000원	300×30,000＝9,000,000원
식기건조대	200명	40,000원	200×40,000＝8,000,000원
전자레인지	100명	50,000원	100×50,000＝5,000,000원
합계	3,600명	－	52,600,000원

따라서 올해 행사에 필요한 경품에 대한 예상금액은 52,600,000원이다.

09

정답 ④

25, 26일은 예측농도가 '약간 나쁨', '보통'이므로 첫째 날과 둘째 날 예측농도 조건에 맞는다. 워크숍 마지막 날인 27일은 토요일도 가능하다는 조건에 부합하여, 예측농도 또한 '나쁨'이지만 따로 제한하고 있는 조건이 없으므로 가능하다.

오답분석

① 1일(첫째 날)은 미세먼지 예측농도가 '매우 나쁨'이고, 2일(둘째 날)은 '나쁨'으로 조건에 맞지 않는다.

② 8 ~ 10일의 미세먼지 예측농도는 적절하지만 매달 2, 4주 수요일마다 기획회의가 있으므로 10일인 수요일은 불가능하다.

③ 17일(첫째 날) 미세먼지 예측농도가 '나쁨'으로 조건에 맞지 않으며, 19일에 우수성과팀 시상식이 있기 때문에 적절하지 않다.

⑤ 29 ~ 31일은 중국 현지에서 열리는 컨퍼런스에 참여해야 하므로 적절하지 않다.

10

정답 ④

해당 업무와 선결업무를 묶어서 생각해야 한다. D업무는 A업무와 B업무를 끝마친 후 실시해야 하므로 A(3일)＋B(1일)＋D(7일)＝11일이 걸린다. E업무는 A업무 다음으로 실시해야 하므로 A(3일)＋E(5일)＝8일이 걸린다. F업무는 B, C업무를 끝낸 후 시작해야 하지만 B, C업무는 묶어진 업무가 아니므로 두 업무 중 기간이 더 걸리는 C업무가 끝난 후 시작하면 C(6일)＋F(3일)＝9일이 걸린다. 가장 오래 걸리는 업무기간이 모든 업무를 완료하는 최소 소요기간이므로 최소 소요기간은 11일이 된다.

일정 순서를 표로 나타내면 다음과 같다.

1일	2일	3일	4일	5일	6일	7일	8일	9일	10일	11일
A			B	D						
			E							
C						F				

11

정답 ①

㉠ B업무의 소요기간이 4일로 연장된다면 3일이 늘어난 것이므로 D업무를 마칠 때까지 3＋4＋7＝14일이 소요된다.

㉡ D업무의 선결업무가 없다면 가장 마지막에 마치는 업무는 F가 되고 모든 업무를 마치는 데 최소 9일이 소요된다.

오답분석

㉢ E업무의 선결업무에 C업무가 추가된다면 최소 소요기간은 6＋5＝11일이 된다(A, C는 동시에 진행해도 된다).

㉣ C업무의 소요기간이 2일 연장되면 C(8일)＋F(3일)＝11일로 최소 소요기간은 변하지 않는다.

12

정답 ④

사장은 최소비용으로 최대인원을 채용하고자 한다. 이를 위해서는 가장 낮은 임금의 인원을 최우선으로 배치하되, 같은 임금의 인원은 가용시간 내에 분배하여 배치하는 것이 적절하다. 이를 적용하면 다음과 같이 인원을 배치할 수 있다.

8시부터 임금이 가장 낮은 김갑주가 근무한다.이후 10시부터는 임금이 같은 한수미도 근무할 수 있으므로, 최대인원을 채용하는 목적에 따라 한수미가 근무한다. 그다음 중복되는 12시부터는 임금이 더 낮은 조병수가 근무하며, 15시부터 기존 직원이 부재하므로 2명이 근무하기 위해 임금이 가장 낮은 강을미가 15시부터 20시까지 근무한다. 조병수 다음으로 중복되는 14시부터 가능한 최강현은 임금이 비싸므로 근무하지 않는다(최소비용이 최대인원보다 우선하기 때문). 다음으로 중복되는 16시부터는 채미나가 조병수와 임금이 같으므로 채미나가 근무한다. 이를 표로 정리하면 다음과 같다.

<table>
<tr><th>근무시간</th><th colspan="2">월</th><th colspan="2">화</th><th colspan="2">수</th><th colspan="2">목</th><th colspan="2">금</th></tr>
<tr><td>08:00 ~ 09:00</td><td rowspan="7">기존 직원</td><td rowspan="2">김갑주</td><td rowspan="7">기존 직원</td><td rowspan="2">김갑주</td><td rowspan="7">기존 직원</td><td rowspan="2">김갑주</td><td rowspan="7">기존 직원</td><td rowspan="2">김갑주</td><td rowspan="7">기존 직원</td><td rowspan="2">김갑주</td></tr>
<tr><td>09:00 ~ 10:00</td></tr>
<tr><td>10:00 ~ 11:00</td><td rowspan="2">한수미</td><td rowspan="2">한수미</td><td rowspan="2">한수미</td><td rowspan="2">한수미</td><td rowspan="2">한수미</td></tr>
<tr><td>11:00 ~ 12:00</td></tr>
<tr><td>12:00 ~ 13:00</td><td rowspan="4">조병수</td><td rowspan="4">조병수</td><td rowspan="4">조병수</td><td rowspan="4">조병수</td><td rowspan="4">조병수</td></tr>
<tr><td>13:00 ~ 14:00</td></tr>
<tr><td>14:00 ~ 15:00</td></tr>
<tr><td>15:00 ~ 16:00</td><td rowspan="5">강을미</td><td rowspan="5">강을미</td><td rowspan="5">강을미</td><td rowspan="5">강을미</td><td rowspan="5">강을미</td></tr>
<tr><td>16:00 ~ 17:00</td><td rowspan="4">채미나</td><td rowspan="4">채미나</td><td rowspan="4">채미나</td><td rowspan="4">채미나</td><td rowspan="4">채미나</td></tr>
<tr><td>17:00 ~ 18:00</td></tr>
<tr><td>18:00 ~ 19:00</td></tr>
<tr><td>19:00 ~ 20:00</td></tr>
</table>

따라서 채용할 지원자는 김갑주, 강을미, 조병수, 채미나, 한수미이다.

13

정답 ④

하루 지출되는 직원별 급여액은 다음과 같다.

- 기존 직원 : 8,000×7=56,000원
- 김갑주, 한수미 : 8,000×2=16,000원
- 조병수, 채미나 : 7,500×4=30,000원
- 강을미 : 7,000×5=35,000원

56,000+(16,000×2)+(30,000×2)+35,000=183,000원

따라서 주마다 지급해야 하는 총급여는 183,000×5=915,000원이다.

14

정답 ④

황지원 대리는 부친 장례식, 기성용 부장은 본인 결혼식, 조현우 차장은 자녀 돌잔치, 이미연 과장은 모친 회갑으로 현금과 화환을 모두 받을 수 있다. 이외에는 화환 및 꽃다발만을 받거나, 본인과 배우자가 각각 화환 및 꽃다발, 현금을 받는다.

15

정답 ②

- B사원 : 자녀의 돌잔치를 하므로 현금과 함께 화환을 받을 것이다.

오답분석

- A과장 : 배우자와 함께 K은행에 재직하고 있는데 결혼기념일이며, 현금과 함께 받을 수 있는 범위 1 ~ 2항에 속하지 않으므로 A과장은 화환 또는 꽃다발을 받을 것이다.
- C사원 : K은행에 재직하고 있지 않은 배우자와 함께 대학교를 졸업하므로 화환 또는 꽃다발을 받을 것이다.

제4영역 정보능력

01	02	03	04	05	06	07	08	09	10
③	⑤	④	②	③	②	①	③	④	①
11	12	13	14	15					
⑤	④	④	②	③					

01
정답 ③

〈Ctrl〉+〈3〉은 글꼴 스타일에 기울임 꼴을 적용하는 바로가기 키이다. 〈Ctrl〉+〈4〉를 사용해야 선택한 셀에 밑줄이 적용된다.

02
정답 ⑤

VLOOKUP 함수는 열의 첫 열에서 수직으로 검색하여 원하는 값을 출력하는 함수이다. 함수의 형식은 「=VLOOKUP(찾을 값,범위,열 번호,찾기 옵션)」이며 이 중 근사값을 찾기 위해서는 찾기 옵션에 1을 입력하고, 정확히 일치하는 값을 찾기 위해서는 0을 입력해야 한다. 상품코드 S3310897의 값을 일정한 범위에서 찾아야 하는 것이므로 범위는 절대참조로 지정해야 하며, 크기 중은 범위 중 3번째 열에 위치하고, 정확히 일치하는 값을 찾아야 하므로 입력해야 하는 함수식은 「=VLOOKUP("S3310897",$B$2:$E$8,3,0)」이다.

오답분석

① · ② HLOOKUP 함수를 사용하려면 찾고자 하는 값은 '중'이고, [B2:E8] 범위에서 찾고자 하는 행 'S3310897'은 6번째 행이므로 「=HLOOKUP("중",$B$2:$E$8,6,0)」을 입력해야 한다.

③ · ④ '중'은 테이블 범위에서 3번째 열이다.

03
정답 ④

CONCATENATE 함수는 텍스트와 텍스트를 연결시켜주는 함수이다. [C2] 셀의 값인 '3 · 1절(매년 3월 1일)'은 [A2], '(', [B2], ')' 와 같이 4가지의 텍스트가 연결되어야 한다. 그리고 '(', ')'와 같은 값을 나타내기 위해서는 " "를 이용하여 입력해야 한다. 따라서 입력해야 하는 함수식은 「=CONCATENATE(A2,"(",B2,")")」이다.

04
정답 ②

DSUM 함수는 지정한 조건에 맞는 데이터베이스에서 필드 값들의 합을 구하는 함수이다. [A1:C7]에서 상여금이 100만 원 이상인 합계를 구하므로 2,500,000이 도출된다.

05
정답 ③

영역(Block)의 지정

- 한 단어 영역 지정 : 해당 단어 안에 마우스 포인터를 놓고 두 번 클릭한다.
- 한 줄 영역 지정 : 해당 줄의 왼쪽 끝으로 마우스 포인터를 이동하여 포인터가 화살표로 바뀌면 한 번 클릭한다.
- 문단 전체 영역 지정
  - 해당 문단의 임의의 위치에 마우스 포인터를 놓고 세 번 클릭한다.
  - 문단 내의 한 행 왼쪽 끝에서 마우스 포인터가 화살표로 바뀌면 두 번 클릭한다.
- 문서 전체 영역 지정
  - 문단의 왼쪽 끝으로 마우스 포인터를 이동하여 포인터가 화살표로 바뀌면 세 번 클릭한다.
  - [편집] 메뉴에서 [모두 선택]을 선택한다.
  - 문서 내의 임의의 위치에서 〈Ctrl〉+〈A〉를 누른다.
  - 문서 내의 한 행 왼쪽 끝에서 마우스 포인터가 화살표로 바뀌면 세 번 클릭한다.

06
정답 ②

BPS(Bits Per Second)는 통신속도의 단위로 프린터와 관련 없는 단위이다.

오답분석

- CPS(Character Per Second) : 초당 인쇄 글자 수
- DPI(Dot Per Inch) : 1인치당 점의 수로 해상도 단위
- PPM(Pages Per Minute) : 분당 인쇄 페이지 수
- LPM(Lines Per Minute) : 분당 인쇄 라인 수

07
정답 ①

「=C6xD6」은 사용할 수 없는 수식이다.

오답분석

② · ③ · ④ · ⑤ 대형 프린트의 총금액이 나오는 수식이다.

08
정답 ③

[E5] ~ [E8] 셀을 범위로 선택할 경우, 오른쪽 밑에 평균 · 개수 · 합계를 확인할 수 있다.

오답분석

① · ② · ④ · ⑤ 구입예정 물품 총금액을 구입물품들의 총수량으로 나누는 것으로, 수량 하나의 평균금액을 알 수 있다.

09

정답 ④

〈Ctrl〉+〈Alt〉는 기능을 가지고 있는 단축키가 아니다.

오답분석

①·②·③ 합계를 구하는 함수 및 수식이다.

⑤ 자동합계 기능이 실행되는 단축키이다.

10

정답 ①

- 양쪽 정렬 : 자료 2의 문단 모양이 양쪽으로 가지런하게 맞춰졌음을 볼 때, 양쪽 정렬 기능을 활용했음을 알 수 있다.
- 음영 : 자료 2의 첫 번째 문장에서 '금기란 어떤 대상을 꺼리거나 피하는 행위를 가리킨다.'에 음영이 들어가 있음을 확인할 수 있다.
- 그림 : 자료 2의 하단에 여러 사람이 대화를 하고 있는 그림이 들어가 있음을 확인할 수 있다.
- 도형 : 자료 2의 첫 번째 문장 위에 별 모양의 도형 2개가 들어가 있음을 확인할 수 있다.

11

정답 ⑤

OR조건은 조건을 모두 다른 행에 입력해야 한다.

12

정답 ④

제시된 설명은 '원형 차트'에 대한 설명이다.

오답분석

① 영역형 차트 : 시간에 따른 변화를 보여 주며 합계값을 추세와 함께 볼 수 있고, 각 값의 합계를 표시하여 전체에 대한 부분의 관계도 보여준다.

② 분산형 차트 : 가로·세로값 축이 있으며, 각 축의 값이 단일 데이터 요소로 결합되어 일정하지 않은 간격이나 그룹으로 표시된다. 과학, 통계 및 공학 데이터에 많이 이용된다.

③ 꺾은선형 차트 : 항목 데이터는 가로축을 따라 일정 간격으로 표시되고 모든 값 데이터는 세로축을 따라 표시된다. 월, 분기, 회계 연도 등과 같은 일정 간격에 따라 데이터의 추세를 표시하는 데 유용하다.

⑤ 표면형 차트 : 두 데이터 집합 간의 최적 조합을 찾을 때 유용하며, 지형도에서 색과 무늬는 같은 값 범위에 있는 지역을 나타낸다. 또한 항목과 데이터 계열이 숫자 값일 때 이용 가능하다.

13

정답 ④

인쇄 중인 문서를 일시 정지시킬 수 있으며 일시 정지된 문서를 다시 이어서 출력할 수도 있지만, 다른 프린터로 출력하도록 할 수는 없다. 다른 프린터로 출력을 원할 경우 처음부터 다른 프린터로 설정하여 출력해야 한다.

14

정답 ②

㉠ 공용 서버 안의 모든 바이러스를 치료한 후에 접속하는 모든 컴퓨터를 대상으로 바이러스 검사를 하고 치료해야 한다.

㉢ 공용으로 사용하는 PC로 인터넷에 접속했을 때 개인 정보 유출을 방지하기 위해 쿠키를 삭제한다.

오답분석

㉡ 다운로드받은 감염된 파일을 모두 실행하면 바이러스가 더욱 확산된다.

㉣ 디스크 공간 확대는 추가 조치사항으로 적절하지 않다.

15

정답 ③

보조 축으로 수량 계열을 사용하였다.

KDB한국산업은행 필기시험

제4회 모의고사 정답 및 해설

제 1 영역 의사소통능력

01	02	03	04	05	06	07	08	09	10
④	⑤	①	③	④	⑤	④	⑤	③	②
11	12	13	14	15					
③	②	⑤	⑤	③					

01 정답 ④

'듯'은 의존 명사이므로 앞에 오는 관형형 '올'과 띄어 써야 한다(올듯도 → 올 듯도).

02 정답 ⑤

제시문의 화제는 '과학적 용어'이다. 필자는 '모래언덕'의 높이, '바람'의 세기, '저온'의 온도를 사례로 들어 과학자들은 모호한 것은 싫어하지만 '대화를 통해 그 상황에 적절한 합의를 도출'하는 것으로 문제화하지 않는다고 한다. 따라서 제시문은 과학적 용어가 엄밀하고 보편적인 정의에 의해 객관성이 보장된다는 ⑤의 주장에 대한 비판적 논거로 적절하다.

03 정답 ①

제시문의 첫 번째 문단에서는 '사회적 자본'이 늘어나면 정치 참여도가 높아진다는 주장을 하였고, 두 번째 문단에서는 '사회적 자본'의 개념을 사이버공동체에 도입하였으나 현실과 잘 맞지 않는다고 하면서 '사회적 자본'의 한계를 서술했다. 그리고 마지막 문단에서는 이 같은 사회적 자본만으로는 정치 참여가 늘어나기 어렵고 이른바 '정치적 자본'의 매개를 통해서만이 가능하다는 주장을 하고 있다. 따라서 ①이 제시문의 주제로 가장 적절하다.

04 정답 ③

제시문은 태양의 온도를 일정하게 유지해 주는 에너지원에 대한 설명이다. 태양의 온도가 일정하게 유지되는 이유는 태양 중심부의 온도가 올라가 핵융합 에너지가 늘어나면 에너지의 압력으로 수소를 밖으로 밀어내어 중심부의 밀도와 온도를 낮춰주기 때문이다. 즉, 태양 내부에서 중력과 핵융합 반응의 평형상태가 유지되기 때문에 태양은 50억 년간 빛을 낼 수 있었고, 앞으로도 50억 년 이상 더 빛날 수 있는 것이다. 따라서 빈칸에 들어갈 내용으로 가장 적절한 것은 ③이다.

05 정답 ④

제시문은 중세 유럽에서 유래된 로열티 제도가 산업 혁명부터 현재까지 지적 재산권에 대한 보호와 가치 확보를 위해 발전되었음을 설명하고 있다. 따라서 제목으로 '로열티 제도의 유래와 발전'이 가장 적절하다.

06 정답 ⑤

공유경제는 소유권(Ownership)보다는 접근권(Accessibility)에 기반을 둔 경제모델로, 개인이나 기업들이 소유한 물적·금전적·지적 자산에 대한 접근권을 온라인 플랫폼을 통해 거래하는 것이다. 따라서 자신이 타던 자동차를 판매하는 것은 제품에 대한 접근권이 아닌 소유권을 거래하는 것이므로 이를 공유경제의 일환으로 볼 수 없다.

07 정답 ④

인간의 편의를 우선한다면 야생동물의 이동을 통제하거나 고립시키는 생태도로가 될 것이다. 따라서 본래 서식지를 자유롭게 이동할 수 있도록 도와줄 수 있는 생태도로가 설치되어야 하며, 야생동물과 인간이 동행하는 환경을 조성하기 위한 생태통로의 효율적인 배치가 필요하다.

08 정답 ⑤

에피쿠로스의 주장에 따르면 신은 인간사에 개입하지 않으며, 육체와 영혼은 함께 소멸되므로 사후에 신의 심판도 받지 않는다. 그러므로 인간은 사후의 심판을 두려워할 필요가 없고, 이로 인해 죽음에 대한 모든 두려움에서 벗어날 수 있다고 주장한다. 따라서 비판으로 가장 적절한 것은 ⑤이다.

09 정답 ③

거래에 참여하는 사람들 간에는 목적이나 재산 등의 측면에서 큰 차이가 존재하는 것이 보통이다. 이런 경우에는 상품의 가격이 우리의 상식으로는 도저히 이해하기 힘든 수준까지 일시적으로 뛰어오르는 현상이 나타날 가능성이 있다.

오답분석

①·④ 네 번째 문단에서 확인할 수 있다.
② 마지막 문단에서 확인할 수 있다.
⑤ 세 번째 문단에서 확인할 수 있다.

10 정답 ②

주택 또는 상가의 임대차계약은 민법에 대한 특례를 규정한 주택임대차보호법 및 상가건물 임대차보호법의 적용을 받는다.

11 정답 ③

'대가로'가 올바른 표기이다. '대가'가 [대:까]로 발음되는 까닭으로 사이시옷을 붙여 '댓가'로 표기하는 오류가 많다. 한자어의 경우 2음절로 끝나는 6개의 단어(숫자, 횟수, 셋방, 곳간, 툇간, 찻간)만 예외적으로 사이시옷이 붙는다.

12 정답 ②

제시문에 따르면 인터넷 뉴스를 유료화하면 인터넷 뉴스를 보는 사람의 수는 줄어들 것이므로 ②는 적절하지 않다.

13 정답 ⑤

뉴스의 품질이 떨어지는 원인이 근본적으로 독자에게 있다거나, 그 해결 방안이 종이 신문 구독이라는 반응은 제시문을 이해한 내용으로 적절하지 않다.

14 정답 ⑤

두 번째 문단에 따르면 물건이 미끄러지는 것을 감지하면 스스로 손가락의 힘을 더 높일 수 있다고 하였다. 따라서 힘을 빼는 것은 적절하지 않다.

15 정답 ③

빈칸 앞의 내용을 보면 보편적으로 사용되는 관절 로봇은 손가락의 정확한 배치와 시각 센서 등을 필요로 한다. 그러나 빈칸 뒤에서는 로봇 H는 손가락이 물건에 닿을 때까지 다가가 촉각 센서를 통해 물건의 위치를 파악한 뒤 손가락 위치를 조정한다고 하였다. 즉, H의 손가락은 관절 로봇의 손가락과 달리 정확한 위치 지정을 필요로 하지 않는다. 따라서 빈칸에 들어갈 내용으로 ③이 가장 적절하다.

오답분석

① 물건을 쥐기 위한 고가의 센서 기기 및 시각 센서를 필요로 하는 관절 로봇과 달리 H는 손가락의 촉각 센서로 손가락 힘을 조절하여 사물을 쥔다.
② H의 손가락은 공기압을 통해 구부러지지만, 기존 관절보다 쉽게 구부러지는지는 알 수 없다.
④·⑤ 물건과의 거리는 H의 손가락 촉각 센서와 관계가 없다.

제2영역 수리능력

01	02	03	04	05	06	07	08	09	10
③	⑤	④	④	①	⑤	②	④	②	④
11	12	13	14	15					
④	③	④	①	③					

01
정답 ③

농도를 알 수 없는 소금물의 농도를 x%라고 하면 다음 식이 성립한다.

$\frac{13}{100}\times400+\frac{7}{100}\times200+\frac{x}{100}\times100=\frac{22}{100}\times700$

→ $52+14+x=154$

∴ $x=88$

따라서 농도를 알 수 없는 소금물의 농도는 88%이다.

02
정답 ⑤

월복리 적금 상품의 연이율이 1.8%이므로 월이율은 $\frac{0.018}{12}=0.0015=0.15\%$이다.

만기 시 원리합계를 계산하면 $\frac{60\times1.0015\times(1.0015^{12}-1)}{1.0015-1}=\frac{60\times1.0015\times(1.018-1)}{0.0015}=721.08$만 원이다.

따라서 이자는 $721.08-(60\times12)=721.08-720=1.08$만 원=10,800원이다.

03
정답 ④

작년 교통비를 x원, 숙박비를 y원이라고 하면 다음 식이 성립한다.

$1.15x+1.24y=1.2(x+y)$ ⋯ ㉠

$x+y=36$ ⋯ ㉡

㉠과 ㉡을 연립하면 $x=16$, $y=20$이다.

따라서 올해 숙박비는 $20\times1.24=24.8$만 원이다.

04
정답 ④

2023년과 2024년의 총 학자금 대출 신청건수를 구하면 다음과 같다.

- 2023년 : 1,921+2,760+2,195+1,148+1,632+1,224 =10,880건
- 2024년 : 2,320+3,588+2,468+1,543+1,927+1,482 =13,328건

따라서 2024년 총 학자금 대출 신청건수는 2023년 대비 $\frac{13,328-10,880}{10,880}\times100=22.5\%$ 증가하였다.

오답분석

① 학자금 대출 신청건수가 가장 많은 지역은 2023년은 2,760건으로 인천이고, 2024년도 3,588건으로 인천이다.

② 2024년 학자금 총 대출금액은 (대출 신청건수)×(평균 대출금액)으로 구할 수 있으므로 대구와 부산의 학자금 총 대출금액을 구하면 다음과 같다.
- 대구 : 2,320×688=1,596,160만 원
- 부산 : 2,468×644=1,589,392만 원

따라서 2024년 학자금 총 대출금액은 대구가 부산보다 많다.

③ 대전의 2024년 학자금 평균 대출금액은 376만 원으로 전년인 235만 원 대비 $\frac{376}{235}=1.6$배 증가하였다.

⑤ 2023년 전체 학자금 대출 신청건수는 10,880건으로 그중 광주 지역이 차지하는 비율은 $\frac{1,632}{10,880}\times100=15\%$이다.

05
정답 ①

2022년 8,610백만 달러에서 2024년 11,635백만 달러로 증가했으므로 증가율은 $\frac{11,635-8,610}{8,610}\times100≒35.1\%$이다.

06
정답 ⑤

산업 및 가계별 대기배출량을 구하면 다음과 같다.

- 농업, 임업 및 어업
: $\left(10,400\times\frac{30}{100}\right)+\left(810\times\frac{20}{100}\right)+\left(12,000\times\frac{40}{100}\right)+\left(0\times\frac{10}{100}\right)=8,082$천 톤 CO_2eq
- 석유, 화학 및 관련제품
: $\left(6,350\times\frac{30}{100}\right)+\left(600\times\frac{20}{100}\right)+\left(4,800\times\frac{40}{100}\right)+\left(0.03\times\frac{10}{100}\right)=3,945.003$천 톤 CO_2eq
- 전기, 가스, 증기 및 수도사업
: $\left(25,700\times\frac{30}{100}\right)+\left(2,300\times\frac{20}{100}\right)+\left(340\times\frac{40}{100}\right)+\left(0\times\frac{10}{100}\right)=8,306$천 톤 CO_2eq
- 건설업
: $\left(3,500\times\frac{30}{100}\right)+\left(13\times\frac{20}{100}\right)+\left(24\times\frac{40}{100}\right)+\left(0\times\frac{10}{100}\right)=1,062.2$천 톤 CO_2eq
- 가계부문
: $\left(5,400\times\frac{30}{100}\right)+\left(100\times\frac{20}{100}\right)+\left(390\times\frac{40}{100}\right)+\left(0\times\frac{10}{100}\right)=1,796$천 톤 CO_2eq

대기배출량이 많은 부문의 대기배출량을 줄여야 지구온난화 예방에 효과적이므로 '전기, 가스, 증기 및 수도사업' 부문의 대기배출량을 우선적으로 줄여야 한다.

07

정답 ②

2024년 김치 수출액이 3번째로 많은 국가는 홍콩이다.

따라서 홍콩의 2023년 대비 2024년 수출액의 증감률을 계산하면 $\frac{4,285-4,543}{4,543} \times 100 \fallingdotseq -5.68\%$이다.

08

정답 ④

㉠ 신문 보도에서 착공 전에 가장 높은 보도 비율을 보인 분야는 교통과 환경으로 착공 후 신문 보도 비율은 둘 다 감소했다.

㉢ 착공 전에 비해 착공 후 교통에 대한 보도 비율의 감소폭은 방송은 $51.6-29.3=22.3\%$p이고, 신문은 $49-18.4=30.6\%$p로 신문이 방송보다 감소폭이 더 크다.

㉣ 신문 보도에서 착공 전 대비 착공 후 보도 비율의 증가율이 가장 큰 분야는 $\frac{16-5.4}{5.4} \times 100 \fallingdotseq 196\%$인 역사이다.

㉤ 착공 전 교통에 대한 보도 비율은 신문보다는 방송에서 $51.6-49=2.6\%$p 더 높다.

오답분석

㉡ 착공 후 방송에서 가장 많이 보도된 분야는 '공정'이다.

09

정답 ②

한국은 일본과 러시아와의 무역에서 수출보다 수입이 더 많다. 한편 수출이 수입보다 많아야 흑자이므로, 일본과 러시아를 제외한 모든 국가와의 무역에서 한국은 흑자를 기록하고 있다.

10

정답 ④

2020년과 2022년의 전체 풍수해 피해액 중 대설로 인한 풍수해 피해액의 비중을 구하면 다음과 같다.

- 2020년 : $\frac{477}{7,950} \times 100 = 6\%$
- 2022년 : $\frac{119}{1,700} \times 100 = 7\%$

따라서 전체 풍수해 피해액 중 대설로 인한 풍수해 피해액의 비중은 2022년이 2020년보다 크다.

오답분석

① 2016년의 전년 대비 태풍으로 인한 풍수해와 전체 풍수해 피해액의 증감 추이만 비교해도 바로 알 수 있다. 태풍으로 인한 풍수해 피해액은 증가한 반면, 전체 풍수해 피해액은 감소했으므로 옳지 않은 설명이다.

② 2016년은 강풍, 2018년은 태풍, 2019년은 강풍의 피해액이 가장 적었으므로 옳지 않은 설명이다.

③ 2024년 호우로 인한 풍수해 피해액의 전년 대비 변화율은 $\frac{14-1,400}{1,400} \times 100 = -99\%$이므로 97% 이상 감소하였다.

⑤ 2015 ~ 2024년 중 태풍으로 인한 풍수해 피해액이 가장 큰 해는 2016년, 2021년이므로 옳지 않은 설명이다.

11

정답 ④

녹지의 면적은 2023년부터 유원지 면적을 추월하였다.

12

정답 ③

- 50대의 2023년 대비 2024년 전체 일자리 증가 수
  : $532-515=17$만 개
- 60세 이상의 2023년 대비 2024년 전체 일자리 증가 수
  : $288-260=28$만 개

13

정답 ④

제시된 자료를 통해 50대와 60세 이상의 연령대를 제외한 전체 일자리 규모는 감소했음을 알 수 있다.

오답분석

① 2023년 전체 일자리 규모에서 20대가 차지하는 비중은 $\frac{332}{2,301} \times 100 \fallingdotseq 14.4\%$, 2024년은 $\frac{330}{2,323} \times 100 \fallingdotseq 14.2\%$이므로 약 0.2%p 감소했다.

② 2024년 30대의 전체 일자리 규모 비중은 $\frac{530}{2,323} \times 100 \fallingdotseq 22.8\%$이다.

③ 2023년 40대의 $\frac{(\text{지속 일자리})}{(\text{신규채용 일자리})} = \frac{458}{165} \fallingdotseq 2.8$배이다.

⑤ 2024년 전체 일자리 규모는 $2,323-2,301=22$만 개 증가했다.

14

정답 ①

건설업 분야의 취업자 수는 2021년과 2024년에 각각 전년 대비 감소했다.

오답분석

② 2023년 전기 · 운수 · 통신 · 금융업 분야 취업자 수는 2016년 대비 $\frac{7,600-2,074}{2,074} \times 100 \fallingdotseq 266\%$ 증가했고, 사업 · 개인 · 공공서비스 및 기타 분야 취업자 수는 $\frac{4,979-2,393}{4,979} \times 100 \fallingdotseq 52\%$ 감소했다.

③ 농 · 임 · 어업 분야의 취업자 수는 꾸준히 감소하는 것을 확인할 수 있다.

④ 2016년 도소매 · 음식 · 숙박업 분야에 종사하는 사람의 수는 총취업자 수의 $\frac{5,966}{21,156} \times 100 \fallingdotseq 28.2\%$이므로 30% 미만이다.

⑤ 2024년 사업 · 개인 · 공공서비스 및 기타 분야의 취업자 수는 2016년 대비 $7,633-4,979=2,654$천 명으로 가장 많이 증가했다.

15

정답 ③

㉠ 2019년 어업 분야의 취업자 수는 농·임·어업 분야의 취업자 수 합계에서 농·임업 분야 취업자 수를 제외한 수이다. 따라서 1,950－1,877＝73천 명이다.

㉡ 2023년 전기·운수·통신·금융업 분야의 취업자 수가 7,600천 명으로 가장 많다.

오답분석

㉢ 농·임업 분야 종사자와 농·임·어업 분야 종사자 수는 계속 감소해 왔기 때문에 어업 분야 종사자 수가 현상을 유지하거나 늘어날 것이라고 보기 어렵다.

제3영역 문제해결능력

01	02	03	04	05	06	07	08	09	10
②	⑤	⑤	②	②	④	④	③	④	③
11	12	13	14	15					
③	③	③	①	①					

01

정답 ②

'밤에 잠을 잘 자다.'를 A, '낮에 피곤하다.'를 B, '업무효율이 좋다.'를 C, '성과급을 받는다.'를 D라고 하면, 첫 번째 명제는 ~A → B, 세 번째 명제는 ~C → ~D, 마지막 명제는 ~A → ~D이다. 따라서 ~A → B → ~C → ~D가 성립하기 위해서 필요한 명제는 B → ~C이므로 빈칸에는 '낮에 피곤하면 업무효율이 떨어진다.'가 적절하다.

02

정답 ⑤

돼지 인형과 토끼 인형의 크기를 비교할 수 없으므로 크기가 큰 순서대로 나열하면 '돼지－토끼－곰－기린－공룡' 또는 '토끼－돼지－곰－기린－공룡'이 된다. 이때 가장 큰 크기의 인형을 정확히 알 수 없으므로 진영이가 좋아하는 인형 역시 알 수 없다.

03

정답 ⑤

A～E의 진술에 따르면 B와 D의 진술은 반드시 동시에 참이나 거짓이 되어야 하며, A와 B의 진술 역시 동시에 참이나 거짓이 되어야 한다. 이때 B의 진술이 거짓일 경우, A와 D의 진술 모두 거짓이 되므로 2명이 거짓을 말한다는 조건에 어긋난다.

그러므로 진실을 말하고 있는 심리상담사는 A, B, D이며, 거짓을 말하고 있는 심리상담사는 C와 E가 된다. 또한, 진실을 말하고 있는 B와 D의 진술에 따라 근무시간에 자리를 비운 사람은 C가 된다.

04

정답 ②

오답분석

① 세 번째 조건 위반－숫자 0을 다른 숫자와 연속해서 나열했다.
  네 번째 조건 위반－영어 대문자를 다른 영어 대문자와 연속해서 나열했다.
③ 다섯 번째 조건 위반－특수기호를 첫 번째로 사용했다.
④ 두 번째 조건 위반－영어 대문자를 사용하지 않았다.
⑤ 두 번째 조건 위반－알파벳 소문자를 사용하지 않았다.
  네 번째 조건 위반－알파벳 대문자를 연속해서 나열했다.

05

정답 ②

제시된 내용을 기호로 정리하면 다음과 같다.

- ~A → B
- A → ~C
- B → ~D
- ~D → E

E가 행사에 참여하지 않는 경우, 네 번째 조건의 대우인 ~E → D에 따라 D가 행사에 참여한다. D가 행사에 참여하면 세 번째 조건의 대우인 D → ~B에 따라 B는 행사에 참여하지 않는다. 또한 B가 행사에 참여하지 않으면 첫 번째 조건의 대우에 따라 A가 행사에 참여하고, A가 행사에 참여하면 두 번째 조건에 따라 C는 행사에 참여하지 않는다.

따라서 E가 행사에 참여하지 않을 경우 행사에 참여 가능한 사람은 A와 D 2명이다.

06

정답 ④

사원 수를 a명, 사원 1명당 월급을 b만 원이라고 가정하면, 월급 총액은 $a\times b$가 된다.

두 번째 정보에서 사원 수 10명이 늘었을 때, 월급은 100만 원 적어졌으며 월급 총액은 기존의 80%로 줄었다고 하였으므로, 이에 따라 방정식을 세우면 다음과 같다.

$(a+10)\times(b-100)=a\times b\times 0.8$ … ㉠

세 번째 정보에서 사원 수 20명이 줄었을 때, 월급은 동일하고 월급 총액은 60%로 줄었다고 하였으므로, 사원 20명의 월급 총액은 기존 월급 총액의 40%임을 알 수 있다. 이에 따라 방정식을 세우면 다음과 같다.

$20b=a\times b\times 0.4$ … ㉡

㉡에서 사원 수 a를 구하면,

$20b=a\times b\times 0.4 \rightarrow 20=a\times 0.4$

$\therefore a=\frac{20}{0.4}=50$

㉠에 사원 수 a를 대입하여 월급 b를 구하면,

$(a+10)\times(b-100)=a\times b\times 0.8 \rightarrow 60\times(b-100)=40b$

$\rightarrow 20b=6{,}000$

$\therefore b=300$

따라서 사원 수는 50명이며, 월급 총액은 $a\times b=50\times 300=1$억 5천만 원이다.

07

정답 ④

네 번째 조건에 따라, 운동 분야에는 강변 자전거 타기와 필라테스의 두 프로그램이 있으므로 필요성 점수가 낮은 강변 자전거 타기는 탈락시킨다. 마찬가지로 여가 분야에도 자수교실과 볼링모임이 있으므로 필요성 점수가 낮은 자수교실은 탈락시킨다. 나머지 4개의 프로그램에 대해 조건에 따라 수요도 점수와 선정 여부를 정리하면 다음과 같다.

(단위 : 점)

분야	프로그램명	가중치 반영 인기 점수	가중치 반영 필요성 점수	수요도 점수	비고
진로	나만의 책 쓰기	10	7+2	19	
운동	필라테스	14	6	20	선정
교양	독서토론	12	4+2	18	
여가	볼링모임	16	3	19	선정

수요도 점수는 '나만의 책 쓰기'와 '볼링모임'이 19점으로 동일하지만, 인기점수가 더 높은 '볼링모임'이 선정된다.

따라서 K은행에서 운영할 프로그램은 '필라테스', '볼링모임'이다.

08

정답 ③

1단계 조사는 그 조사 실시일을 기준으로 3년마다 실시해야 하므로 을단지 주변지역은 2025년 3월 1일에 실시해야 한다.

오답분석

① 1단계 조사는 당해 기초지방자치단체장이 시행해야 한다.
② 2단계 조사는 1단계 조사 판정일 이후 1개월 내에 실시해야 하므로 2024년 12월 31일 전에 실시해야 한다.
④ 환경부장관이 2단계 조사를 실시해야 한다.
⑤ 병단지 주변지역은 정상지역으로 판정이 났으므로 2단계 조사를 실시할 필요가 없다.

09

정답 ④

이벤트 포스터에 당첨자 명단은 홈페이지에 공지된다고 명시되어 있다.

오답분석

① '이벤트 기간'에서 확인할 수 있다.
② '세부내용' 내 '가족사랑 통장 · 적금 · 대출 신규 가입고객'의 '경품'란에서 확인할 수 있다.
③ '세부내용' 내 '가족사랑 고객'의 '응모요건' 및 '경품'란에서 확인할 수 있다.
⑤ '당첨자 발표' 내 유의사항에서 확인할 수 있다.

10

정답 ③

오답분석

- A지원자 : 9월에 복학 예정이기 때문에 인턴 기간이 연장될 경우 근무할 수 없으므로 부적절하다.
- B지원자 : 경력 사항이 없으므로 부적절하다.
- D지원자 : 근무 시간(9 ~ 18시) 이후에 업무가 불가능하므로 부적절하다.
- E지원자 : 포토샵을 활용할 수 없으므로 부적절하다.

11

정답 ③

C대리의 2025년 업무평가 점수는 직전연도 업무평가 점수인 89점에서 자격 1회에 따른 5점, 결근 1회에 따른 10점을 제한 74점이다. 따라서 승진 대상에 포함되지 못하므로, 2026년에 그대로 대리일 것이다.

오답분석

① A사원은 근속년수가 3년 미만이므로 승진 대상이 아니다.
② B주임은 출산휴가 35일을 제외하면 근속연수가 3년 미만이므로 승진대상이 아니다.
④·⑤ 승진대상에 대한 자료로 대리보다 직급이 높은 D과장과 E차장은 대리가 될 수 없다.

12

정답 ③

시공업체 선정 기준에 따라 B, C업체는 최근 3년 이내 시공규모에서, A, E업체는 입찰가격에서 자격 미달이다.
점수 산정 기준에 따라 D업체와 F업체의 항목별 점수를 정리하면 다음과 같다.

(단위 : 점)

업체	기술점수	친환경점수	경영점수	합계
D	30	15	30	75
F	15	20	30	65

따라서 선정될 업체는 입찰점수가 더 높은 D업체이다.

13

정답 ③

변경된 시공업체 선정 기준에 따라 최근 3년 이내 시공규모를 충족하지 못한 B업체를 제외하고, 나머지 업체들의 항목별 점수를 정리하면 다음과 같다.

(단위 : 점)

업체	기술 점수	친환경 점수	경영 점수	가격 점수	합계
A	30	25	26	8×2=16	97
C	15	15	22	15×2=30	82
D	30	15	30	12×2=24	99
E	20	25	26	8×2=16	87
F	15	20	30	12×2=24	89

따라서 선정될 업체는 입찰점수가 가장 높은 D업체이다.

14

정답 ①

지불한 70만 원 중 40만 원을 현금결제하였으므로 40만 원에 대해서 현금영수증의 발급 의무가 발생하고, 이에 따른 현금영수증 미발급으로 인한 과태료와 신고 포상금을 계산하면 다음과 같다.

- 과태료 : 40만×0.5=20만 원
- 신고 포상금 : 20만×0.2=4만 원

따라서 현금영수증 미발급으로 인한 신고 포상금은 4만 원이다.

15

정답 ①

업주는 B씨가 현금영수증 발급을 원하지 않아서 지정코드로 자진발급했다. 이러한 경우는 현금영수증 발급으로 인정하므로 현금영수증 발급 의무 위반은 발생하지 않았다. 따라서 B씨는 신고 포상금을 받을 수 없다.

제4영역 정보능력

01	02	03	04	05	06	07	08	09	10
③	③	①	④	④	④	④	②	①	②
11	12	13	14	15					
④	④	②	③	③					

01 정답 ③

하이퍼링크(Hyperlink)는 다른 문서로 연결하는 HTML로 구성된 링크로, 외부 데이터를 가져오기 위해 사용하는 기능은 아니다.

오답분석

① [데이터] → [외부 데이터 가져오기] → [기타 원본에서] → [데이터 연결 마법사]
② [데이터] → [외부 데이터 가져오기] → [기타 원본에서] → [Microsoft Query]
④ [데이터] → [외부 데이터 가져오기] → [웹]
⑤ [데이터] → [외부 데이터 가져오기] → [텍스트]

02 정답 ③

COUNTA 함수는 구하고자 하는 범위 안에서 수나 문자가 있는 셀의 개수를 구하는 함수로, 「=COUNTA(범위)」의 형식이다. 조기취업 학생 수는 [C3] 셀부터 [C1322] 셀까지 'O'가 채워진 셀의 수이므로 미취업 학생 수는 전체 학생 수에서 [C3] 셀부터 [C1322] 셀까지 채워진 셀의 개수를 빼면 된다. 따라서 구하고자 하는 함수는 「=1320−COUNTA(C3:C1322)」이다.

03 정답 ①

학생들의 평균 점수는 G열에 있고 가장 높은 순서대로 구해야 하므로 RANK 함수를 이용하여 오름차순으로 순위를 구하면 [H2]에 들어갈 식은 「=RANK(G2,$G$2:$G$10,0)」이다. 이때, 참조할 범위는 고정해야 하므로 행과 열 앞에 '$'를 붙여야 하는데, G열은 항상 고정이므로 행만 고정시켜도 된다. 따라서 「=RANK(G2,G$2:G$10,0)」를 사용하여도 같은 결과가 나온다.

04 정답 ④

SUM 함수는 「=SUM(합계를 구할 처음 셀:합계를 구할 마지막 셀)」로 표시해야 한다. 판매수량과 추가판매를 더하는 것은 비연속적인 셀을 더하는 것이지만 연속하는 영역을 입력하고 ','로 구분해 준 뒤 다음 영역을 다시 지정해 주면 되므로 「=SUM(B2:B5,C2,C5)」이 옳다.

05 정답 ④

엑셀에서 〈F12〉와 〈Shift〉+〈F12〉는 '다른 이름으로 저장'의 단축키이다.

오답분석

① • 〈Alt〉+〈F〉 : 파일 메뉴
  • 〈Alt〉+〈N〉 : 삽입 메뉴
② • 〈Alt〉+〈Enter〉 : 한 셀에 두 줄 입력
  • 〈Alt〉+〈=〉 : 자동합계
③ • 〈Shift〉+〈F5〉 : 찾기
  • 〈Shift〉+〈F3〉 : 함수 마법사
⑤ • 〈Ctrl〉+〈9〉 : 행 숨기기
  • 〈Ctrl〉+〈F9〉 : 창 최소화

06 정답 ④

시스템 복원은 시스템 파일의 에러로 이상이 발생했을 때, 지정한 시점으로 파일을 되돌리는 기능이다. 하지만 이를 통해 문서를 복구할 수 있는 것은 아니며, 오히려 문서의 일부 또는 파일 자체가 삭제될 가능성이 있다.

07 정답 ④

엑셀에서 곱하기는 *로 입력한다. 따라서 「=E4*0.1」이 옳다.

08 정답 ②

SUM 함수를 이용해 범위를 G3부터 G4까지 지정하며 결괏값은 12,281,889이다.

오답분석

①·③ AVERAGE는 평균을 구할 때 쓰는 함수식이다.

09 정답 ①

결과표의 빈 셀에 「=COUNTIF(참조 영역,찾는 값)」을 입력하면 된다. 결과표의 '문항 1'행 각 셀에 「=COUNTIF(설문 응답표 '문항 1'열,응답번호)」를 입력한 후, '문항 1'행을 드래그해서 아래로 내리면 값이 채워진다.

10 정답 ②

• [D11] 셀에 입력된 COUNTA 함수는 범위에서 비어있지 않은 셀의 개수를 구하는 함수이다. [B3:D9] 범위에서 비어있지 않은 셀의 개수는 숫자 '1' 10개와 '재제출 요망'으로 입력된 텍스트 2개로, 「=COUNTA(B3:D9)」의 결괏값은 12이다.
• [D12] 셀에 입력된 COUNT 함수는 범위에서 숫자가 포함된 셀의 개수를 구하는 함수이다. [B3:D9] 범위에서 숫자가 포함된 셀의 개수는 숫자 '1' 10개로, 「=COUNT(B3:D9)」의 결괏값은 10이다.

• [D13] 셀에 입력된 COUNTBLANK 함수는 범위에서 비어있는 셀의 개수를 구하는 함수이다. [B3:D9] 범위에서 비어있는 셀의 개수는 9개이므로 「=COUNTBLANK(B3:D9)」의 결괏값은 9이다.

11

정답 ④

오답분석

① SUM : 각 셀의 합계를 출력하는 함수이다.
② COUNT : 숫자가 입력되어 있는 셀의 개수를 출력하는 함수이다.
③ AVERAGEA : 수치가 아닌 셀을 포함하는 인수의 평균값을 출력하는 함수이다.
⑤ COUNTIF : 지정된 범위에서 조건에 맞는 셀의 개수를 구할 때 사용하는 함수이다.

12

정답 ④

저장매체에 저장된 자료는 시간이 지나도 언제든지 동일한 형태로 재생이 가능하므로 정적정보에 해당된다.

오답분석

① 정보는 원래 형태 그대로 활용하거나, 분석, 정리 등 가공하여 활용할 수 있다.
② 정보를 가공하는 것뿐 아니라, 일정한 형태로 재표현하는 것도 가능하다.
③ 시의성이 사라지면 정보의 가치가 떨어지는 동적정보와 달리 정적정보의 경우, 이용 후에도 장래에 활용을 하기 위해 정리하여 보존하는 것이 좋다.
⑤ 동적정보의 특징은 입수 후 처리한 경우에는 폐기하여도 된다는 것이다. 오히려 시간의 경과에 따라 시의성이 점점 떨어지는 동적정보를 축적하는 것은 비효율적이다.

13

정답 ②

1차 자료	단행본, 학술지와 학술지 논문, 학술회의자료, 연구보고서, 학위논문, 특허정보, 표준 및 규격자료, 레터, 출판 전 배포자료, 신문, 잡지, 웹 정보자원 등
2차 자료	사전, 백과사전, 편람, 연감, 서지데이터베이스 등

14

정답 ③

정보의 사용 절차는 전략적으로 '기획'하여 필요한 정보를 '수집'하고, 수집된 정보를 필요한 시점에 사용될 수 있도록 '관리'하여 정보를 '활용'하는 것이다.

15

정답 ③

데이터 레이블은 데이터 계열을 대상으로 전체 데이터나 하나의 데이터 또는 하나의 데이터 요소를 선택하여 계열 이름, 항목 이름, 값 등을 표시하는 것이다. 이러한 데이터 레이블은 차트에서는 입력이 가능하나, 스파크라인에서는 입력이 불가능하다.

KDB한국산업은행 NCS 직업기초능력평가 모의고사 답안카드

고사장

성 명

수 험 번 호						
⓪	⓪	⓪	⓪	⓪	⓪	⓪
①	①	①	①	①	①	①
②	②	②	②	②	②	②
③	③	③	③	③	③	③
④	④	④	④	④	④	④
⑤	⑤	⑤	⑤	⑤	⑤	⑤
⑥	⑥	⑥	⑥	⑥	⑥	⑥
⑦	⑦	⑦	⑦	⑦	⑦	⑦
⑧	⑧	⑧	⑧	⑧	⑧	⑧
⑨	⑨	⑨	⑨	⑨	⑨	⑨

감독위원 확인
인

의사소통능력		수리능력		문제해결능력		정보능력	
1	① ② ③ ④ ⑤	1	① ② ③ ④ ⑤	1	① ② ③ ④ ⑤	1	① ② ③ ④ ⑤
2	① ② ③ ④ ⑤	2	① ② ③ ④ ⑤	2	① ② ③ ④ ⑤	2	① ② ③ ④ ⑤
3	① ② ③ ④ ⑤	3	① ② ③ ④ ⑤	3	① ② ③ ④ ⑤	3	① ② ③ ④ ⑤
4	① ② ③ ④ ⑤	4	① ② ③ ④ ⑤	4	① ② ③ ④ ⑤	4	① ② ③ ④ ⑤
5	① ② ③ ④ ⑤	5	① ② ③ ④ ⑤	5	① ② ③ ④ ⑤	5	① ② ③ ④ ⑤
6	① ② ③ ④ ⑤	6	① ② ③ ④ ⑤	6	① ② ③ ④ ⑤	6	① ② ③ ④ ⑤
7	① ② ③ ④ ⑤	7	① ② ③ ④ ⑤	7	① ② ③ ④ ⑤	7	① ② ③ ④ ⑤
8	① ② ③ ④ ⑤	8	① ② ③ ④ ⑤	8	① ② ③ ④ ⑤	8	① ② ③ ④ ⑤
9	① ② ③ ④ ⑤	9	① ② ③ ④ ⑤	9	① ② ③ ④ ⑤	9	① ② ③ ④ ⑤
10	① ② ③ ④ ⑤	10	① ② ③ ④ ⑤	10	① ② ③ ④ ⑤	10	① ② ③ ④ ⑤
11	① ② ③ ④ ⑤	11	① ② ③ ④ ⑤	11	① ② ③ ④ ⑤	11	① ② ③ ④ ⑤
12	① ② ③ ④ ⑤	12	① ② ③ ④ ⑤	12	① ② ③ ④ ⑤	12	① ② ③ ④ ⑤
13	① ② ③ ④ ⑤	13	① ② ③ ④ ⑤	13	① ② ③ ④ ⑤	13	① ② ③ ④ ⑤
14	① ② ③ ④ ⑤	14	① ② ③ ④ ⑤	14	① ② ③ ④ ⑤	14	① ② ③ ④ ⑤
15	① ② ③ ④ ⑤	15	① ② ③ ④ ⑤	15	① ② ③ ④ ⑤	15	① ② ③ ④ ⑤

※ 본 답안카드는 마킹연습용 모의 답안카드입니다.

〈절취선〉

KDB한국산업은행 NCS 직업기초능력평가 모의고사 답안카드

고사장

성 명

수 험 번 호						
⓪	⓪	⓪	⓪	⓪	⓪	⓪
①	①	①	①	①	①	①
②	②	②	②	②	②	②
③	③	③	③	③	③	③
④	④	④	④	④	④	④
⑤	⑤	⑤	⑤	⑤	⑤	⑤
⑥	⑥	⑥	⑥	⑥	⑥	⑥
⑦	⑦	⑦	⑦	⑦	⑦	⑦
⑧	⑧	⑧	⑧	⑧	⑧	⑧
⑨	⑨	⑨	⑨	⑨	⑨	⑨

감독위원 확인
인

의사소통능력		수리능력		문제해결능력		정보능력	
1	① ② ③ ④ ⑤	1	① ② ③ ④ ⑤	1	① ② ③ ④ ⑤	1	① ② ③ ④ ⑤
2	① ② ③ ④ ⑤	2	① ② ③ ④ ⑤	2	① ② ③ ④ ⑤	2	① ② ③ ④ ⑤
3	① ② ③ ④ ⑤	3	① ② ③ ④ ⑤	3	① ② ③ ④ ⑤	3	① ② ③ ④ ⑤
4	① ② ③ ④ ⑤	4	① ② ③ ④ ⑤	4	① ② ③ ④ ⑤	4	① ② ③ ④ ⑤
5	① ② ③ ④ ⑤	5	① ② ③ ④ ⑤	5	① ② ③ ④ ⑤	5	① ② ③ ④ ⑤
6	① ② ③ ④ ⑤	6	① ② ③ ④ ⑤	6	① ② ③ ④ ⑤	6	① ② ③ ④ ⑤
7	① ② ③ ④ ⑤	7	① ② ③ ④ ⑤	7	① ② ③ ④ ⑤	7	① ② ③ ④ ⑤
8	① ② ③ ④ ⑤	8	① ② ③ ④ ⑤	8	① ② ③ ④ ⑤	8	① ② ③ ④ ⑤
9	① ② ③ ④ ⑤	9	① ② ③ ④ ⑤	9	① ② ③ ④ ⑤	9	① ② ③ ④ ⑤
10	① ② ③ ④ ⑤	10	① ② ③ ④ ⑤	10	① ② ③ ④ ⑤	10	① ② ③ ④ ⑤
11	① ② ③ ④ ⑤	11	① ② ③ ④ ⑤	11	① ② ③ ④ ⑤	11	① ② ③ ④ ⑤
12	① ② ③ ④ ⑤	12	① ② ③ ④ ⑤	12	① ② ③ ④ ⑤	12	① ② ③ ④ ⑤
13	① ② ③ ④ ⑤	13	① ② ③ ④ ⑤	13	① ② ③ ④ ⑤	13	① ② ③ ④ ⑤
14	① ② ③ ④ ⑤	14	① ② ③ ④ ⑤	14	① ② ③ ④ ⑤	14	① ② ③ ④ ⑤
15	① ② ③ ④ ⑤	15	① ② ③ ④ ⑤	15	① ② ③ ④ ⑤	15	① ② ③ ④ ⑤

※ 본 답안카드는 마킹연습용 모의 답안카드입니다.

KDB한국산업은행 NCS 직업기초능력평가 모의고사 답안카드

고사장

성 명

수 험 번 호						
⓪	⓪	⓪	⓪	⓪	⓪	⓪
①	①	①	①	①	①	①
②	②	②	②	②	②	②
③	③	③	③	③	③	③
④	④	④	④	④	④	④
⑤	⑤	⑤	⑤	⑤	⑤	⑤
⑥	⑥	⑥	⑥	⑥	⑥	⑥
⑦	⑦	⑦	⑦	⑦	⑦	⑦
⑧	⑧	⑧	⑧	⑧	⑧	⑧
⑨	⑨	⑨	⑨	⑨	⑨	⑨

감독위원 확인
㊞ 인

의사소통능력		수리능력		문제해결능력		정보능력	
1	① ② ③ ④ ⑤	1	① ② ③ ④ ⑤	1	① ② ③ ④ ⑤	1	① ② ③ ④ ⑤
2	① ② ③ ④ ⑤	2	① ② ③ ④ ⑤	2	① ② ③ ④ ⑤	2	① ② ③ ④ ⑤
3	① ② ③ ④ ⑤	3	① ② ③ ④ ⑤	3	① ② ③ ④ ⑤	3	① ② ③ ④ ⑤
4	① ② ③ ④ ⑤	4	① ② ③ ④ ⑤	4	① ② ③ ④ ⑤	4	① ② ③ ④ ⑤
5	① ② ③ ④ ⑤	5	① ② ③ ④ ⑤	5	① ② ③ ④ ⑤	5	① ② ③ ④ ⑤
6	① ② ③ ④ ⑤	6	① ② ③ ④ ⑤	6	① ② ③ ④ ⑤	6	① ② ③ ④ ⑤
7	① ② ③ ④ ⑤	7	① ② ③ ④ ⑤	7	① ② ③ ④ ⑤	7	① ② ③ ④ ⑤
8	① ② ③ ④ ⑤	8	① ② ③ ④ ⑤	8	① ② ③ ④ ⑤	8	① ② ③ ④ ⑤
9	① ② ③ ④ ⑤	9	① ② ③ ④ ⑤	9	① ② ③ ④ ⑤	9	① ② ③ ④ ⑤
10	① ② ③ ④ ⑤	10	① ② ③ ④ ⑤	10	① ② ③ ④ ⑤	10	① ② ③ ④ ⑤
11	① ② ③ ④ ⑤	11	① ② ③ ④ ⑤	11	① ② ③ ④ ⑤	11	① ② ③ ④ ⑤
12	① ② ③ ④ ⑤	12	① ② ③ ④ ⑤	12	① ② ③ ④ ⑤	12	① ② ③ ④ ⑤
13	① ② ③ ④ ⑤	13	① ② ③ ④ ⑤	13	① ② ③ ④ ⑤	13	① ② ③ ④ ⑤
14	① ② ③ ④ ⑤	14	① ② ③ ④ ⑤	14	① ② ③ ④ ⑤	14	① ② ③ ④ ⑤
15	① ② ③ ④ ⑤	15	① ② ③ ④ ⑤	15	① ② ③ ④ ⑤	15	① ② ③ ④ ⑤

※ 본 답안카드는 마킹연습용 모의 답안카드입니다.

〈절취선〉

KDB한국산업은행 NCS 직업기초능력평가 모의고사 답안카드

고사장

성 명

수 험 번 호						
⓪	⓪	⓪	⓪	⓪	⓪	⓪
①	①	①	①	①	①	①
②	②	②	②	②	②	②
③	③	③	③	③	③	③
④	④	④	④	④	④	④
⑤	⑤	⑤	⑤	⑤	⑤	⑤
⑥	⑥	⑥	⑥	⑥	⑥	⑥
⑦	⑦	⑦	⑦	⑦	⑦	⑦
⑧	⑧	⑧	⑧	⑧	⑧	⑧
⑨	⑨	⑨	⑨	⑨	⑨	⑨

감독위원 확인
인

의사소통능력		수리능력		문제해결능력		정보능력	
1	① ② ③ ④ ⑤	1	① ② ③ ④ ⑤	1	① ② ③ ④ ⑤	1	① ② ③ ④ ⑤
2	① ② ③ ④ ⑤	2	① ② ③ ④ ⑤	2	① ② ③ ④ ⑤	2	① ② ③ ④ ⑤
3	① ② ③ ④ ⑤	3	① ② ③ ④ ⑤	3	① ② ③ ④ ⑤	3	① ② ③ ④ ⑤
4	① ② ③ ④ ⑤	4	① ② ③ ④ ⑤	4	① ② ③ ④ ⑤	4	① ② ③ ④ ⑤
5	① ② ③ ④ ⑤	5	① ② ③ ④ ⑤	5	① ② ③ ④ ⑤	5	① ② ③ ④ ⑤
6	① ② ③ ④ ⑤	6	① ② ③ ④ ⑤	6	① ② ③ ④ ⑤	6	① ② ③ ④ ⑤
7	① ② ③ ④ ⑤	7	① ② ③ ④ ⑤	7	① ② ③ ④ ⑤	7	① ② ③ ④ ⑤
8	① ② ③ ④ ⑤	8	① ② ③ ④ ⑤	8	① ② ③ ④ ⑤	8	① ② ③ ④ ⑤
9	① ② ③ ④ ⑤	9	① ② ③ ④ ⑤	9	① ② ③ ④ ⑤	9	① ② ③ ④ ⑤
10	① ② ③ ④ ⑤	10	① ② ③ ④ ⑤	10	① ② ③ ④ ⑤	10	① ② ③ ④ ⑤
11	① ② ③ ④ ⑤	11	① ② ③ ④ ⑤	11	① ② ③ ④ ⑤	11	① ② ③ ④ ⑤
12	① ② ③ ④ ⑤	12	① ② ③ ④ ⑤	12	① ② ③ ④ ⑤	12	① ② ③ ④ ⑤
13	① ② ③ ④ ⑤	13	① ② ③ ④ ⑤	13	① ② ③ ④ ⑤	13	① ② ③ ④ ⑤
14	① ② ③ ④ ⑤	14	① ② ③ ④ ⑤	14	① ② ③ ④ ⑤	14	① ② ③ ④ ⑤
15	① ② ③ ④ ⑤	15	① ② ③ ④ ⑤	15	① ② ③ ④ ⑤	15	① ② ③ ④ ⑤

※ 본 답안카드는 마킹연습용 모의 답안카드입니다.

2026 최신판 시대에듀 KDB한국산업은행 5급 최종모의고사 7회분

개정5판1쇄 발행	2025년 12월 15일 (인쇄 2025년 11월 11일)
초 판 발 행	2021년 10월 05일 (인쇄 2021년 09월 14일)
발 행 인	박영일
책 임 편 집	이해욱
편 저	SDC(Sidae Data Center)
편 집 진 행	안희선 · 한성윤
표지디자인	김지수
편집디자인	김경원 · 장성복
발 행 처	(주)시대고시기획
출 판 등 록	제10-1521호
주 소	서울시 마포구 큰우물로 75 [도화동 538 성지 B/D] 9F
전 화	1600-3600
팩 스	02-701-8823
홈 페 이 지	www.sdedu.co.kr

I S B N	979-11-434-0430-5 (13320)
정 가	23,000원

KDB
한국산업은행

5급

정답 및 해설

금융권 필기시험 "기본서" 시리즈

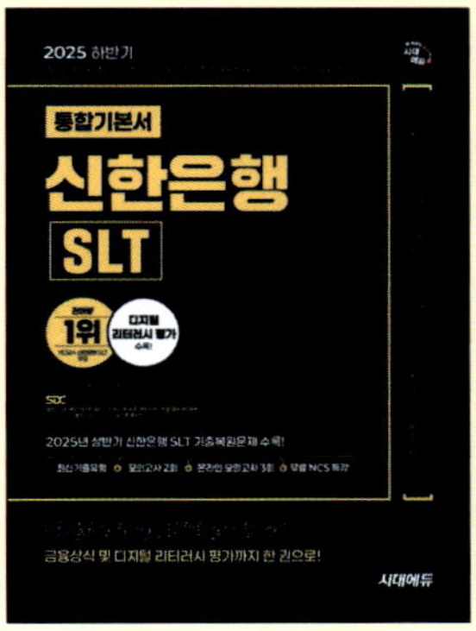

최신 기출유형을 반영한 NCS와 직무상식을 한 권에! 합격을 위한

Only Way!

금융권 필기시험 "봉투모의고사" 시리즈

실제 시험과 동일하게 구성된 모의고사로 마무리! 합격으로 가는

Last Spurt!

NEXT STEP
시대에듀가 합격을 준비하는
당신에게 제안합니다.
성공의 기회
시대에듀를 잡으십시오.
시대에듀
기회란 포착되어 활용되기 전에는 기회인지조차 알 수 없는 것이다.
– 마크 트웨인 –